走向深蓝·海洋管理系列

渔政与渔港监督管理

刘　洋　程佳琳　姜昳芃　等编著

《大连海洋大学—大连市人民政府行政服务中心实践教育基地》项目资助
《大连海洋大学—大连海事法院法学实践教育基地》项目资助
《大连海洋大学—蓝色法学课程群》项目资助
《大连海洋大学—法学特色学科B》项目资助
北京龙图教育/龙图法律研究院资助
辽宁省社会科学界联合会：《辽宁海洋发展法律与政策研究基地》项目资助
中国太平洋学会海洋维权与执法研究分会资助
辽宁省法学会海洋法学研究会资助
大连市社会科学界联合会、大连市国际法学会资助
大连海洋大学社会科学界联合会资助

东南大学出版社
SOUTHEAST UNIVERSITY PRESS
·南京·

图书在版编目(CIP)数据

渔政与渔港监督管理/刘洋等编著. —南京:东南大学出版社,2017.1(2018.8重印)
(走向深蓝/姚杰,裴兆斌主编. 海洋管理系列)
ISBN 978-7-5641-6940-4

Ⅰ. ①渔… Ⅱ. ①刘… Ⅲ. ①渔业管理 ②渔港—港口管理 Ⅳ. ①F307.4 ②F550.6

中国版本图书馆CIP数据核字(2017)第007262号

渔政与渔港监督管理

出版发行	东南大学出版社
出 版 人	江建中
社　　址	南京市四牌楼2号(邮编:210096)
网　　址	http://www.seupress.com
责任编辑	孙松茜(E-mail:ssq19972002@aliyun.com)
经　　销	全国各地新华书店
印　　刷	虎彩印艺股份有限公司
开　　本	700mm×1000mm　1/16
印　　张	20
字　　数	403千字
版　　次	2017年1月第1版
印　　次	2018年8月第2次印刷
书　　号	ISBN 978-7-5641-6940-4
定　　价	49.80元

(本社图书若有印装质量问题,请直接与营销部联系。电话:025-83791830)

走向深蓝·海洋管理系列编委会名单

主 任：姚 杰

副主任：张国琛　胡玉才　宋林生　赵乐天
　　　　裴兆斌

编 委（按姓氏笔画排序）：
　　　　王　君　王太海　田春艳　邓长辉
　　　　刘　臣　刘海廷　刘新山　朱　晖
　　　　李　强　高雪梅　彭绪梅　戴　瑛

总 序

　　海洋对自然界、对人类文明有着巨大的影响，人类社会发展的历史进程一直与海洋息息相关，海洋是生命的摇篮，它为生命的诞生、进化与繁衍提供了条件；海洋是风雨的故乡，它在控制和调节全球气候方面发挥着重要的作用；海洋是资源的宝库，它为人类提供了丰富的食物和无尽的资源；海洋是交通的要道，它为人类从事海上交通，提供了经济便捷的运输途径；海洋是现代高科技研究与开发的基地，它为人类探索自然奥秘、发展高科技产业提供了广阔的空间。

　　2002年可持续发展世界首脑会议通过的《约翰内斯堡执行计划》进一步指出，应"促进在国家一级采用综合、跨学科及跨部门的沿海与海洋管理方法，鼓励和协助沿海国家制定海洋综合管理政策和建立相关机制"。2005年联合国世界首脑会议提出要"在各个层面加强合作与协调，以便用综合方法解决与海洋有关的各类问题，并促进海洋综合管理与可持续发展"。2012年6月联合国可持续发展大会通过了题为"我们憧憬的未来"的成果文件，进一步重申了1992年联合国环境与发展大会和2002年可持续发展世界首脑会议做出的承诺。2012年11月26日，联合国秘书长和联合国系统行政首长协调理事会在关于《对联合国海洋事务协调机制的评估》报告的评论意见中指出，联合国联合检查组提出的第一条建议是"联大应在第六十七届会议上建议各国设立海洋和有关问题的国家协调中心"，"联合国系统各组织对此建议表示支持和欢迎"。

　　从20世纪70年代开始，尤其是自1992年联合国环境与发展大会以来，联合国日益重视海洋事务，并建立了联合国海洋事务协调机制，许多沿海国家纷纷制定海洋战略、政策与计划，推进海洋综合管理与海洋事务高层协调机制和执法队伍建设。我国在推进海洋综合管理方面已取得显著进展。近年来，党中央、国务院高度重视海洋工作。党的十六大在规划我国未来20年经济与社会发展宏伟蓝图时，将"实施海洋开发"作为其中一项重要的战略部署。党的十八大报告指出："提高海洋资源开发能力，坚决维护国家海洋权益，建设海洋强国。"《中华人民共和国国民经济和社会发展第十一个五年规划纲要》，首次将海洋作为专门一章进行规划部署。《国家中长期科学和技术发展规划纲要（2006—2020年）》，也把海洋科技列为我国科技发展五大战略重点之一。

由此可见，海洋事业将在我国政治、经济和社会发展中发挥越来越重要的作用，因而，将目光转向海洋、经略海洋，实施有效的海洋管理，是我国新时期实现新发展的重要内容，也是我国实施可持续发展战略的必然选择。

我国现行的海洋管理体制是在我国社会主义建设初期的行政管理框架下形成的，其根源可推至我国计划经济时期形成的以行业管理为主的模式，是陆地各行业部门管理职能向海洋领域的延伸。[1] 自新中国成立以来，我国海洋管理体制大概经历了四个阶段：

第一阶段是分散管理阶段。从新中国成立至20世纪60年代中期，我国对海洋管理体制实行分散管理，主要是由于新中国刚刚成立对于机构设置、人员结构的调整还处于摸索和探索时期，其主要效仿苏联的管理模式，导致海洋政策并不明确，海上执法建设相对落后。随着海洋事务的增多，海洋管理规模的扩大，部门与部门之间、区域与区域之间出现了职责交叉重叠、力量分散、管理真空的现象。[2]

第二阶段是海军统管阶段。从1964年到1978年，我国海洋管理工作由海军统一管理，并且成立国务院直属的对整个海洋事业进行管理的国家海洋局，集中全国海洋管理力量，统一组织管理全国海洋工作。此时的海洋管理体制仍是局部统一管理基础上的分散管理体制。

第三阶段是海洋行政管理形成阶段。这一阶段的突出特点是地方海洋管理机构开始建立。至1992年年底，地(市)县(市)级海洋机构已达42个，分级海洋管理局面初步形成。海上行政执法管理与涉海行业或产业管理权力混淆在一起，中央及地方海洋行政主管部门，中央及地方各涉海行业部门，各自为政，多头执法，管理分散。

第四阶段是综合管理酝酿阶段。国家制定实施战略"政策""规划""区划"协调机制以及行政监督检查等行为时，开始注重以海洋整体利益和海洋的可持续发展为目标，但海洋执法机构仍呈现条块结合、权力过于分散的"复杂局面"。[3] 仍然无法改变现实中多头执法、职能交叉、权力划分不清等状况。

2013年3月10日《国务院机构改革和职能转变方案》公布，为了进一步提高我国海上执法成效，国务院将国家海洋局的中国海监、公安部边防海警、农业部中国渔政、海关总署海上缉私警察的职责整合，重新组建国家海洋局，由国土资源部

---

[1] 刘凯军.关于海洋综合执法的探讨.南方经济,2004(2).
[2] 宋国勇.我国海上行政执法体制研究.上海：复旦大学硕士学位论文,2008.
[3] 仲雯雯.我国海洋管理体制的演进分析(1949—2009).理论月刊,2013(2).

管理。①

总之,为了建设强大的海洋国家,实现中华民族的伟大复兴,更好地维护我国海洋权益和保障我国海上安全,有效地遏制有关国家在海上对我的侵扰和公然挑衅,尽快完善我国海洋管理体系显得尤为必要,这也是海洋事业发展的紧迫要求和时代赋予我们的神圣使命。

为使我国海洋管理有一个基本的指导与理论依据,大连海洋大学法学院、海警学院组织部分教师对海洋管理工作进行研究,形成了"走向深蓝·海洋管理系列"成果。

丛书编委会主任由姚杰担任;张国琛、胡玉才、宋林生、赵乐天、裴兆斌担任丛书编委会副主任。王君、王太海、田春艳、邓长辉、刘臣、刘海廷、刘新山、朱晖、李强、高雪梅、彭绪梅、戴瑛担任编委。

丛书主要作者刘洋系大连海洋大学法学院、海警学院行政管理教研室副主任,杜鹏系大连海洋大学法学院、海警学院人力资源管理教研室主任,长期从事海洋综合管理教学与科研工作,理论基础雄厚。其余作者均系大连海洋大学法学院、海警学院等部门教师、研究生,及其他院校教师、博士和硕士研究生,且均从事渔政渔港监督管理、海洋行政管理、邮轮游艇管理、海洋人力资源管理、国际人力资源管理等教学与科研工作,经验十分丰富。

本丛书的最大特点:准确体现海洋管理内涵;体系完整,涵盖海洋管理所有内容;理论联系实际,理论指导实际,具有操作性。本丛书既可以作为海洋行政管理部门管理海洋的必备工具书,又可作为海洋行政管理部门的培训用书;既可以作为涉海高校行政管理专业、人力资源管理专业本科生的方向课的教材,又可作为这些专业的教学参考书。

希望本丛书的出版,对完善和提高我国海洋管理水平与能力提供一些有益的帮助和智力支持,更希望海洋管理法治化迈上新台阶。

大连海洋大学校长、教授

2016 年 11 月 11 日

---

① 李军.中国告别五龙治海.海洋世界,2013(3).

前 言

改革开放以来,我国渔政事业发展突飞猛进,组建并完善了各级渔政管理机构及专业的渔政执法队伍,架构起了覆盖全国的渔政管理网络系统;与此同时,颁布了一系列渔业法律、法规,进入了以法治渔、依法兴渔的新时期。渔政与渔港监督管理涉及内容广泛:既包括国家通过立法和执法手段,对渔业活动实施计划、组织、指挥、协调和监督等管理活动,即对渔业实施国家行政管理的一切活动;也包括地方各级渔政管理机构的渔港监督管理、渔业船舶检验、渔业船员管理等职能活动。

随着海洋强国战略的落地,各省份不约而同将目光聚焦海洋、经略海洋,不断提出发展海洋经济的新构想。渔业作为海洋经济发展的重要支撑,面临着前所未有的发展机遇。行政管理(渔政与渔港监督管理)作为大连海洋大学重点支持的海洋人文社会科学特色研究领域,其发展一直受到学校和学院的高度重视。该专业自2006年成立以来,渔政管理学、渔港监督业务等被作为专业核心课程,但作为研究生和本科生授课的专著与教材相对较少,主要集中为《渔政管理学》(夏章英)、《渔港监督管理》《渔业水上安全管理》(于晓利)、《渔业行政管理学》(刘新山)等。我们在汇总国内外学术动态前沿资料基础上,结合我国渔政管理实践,撰写了《渔政与渔港监督管理》一书,以期丰富涉海高校渔政管理学教材,完善学科建设理论体系。

本书主要包括渔政管理概述、渔政管理内容、渔港监督管理概述以及渔港监督内容等共12章。本书由刘洋提出全书内容设计并制订写作大纲和撰写计划,各章初稿的写作分工是:刘洋负责第四、九、十二章的撰写;程佳琳负责第一、二、三章的撰写;姜昳苀负责第七、八、十章的撰写;范英梅负责第五、六、十一章的撰

---

① 基金项目:辽宁省法学会课题(辽会〔2016〕20号)、辽宁省国际教育"十三五"科研规划课题(16NGJ044)、大连市社科联(社科院)重点课题(2015dlskzd114,2015dlskzd109)、2016年辽宁省教育厅科学研究项目(w201607,w201608)、2015年大连海洋大学研究生教育教学改革与创新工程优秀教材建设项目(dhdy20150403)、2016年度大连海洋大学社科联立项课题(2016xsklzd-11,2016xsklyb-17)、中国海洋发展研究会科研项目(CAMAJJ201504)、2016年度辽宁省法学会海洋法学研究会重点课题(2016hyfxyjh05)。

写。初稿完成后,由刘洋对各章内容进行了修改、统稿并定稿。

  本书的付梓得益于大连海洋大学党委书记董亲学、校长姚杰的鼎力支持与指导,也受益于中国海警局司令部、南海分局、辽宁省海警总队、广东省海警总队、海南省海警总队等部门领导和执法者的无私帮助与启迪,同时大连海洋大学法学院、海警学院诸多老师都给予了大力帮助,在此深表衷心的谢意!东南大学出版社编辑孙松茜老师不辞劳苦逐字逐句予以核校勘正,在此也表达我们深深的谢忱!

  本书在写作过程中参考了一些经典著作和大量的专业研究成果,向这些著作的作者们表示由衷的感谢。由于时间关系,本书可能仍存在问题和不足,恳请读者给予批评指正。

刘　洋

2016 年 10 月 18 日

目 录

第一章　渔政管理与渔业管理体制 / 1
　　第一节　渔政管理的基本含义与特征 / 1
　　第二节　渔政管理的性质、职能、任务与实施条件 / 3
　　第三节　渔政管理的基本原则与我国的渔政管理体制 / 7
　　思考题 / 8
　　附录　农业部渔业渔政管理局主要职责和内设机构介绍 / 8

第二章　渔政管理关系 / 10
　　第一节　渔政管理主体 / 10
　　第二节　渔政管理的客体 / 17
　　思考题 / 19

第三章　渔政管理系统 / 20
　　第一节　中国渔政指挥系统 / 20
　　第二节　渔政管理通信指挥系统 / 22
　　思考题 / 27

第四章　渔业生产者与渔业组织管理 / 28
　　第一节　渔业生产者管理 / 28
　　第二节　渔业组织与渔业合作组织管理 / 35
　　第三节　外国人和外国渔船管理 / 44
　　思考题 / 50
　　附录1　中华人民共和国管辖海域外国人、外国船舶渔业活动管理暂行规定 / 50
　　附录2　远洋渔业管理规定 / 53

第五章 渔业资源管理 / 60
第一节 渔业资源概述 / 60
第二节 渔业自然资源的保护与管理 / 66
第三节 人工增殖渔业资源的保护与管理 / 74
思考题 / 82

第六章 渔业水域管理 / 83
第一节 渔业水域环境概述 / 83
第二节 渔业水域环境保护与管理的法律依据 / 88
第三节 水域污染对渔业发展的影响 / 93
第四节 渔业水域环境保护与管理 / 100
第五节 渔业水域污染事故的调查与处理 / 113
思考题 / 127
附录1 《中华人民共和国海洋环境保护法》 / 127
附录2 《中华人民共和国水污染防治法》 / 140
附录3 《中华人民共和国深海海底区域资源勘探开发法》 / 154

第七章 渔港监督管理概述 / 158
第一节 渔港监督管理 / 158
第二节 渔港监督工作 / 159
第三节 渔港监督机构与人员 / 161
第四节 我国海事管理机构 / 162
第五节 国际海事组织 / 164
第六节 国外水上交通安全管理简介 / 165
思考题 / 170

第八章 渔港监督管理准则 / 171
第一节 渔港监督管理的法律体系结构 / 171
第二节 渔港监督基本内容 / 175
第三节 渔港监督基本制度 / 177
第四节 渔船作业避让暂行条例 / 190
思考题 / 194

第九章　渔业港口管理 / 195
　　第一节　港口锚地管理 / 195
　　第二节　港口航道管理 / 201
　　第三节　港口航标管理 / 207
　　思考题 / 214

第十章　渔业船舶管理 / 215
　　第一节　船舶国籍证书与文件 / 215
　　第二节　渔业船舶安全检查与检验 / 217
　　第三节　船舶登记管理、分级管理与整顿 / 225
　　第四节　船舶防污管理 / 229
　　第五节　船舶报废制度 / 240
　　第六节　鲜销渔船管理 / 243
　　第七节　外海作业渔船管理 / 244
　　第八节　外籍船舶管理 / 245
　　思考题 / 250

第十一章　渔业船员管理 / 251
　　第一节　船员的职务与职责 / 251
　　第二节　船员考试与发证 / 254
　　第三节　船员专业训练 / 260
　　第四节　船员档案管理 / 263
　　第五节　船员条例 / 264
　　思考题 / 266
　　附录　中华人民共和国船员条例 / 266

第十二章　航行保障 / 277
　　第一节　港口水域管理 / 277
　　第二节　港口危险货物装运管理 / 280
　　第三节　航行通告与航行警告 / 293
　　第四节　船舶交通管理系统 / 295
　　思考题 / 303

参考文献 / 304

第一章
渔政管理与渔业管理体制

第一节 渔政管理的基本含义与特征

学习渔政管理,先要了解渔政管理的基本含义,理解其主要特征。

一、渔政管理的基本含义

渔政管理,简单地从字面理解,指的是渔业行政管理。仔细分析其含义,要从以下几个方面来进行。

(一)渔业

根据《现代汉语词典》,渔业一般仅指捕捞和养殖水生动物、植物的生产事业。现代经济发展对渔业的传统定义进行了较为广泛的扩充,不仅包括水产养殖业和捕捞业,还增加了水产品存储及运输、水产品加工、水产品销售及国际贸易、渔业港口建造、渔具制造、渔船制造及修理、渔业休闲观光旅游业等。广义的渔业包括三个产业:属于第一产业的水产养殖和水产捕捞业;属于第二产业的水产品加工业、渔具制造业、渔船制造及修理业、渔业港口建造业;属于第三产业的水产品贸易行业、渔业观光休闲旅游业等。而渔业行政管理中的渔业,根据国务院渔业行政主管部门农业部目前的职责,渔政管理主要是从渔业行政主管部门的法定职责视角出发,解决和处理渔政管理过程中的各种问题。

(二)行政管理

行政管理指的是政府组织及其管理人员,对国家公共事务和其内部事务进行计划、组织、协调和控制的基本活动。其主体是国家政府组织和管理人员,客体是国家公共事务和其内部事务,方法和手段则和一般管理的基本职能大致相似,都是基于管理的基本职能进行的。

(三)渔政管理

渔政管理,即渔业行政管理,是指国家通过渔业立法和执法手段,对渔业生产全过程的计划、组织、指挥、协调以及监督所进行的一系列管理活动。也就是,渔政管理是渔政监督管理机构依据渔业法律法规对渔业实施监督管理的行政执法活动过程。对渔政管理涵义的理解,可从5个方面来认识。

(1) 渔政管理的主体。渔政管理的主体是政府和渔业行政主管部门及其所属机构,某些特定情况下,渔业行政主管部门也可以授权某些机构或者组织行使特定的渔政管理权。例如,授权渔业协会管理一些远洋渔业活动或区域性渔业活动,把一些技术性强的质量监督、检验和检测工作委托给一些专门机构管理等。

(2) 渔政管理的客体。渔政管理的客体是从事渔业活动或者影响渔业发展的个人、家庭、各类型的单位,管理的事务是法律法规规定的事务。

(3) 渔政管理是政府提供的公共物品。从经济学的角度来看,渔政管理是政府提供的公共物品,具有公共物品的非排他性或者非竞争性的特点。

(4) 渔政管理必须守法。渔政管理是在相关渔业法、其他法律法规的基础上进行的政府渔业管理活动,相应地,其执法行为和过程在主客体、程序上必须符合法律法规要求。

(5) 渔政管理的动态性。渔业的自然状况、渔政管理的法律法规、管理对象、环境、管理方法和手段都会发生变化,所以渔政管理也是动态变化的。

二、渔政管理的特点

渔政管理的特点可以从其含义中得到体现,此外,还具有如下特点。

(一) 执法性的特点

渔政管理严格贯彻"有法可依,有法必依,执法必严,违法必究"的精神,渔政管理工作是宣传和执行国家及地方政府颁布的有关渔业的法律、法规、法令、规则、命令等,同时渔政工作者还要经常帮助广大渔民知法、守法,所有的渔业行政管理工作都是在法律法规的指导下进行,因此,渔政管理执法性的特点为其重点。

(二) 交叉性的特点

渔政管理涉及的专业学科面非常广,具有强烈的交叉性特点。作为渔业行政管理组织或机构,渔政管理与水产捕捞和养殖、生物学、法学、海洋学、经济学、航海学、鱼类学、公共管理学之间具有很大的关联性,造成了渔政管理交叉性的特点。

(三) 公共服务的特点

同其他公共管理一样,渔政管理组织和机构要服务于渔业的发展。渔政管理既要维护渔业生产的正常秩序,做好渔业救助工作、传播渔业科技信息,还要向渔民宣传法制知识,同时还要对违规者进行处罚,以保证渔业法律、法规的执行,促进渔业发展。

第二节　渔政管理的性质、职能、任务与实施条件

了解了渔政管理的基本含义与特征后,有必要学习渔政管理的性质与任务。

一、渔政管理的性质

管理具有自然属性和社会属性的二重性,渔政管理是公共行政管理的一个分支,必然具有这样的二重性。

(一) 渔政管理的自然属性

渔政管理的自然属性是指在渔业生产过程中不断地调节人与自然之间的关系,确保人对渔业资源的合理开发和利用。随着渔业生产力的不断发展,人与自然的联系日益增强,更要正确处理人与自然之间的关系,确保渔业生产的可持续发展。

渔政管理的科学性是渔政管理自然属性的具体体现。渔政管理要根据水生生物和渔业生产养殖的科学要求,调节捕捞强度与渔业资源繁殖、生长相符合的规律,完成对渔业高效益与长久发展的配适关系。在渔政管理的过程中,也要运用科学仪器、科学监督管理手段对渔船与渔民进行管理,提高渔政管理的效率与准确度。

(二) 渔政管理的社会属性

同一切管理具有不同的社会属性一样,在渔政管理活动过程中,要处理好渔业经济领域里各单位、各部门之间的关系,调整好在渔业生产过程中国家、集体、个人三者之间关系,维护渔业权益和渔业者的合法权益,以保证渔业经济活动的正常进行。

法制性是渔政管理社会属性的主要表现。国家为了维护全社会的利益,协调渔业经济活动中的关系,必须制定强制性的准则,并规定渔业管理机构行使处罚权,依法对违反渔业法律的行为予以行政处罚,这样才能确保渔政管理依法进行。

渔政管理的社会属性是反映某一社会形态中统治阶级的意志和要求,它受到生产关系和经济基础的制约,因此就必须区分不同社会生产方式下不同性质的管理方法。对我国渔政管理来说,必须反对照搬其他国家整套的管理理论和模式,又要反对全盘否定其他国家管理的理论和方法。

二、渔政管理的职能

同一般公共管理相同,渔政管理的主要职能包括监督、保障、服务、协调、引导。

(一) 监督

监督是渔政管理的基本职能,渔政部门可以依法查处一切危害渔业安全的行为并予以制裁或纠正。例如渔政部门对违法的渔具查处,对破坏渔业水域环境行为的查处等。

(二) 保障

保护渔业的科学发展,支持渔业生产按计划实施。渔政管理可以保障各级人民政府渔业发展计划的贯彻落实,保障科学技术措施在渔业中的应用,保障渔民在国际上的合法渔业权益。例如制定渔业发展规划并检查其实施情况、制定可捕捞量标准并检查其执行情况、与其他国家谈判并签订协议等都是对渔业的保障。

(三) 协调

调节渔业经济各要素之间的关系,使渔业协调发展,形成良性循环。例如协调区域之间的渔业关系、协调不同的渔业生产者之间的关系等。

(四) 服务

为渔业活动提供行政服务。渔政管理部门作为一个政府行政部门,除了具备监督管理职能外,更重要的还应具备服务职能。例如为渔民提供渔业信息服务、渔业资源增殖、病害防治服务以及渔业资源与渔业水域环境保护等。

(五) 引导

通过调整渔业产业结构,改进渔业生产方式,引导渔业生产经营,引导渔业可持续发展。

三、渔政管理的任务

渔政管理的主要职能和任务包括:监督检查国家渔业法律法规的贯彻执行;加强对渔业资源和水生野生动物的保护、增殖、开发和合理利用;对内维护渔业生产的正常秩序;对外代表国家保护我国渔业权益;审核和发放渔业许可证;征收渔业资源增殖保护费。

(一) 监督检查国家渔业法律法规的贯彻执行

完善的渔业法律法规主要包括渔业的基本制度、渔业资源保护、渔业发展、贸易交流、渔业金融、社会保险、渔船及船员职责、海港与海岸及国际关系等主要内容。而与渔政管理工作直接有关的法律法规主要有《中华人民共和国渔业法》《水产资源保护法》《中华人民共和国海域使用管理法》《渔业生产调整管理法》《渔场维护法》《渔船法》《船舶安全法》《渔港法》《海岸管理法》《渔业水域污染防治法》《领海及毗连区法》《渔业水域法》以及与外国的有关协定等。

在贯彻执行的过程中,首先要运用国家法律法规授予的渔业行政处罚权和监督检查权。其次,要借助人民法院这一审判机构的威力,对于严重违法行为已经构成刑事犯罪的,或超出渔业管理机构权限范围案件,应转送人民法院依法审理。另外,渔政监督管理机构还应与公安、海监、交通、环保、工商行政管理机构等有关部门互相协作,监督检查渔业法律法规的实施。

(二)加强对渔业资源和水生野生动物的保护、增殖、开发和合理利用

渔业资源是渔业生产的物质基础,保护、增殖、开发和合理利用渔业资源是制定渔业法规、政策和生产计划的基本点。同时,渔业资源、水生野生动物与水域生态环境是分不开的,保护和改善渔业水域环境同样是渔政管理的重要任务之一。在这个保护过程中,要严格执行国家关于保护渔业资源和水生野生动物的法规,切实执行禁渔区、禁渔期的规定;组织对渔业资源变动的监测,结合水产科学部门的资源调查结果,根据资源的可捕量,控制投入船数,限制捕捞强度;密切注意渔业生态环境的水质变化,对因污染造成渔业损失的,渔政部门要协同环保部门进行调查、处理,维护渔业生产者的合法权益;对渔业资源状况和资源相关的事项,要向有关部门提供决策意见;大力开展人工增殖、投放苗种、建造人工鱼礁、改善渔场环境,贯彻"取之于渔,用之于渔"的精神。

(三)对内维护渔业生产的正常秩序

任何行业要正常生产,都要创造一个良好的外界环境条件,渔业更是如此。正常的生产秩序,是指所有的渔业生产活动都要纳入法律的规范之中,依照国家法律去进行生产,不允许从事与渔业法律法规相抵触的作业方式和生产活动。同时,要合理布局各种作业,妥善安排大中小各种渔船的生产场所,使之与渔场状况相适应。

(四)对外代表国家维护我国的渔业权益

我国的渔业权益是神圣不可侵犯的。按照渔业法的规定,凡进入我国管辖水域从事渔业活动的外国人、外国渔船,都必须遵守我国的有关法律法规和渔业协定。维护我国渔业问题,必须依照渔业法及其细则的有关规定,并要加强与海警联系。有的外国渔船无视我国渔业权益,闯入我国近海,甚至在我国沿岸禁渔区捕鱼,违反同我国签订的渔业协定。或者,我国渔船违反国际惯例,甚至违反国际海洋法,擅自进入他国水域捕鱼,为国家在外交上、经济上带来损失。因此,要维护我国的渔业权益,尊重他国合理的渔业权益。

(五)审核和发放渔业许可证

渔业许可证是渔政管理中最根本的制度。它对于捕捞、养殖、增殖、运输等各种作业类别的全过程做出允许或禁止的规定。渔业许可证有捕捞许可、养殖许

可、经营许可和渔船许可等证件。内容包括作业场所、时限、渔具规格、数量、养殖品种、养殖面积、收购对象、加工方法以及渔船的类别和生产能力等。通过发放渔业许可证，可以使渔业生产者的活动具有合法性，同时，也要按发证权限进行管理。

（六）征收渔业资源增殖保护费

《渔业法》第十九条规定，向受益的单位和个人征收渔业资源增殖保护费。因为渔业资源属于国家所有，是社会的公共财产，国家通过征收资源增殖保护费，把渔业生产者的权益和义务结合起来，对于促进渔业生产者关心渔业资源的保护、提高保护渔业资源的认识，都具有重要的意义。

四、渔政管理的实施条件

完善渔政管理，必须具备以下几个条件：

（一）完善的渔业法规体系

作为国家行政管理活动，依法进行渔政管理是行政合法性原则的基本要求。依法实施渔政管理的前提是要有完善的渔业法规体系。目前我国的渔业法律、法规和规章有近千项，涉及广义渔业的各个方面，但是却存在着问题：一方面有些法律法规制定颁布时间较长，已经不能适应新的形势发展要求；另一方面，我国的渔业法规体系在一定程度上还存在着法规之间不协调不配套的问题，法规体系不完善，需要进一步加强渔业法规体系建设。

（二）完善的渔政管理体制

完善的渔政管理体制是实施渔政管理的基本前提。渔政管理体制涉及渔政管理职权的确定和分工、渔政监督管理机构的设置和层级关系等。只有在完善的渔政管理体制下，各监督管理机构才能有机地协调配合，最大限度地发挥渔政管理的职能和作用。

（三）具备高素质的执法人员队伍

在完善的渔政管理体制下，渔政管理人员的配备和人员的执法素质直接影响到具体渔政管理依法完善，因此，必须具备高素质的执法和管理人员。

（四）科学、有力的执法手段

在物质方面，渔政管理的有效实施需要配备必要的执法车船、通信器材等工具，海洋和大型内陆水域的渔政执法船、艇，还须具备必要的执法装备。为了提高渔政管理的效率，还需要建立必要的渔政管理信息网络系统。在执法措施、方法方面，渔政管理必须具备适用于渔业生产特点（水上生产、流动作业等）的管理措施和办法。

第三节 渔政管理的基本原则与我国的渔政管理体制

一、渔政管理的基本原则

根据渔政管理的基本性质、职能与任务,渔政管理的实际工作必须遵守以下基本原则:

(一)法治原则

法治原则是渔政管理的最根本原则,也是所有行政管理的根本性原则。依法行政原则在渔政管理中主要体现为:渔业管理职权的取得、行使必须依据法律、符合法律,不得与法律相抵触;渔政主体必须对渔业行政权力的行为承担法律责任;渔政管理的事项必须是法定的渔业事项,管理的程序必须合法,以法定的方式进行;渔政管理活动的全过程必须接受司法机关、人民群众和社会舆论的监督等。

(二)统一领导、分级管理原则

"统一领导、分级管理"是《渔业法》第七条第1款所确认的我国渔业监督管理的基本原则。这一原则大体上明确了上下级渔政管理部门之间的工作关系,是各级渔政管理部门开展渔政管理工作应当遵循的基本原则。而这也是我国行政体制中中央政府与地方政府、上级政府与下级政府之间的工作关系在渔政管理工作领域中的具体体现。

(三)科学民主原则

渔政管理学是以许多学科为基础的边缘性科学,渔政部门和渔政公务人员应该科学地认知渔业活动,了解渔业活动的特点,把握其客观规律,科学地设定渔政管理目标,科学地决策,科学地实施。同时,渔政管理活动中也要保证广大渔业生产者的民主参与权利。政府和渔政管理部门在实施渔政管理过程中,应保证渔业生产者合理的知情权和参与权,吸收其建议,民主决策,并发挥各类渔业行业协会、村民委员会以及各类企事业单位和团体的作用。

(四)综合效益原则

综合效益即经济效益、社会效益、生态效益相统一的原则,这既是渔业发展应遵循的原则,也是渔政管理指导思想的管理目的,也是一切公共行政管理的目标。因此,追求综合效益应是渔政管理工作的一项基本原则。渔政管理部门应当针对具体的渔业行政管理环境,在不同的时候选定优先的管理目标,保证各项效益的统一和协调。

二、我国的渔政管理体制

我国渔政管理机构的设置原则是"统一领导、分级管理"。总体上分为中央和地方两个层次：中央为国务院渔业行政主管部门及其所属渔政管理机构；地方为各级地方人民政府渔业行政主管部门及其所属渔政管理机构，一般又分为省级、市（地）级和县级渔政机构。渔政管理的主管部门是县级以上各级人民政府渔业行政主管部门，各级渔政管理机构设在渔业行政主管部门内部，属渔业行政主管部门的内部机构，是渔业行政执法的具体工作部门。

思考题

1. 如何理解渔政管理的含义？
2. 渔政管理有什么特点？
3. 为什么说渔政管理既具有社会属性又具有自然属性？
4. 简述渔政管理的职能。
5. 简述渔政管理的任务。
6. 简述渔政管理的实施条件。
7. 简述渔政管理的基本原则。
8. 我国的渔政管理体制如何？

附 录

农业部渔业渔政管理局主要职责和内设机构介绍[①]

一、主要职责

（一）负责渔业行业管理和职责范围内的渔政管理。

（二）拟订渔业发展和渔政管理战略、政策、规划、计划并指导实施；起草有关法律、法规、规章并监督实施。

（三）编制渔业渔政基本建设规划，提出项目安排建议并组织实施；编制渔业渔政财政专项规划，提出部门预算和专项转移支付安排建议，并组织或指导实施。

（四）负责渔业渔政统计工作；负责渔业行业生产、水生动植物疫情、渔业灾情等信息监测、汇总和分析，参与水产品供求信息、价格信息的收集分析工作，承

---

① 渔业局.农业部渔业渔政管理局主要职责和内设机构介绍[EB/OL].中国渔业政务网，2014-09-18. http://www.yyj.moa.gov.cn/201409/t20140918_4059118.htm.

担渔业渔政信息系统建设和管理工作。

（五）指导渔业产业结构和布局调整；承担促进休闲渔业发展的相关工作；指导渔业标准化生产，拟订渔业有关标准和技术规范并组织实施。

（六）提出渔业科研、技术推广项目建议，承担重大科研、推广项目遴选及组织实施工作；指导水产技术推广体系改革与建设。

（七）组织实施水产养殖证制度；负责水产苗种管理，组织水产新品种审定；指导水产健康养殖，承担水生动物防疫检疫相关工作，组织水生动植物病害防控，承担水产养殖污染防控工作，监督管理水产养殖用兽药及其他投入品的使用，参与水产品质检体系建设和管理。

（八）组织实施渔业捕捞许可制度，负责渔船、渔机、渔具监督管理，组织渔船装备更新改造；指导协调港澳流动渔船管理工作。

（九）负责远洋渔业管理工作，拟订远洋渔业管理制度措施并组织实施。

（十）指导水产品加工流通，参与品牌培育和市场体系建设，提出水产品国际贸易政策建议。

（十一）负责渔业资源、水产种质资源、水生野生动植物和水生生物湿地的保护管理和开发利用，拟订休渔禁渔制度，指导监督水生生物资源增殖；组织协调各类水生生物保护区的划定、建设和管理工作，负责水生野生动植物捕捉和驯养繁殖许可及进出口管理。

（十二）负责职责范围内的渔业水域生态环境保护工作，组织和监督重大渔业污染事故调查处理，组织重要涉渔工程环境影响评价和生态补偿；指导渔业节能减排工作。

（十三）组织开展国际渔业合作交流；承担或参与政府间双边或多边渔业协定、协议、有关国际条约的谈判和履约工作，协调有关国际渔业组织和机构的交流与合作事务。

（十四）指挥协调全国渔业行政统一综合执法行动，指导全国渔业行政执法队伍建设，负责渔业行政执法监督。

（十五）承担职责范围内的维护国家渔业权益工作，行使渔政渔港和渔船检验监督管理权；负责渔港、渔业航标、渔业船员、渔业电信的监督管理。

（十六）指导渔业安全生产。承担职责范围内的渔业应急处置工作，依法组织或参与调查处理渔港水域和内陆、边境水域的重大渔业安全生产事故；配合有关部门参与处理重大渔事纠纷和涉外渔业事件；负责渔业防灾减灾工作，提出渔业救灾计划及资金安排建议；指导渔业紧急救灾和灾后生产恢复。

（十七）协调指导农业部长江流域渔政监督管理办公室工作。

（十八）指导归口管理的事业单位和社团组织的业务工作。

（十九）承办部领导交办的其他工作。

第二章
渔政管理关系

第一节　渔政管理主体

渔政管理的主体，主要指渔政管理的机构和人员，是进行监督管理的渔业行政执法部门及在其中执行任务的管理人员，这是渔政管理的基本条件和要素。

一、渔政管理机构

我国渔政管理具有悠久的历史，古代就有"渔政"的提法。新中国成立后，我国政府十分重视渔业管理工作。然而在新中国成立初期，政府承担着组织和指挥生产的角色，渔业管理的工作重点是恢复渔业生产。在政府机构设置方面，1949年11月1日，政务院各机构开始正式办公，渔业工作由中央农业局领导。1949年12月，渔业划归食品工业部领导，1950年12月，又划归农业部领导。1953年，农业部水产总局设立渔政科，主要职能是组织生产和为生产提供贷款、防风抗灾等服务；各沿海省（自治区、直辖市）为统一指挥渔业生产，保障海上安全，建立了渔场指挥部。此时，我国渔政管理工作开始萌芽。

1954年9月，国务院取代政务院，渔业于1955年划归商业部管理。1956年全国人民代表大会常务委员会第40次会议决议设立水产部，1957年，水产部设立渔政司，主管全国渔政工作，承担保护渔业资源、管理渔船和处理重大渔业纠纷等职能。1958年和1959年，经国务院、中央军委批准，相继成立了黄海区渔业联合指挥部和东海区渔业联合指挥部。1958—1977年期间，受当时国内政治影响，渔政机构及其工作受到严重冲击，上述两个指挥部也停止了工作。1970年，水产部撤销，渔业管理工作并入农林部，设立水产局，由水产局渔港电信处承担有关渔政、渔港和电信等管理工作。同年，国务院、中央军委批准成立黄渤海区渔业生产联合指挥部，由济南军区副司令员任指挥。1973年12月，基于对巩固海防安全和维护国家海洋渔业权益的考虑，为加强海上对敌斗争和民兵建设，国务院、中央军委批准恢复组建东海区渔业指挥部，次年4月，南海区渔业指挥部成立。至此，形成了由黄渤海区、东海区和南海区三个海区渔业指挥部负责各海区的大渔汛生产组织指挥、渔业资源调查与海上安全生产、渔民和民兵教育等工作的形势，海区指挥部属国务院直接领导,指挥分别由济南、南京、广州三大军区副司令员兼任,各有关省、市、自治区的军区、海军、政府负责人任副指挥。在此期间,总体而言,渔业管理工作的主要指导思想是组织生产。作为现代行政执法监督意义上的渔政管理工作,主要起步于20世纪70年代后期,并且伴随着改革开放和渔业经济持续快速发展不断深化和发展。

渔业法律、法规对渔政机构的设置有明确的规定。我国《渔业法》第六条规定:"县级以上人民政府渔业行政主管部门,可以在重要的渔业水域、渔港设渔政监督管理机构。"依据《国务院组织法》和《地方各级人民代表大会和地方各级人民政府组织法》,渔业行政主管部门是县级以上人民政府的组成部门或工作(职能)部门。渔业机构则是依据其他专门的法律法规设立的,主要包括独立设置的渔政渔港监督机构、渔政机构、渔港监督机构、渔船检验机构、渔业无线电管理机构、水生动植物自然保护区管理机构、水产苗种管理机构、湖泊综合管理机构等。

(一)我国的渔政管理机构

根据渔政管理机构的权限决策力不同,可以分为以下几种。

1. 国务院

我国宪法规定,国务院是国家最高行政管理机关,有权规定国务院各部、委员会的任务和职责,全国地方各级人民政府都是国务院统一领导下的国家行政机关,都服从国务院。因此,国务院是我国渔业行政事务的最高决策机关,可以依法颁布关于渔政管理工作的行政法规、决定、命令以及其他规范性文件。作为国务院的组成部门,农业部应当就渔政管理工作的方针、政策、计划和重大行政措施向国务院请求报告,由国务院决定。

2. 农业部及其所属机构

作为国务院的组成部门,农业部根据《渔业法》以及国务院三定方案主管全国的渔业工作。农业部渔业渔政管理局,简称渔业局,作为国家渔业行政管理机构,是我国渔政管理具体工作的最高领导机关,负责在全国贯彻实施《渔业法》以及其他渔业法律法规,并对农业部下属渔政局和各级地方人民政府的渔业行政主管部门和所属机构负有领导或指导的责任。

2008年10月23日,经国务院批准,农业部渔业局(中华人民共和国渔政渔港监督管理局)更名为农业部渔政局(中华人民共和国渔政局);农业部黄渤海区渔政渔港监督管理局(中华人民共和国黄渤海区渔政渔港监督管理局)更名为农业部黄渤海区渔政局(中华人民共和国黄渤海区渔政局);农业部东海区渔政渔港监督管理局(中华人民共和国东海区渔政渔港监督管理局)更名为农业部东海区渔政局(中华人民共和国东海区渔政局);农业部南海区渔政渔港监督管理局(中华人民共和国南海区渔政渔港监督管理局)更名为农业部南海区渔政局(中华人民共和国南海区渔政局)。更名目的是为了树立大渔政观念,简化机构名称,进一步推动渔政队伍规范化建设，强化渔政管理职能。农业部办公厅随后印发"农业部渔业局(中华人民共和国渔政局)主要职能等有关规定"的通知中，除保留原有职能外，还调整强化了部分新的职能，加强了水生生物资源和渔业水域生态环境保护、维护国家渔业权益的职责。三个海区渔政局的职能也相应得到加强。

2013年3月14日第十二届全国人民代表大会第一次会议通过的《国务院机构改革和职能转变方案》：重新组建国家海洋局。为推进海上统一执法，提高执法效能，将现国家海洋局的中国海监总队、农业部的多个海洋的渔政局、公安部的边防局、海关总署的缉私局进行整合，统一成立中华人民共和国海警局。重新组建国家海洋局，由国土资源部管理。主要职责是，拟订海洋发展规划，实施海上维权执法，监督管理海域使用、海洋环境保护等。国家海洋局以中国海警局名义开展海上维权执法，同时接受公安部业务指导。

3. 地方各级人民政府及其渔业行政主管部门和所属机构

根据《地方各级人民代表大会和地方各级人民政府组织法》以及《渔业法》等有关法律法规的规定，地方人民政府负责本行政区内的渔政管理工作，并且下级政府要向上级政府负责和报告工作，地方各级政府都要服从国务院的领导。对于跨行政区的渔业活动，由有关的地方政府协商管理或者由共同上级人民政府决定。

根据渔业经济发展的不同，有些地方的渔业行政主管部门是地方人民政府的组成部门，有些是其直属机构。另外一些地方人民政府也依据《渔业法》第六条，在重要的渔业水域、渔港设立了渔业行政管理机构，并根据渔政管理业务的内容，设立了渔政管理委员会、渔政管理局(或处、站等)、渔业船舶检验局、渔港监督局等。地方各级渔业行政主管部门及其所属的渔政管理机构，是同级人民政府的职能部门，主管本行政区的渔政管理工作，接受本级人民政府的领导，并且依照法律、法规的规定受上级人民政府渔业行政主管部门的业务指导或者领导以及农业部及其所属机构的业务指导或者领导。渔业行政主管部门与其所属的渔政管理机构之间，基本上也是领导或者与被领导或被指导的工作关系。

4. 由法律或法规授权可以行使特定渔政管理权的特定组织

依据法律法规的明确授权，某些不属于渔政部门的组织也可依法管理某些渔业公共事务。这些组织主要包括群众性自治组织、水产技术推广机构、水产科研和教育机构、行业协会以及专业技术委员会。由法律法规授权的组织与渔政部门一样，具有行政主体的地位，可以自己的名义依法行使法律法规赋予的渔政管理权，并自行承担由此可能引起的法律责任。

5. 经由渔政部门委托可以行使特定渔政管理权的组织

为方便管理，节约行政成本，渔政部门也可以将某些渔政管理权委托给具有管理能力的其他行政机关、事业单位、社会团体、行业协会以及群众自治性组织行使。例如《远洋渔业管理规定》第二十一条规定,渔业行政机关可以把远洋渔业船员的培训工作委托给有条件的教育机构办理。渔业行政委托必须有法定的依据,依照法定的程序进行,并向社会公布。接受委托的组织应是依法设立,并有符合要求的人员和技术条件。《行政处罚法》和《行政许可法》对行政处罚和行政许可的委托问题做出了比较明确的规定。接受委托的组织,不具有渔政主体的地位,只能以做出委托决定的渔政部门的名义行使经由委托而明示的渔政权,并且不能再次委托给其他组织。由它们行使渔政管理权而可能产生的行政法律责任,也由做出委托决定的渔政部门承担。

(二)我国渔政管理机构之间的关系

根据《渔业法》《渔业法实施细则》和其他有关渔业法规的规定以及渔政管理的工作实践,我国渔政管理机构在管理上遵循"统一领导、分级管理"的原则。在此原则下,渔政管理机构相互间的关系主要表现为:

(1)渔政监督管理机构在行政上受政府渔业行政主管部门的领导。《渔业法》第六条规定,国务院渔业行政主管部门主管全国的渔业工作,县级以上地方人民政府渔业行政主管部门主管本行政区域内的渔业工作。县级以上人民政府渔业行政主管部门可以在重要渔业水域、渔港设渔政监督管理机构。因此,渔政监督管理机构是本级政府渔业行政主管的下属机构,在行政上受本级政府渔业行政主管部门的领导。

(2)渔政监督管理机构在业务上受上级渔政监督管理机构的指导。上级渔政监督管理机构对下级机构有业务指导关系。渔政监督管理机构在执法管理中的重大问题、较大的案件,应及时向上级机构请示报告;跨行政区的渔业水域的渔政管理问题,尤其是渔业纠纷问题,由上级渔政监督管理机构进行协调或裁决处理。

(3)渔政监督管理机构在职权上依法相对独立行使监督管理权。《渔业法》第八条规定,"国家渔政渔港监督管理机构对外行使渔政渔港监督管理权",《渔业法实施细则》第六条规定,"国务院渔政渔港监督管理机构代表国家行使渔政渔港监督管理权力"。因此,渔政管理机构可不受外界干扰,独立自主地依法开展监督管理工作。但目前我国渔政管理机构普遍设置在渔业行政主管内部,是渔业行政主管部门的内部机构,还不具有真正的独立的法律地位。因此渔政管理的相对独立性尚有待提高。

(三)我国渔政管理机构与其他机构之间的关系

渔政管理工作大部分在水上开展,涉及面较广,管理内容具有相当的复杂性,监督检查和执法相对困难和繁重。因此,渔政管理必须取得有关部门的支持和配合,无法仅靠渔政管理机构的单方面行动。《渔业法实施细则》第八条规定:"渔业行政主管部门及其所属的渔政监督管理机构,应当与公安、海监、交通、环保、工商行政管理等有关部门相互协作,监督检查渔业法规的施行。"

渔政管理要取得其他有关部门的支持与配合,主要是要协调好渔业系统内部和与其他系统各部门之间的关系。一是主动与渔业系统的生产、供销、渔港监督、渔船检验、渔业科学研究等有关部门之间的协作关系;二是要加强同边防、公安、司法、工商行政管理、海洋监督、交通、环保等有关部门之间的联系与协作。借助各有关部门的力量和支持,调动各方面的积极性,共同做好渔政管理工作。

1. 与司法机关的工作关系

司法机关是行政执法机关的坚强后盾。在渔政管理中,对违反渔业法规需要追究刑事责任的,渔政管理机构要移送司法机关处理;对处以渔业行政处罚的行为,管理相对人逾期不起诉又不履行的,渔政管理机构可申请人民法院强制执行;此外,管理相对人对渔业行政处罚不服的,除可申请行政复议外,还可向司法机关提起行政诉讼,司法机关对渔政管理机构在实施渔政管理活动中是否依法行政具有监督、制约的作用。这说明渔政管理机构在贯彻执行渔业法律法规、实施渔政管理活动中,与司法机关存在密切的工作关系。渔政管理机构应就贯彻执行渔业法规,正确处理违反渔业法规的案件与司法机关进行合作,提高渔政执法的合法性和效力。

2. 与公安(边防)机关的工作关系

公安(边防)机关在对沿海、边境水域、渔船、渔民等的治安管理中与渔政管理机构有着密切联系。对负有政治、刑事及经济责任者,公安(边防)及渔政管理机构有权责令其停止出海;外国渔船在我国管辖水域内作业,渔政管理机构和公安(边防)机关可共同实施检查;在指定港口停靠的外国渔船,由公安(边防)机关负责监督管理。

在渔政管理实践中,一些地方将渔政管理工作与水上治安管理结合起来,渔政管理机构和公安机关联合执法,相互配合,将维护渔业生产秩序与维护社会治安相结合,对贯彻执行渔业法规,加强渔政管理起到积极作用。

3. 与工商行政管理部门的工作关系

工商行政管理部门与渔政管理机构在实施对水产品市场管理方面既有分工,又有协作。水产品或国家重点保护的珍贵、濒危水生野生动物及其产品一经进入市场就成为商品。渔政管理机构对采用非法手段获取的水产品、不符合国家规定的采捕标准的水生动物或水生动物苗种、国家重点保护的水生野生动物实施监督检查,在这一过程中,往往需要取得工商行政管理部门的支持与合作,以从经营环节、市场渠道有效打击非法渔业活动。渔政管理机构和工商行政管理部门的协同合作,共同实施监督检查,既有利于提高渔政执法效果,也有利于加强市场管理。

4. 与环保部门的工作关系

渔业水域环境是渔业资源赖以生存和发展的基本物质条件,渔业水域环境受污染和破坏的直接后果是渔业生产遭受损害。保护渔业资源和渔业水域生态环境是渔政管理机构的重要职责之一。为加强渔业环境监督监测,渔政管理机构在全国设立渔业水域环境监测网络,及时监测渔业水域环境动态,依法处理渔业水域污染事件。然而,由于水域环境保护措施往往需要较高的技术要求,并涉及众多利益部门,与工业、农业、水利建设等有直接的关系,在很多方面需要与环境保护部门开展合作,共同保护渔业水域生态环境,养护渔业资源。

5. 与海洋行政主管部门的工作关系

国家海洋局(包括北海、东海、南海分局)以及地方海洋行政主管部门是专门的海洋行政监督执法机关,负责海域使用管理、海岛生态保护、海洋环境保护与监视监测、海况监测与预报、国家海洋权益维护、海洋科学研究管理等,上述管理内容在很多方面涉及渔业资源、渔业水域环境的保护与管理,以及水产养殖生产使用海域的管理等。因此,在维护国家海洋渔业权益和渔业生产秩序,保护渔业资源,合理开发利用海域、滩涂资源发展水产养殖等方面,渔政管理机构需要与海洋监督管理机关密切合作,取得海洋监督管理部门的支持与帮助。这对提高渔政执法的效果和效率具有重大意义。

二、渔政管理人员

渔政管理人员,是指根据在各级渔业行政主管部门及其所属的渔政机构中从事渔政监督管理以及直接为渔政管理提供后勤保障的人员。《渔业法》中规定:"县级以上人民政府渔业行政主管部门及其所属的渔政监督管理机构可以设渔政检查人员。渔政检查人员执行渔业行政管理部门及其所属的渔政监督管理机构交付的任务。"从法律上看,在进行渔业行政执法检查工作时,只有渔政检查人员才有权力对渔业活动和从事的活动的渔业水域环境造成破坏或者渔业水域污染的行为进行监督检查,这也是法律赋予渔政检查人员的法律地位。渔政检查人员是渔政管理人员的主体,有权对各种渔业、渔业船舶、渔具、渔法和渔获物等进行检查,并依法行使渔业行政处罚权。一般来说,我们经常接触到的渔政检查人员可以称为渔政管理人员,但渔政管理人员并不都是渔政检查人员。

(一)渔政管理人员的素质

渔政管理人员一般是公务员或者是参公事业单位、事业单位的工作人员,在进行招录时会按照公务员、事业单位招考条件进行招录。渔政管理人员的素质主要包括思想素质、业务素质、身心素质。

(1)政治思想素质在渔政管理人员素质中居首要地位,在招考中也是首要考量因素。思想素质要求热爱党、热爱祖国、热爱人民等基本素质;要有全心全意为人民服务的思想,有强烈的正义感和廉洁奉公、秉公执法的职业道德。

(2)业务素质是对于渔政管理人员的工作要求,是渔业行政执法的客观需要。它要求每位渔政管理人员都应该熟练地掌握和运用渔业法律、法规以及有关的行政法学知识；熟悉所辖区域的地理、渔业资源和渔业环境概况；掌握渔业生产、渔政管理、渔业环保、渔业资源的增殖和保护的基本知识和基本技能；了解国内外渔政管理的动态和现代管理知识；能正确地分析和处理渔业违法案件，有一定的语言表达能力和文字表达能力；还要能够正确操作和使用各种通信、录像、计算机、信息处理等现代管理和办公设备等。

（3）身心素质一方面指的是身体条件，另一方面也要求渔政管理人员有沉着的心理特征和较强的自制力。渔政管理人员经常需要深入到渔业生产第一线，调查了解情况，宣传和执行渔业法律法规，审核发放渔业许可证，征收渔业资源增殖保护费，查处违法行为，处理渔业纠纷。渔政管理工作环境艰苦，任务艰巨，对身体素质要求较高。另外，渔政管理人员会接触到不同的渔业从业人员，面对不同素质的行政执法对象，需要渔政检查人员有较高的心理素质，一定的涵养和自制能力。

（二）渔政管理主体的权利

渔政管理主体的权利指渔政主体根据法律法规进行渔业监督管理的权利，主要包括以下内容：

（1）制定规范权。渔政管理主体可根据渔业法规，制定进行渔业管理的规章、措施等行政管理规范。

（2）渔业处罚权。渔政管理主体对违反渔业法规的当事人可依法实施法定的制裁手段。

（3）渔政命令权。渔政管理主体有权依法要求特定的或不特定的相对人，作为一定行为或不作为一定行为。

（4）渔政决定权。渔政管理主体有依法对渔政客体的权利和义务进行单方面处置的权力。

（5）渔政监督检查权。渔政管理主体有依法对渔政客体的守法情况进行监督检查的权力。

（6）行政裁决权。渔政管理主体可依法对渔业生产纠纷等进行裁决，但这种行政裁决有一定的范围和限度。

（7）行政强制权。渔政管理主体有权依法对拒不履行法定义务的渔政管理客体或拒不执行处罚的渔政客体采取一定的强制处置措施或强制执行措施。这种行政强制措施有一定的限度，并不具有最终效力。

（三）渔政管理主体的义务

渔政管理主体在享有上述行政职权的同时，必须依法承担相应的义务，即承担行政职责。

（1）执行渔业法规、行使法定权力的义务。执行渔业法规、行使法定职权是渔政管理主体的主要任务。渔政管理主体必须依法行使法律赋予的职权，才能保障渔业法规的贯彻执行，维护国家渔业权益和广大渔政相对人的合法权益。

（2）遵守法律、依法进行渔政管理的义务。渔政管理行为必须依据法律法规，在渔政管理主体职权范围内，按照法定程序进行，不得越权，不得滥用职权，法律赋予的自由裁量权应合理使用。渔政管理行为违法造成相对人损失或损害的，应进行赔偿，并承担相应法律责任。

（3）不徇私情、秉公执法的义务。渔政管理主体应不徇私情、秉公执法，保护国家权益和渔民群众的合法权益，并接受法律和渔民群众的监督。按照《渔业法》第四十九条的规定，政府渔业行政主管部门和其所属的渔政监督管理机构和其工作人员违反《渔业法》的规定核发许可证、分配捕捞限额，或者有其他玩忽职守、不履行法定义务、滥用职权、徇私舞弊的行为的，依法给予行政处分；构成犯罪的，依法追究刑事责任。

（4）法律规定的其他义务。除上述作为行政管理主体的一般性义务外，渔政管理主体还必须履行法律明确规定的其他特定义务。例如，《渔业法》第九条规定，渔业行政主管部门和其所属的渔政监督管理机构及其工作人员不得参与和从事渔业生产经营活动。对于违法从事渔业生产经营活动的，按照《渔业法》第四十九条的规定，依法给予行政处分；构成犯罪的，依法追究刑事责任。

第二节　渔政管理的客体

渔政管理的客体，即渔政管理的相对人是指渔政管理关系中渔政主体的相对一方，即被管理者。《渔业法》第二条规定："在中华人民共和国的内水、滩涂、领海、专属经济区以及中华人民共和国管辖的一切其他海域从事养殖和捕捞水生动物、水生植物等渔业生产活动，都必须遵守本法。"因而，在我国，渔政管理的相对人，即渔政管理客体包括在我国管理的水域、滩涂从事渔业活动的个人、法人和其他组织，以及其他与渔业活动有关的单位和个人，其中包括在我管辖的水域、滩涂从事渔业活动的外国人和外国渔船。

一、渔政管理客体的权利

（一）受保障权和受益权

保障相对人的合法权益是渔政管理的基本职能之一。作为渔政管理相对人的渔业法人和渔民个人可要求渔政管理主体依法履行职责，以实现其依渔业法规应享有的权利（如申请捕捞许可证）；渔政管理主体应依法行使渔政管理职权，保障渔政管理相对人各种合法权益得到实现，保证渔政管理相对人的合法权益不受损害。

(二) 申诉和诉讼权

在渔政管理主体具体实施渔政管理活动中,尤其是在涉及处理相对人的权利和利益时,渔政管理相对人有申辩、反驳的权利和了解事实的权利;对处罚结果不服的,有权申请行政复议或提起行政诉讼。《中华人民共和国行政复议法》和《中华人民共和国行政诉讼法》对行政复议和行政诉讼进行了明确规定,为渔政管理相对人行使申请行政复议权和提起行政诉讼权提供了法律依据。

(三) 监督权

渔政管理相对人有权对渔政管理主体的行政执法行为进行监督。由于渔政管理相对人是渔政管理行为最直接和最主要的利益影响者,因此渔政管理相对人是对渔政管理行为进行监督的最主要的主体。这种监督的方式、方法是多样的,包括批评、控告、检举、揭发、建议等。

(四) 请求权

渔业法人或渔民个人有权按渔业法规的规定,要求渔政主体做出某种行为或不做出某种行为。例如,渔政管理相对人有权要求渔政管理主体依法确认某种渔业权利或资格;有权请求渔政管理主体制止某种不法行为,以保护其合法权益;有权提出渔业许可申请等。对于相对人的请求,渔政管理主体应依法受理,并根据具体情况,依法批准、处理或驳回。

(五) 宪法和法律规定的其他的广泛权利

宪法和法律规定的渔政管理相对人作为一般法人或自然人所享有的权利都必须予以尊重,并受法律保护。这些权利包括作为自然人的自由权、平等权、财产权、名誉权等权利,以及企业法人或社会组织依法应享有的其他权利。

二、渔政管理客体的义务

渔政管理相对人在享有权利的同时,必须承担法律规定的义务。作为渔政管理关系中的被管理者,渔政管理相对人的义务是由法律规定和国家强制力量保证的,渔政管理相对人必须履行相关的社会责任。

(一) 遵守渔业法律法规的义务

渔业法律规范规定所约束的对象在一定条件下必须做什么,在一定的条件下禁止做什么。渔政管理相对人必须遵守国家渔业法律规范,违反的话就构成违法行为,就要承担相应的法律责任。

(二) 服从渔政管理的义务

渔政管理相对人对渔政管理主体依法进行的管理活动有服从和配合的义务。这是渔政管理行为得以进行的基本保障。

(三) 协助渔政管理的义务

支持和协助渔政管理主体执行公务,既是渔政管理相对人参与渔政管理的权利,也是渔政管理相对人的义务。这种协助管理的义务既有法律的概括性要求,也有具体规定性要求。例如在渔业违法案件调查中向渔政管理主体提供真实的证据资料或相关信息;在渔业安全事故或水域污染事故发生后主动报告、提供调查线索等。

思 考 题

1. 我国的渔政管理机构都有哪些?
2. 简述渔政管理机构之间的关系。
3. 简述渔政管理机构与其他机构之间的关系。
4. 什么是渔政管理主体?
5. 渔政管理主体的权利和义务如何?
6. 什么是渔政管理客体?
7. 渔政管理客体的权利和义务如何?

第三章
渔政管理系统

渔政管理媒介系统,也就是我国渔政管理指挥信息系统,经国家发改委和农业部批准,并由计算机网络、业务管理系统和通信指挥系统三部分组成,并于2007年正式投入应用。该系统在规范我国渔业管理、提高渔政执法效率、加强执法监督、提高渔业安全生产通信保障能力和方便服务渔民等方面发挥了重要的作用。

第一节 中国渔政指挥系统

中国渔政指挥中心(以下简称"指挥中心")于2000年5月7日经国务院机构编制委员会办公室批准成立,主要是为了适应新的国际海洋管理制度的实施和国内渔业统一综合执法的需要,专职负责全国渔业行政执法的指挥协调,是全国渔业综合执法的指挥机构。指挥中心的业务工作受农业部渔业局管理,接受渔业局指导,主要职能是负责全国重大渔业执法行动的组织协调,维护国家渔业权益和全国渔政队伍建设工作。

一、中国渔政指挥中心的职责

(1)受农业部委托,承担全国渔业统一综合执法行动的指挥、协调任务,根据农业部授权,对重大渔业违规案件进行调查处理。

(2)承担专属经济区渔业执法检查的指挥工作;根据双边渔业协定对共管水域组织实施渔业执法检查;受农业部委托组织和协调有关国家和地区对口渔业执法机构,开展海上联合执法检查。

(3)组织实施跨海区、跨流域、跨省(自治区、直辖市)和边境水域的渔业执法行动。负责拟订重要渔业执法检查计划,经批准后组织实施。

(4)承担渔业重大事故、纠纷、突发事件和涉外事件的处理、统计和分析,负责应急值班的日常管理工作。负责渔船间重大水上交通事故的调查处理工作,参与调查处理渔业污染事故。

(5)承担全国渔业无线电通信、导航的业务技术指导工作;拟订全国渔政管理指挥系统建设计划,经批准后实施。具体承担系统建设、管理和维护工作。

(6) 受农业部渔业局委托,组织指导全国渔业行政执法队伍建设工作。负责渔业执法证件和制服管理,承担有关执法装备的政府采购工作。负责重大渔政基本建设项目执行情况的监督检查。

(7) 受农业部渔业局委托,承担全国水生野生动植物保护管理及执法检查工作。

(8) 承办农业部交办的其他事项。

此外,中国渔政黄渤海总队、中国渔政东海总队、中国渔政南海总队的业务工作接受指挥中心的指导。

二、渔政管理指挥系统的建立和组成

2007年11月14日,中国渔政管理指挥系统正式启用,大大推动了我国渔业管理的信息化、科学化和现代化,标志着我国渔业和渔政管理信息化建设迈上了一个新台阶。中国渔政管理指挥系统包括计算机网络、业务管理系统和通信指挥系统三部分,其中业务管理系统涵盖了包括渔船管理系统,渔政执法管理系统,渔政队伍和基础设施管理系统,养殖管理系统,水生野生动物保护管理系统,渔业涉外事件、水上安全事故、海难救助和渔政执法信息系统,水产品药物及有毒有害物质残留监控数据处理系统7个子系统18个业务管理软件。该项系统充分利用现代计算机网络技术,通过网络平台进行渔业审批、信息录入、查询统计分析等业务管理,有利于实现我国渔政(渔业)管理的数字化与网络化,有利于促进信息的互联互通、数据共享和业务协同,将在规范渔业管理、提高渔政执法效率、加强执法监督、提高渔业安全生产通信保障能力、方便服务渔民等方面发挥重要作用。

根据中国渔业政务网(http://www.yyj.moa.gov.cn/)的信息,渔政管理指挥系统由如下几部门组成:

图3-1 渔政管理指挥系统部门组成

(1) 政务信息报送。主要是涉及上下级渔政业务管理机关政务信息的递送管理。

(2) 统计资料报送。

(3) 价格信息报送。

(4) 渔政指挥系统(北联通,南电信)。

(5) 通信设备统计核查。

(6) 渔业船员管理系统。

2016年3月31日后,即2016年4月1日起,要求实名制登录管理。以渔业船员管理系统为例,界面非常清晰醒目,如图3-2所示。

图3-2 中国渔业船员管理系统

第二节 渔政管理通信指挥系统

在我国,渔政管理通信指挥系统由北斗卫星导航系统完成。北斗海洋渔业安全生产信息服务系统应用介绍如下:

一、系统介绍

北斗卫星导航系统是我国自主知识产权的集定位、双向短报文通信为一体、完全覆盖中国海域,具有24小时、全天候服务,无通讯盲区,安全、可靠、稳定等特点;有遇险报警、搜救协调通信、救助现场通信、现场寻位、海上安全信息播放、常规公众业务通信、驾驶台对驾驶台通信等功能,是一种新兴的、有广阔应用前景的技术手段,已经在我国海洋渔业安全监管领域得到了迅猛的发展。

北斗海洋渔业安全生产信息服务系统主要由北斗卫星及卫星地面站、北斗海洋渔业船载终端、北斗星通运营服务中心、渔业管理部门用户陆地监控台站等组成。该系统以我国自主知识产权的北斗一号卫星导航系统为基础,有效整合移动通信、卫星通信、互联网、地理信息、电子商务等高新技术,构建覆盖近海、中远海以及远洋的海天地一体化的北斗卫星海洋渔业综合信息服务网络。

该系统可提供:(1)向外海生产作业者和关联者提供船、岸间的多种通信网络的数字报文互通服务;(2)向渔业管理部门提供渔业管理、船位监控、紧急救援信息服务;(3)向渔业经营者提供渔业交易信息服务以及物流运输信息服务;(4)向海洋渔业船只提供定位导航、航海通告、遇险求救、增值信息服务(天气、海浪、渔场、渔汛、鱼市等)。

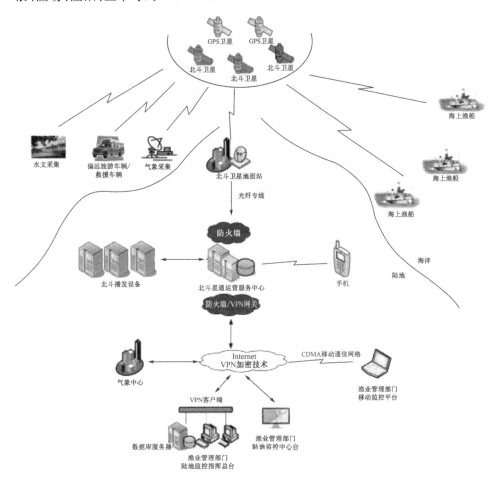

图 3-3 北斗卫星导航系统组成图

图 3-4　北斗海洋渔业船载终端

图 3-5　北斗运营服务中心

二、系统应用基本情况

2006年,农业部投资建设了南沙渔船船位监控指挥管理系统,项目总投资1 865万元,为900艘在南沙海域生产作业的渔船安装了北斗卫星船载终端设备,首开北斗海洋渔业安全生产系统在海洋渔业应用先河,在渔业安全监管方面发挥出重要作用。在农业部南沙项目的示范带动下,地方政府和各级渔业部门高度重视,舍得投入,据初步统计,近几年共为24 000多艘渔船安装了卫星船位监测终端设备,其中安装北斗卫星监测终端设备19 354艘,占80%以上。

2008年,浙江省投资3.4个亿,共建设1个省级监控中心、4个市级监控中心和25个县级监控中心,为14 153艘185马力以上的渔船安装了卫星船位终端,其中北斗卫星终端数量为11 783台。

2009年,上海、江苏和山东陆续开展渔船安全救助信息系统建设,其中上海334艘,江苏2 667艘,山东1 663艘,共为4 664艘渔船装备北斗卫星终端设备。

2010年,海南省与北斗星通信息服务有限公司签订"海南省海洋渔业安全生产北斗卫星导航通信系统项目合同",为具备安装条件的6 000艘渔船安装北斗卫星终端设备,该项目已于2012年年底完成验收。

2011年,广西地区在所有60马力以上的渔船上安装北斗海洋渔业船载终端。同时,在各级渔政管理部门安装船舶安保系统,对渔船实施有效管理。

2012年以来,辽宁、山东、广东、河北、天津也陆续开始建设北斗海洋渔业安全生产系统项目。

随着北斗卫星通信系统在渔业的应用不断扩大,农业部根据渔业行业的应用特点,制定了北斗卫星渔业船载终端设备技术标准,已作为水产行业标准正式发布,并向财政部申报,将北斗卫星船载终端设备列为渔船安全机械设备,享受农机补贴政策。

三、北斗海洋渔业安全生产信息服务系统在海洋渔业发挥的重要作用

(一)保障渔民生命财产安全

为加强渔业安全生产管理,国务院下发了《国务院办公厅关于加强渔业安全生产工作的通知》(国办发〔2008〕113号),明确提出要加快信息技术在渔业安全生产中的应用,加快大中型渔船船位卫星监控系统建设,实现对作业渔船的动态监控和实时跟踪。

北斗卫星海洋渔业安全生产信息服务系统的应用极大地保障了渔船的出海安全,巩固和发展了渔业生产,推动了"平安渔业"建设。以赴南沙生产作业的渔船为例,农业部南海区渔政局建立了"南沙渔船船位监控指挥管理系统",系统建成后,监控中心能随时获知渔船方位,大大方便了相关职能部门对渔业生产的管理,实现看得见的管理调度。当渔民在海上遇险时,可以通过渔船上的卫星导航通信系统向监控中心发送遇险报告,监控中心收到报告时就可以根据卫星定位确定距离遇险渔船最近的船只,并与之取得联系,组织搜救,从而大大提高了遇险渔民的获救率。

2011年3月2日凌晨,浙江省椒江区海洋与渔业局指挥中心值班室接到紧急报警:浙岭渔20169船在东经122°25′18″、北纬28°49′48″位置被格鲁吉亚籍大轮碰撞,造成浙岭渔20169船船体严重变形进水并逐渐下沉,船上11名船员生命危急,肇事大轮已逃离现场。接警后,椒江区海洋与渔业局借助渔船安全救助信息系统,利用北斗卫星精准定位出事地点,并利用北斗卫星短信功能指挥调度周边浙椒渔7838船迅速进行救援,成功转移11名遇险船员,并用缆绳将沉船带靠在自己船边,确保了浙岭渔20169船及船员的生命财产安全。

(二)减少外交争端,维护我国海洋权益,促进海洋经济和谐发展

中国渔政肩负着管理南沙、北部湾、中朝、中韩、中日交界海域作业的渔船的工作,负有维护我国海洋权益重大责任。北斗卫星通信系统在海洋渔业应用,为渔业主管部门和海上作业渔船建立一种有效的沟通与信息交互手段,渔业主管部门可以通过系统提醒、警告在敏感水域作业渔船越界捕捞,同时渔民在受到干扰

时,可及时求助,便于及时掌握海上情况,调解争端。北斗卫星通信系统在维护我国南沙主权权益,处理涉朝韩水域渔船越界捕捞事件中都发挥了重要作用。

(三)促进渔业现代化信息化管理

北斗海洋渔业安全生产信息服务系统在海洋渔业应用,为各级渔业主管部门加强对出海渔船的规范化管理提供了科技手段。

一是及时阻止渔船在伏休期非法从事捕捞生产或在台风时期冒险出海生产,也使渔船防台避灾能力有新的提高,为海洋渔业发展提供全方位的信息服务,构建和谐的海洋渔业安全生产保障体系。

二是北斗数据为政府补贴提供依据。当前,"渔船船位监测系统"统计数据,在部分省份已成为分配"渔船柴油补贴"等的重要参考依据。

三是使陆地和海上的信息传递、通信联络更加便捷,渔业主管部门能通过北斗卫星通信系统及时向海上渔船发送气象、海况、政策法规、市场行情等信息,指导海上渔业生产。

目前我国的海洋渔业生产主要以个体生产为主,渔业交易主要通过渔民和岸边代理人基于比较封闭的信任关系来实现。由于缺乏有效的通信手段和渔业交易信息平台,船岸信息交流困难,渔民不能及时获取政策信息和渔业资源信息,海上渔获物的基本信息也不能及时获得与发布,造成渔业交易周期长、生产效率低下,特别是鲜活鱼交易成本提高,风险增大。同时也无法形成规模化的生产交易体制,导致渔产品消费价格相对较高,交易时间延长,产品质量下降。

该系统的应用,使渔民可获得天气、海浪、赤潮、渔汛、鱼市价格等增值信息,并迅速发布渔获物的信息,提高生产效率,降低交易风险,增加渔民收入,促进"三农"问题的解决。渔业经营者能够在最早的时间内获得捕捞信息,缩短交易时间,降低交易成本。

(四)提高海洋渔业信息化水平,推动海洋经济上新台阶

海洋渔业是海洋经济的传统产业,也是海洋经济可持续发展的主导产业。信息产业促进了我国陆地经济的可持续集群化发展,特别是移动通信和互联网的浪潮。但在海洋经济发展中这两项技术由于受通信条件的限制,尚未得到很好的应用,我国的海洋渔业生产作业正是缺乏有效的海上通信和定位手段,不能把各方面的渔业信息资源整合互动共享,急需加强海上渔船导航、通信一体化的海洋渔业信息服务基础设施建设。特别是随着我国加入WTO、新的国际海洋制度的实施,国内外开发海洋资源竞争日趋加剧,依靠科技进步,用信息化推动海洋产业结构调整,与陆地经济信息联动共享,将成为推动海洋经济的跨越式发展的必由之路。

思 考 题

1. 渔政信息管理在渔政管理工作中有何重要性？请举例说明。
2. 渔政信息的含义是什么？如何分类？它具有哪些属性？
3. 渔政信息有哪些特点？能发挥哪些作用？请举例说明。
4. 渔政信息网络技术建设有何目的？建设这个网络应具备哪些条件？
5. 渔业信息技术应用适合使用在哪些领域？为什么？

第四章
渔业生产者与渔业组织管理

第一节 渔业生产者管理

一、渔业的定义与分类

渔业是一个特殊的行业,它有自己的产业特色,它的产业内的组织状况也不同于其他的产业,因此我们在研究渔业的产业组织之前有必要先探讨渔业的产业特性。

渔业有狭义的渔业和广义的渔业之分。狭义的渔业,是指捕捞、养殖和加工水域生物资源的产业,它包括从事水产品的培育、繁殖、捕捞和生产等的各种事业。而广义的渔业则是指从事水产生物资源利用的产业,凡是经营或管理水产生物之事业,无论是捕捞、养殖、制造或行销等,均可列为渔业的研究范围,包括狭义的渔业和渔产品的销售、休闲、娱乐等与渔业有关的各项事业。

狭义的渔业包括捕捞业、水产养殖业和水产品加工业。捕捞业和养殖业是以水域为生产场所,投入资本、劳动力等生产要素以获得产品的一个部门,属于第一产业。水产品加工业是以从水域中捕获的产品为原料,制造水产商品的部门。除了所使用的原料为水产品外,它与加工农产品的农产品加工业、加工畜产品的畜产品加工业属于同一类型的产业,可列为食品加工业的一个部门。简言之,凡是水产生物用于人类生活需要的各项事业,都可以称之为渔业。渔业是生产多种产品的产业部门,以营利为目的的,可以称之为商业渔业;以休闲、娱乐为目的的,可以称之为休闲渔业。

从产业分类的角度看,渔业与农业、林业、矿业、工业、商业运输业一样,是组成国民经济的产业部门之一。国民经济不外乎是通过劳动力、资本的投入,在生产并消费物质财富这一经济循环中产生国民收入的过程。不言而喻,渔业担负着国民经济这一循环的一部分。渔业对国民经济所起的作用,主要是向国民提供食物,特别是动物性蛋白质食品。在畜牧业尚不发达的时期,动物性蛋白质的供给大部分依赖于渔产品。在最近几十年时间里,由于食物结构的变化,畜产业的发展,渔业在国民经济中的作用有所下降,但在国民摄取的营养中仍有大约 50% 的动物性蛋白质来自于渔产品。

二、渔业生产者

渔业生产者是指与渔业产业密切相关的提供初级与产品的企业（渔民）①和从事渔业生产原材料及渔产品交易的企业（渔业企业和渔业相关企业）。

（一）渔民

对于渔民的概念，不同学者从多重角度界定。在我国城乡二元社会结构下，渔民的身份含义比职业含义更重要；所谓渔民是指有渔业户口的人，他们曾经生活在渔区，基本没有土地，依靠渔业来维持生活。渔民，专指渔业劳动力，并非指一般的渔业人口。渔民是以海洋为生的特殊群体，水域和滩涂是渔民基本的生产资料和生活保障。渔民大多从事渔业，包括海水养殖、海洋捕捞、水产品加工等相关产业。

通过查阅相关资料，对"渔民"这一概念的阐述主要来源于两个领域：一是官方资料，包括渔民相关的政策法规、文件公报和统计资料；二是相关研究资料，即学术界在研究渔民群体时所使用的定义。我国涉及渔业的法律法规很多，其中最重要的是1986年颁布2000年修订的《中华人民共和国渔业法》。但是，其中并没有出现"渔民"的说法，而是使用了"渔业生产者"的说法。这一称谓和说法也体现在相关的统计资料中。《中国渔业统计年鉴中》主要使用的是"渔业从业者"的概念，其中提到了"传统渔民"的概念，但其范围也比较宽泛。② 可见，在官方的资料

---

① 因为渔业初级产品的生产大多都是由分散的渔民或渔民家庭进行的，因此在讨论渔业生产者的时候，我们有必要把单个的渔民（渔民家庭）作为一个企业。这样，由单个渔民或渔民家庭以各种方式组织起来而形成的组织，我们也可以认为是渔业生产者。

② 农业部渔业局监制.中国渔业统计年鉴(2011年卷)[G].北京：中国农业出版社，2011.其中的指标解释23～25条中的相关定义如下：(1)渔业乡、渔业村：在农村中，凡以渔业为主，从事渔业生产与经营的人员占全服从业人员50%以上或渔业产值占农业产值的比重50%以上的乡、村，即为渔业乡和渔业村；达不到上述标准但一直是以渔业经营为主，经上级主管部门批准定为渔业乡、村的，亦可统计为渔业乡和渔业村。(2)渔业户：指农（渔）村和城镇住户中主要从事渔业生产与经营的家庭。凡家庭主要劳动力或多数劳动力从事渔业生产与经营的时间占全年劳动时间的50%(6个月)以上或渔业纯收入占家庭纯收入总额50%以上者均可统计为渔业户。(3)渔业人口：渔业人口指依靠渔业生产和相关活动维持生活的全部人口，包括实际从事渔业生产和相关活动的人口及其赡(抚)养的人口。具体包括：①直接从事渔业生产和相关活动的在业人口；②兼营渔业和其他非渔业劳动者中，凡从事渔业生产和相关活动的时间全年累计达到或超过3个月者，或者虽全年累计不足3个月，但渔业纯收入占纯收入总额比重超过50%者；③由从事渔业生产和相关活动的人口赡(抚)养的人口；④在既有渔业劳动者又有非渔业劳动者的家庭中，根据渔业与非渔业纯收入比例分摊的被渔业劳动者赡(抚)养的人口；⑤渔业人口中的传统渔民：凡渔业乡、渔业村的渔业人口均可称为传统渔民。(4)渔业从业人员：①渔业从业人员：全社会中16岁以上，有劳动能力，从事一定渔业劳动并取得劳动报酬或经营收入的人员；②渔业专业从业人员：全年从事渔业活动6个月以上或50%以上的生活来源来自渔业活动的渔业从业人员；③渔业兼业从业人员：全年从事渔业活动3～6个月或20%～50%的生活来源来自渔业活动的渔业从业人员；④渔业临时从业人员：全年从事渔业活动3个月以下或20%以下的生活来源来自渔业活动的渔业从业人员。

中并没有关于渔民的准确定义,即使有也属于一个较为广义的定义,包含的内容比较宽泛。而在另外一些资料中,渔民的界定则相对较为狭窄,基本就是指与现代渔民相对应的"传统渔民"。联合国粮农组织(FAO)对渔民(Fisher)的定义是:"渔民"是一个描述从事捕鱼活动的人(男或女)的不分性别的中性词汇,指在渔船、漂浮或固定平台上或岸边捕鱼的个人,不包括水产品加工人员或商人。[①] 根据这一定义,渔民仅仅是指从事捕捞渔业的人,而不直接参与其中的其他经营人员则不属于渔民的范围。

综合以上的关于渔民的界定,同时结合实际情况,本书采用较为广义的现代渔民的界定:渔民是指生活在渔业乡村,或从事渔业生产的人。这个概念是比较宽泛的,没有地域、户籍、职业类型等方面的限制,基本上等同于统计资料中的"渔业人口"概念的界定。渔民具有以下几个主要的特征:第一,渔民属于农民范畴;第二,居住或生活在沿海地区;第三,从事海洋渔业为生,即渔业生产是家庭的主要经济来源。这里所说的海洋渔业主要是指海洋捕捞、海水养殖、远洋渔业、水产品加工、水产品运输、休闲渔业等,是包括渔业第一、第二、第三产业的广义层面的海洋渔业。

(二)渔业企业

1. 渔业企业及其特点

渔业企业是指主业从事水产养殖、渔业生产、流通等经济活动,满足社会对水产品的需求,进行自主经营、自负盈亏、有自我发展和自我约束能力的商品生产者和经营者。[②] 我国当前渔业企业所有制的形式有:国有企业、集体企业、混合所有制企业、中外合资企业、私营企业、外资独资企业等。与一般的企业相比,渔业企业有其自身的特殊性。渔业企业具有如下特点:

(1)对资源的强依赖性。渔业企业的经营起点是水产品,拥有充足的鱼、虾、贝等水产产品,拥有良好的水质、良好的自然环境,渔业企业才能从事生产活动。因此,渔业企业对海洋和水域资源有着很强的依赖性。

(2)劳动密集性。渔业企业的生产类型决定了它属于劳动密集型企业,从水产养殖、捕捞到水产品加工,从渔船的修造到海洋运输,都需要有大量的劳力来完成。

(3)原料的易腐性。渔业企业的主要原料是渔获物,而渔获物腐烂变质,就会完全失去财富效用和使用价值,即使没有腐败变质,若鲜度下降,渔业品的利用效果也会降低。因此,渔场利用和流通范围受到很大的制约,渔业企业只能是地方生产和地方性消费。

---

① 董黎莉.我国海洋渔民社会地位研究[D].青岛:中国海洋大学,硕士学位论文,2011.
② 王淼,段志霞.我国渔业企业的"五力模型"分析[J].中国渔业经济,2007(5).

2. 渔业企业的总体环境分析

企业竞争力总是受到总体环境和行业环境的多重影响。渔业企业的总体环境包括政策、社会、经济和自然环境。

（1）政策环境。中央或当地政府颁布的方针政策、法律法规对渔业企业的生产经营活动具有一定的控制和调节作用。为了有效解决"三农"问题和建设海洋强国，中央政府颁布了一系列优惠政策：如减免渔船税，免除内资渔业所得税等，这些政策为我国渔业企业的发展提供了有利条件。同时，也会有一些政策会造成渔业企业暂时性的生产能力浪费，如伏季休渔政策等。当然，这也是实现渔业可持续发展所必需的。

（2）社会环境。我国用世界7%的耕地养活了世界22%的人口，人口与资源的矛盾将日益突出。为了缓解人口膨胀度对粮食需求日益增长的压力，1995年FAO(Food and Agriculture Organization)召开的世界渔业部长会议以及同年在日本召开的"渔业对粮食安全保障的持续贡献国际会议"，强调了渔业对粮食安全的重要作用。渔业产品提供了人类所需的主要动物蛋白，特别是在2003年的"非典"和2004年初的禽流感疫情袭击我国以后，渔业产品因其较高的安全性和高营养价值成为消费者首选，这大大促进了渔业企业的发展。

（3）经济环境。成为WTO正式成员后，我国享受140多个成员国的优惠关税，从理论上而言，为我国渔业产品的出口提供了更加广阔的国际市场，打破了以往国内市场和国际市场长期被区隔的状态。但是与此同时，也有一些不利因素制约着我国渔业企业的发展：如我国渔业企业技术设备落后、人力资源素质不高、管理不善等。

（4）自然环境。过度捕捞和工业污染的加重，使得我国渔业资源环境日益恶劣。恶劣的自然环境直接影响了渔业企业的生产成本、产品创新和产品质量，制约了企业的可持续发展。

（三）渔业相关企业

除直接从事渔业生产经营活动的渔业企业外，渔业内部发生了很大变化，形成了养殖、捕捞、加工、增殖和休闲五大产业。我们知道，渔业产业划分为渔业第一产业、渔业第二产业、渔业第三产业。渔业第一产业是狭义的渔业，主要包括捕捞和养殖；渔业第二产业是指渔业工业和建筑业，包括与鱼产品有关的精深加工与销售、渔港鱼货贸易、加工生产、鲜活运输等；渔业第三产业是指渔业流通和服务业，包括水产流通和运输，渔村的旅游、渔家乐、游钓业、休闲渔业等。在渔业产业中，水产品加工等（第二产业）和休闲渔业等（第三产业）可视为渔业相关企业。

随着近岸渔业资源的枯竭，以及环境污染等问题带来的养殖业的萎缩，目前结构下中国渔业的发展已经出现了动力不足、后继无力的现象。要实现渔业的发展，必须依靠大力发展休闲渔业、渔业旅游观光、渔业服务业等渔业第三产业，依靠技术革新发展水产品精深加工等渔业第二产业。随着渔业产业结构的进一步优化,养殖、捕捞、加工流通、休闲渔业等渔业相关企业全面发展,日益成为渔业经济发展的增长点。目前我国渔业相关企业发展呈如下特点:

1. 限制捕捞业发展

自2002年始,沿海各省市稳步推进渔民转产转业,累计淘汰报废老旧捕捞渔船3万余艘。严格实施海洋捕捞休渔制度,利用渔船检验、渔船登记、捕捞许可证发放等手段有效地控制捕捞渔船盲目增长,降低渔船数量,改善渔船装备。对捕捞方式进行严格管理,拖网、帆张网等对资源影响较大的作业方式不断减少,加大捕捞执法监督力度,组织开展打击非法生产、非法造船、清理整顿"三无"船舶等执法行动,维护了捕捞生产和渔船渔港管理秩序。

2. 推进水产健康养殖

近年来,我国坚持"以养为主"的发展方针,依靠科技进步,积极调整品种结构和生产方式,大力推进生态健康养殖,促进了水产养殖的标准化、集约化。工厂化循环水养殖、深水抗风浪网箱养殖等集约化养殖方式迅速发展。水产养殖面积实现了大幅增加,我国水产养殖产量占国内水产品总产量和世界水产养殖总产量均达到了70%。

3. 远洋渔业逐步壮大

我国远洋渔业经历了从无到有,正逐渐壮大,作业方式从拖网到拖网、延绳钓、围网等多种形式相结合的转变,捕捞渔船也逐渐发展成为大型综合性现代化捕捞船队,积极开发引进金枪鱼围网等先进渔船,渔船种类和类型日趋齐全。在公海不断拓展作业海域,大洋性渔业和过洋性渔业得到进一步发展,作业海域在30多个国家的专属经济区和太平洋、大西洋、印度洋公海和南极海域均有分布。捕捞对象和渔业种类不断增多。

4. 水产加工业发展迅速

我国水产品加工业正向综合化、多元化、精细化和高附加值逐步迈进,产品类型从单一食用向休闲食品、鱼糜制品、生物材料、功能保健食品、海洋药物和工艺品等方向发展。在市场需求拉动下,尤其是在出口贸易的带动下,依靠引进生产线和技术,造就了一批集生产、加工、运销、服务为一体的综合性水产龙头企业,大幅提升了水产加工能力,增强了渔业经济效益和市场竞争力,形成了以山东半岛、辽东半岛、雷州半岛为主的水产品加工基地。

5. 第三产业多元化发展

渔业的文化功能得到越来越多地发挥。休闲垂钓、旅游餐饮促进了城乡交融。积极鼓励并逐步发展了休闲垂钓、观光旅游、观赏渔业、渔文化保护与开发等多种形式的休闲渔业。这些休闲渔业日益显示其高效益、低污染等特点,为渔业和渔区经济发展带来了新的生机和活力。渔业第三产业逐渐呈现休闲渔业、渔业服务业、观光渔业、渔业文化等多元化发展局面。

三、渔业生产者的作用

（一）提供渔产品

渔业生产者的第一个任务，在于充分及时地向国民提供渔业产品。这不但可以确保国民营养的水准，而且还必须根据食物结构的变化，在质的方面能够满足国民的要求。作为现代社会经济特点的市场机制，可以通过鱼价的涨与跌，发挥引导渔业生产的机能。渔业生产者会增产价格高的渔业品，而少捕捞低价格的渔业品。但是，由于资源制约和自然条件的制约，在市场机制下，若自由放任地扩大生产，就会出现市场失灵，就会破坏渔业资源的再生产，使渔业生产难以持续发展。因此，渔业资源的保护与经济利用的均衡分析和科学的渔业管理，应该是渔业经济的一个重要课题。渔业资源的保护问题，早在20世纪70年代就已经作为一个重要问题而受到我国政府的重视，这是一个长期的问题，从历史的经验和教训来看，不能因为在某个时期里因恶化衰退而重视，也不能因为某个时期里有所好转而放松。

（二）有利于调整产业结构，合理开发利用国土资源

我国人口众多，人均占有耕地面积非常少，而且随着城市建设扩展，农村建设、能源开发和交通网的修建等因素继续与农争地，加之人口的增加，人均占有耕地量还在继续下降。我国内陆有水面将近三亿亩，浅海滩涂两亿多亩，加上能够划归给我国海洋专属经济区的海域面积，总水面面积差不多相当于我国农作物的播种面积，这些水域是与耕地同样重要的国土资源。由于目前开发利用的还很少，所以如何合理而有效地开发这些既不与粮争耕地，又不与畜牧争草原的辽阔水域以发展养殖、增殖或捕捞，如何有计划地"退耕还渔"或挖塘抬田，开发不适合种植的低洼地、荒滩盐碱地以发展渔业生产，对于调整我国产业结构有着重要意义。

（三）有利于改善人民的膳食构成，提高全民族的健康水平

食物构成，尤其是膳食营养水平，对人体健康和智力发展有重要作用。我国目前的食物构成，属于典型的以植物产品为主型，营养供应的基本特点是"一够二缺"，即以粮食为主，虽然能量足够，而动物性蛋白和脂肪摄取量不足。所以发展渔业生产，能够为我国的食物构成加入丰富的水产蛋白。鱼的可食部分较高，大量食鱼及海产品，使得血液中含有一种高度的不饱和脂肪酸，对于预防脑血栓、心肌梗死有特殊效用。我国自古以来就将海味与山珍并列，对于鲤鱼、鲫鱼、鳗鱼、甲鱼、对虾、海参、海带等水产品的营养价值评价也是很高的。

(四) 有利于加强横向联系,促进与水产业有关的产业发展

现代科学技术的发展,使水产业与其他部门经济的横向联系大大加强,水产业的产前、产后服务部门越来越多,如渔船、网具、导航助渔仪器、养殖增殖、水产品加工的技术、冷冻、冷藏等。随着水产业的发展,这些与水产业有关的经济、技术部门也将得到促进和发展。

渔业生产者提供的鱼产品除了可以作为人类食用动物蛋白源以外,还在药物、化工、装饰等方面有着广泛的用途。随着社会的发展,旅游渔业将在我国快速发展起来。

(五) 有利于创造利润、税收,增加国家财政收入

渔业生产者可以为国家增加财富,为社会主义建设积累资金。在我国对外出口物资中,水产品占有重要地位,水产品是我国大量出口的产品,每年向日本、欧美出口大量的对虾、鳗鱼、河蟹、珍珠等,换回几亿美元的外汇。

四、我国渔业生产组织方式创新思路

(一) 探索实施渔业生产企业化经营的新模式

企业化经营是指采取企业的组织形式进行渔业生产。与家庭分散经营相比,企业化经营具有多方面优势,主要体现在:一是能够减少直接面对市场的渔民数量。从而改变渔业生产资料市场和产品流通市场的市场结构,使渔民获得与上游和下游企业平等地分割渔业生产的剩余价值的地位,利于渔民收入的提高;二是能够提高捕捉市场信息的能力,降低渔业生产的盲目性,更能适应目前竞争激烈的市场条件;三是能够提高渔业生产的规模化程度,从而利于先进渔业机械的推广,提高渔业生产的效率;四是利于发挥地方优势,实现渔业生产的专业化、区域化布局;五是克服了分散化经营方式下渔民资金能力薄弱的缺点,利于渔业新技术和新品种的推广,也利于一些资金需求量大、附加值高的高端项目的开展,从而实现渔业结构的高层次调整;六是提高了承受风险的能力,避免了分散化经营方式下渔民生产经营的短视行为,利于生产经营的长期性和持续性;七是利于推进渔业生产的标准化,提高产品的质量。基于这些优势,企业化经营应成为我国渔业生产中一种重要的组织方式,各级政府应鼓励有条件的地区大胆进行渔业生产企业化经营的尝试,探索符合本地区实际的企业化经营模式。

(二) 进一步加快培育各类渔业专业合作经济组织

专业合作经济组织是解决小生产与大市场矛盾的有效形式,在欧美发达国家已成为无法取代的经济力量。渔业专业合作经济组织可以较好地解决渔业产前、产中、产后面临的一系列服务问题,提高渔民的组织化程度,在一定程度上改变渔

民在市场交易中的"弱势"地位,对提高渔民收入和促进渔村经济发展都具有重大的推动作用。

总体来看,目前我国各类渔业专业合作经济组织数量还不多,规模还不大,功能还不完善。因此,今后对已经起步的合作经济组织要尽快扶持其发展壮大,并逐步进行规范和完善;对有发展基础,但还没有起步的乡镇,政府要积极督促其发展。政府要加强舆论导向,大力宣传发展合作经济组织的目的、意义和作用,在尊重渔民意愿但又做好宣传动员、引导工作的原则下,千方百计地把各种形式的合作组织建立起来。在发展初期,各级政府应给予合作组织必要的政策、资金、人力、场地的扶持和帮助,使其健康成长。要鼓励和支持它们延长服务链,增加服务内容。政府要制定有利于合作经济组织产生、发展的政策措施,鼓励和支持有条件的专业合作经济组织实行跨区域联合,为跨区域联合创造宽松的政策环境。

(三) 大力扶持和培育渔业产业化龙头企业

渔业产业化对解决我国渔业经济面临的各种困难,实现渔业自我发展、自我积累、自我约束、自我调节的良性循环,提高我国渔业经济的整体素质具有重大意义,其已成为现阶段我国渔业经济发展的必然选择。渔业产业化的关键在于要有辐射面广、牵动能力强的龙头企业作为纽带,将渔业生产与市场连接起来,一方面提高渔民的组织化程度;另一方面通过水产品的加工与销售,延长渔业产业链,增加产业附加值,提高渔业经济效益。

第二节 渔业组织与渔业合作组织管理

渔产品生产与消费的特点及其自然属性(渔产品的季节性、集散性、地区性和和储运保鲜等),对流通渠道和市场体系的建立都提出了很高的要求,同时由于我国目前渔业生产是以家庭经营为主的小规模生产方式,小生产与大市场间必然存在相互连接的矛盾,这就要求必须加强渔业中介组织的建设。市场中介组织的缺乏使渔民、渔产品缺少进入市场的桥梁。渔产品流通不畅,经常出现渔产品买难、卖难的矛盾,加大了渔产品流通的交易成本,影响了渔民增收。因此,随着市场经济的发展,渔民迫切要求在渔业生产与市场之间架起一座桥梁来引导渔民、渔产品顺利进入市场,渔业中介组织的建设,可以保证充分及时地向国民提供渔业品。同时,渔民和其他渔业生产经营者,在进入市场的过程中,都必须为寻求最大化的利益而收集、加工、分析有关信息,并与相关主体进行谈判,所有这些活动必须付出成本。我国目前的渔民仍然具有很大的分散性,其经营规模小,但作为生产经营者,几乎每个渔民都得亲自参与信息的收集处理及谈判。渔业中介组织依据国家有关产业政策,按照市场信息,引导渔民有组织的进入市场,使一家一户小生产与千变万化的大市场实现有效对接,使分散的渔民借助渔业中介组织的联系和媒介去与瞬息万变且日益放大的市场对接。因此,渔业中介组织以其特有的优势如辐射范围广、信息灵通、交易快捷、功能齐全等,可以在一定程度上提高渔业生产的效率。目前,已形成一定规模的渔业中介组织,活跃在流通领域,在一定程度上和一定范围内解决了渔民进入市场时的买难、卖难问题,减少了中间环节、节约了交易成本,也避免了市场波动对农民造成的经济损失,从而保证并提高了渔业生产的效率。

一、渔业组织

关于渔业组织的研究目前尚无系统的全面研究,有一些学者就国内渔业合作经济组织、渔业行业协会等进行了研究,有的就某一地区的某类渔业中介服务组织发展现状进行分析。具体情况如下:

操建华(2002)[1]认为,单个的渔民在市场交易中存在很多劣势,交易成本过高,制约了渔业经济效益的提高,影响了渔民增收和渔业发展,急需进行新的组织制度创新。渔民协会通过提高渔民的组织化程度,可以明显增强渔民在市场竞争中的主体地位,应该大力提倡和积极培育。在渔业中介组织的发展现状上,柳富荣(2004)认为[2],存在行为不规范、发展缓慢、组织松散、结构不合理、政府保护不够等问题。

关于渔业协会组织,王湛等学者认为,中国还没有真正意义上的或者说真正起到作用、功能齐全的协会组织。目前,国内协会组织发展较好的省份主要是福建、江苏、山东和浙江四省。王湛等学者对南通市渔业中介组织进行了研究,并且就南通市渔业协会与美、日、德等国渔业协会在职能方面进行了比较,发现南通市中介组织在运行过程中存在很多问题,主要表现在:(1)社会和政府缺少对协会或中介组织的认识,协会或有关中介组织没有权威性。(2)有关协会或中介组织的市场定位不明确,主要表现为政府与市场中间服务组织的关系不明,定位不清。(3)有关协会组织功能不全,重要功能主要停留在一些产前产后的辅助和宣传上。

关于各种专业协会,柳富荣认为,专业协会属于合作经济组织的种类。这些专业协会在渔业生产中起着重大的作用,但是也存在着很多缺陷,如行为不规范,有政府的影子,市场运作能力差;管理体制上没有脱离计划经济的管理模式,功能定位不准确;发展缓慢,主要是由于认识上的差距、小农经济思想的惯性影响所造成的;组织松散,结构不合理。

---

[1] 操建华.积极培育渔民协会 增强渔民市场主体地位[J].农业经济问题,2002(5):56-57.
[2] 柳富荣.试论渔民合作经济组织的发展[J].渔业致富指南,2004(18):16-19.

二、渔业合作组织

"渔业合作组织"主要是指由渔业生产者们组成的,以经济活动为中心,以经济、技术协作为主要活动形式,本着自发、自愿、自律的原则建立起来的民间性经济技术协作组织。合作组织目的是为了实现、保护和发展某一经济领域或某一行业生产群体的经济利益。可以说,民间组织的出现、形成与发展是市场经济发展到一定阶段的产物。

(一) 我国渔业合作组织的发展历史与现状

1. 中国渔业协会

"中国渔业协会"是中国渔业界非营利性的独立社会团体法人,成立于1954年。长时期内的主要任务是协助政府解决我国与邻国的渔业关系,发展同各国(地区)渔业界的民间友好往来及经济技术合作。1999年,农业部根据国务院和民政部对社团整顿的要求和当前我国渔业工作发展的需要,决定中国渔业协会在原有的工作基础上,扩大其职能范围,将筹建中的中国远洋渔业协会及其他需由行业性协会协调的工作统由中国渔业协会管起来。并在中国渔业协会下设了两个分会:远洋渔业分会和鳗业分会。

目前,中国渔业协会的任务是协助政府搞好行业管理,规范行业行为,协调会员间的关系,向政府反映会员的意见和要求,维护会员的合法权益;沟通渔业生产与科研、教学、推广部门的密切联系,为会员提供经营管理和渔业技术的培训和咨询,并提供渔业信息服务;协助执行政府间的渔业协定,发展同各国(地区)渔业界的民间友好往来、科学技术交流和经济技术合作,为推进我国渔业的持续发展服务。

2. 中国水产流通与加工协会

中国水产流通与加工协会是1994年由水产品加工、市场、贸易、科研和教学等企事业单位、相关社会团体自愿联合的全国性行业管理、协调、服务的非营利性社团组织。协会的宗旨是:积极向政府部门反映会员的愿望和要求,指导会员执行国家的政策法令,协调会员之间的关系,维护会员的合法权益,为会员提供技术咨询和信息服务,组织国内外水产品加工技术交流和贸易洽谈,促进中国水产加工技术和管理水平的提高,规范和繁荣水产品市场,不断提高水产加工流通行业的经济和社会效益。

协会下设了若干个专业委员会,拥有会员500多家。具体活动内容有:协助政府部门制定水产品加工与流通的发展规划,协调行业发展;经常举办水产贸易与交流活动;组织参加国内外大中型展览会;举办不同类型、不同层次的技术培训与研讨会,开展和接受委托行业内调查;拟定产品标准,并进行监督检查与评比;加强与国外相关行业民间组织的联络,组织安排相关国际贸易洽谈和其他交往活动。

3. 中国鳗业联合会

中国鳗业联合会是 1997 年成立的,下设养殖、加工和饲料三个专业性的分会。自成立后,先后开展了以下几项工作:(1) 通过鳗苗进口的管理来控制养殖规模,尽可能地实现产销平衡,保证养殖者有一定的利润空间,进而稳定中国鳗业的出口创汇量;(2) 加强行业自律,确保产品质量及其在国际市场上的声誉;(3) 加强产销信息传递,让会员及时了解国内外鳗鱼及其制品的市场动态,决策产销行为;(4) 加强行业问题的调查和研究,指导行业生产;(5) 组织相关技术培训与技术推广工作,推动产业生产技术水平的提高,通过技术普及来降低养殖生产成本,提高经济效益,以应对因价格下滑引起的市场不稳定问题;(6) 组织鳗鱼加工新产品的开发及国内外市场的开拓,重点是适合国人和欧美消费者消费习惯的新产品,扩大市场范围,以改善因市场单一而受制于人的局面;协调政府部门与生产者间、地区之间的相同产业的关系,贯彻有关的国家产业政策。

此外,还有中国渔船渔机行业协会、中国船东互保协会、中国土畜产进出口商会鳗鱼分会等。

(二) 国外涉渔合作组织的发展现状

1. 日本渔业协同组合

日本基于社区的渔业管理限制于沿岸渔业内,因为这种管理在有更多定栖渔业资源的区域最有效。具 100 多年历史、已经高度组织化的地方性和全国性的渔业协同组合在日本渔业共同管理中占据了核心地位。[1]

1881 年农业部、商业部和管理部创定了渔业合作组织准则以建立捕捞合作组织来负责协调沿海渔场的使用。这些合作组织来自早期的捕捞协会,它的成员关系主要是基于住所和从事渔业的一段学徒期。协会制定有关渔具、捕捞季节和区域的规定,并通过社会制裁来执行规定。1901 年通过了第一个渔业法,首要目的是确保近海渔业的秩序和稳定。此法将专属渔业权赋给了渔业合作组织. 而渔业组织将地方沿海水域专属捕捞权给予村渔业合作社。20 世纪 30 年代政府开始鼓励合作社进入市场。现代合作社、渔业合作协会和从事产品销售、渔具供应、贷款的地方或国家组织联系起来。[2] 捕鱼计划并不是按着最大可持续产量模式制定的,而是基于渔民实地捕捞体验决定的。政府科学家做出种群评估并提供建议,渔民也依靠他们较少的资源数据来决策。

日本渔业协同组合(简称"渔协")是由日本广大的中小渔业生产者和渔民组

---

[1] 陈园园,唐议. 基于渔民组织的我国小型渔业共同管理研究[J]. 广东农业科学,2014(6).

[2] Dunn M, Pringle J D, Wright C. Coastal Zone Canada 98: Coastal Challenges: Sharing Our Experiences, Building Our Knowledge[M]. Coastal Zone Canada(BC) Association, 2000.

成的渔业合作经济组织。建立渔协的目的主要有两个方面：一是管理沿岸渔场，解决渔场纠纷，确立渔业秩序，合理利用资源，稳定渔业生产，使中小渔业生产者和渔民能够从当地的海域获得平等的经济利益；二是在资本主义条件下，在信贷和产品销售等方面，中小渔业生产者容易受到中间盘剥，为了消除这些不平等，维护他们的权益，提高其经济和社会地位，日本渔协逐步发展了以鱼货销售和信用为主的经济事业。另外，日本渔协还有一个重要的社会功能，就是承担基层水产行政管理任务，在政府和渔民之间起中介作用，向政府反映渔民的意见，将政府的政策传达给渔民。经过长期发展和不断完善，日本渔协现已成为组织化程度很高、体制和功能完备的渔业合作经济体系，形成了覆盖全国的组织网络，成为日本渔业界和社会的一支重要的力量。维持这一体系的法律和最权威的保障是《日本水产业协同组合法》（简称"水协法"）。

日本渔协的一个显著特征是组织率高。这是由于渔协是享有渔业权的主体。渔业权包括共同渔业权、划区渔业权和定置渔业权三种。共同渔业权是捕捞栖息在沿岸、且比较有定居性的水产动植物的权力，而这种权力只有渔协具有；划区渔业权是养殖的渔业权，但在海水养殖业中，除珍珠养殖和大规模的沿岸网栏、网围养殖外，大部分养殖的渔业权也是以渔协为所有权的主体；定置渔业权（在水深27米以深的海域张设大规模定置网、在水深27米以浅海域张设的定置网属性属共同渔业权）可以归渔协、个人或法人所有。即在沿岸渔业中，只有规模很大而数量极少的特定养殖业和大规模定置网渔业，个人、公司才享有渔业权的可能性。其他渔业权均归渔协所有。

日本渔协通过《水产业协同组合法》规定了加入与退出的自由。其前身是渔业权管理团体，至今渔业权管理仍是渔协的重要职能之一。在渔场管理方面，应使组合员之间的收入达到平衡，使组合员的渔业经营规模的差距尽可能缩小；即取得某种获利渔业权者，就不能再取得其他渔业权。在渔场利用上，采取民主管理，强调"为组合员服务"。日本渔协的基本单位是地区渔协，由20个以上有资格者组成，但必须是同一区的渔民。在此基础上，将同一地区或行政管辖区的若干个渔协再组织起来，形成渔业联合会（简称"渔联"），以地域命名，最高为"日本全国渔业协同组合联合会"；但县以上渔联不享有渔业权，也不能有信用事业，除和下级渔协联系，并进行信用事业以外的经济事业外，其工作就是协助地区渔协的活动。地区渔协分为沿岸和内陆水面两个，分别都有投资和非投资的组合。进行经济事业的渔协，组合员必须投资。非投资是只进行渔业权管理的组合，多为内陆水面的组合。内陆组合的规模一般都较小，多为沿河流两岸地区的居民组成，且是自上游至下游全部包括，地区狭长，不适合于进行经济事业；但因是一个水系一个组合，对放流增殖事业的管理较方便。日本渔协的主体是沿岸地区的投资性渔协，主要的经济事业有鱼品的销售事业、购买事业（渔用物资等）、渔业信用事业以及自营渔业生产等。

日本政府在促进渔协的发展方面做了很多措施,如注资建设渔港道路建设、协助沿海渔场开发等[①],同时还赋予其部分管理权力,渔协有权管理日本沿海渔场,解决渔场纠纷和渔民信贷问题。渔协也为渔民提供技术支持、渔获物冷藏、加工、销售及教育、医疗保健等一系列服务。另外,渔协也履行管理渔业权的重要职责,其专享共同渔业权,又拥有大部分划区渔业权和定置渔业权。也就是说,渔业权被赋予给渔协,唯有少部分可能被从事大规模且数量极少的特定养殖业和27m水深以上的定置网渔业的个人或公司获得。[②] 协会会员才有优先生产经营权,而其他人的作业受到严格限制。在这样的制度政策下,渔民入会的积极性高且有较强的自觉性。

2. 菲律宾渔民合作组织

菲律宾的基于渔民社区的共同管理通常还伴随权力下放机制,保证了市级政府可以直接提供更多的支持。1991年的地方政府准则最基本的原则是下权,即将大部分权力赋予地方政府部门以及地方社区。其运作原则是地方政府部门(Local Government Units, LGU)可以自己组织、巩固或协调他们的工作量、服务和资源以达到有利局面。LGUs和当地社区也享有一些特权和优先权。市政当局有专属权赋予市政水域到离岸15km范围内水域的渔业特权,征收租金、费用或手续费。就渔业权而言,边际渔民组织或合作社在市政水域内对渔业特权享有优先权,如架设鱼畜栏、免于任何租金、费用或收费采集鱼苗。菲律宾立法部门也为共同管理作出了大量的贡献。1998年有关渔业管理的6个法案和1项决议就已经提交给了农业和粮食参议院委员会,1个拟议的联合渔业准则通过提供一些实现生态平衡和资源经济利用的指导方针来遏止渔业部门下降的状态。[③] 随后,1998年渔业法支持在国家和市政水平建立渔业和水产资源管理委员会,这个委员会由渔民组织和合作社以及NGOs组成并且地方政府予以协助,并被授权执行管理顾问功能,如在与地方政府部门密切合作下协助市政渔业发展计划的准备、建议捕捞和沿海资源管理条例制定、协助执法。[④]

---

① 赵嘉.日本渔民专业合作经济组织发展的经验借鉴[J].农村经济,2012(7):127-129.

② 于谨凯,李宝星,单春红.我国海洋渔业的中间组织行为研究[J].渔业经济研究,2007(5):14-18.

③ Pomeroy R S. Community-based and Co-management Institutions for Sustainable Coastal Fisheries Management in Southeast Asia[J]. Ocean & Coastal Management, 1995, 27(3): 143-162.

④ Ratner B D, Oh E J V, Pomeroy R S. Navigating Change: Second-generation Challenges of Small-scale Fisheries Co-management in the Philippines and Vietnam[J]. Journal of Environmental Management, 2012(9): 131-139.

三、我国渔业合作组织存在的问题

（一）组织方面

在组织上存在的问题主要反映在三个方面：一是社会化组织率较低，如中国鳗业方面有养殖单位和个人近2 000家，而入会率不到1/3；二是组织机构不健全，目前在每一个层面上的渔业社会化组织内部机构的设置与分工都不完整，往往是由有关人员兼职并临时聘请人员从事日常工作，并没有按工作需要而相应地设置机构和配置人员；三是层级网络结构不健全，往往是"上头大"或"下头大"，从上至下有机联系的整体性较差。

（二）意识方面

在对渔业社会化组织的意识问题上也存在着两个层面上的问题：一是高层次上，即政府部门的认识不足、不到位或不统一，重视行政管理、轻视民间组织作用的问题比较突出。我们应该认识到，目前在机构改革中，渔业行政人员大幅减少且职能没有多少转移，而产业的从业人员及单位相当众多，二者的比例严重失调，作为管理主渠道的政府部门不可能将所有的事务都做得很好，即使充分调动辅助系统（事业单位）的力量也很难做好所有工作，因此，要加强社会化组织建设和指导工作，让他们自己加强行业自律和贯彻执行国家的有关方针政策；二是从业单位及人员认识上的不足，他们还没有充分认识到通过自己的组织加强行业自律、自我服务、相互共济、共同抵御市场风险的重要性。有的即使加入了组织，也只想从中捞取好处而不想承担义务等。

（三）活动方面

在此方面也存在两个方面的问题：一是在活动内容上较为单一，从现有的渔业社会化组织的活动方式上看，某一个组织往往只是单一的活动形式，如单一提供市场或技术信息、单一解决渔事纠纷、单一从事培训等，并没有将一个组织应该做的工作都做起来；二是在活动方式上也较为单一。

（四）组织纪律方面

渔业合作组织的自律与纪律方面问题更为严重。主要原因是会员对自己的权利和义务认识不清，只想得到更好的服务，而不想尽义务，更不用说自觉地自律；在经济利益面前，个人主义、本位主义和短视、短期行为极为严重，往往不顾行业的整体利益和长期利益，甚至公然违背本组织的意愿、要求或国家政策，因而往往以因某个企业或个人一时的小利益而牺牲了整个行业的整体利益和长期利益。如舟山出口的海捕虾仁、福建出口的鳗鱼中氯霉素残留问题，就是因生产企业和个人不遵守行规而造成进口国的禁运和严检等，不仅给自己造成了较大的经济损失,也给整个行业和国家利益造成了较大经济损失。

(五) 经费筹措与管理方面

目前,我国的渔业合作组织基本上没有国家的经费支持,活动经费主要是靠会员缴纳的会费、通过其他途径的创收收入及个别企业的少量资助来维持,这既与政府对渔业社会化组织的作用认知不足有关,也与国家的经济发达程度有关。另外,会员缴纳会费也是低水平的,远远满足不了正常工作开展的需要。总之,经费问题已成为当前各个渔业社会化组织正常开展工作的第一大限制因素。

(六) 政府管理方面

我国的渔业合作组织都是在政府的直接干预下建立起来的,民间自发建立的极少;尽管随着政府机构的改革,许多国家和地方的社会化组织已划转或由事业单位管理,但实质上仍是在政府的作用下开展工作,这与我国现行的体制及由计划经济向市场经济转型的过渡期现状相关联。可以说,目前的这种管理方式对促进渔业合作组织的发展和使其良好地开展工作是有利的;但从长远观点来看,其不足之处也较明显。其一是可能会使社会化组织自身产生惰性,一味地依靠政府的指导;其二是有损于成员的积极性和创造性;第三是在下情上达和下情下达之间可能会形成一种阻碍,不利于政府与民间较好地沟通与合作。

四、我国渔业社会合作组织未来发展趋势

因为我国渔业社会合作组织的建设起步晚,发展相对滞后,与发达国家相比还很不完善,而我国的国情与发达国家相比也相差甚远,不可能完全照搬别国模式,应结合我国基本国情及渔业合作组织本身的发展情况,探寻适合我国渔业社会合作组织发展的特色之路。因此,如何加快我国的渔业社会化组织建设,并有效利用它加快渔业经济的发展,就有许多值得探讨的问题。

(一) 性质与作用

从性质上看,可概括为:渔业社会合作组织是渔业生产者和生产企业根据行业或专业分工的不同,出于整个行业或专业经济发展的需要,自发建立起来的自律、互助性的民间组织。其作用有:一是加强行业自律;二是通过组织形式共同抵抗市场风险;三是通过自我服务,降低生产成本,其中包括物资服务、信息服务、产品流通服务、技术服务等;四是经济共济与互助;五是有效沟通政府与民间大多数人的意愿,促进政府的工作;六是接受政府的指导和引导,发展特定经济;七是开展技术交流,总结推广先进技术。

(二) 职能定位

职能定位也就是渔业社会合作组织应该开展的工作。因为渔业社会合作组

织的专业性、行业性、会员的构成、行业或专业发展特点及会员的需要不同,各个组织的职能也不可能完全相同,各有其取向。但从渔业社会合作组织的性质而言,无论是何种渔业社会合作组织都有其共同的职能,即尽最大可能地满足会员发展特定经济的群体需要,同时贯彻政府的有关政策。具体而言,就是通过组织的努力,凝聚行业或专业生产者,发挥行业或专业的最大群体优势,保护好行业或专业群体的经济利益。

(三) 组织状况

组织形式、组织结构、组织的紧密程度、组织的延伸程度、组织化率、组织管理状况及本组织与他组织的关系状况都是影响一个渔业社会合作组织功效的主要因素。一个好的组织应该是形式合理、结构完整、凝聚力强、直接联系生产者、组织化程度高、管理严密而合理、与他组织密切联系。综合考察国内外民间组织及其运行状况,可概括为这样一种情况,即在一个行业内部实行全面的组织化并高度统一,而在行业组织内部又高度专业分工,即高度专业化。这样既能反映整个行业的整体要求,又能集中精力,高效地做好每个专业领域的工作,从而提升整个行业的经济水平。

较为理想的渔业合作社会组织结构应该是,建立由上至下的各层级的综合渔业协会,这个综合渔业协会要包括整个渔业行业,且上下级之间要有有机的联系和业务关系;每一个层面上的组织内部要按专业需要设立不同专业性的分会或专业分支组织,且上下对应。这样的组织结构有利于专业化分工,有利于整个行业利益的协调,可以防止同一行业内部不同专业生产群体间利益的矛盾冲突。

(四) 管理形式

渔业社会化组织的管理形式问题是一个值得探讨的大问题,不同国家的管理形式也不完全相同,但有一点是可以肯定的,即世界各国的社会化组织都不同程度地接受政府的指导、引导和经济上的资助,甚至通过立法来规范他们的组织管理行为。我国的渔业社会化组织发育得比较晚,除中国渔业协会建得较早外,其他组织大都是在20世纪90年代中后期开始建立的,有一些领域和行业还没有建立起相应的民间组织;另外,我国的市场经济体制刚刚建立和完善起来,长期以来一直是处于计划经济体制下,是强政府的管理状态,对于民间组织的重视程度有限,到目前为止,对我国渔业社会化组织管理形式问题仍在探讨过程中。就目前我国渔业社会化组织的发育状况和国情而言,较好的管理形式应是:由渔业行政部门牵头组织、指导和引导,由水产技术推广部门直接管理或以某种形式形成紧密的工作关系,由组织本身按大多数会员的意愿和政府的政策开展自律和自我服务。

第三节 外国人和外国渔船管理

鉴于我国与海洋邻国之间历史上长期存在的海洋渔业关系,根据世界各国普遍接受的国际法原则,特别是 1994 年生效的《联合国海洋法公约》中的有关规定以及双边渔业规定,我国允许其他国家的国民、渔船在我国管辖水域从事渔业生产活动以及海洋生物资源调查等科学研究活动。但是,这些外国人、外国渔船必须接受我国渔政部门以及政府其他有关部门的管理,遵守我国相关的法律、法规、对维护我国管辖海域的渔业生产秩序、保护海洋环境和养护渔业资源等承担责任。

一、对外国人、外国渔船实施管理的国内外法律依据

渔政部门对外国人和外国渔船实施行政管理的国内法律依据主要包括《领海及毗连区法》《专属经济区和大陆架法》《渔业法》[①]以及农业部 1999 年发布的《中华人民共和国管辖海域外国人、外国船舶渔业活动管理暂行规定》等。《渔业法》第八条规定,外国人、外国渔业船舶进入中华人民共和国管辖水域,从事渔业生产或者渔业资源调查活动,必须经过国务院有关主管部门批准,并遵守本法和中华人民共和国其他有关法律、法规的规定;同中华人民共和国订有条约、协定的,按照条约、协定办理。国家渔政渔港监督管理机构对外行使渔政渔港监督管理权。

渔政部门对外国人和外国渔船实施行政管理具有涉外性,在选择执法依据的过程中,国际条约在国内的适用问题将无法回避。我国宪法和宪法性法律没有明确规定国际条约在我国的适用方式,直接适用、间接适用和混合适用在我国的法律法规、司法解释和法院案例中都有体现。由于缺乏具体的制度规范和明确的判断标准,我国适用国际条约的方式总体上比较混乱。[②] 但是,无论采取何种适用适用方式,国家作为国际法的主体和国内法的制定者,在对内和对外两种情形下承担的义务和责任应当是一致的,换言之,条约在我国的适用应当是国际社会利益和国家利益彼此协调、和谐统一的过程。[③] 具体而言,《专属经济区和大陆架法》和《渔业法》在有关专属经济区涉外渔业执法的事项上对国际条约采取了直接适用条约的态度,《联合国海洋法公约》(以下简称:《公约》)和双边渔业协定可以

---

① 依据《中华人民共和国渔业法》第四十六条规定,外国人、外国渔船违反规定,擅自进入中华人民共和国管辖水域从事渔业生产和渔业资源调查活动的,责令其离开或者将其驱逐,可以没收渔获物、渔具,并处五十万元人民币以下的罚款;情节严重的,可以没收渔船;构成犯罪的,依法追究刑事责任。

② 王勇.条约在中国适用之基本理论问题研究[M].北京:北京大学出版社,2007:171.

③ 王勇.条约在中国适用的根本原因之分析——国际社会、中国国家和国内私人三者利益的协调作用[J].西南民族大学学报(人文社科版),2007(3).

被司法机关和有关行政部门所援引,以适用国内法的相同方式适用国际条约的规定。这样就避免了繁重的立法任务,有利于我国参与海洋管理事务和维护海洋权益。①

(一)《联合国海洋法公约》的适用

为衔接《公约》与国内法,《专属经济区和大陆架法》第五条规定,进入我国专属经济区从事渔业活动的国际组织、外国组织和外国个人除应遵守我国的法律、法规外,还应遵守有关的条约、协定。由此,我国自然可以依据相关条约、协定对外国人、外国渔船执法,直接适用《公约》等国际条约。

《专属经济区和大陆架法》第十三条为《公约》的直接适用进一步扫清了障碍。由于《专属经济区和大陆架法》完全以《公约》为依据,内容没有超出《公约》的范围,②《专属经济区和大陆架法》第十三条又将国际法有规定而国内法没有规定的权利直接纳入我国可以享有的范畴,使得我国在专属经济区内可以享有的权利与《公约》的规定完全一致。同时,权利的一致性决定了我国承担的专属经济区义务也应当与《公约》相一致。由此,我国国内法关于专属经济区的权利和义务与《公约》实现了统一,不存在国内法与《公约》的冲突,《公约》可以完全地适用。

(二) 双边渔业协定的适用

双边渔业协定是缔约双方就相关水域内的渔业合作问题协商一致的结果,属于"契约性条约",与"造法性条约"相比,这类条约因缔约方数量有限更加注重意思表示的完全一致,因此,在协定达成后,缔约双方更应当遵守约定,善意履行协定。我国分别与日本、韩国和越南达成的双边渔业协定体现了双方为维护专属经济区渔业资源所作出的努力,有利于保护海洋渔业资源,也有利于维护双方渔民的合法利益。我国在签订和批准这些协定后,没有在国内通过立法实施转化,而是通过《渔业法》第八条第 1 款将这些协定自动纳入我国国内法予以执行,因此,我国可以直接依据双边渔业协定对外国人、外国渔船进行执法。此外,这些以国家或政府名义签订的双边渔业协定能够直接适用还有两个原因:一是渔业协定规定的权利义务与专属经济区内作业的渔民和渔船息息相关,能够直接被渔民和渔船所履行,无需通过国内立法将效力扩展到自然人和法人;二是渔业协定和依据渔业协定成立的渔业联合委员会的会谈纪要详细规定了渔民和渔船的入渔程序、作业条件和作业规则等内容,无需通过国内立法补充规定。

双边渔业协定不仅能够自动纳入我国国内法执行,其效力也优于国内法。

---

① 杨汉斌.我国专属经济区涉外渔业执法研究[D].上海:华东政法大学硕士学位论文,2014 年.
② 参见 1996 年 12 月 24 日外交部副部长李肇星在第八届全国人民代表大会常务委员会第二十三次会议上关于《中华人民共和国专属经济区和大陆架法(草案)》的说明,载《全国人民代表大会常务委员会公报》1998 年第 3 期.

《渔业法》第八条第 1 款规定,如果其他国家同我国订有渔业协定,我国应当按照协定办理。也就是说,在渔业协定与国内法不一致的情形下,协定优先适用。此时,渔业协定与国内法的关系类似于"特别法和一般法"的关系,优先适用渔业协定可以认为是"特别法优于一般法"原则的类推。[①]

二、中国与多国进行国际渔业合作

因为远洋渔业是涉及多国的行动,中国要想保证本国渔船和渔民安全,就必须多和他国合作。目前我国已与 30 多个国家开展了渔业合作,建立起有效的跨国安全体系。

(一) 中国与日本、韩国、越南等多国签署双边渔业合作协定

中国与日本、韩国、越南等 10 多个国家正式签署了双边渔业合作协定。如 2000 年 6 月 1 日生效的《中日渔业协定》就对海上安全、紧急避难等内容做了明确规定。而《中越北部湾渔业合作协定》在 2004 年 6 月 30 日生效后,双方明确约定不对渔船使用武力。

根据《中日渔业协定》《中韩渔业协定》和中日渔业联合委员会、中韩渔业联合委员会商定的办法以及我国的渔业法规,在我国专属经济区从事渔业生产的日本、韩国渔船应当事先获得中华人民共和国渔政局核发的渔业捕捞许可证。若许可证丢失、损毁、变更登记内容等,应重新申请发放或变更登记;若许可被取消、损毁、到期自动终止、持有者死亡或变更、重新发放等,应交回原渔业捕捞许可证。在我国专属经济区水域生产的日本、韩国渔船,应当按照核定的作业水域、作业时间、作业方式、捕捞鱼种、捕获配额等进行生产,并遵守有关船舶及人员证明文件、进出水域报告、捕捞日志、作业每日报告、作业季度报告、渔船标识、渔具规格和标准存放方式、渔获或其他物资海上转载、进出我国港口、紧急避难等方面的法律规定。

由于《中越北部湾渔业合作协定》的国际法基础与中日、中韩渔业协定的国际法基础有较大区别,对在我国管辖的北部湾水域作业的越南渔船的管理模式不同于对日本、韩国渔船的管理模式。在共同渔区我国管辖水域作业的越南籍渔船之渔业捕捞许可证由越南渔业主管部门发放,而对进入过渡性安排水域我国一侧的越南籍渔船之渔业捕捞许可证则由我国渔政部门发放,但是都由我国渔政部门根据我国渔业法规以及中越双边渔业协定和中越渔业联合委员会制定的《北部湾共同渔区渔业资源养护和管理规定》实施管理。

同时,中国与韩国、日本等国家签署了专门的渔业安全议定书。如 2004 年

[①] 唐颖侠.国际法与国内法的关系及国际条约在中国国内法中的适用[J].社会科学战线,2003(1):179.

11月3日《中国渔业协会和韩国水产会关于渔业安全作业的议定书》在北京签署,规定了两会处理两国渔民间的海上渔船(具)事故的程序,确立了两协会要主动组织各自的地方机构和各自国家渔民救援对方遇难船只的原则以及两协会要积极指导各自国家渔民加入渔船保险的原则。该议定书的签署和实施对双方渔民海上安全作业、文明生产起到重要作用。①

(二) 中国与印度尼西亚、菲律宾等多国共建高级磋商机制

中国与印度尼西亚、菲律宾等多个国家签署了渔业合作备忘录。如2001年4月中国与印尼签订《关于渔业合作的谅解备忘录》后,为落实其中有关内容,在12月19日两国又签订了《就利用印度尼西亚专属经济区部分总可捕量的双边安排》,为缓解双方渔业纠纷奠定了基础。

2003年1月21日中韩两国渔业主管部门在广州举行了中韩渔业高级别会谈第一次会议,决定2003年内早日签署中国渔业协会和韩国水产会之间正在进行的有关海上作业安全、渔事纠纷及海上事故处理的民间渔业协议,推动并尽早完善新的渔业秩序。

同时,中国与有关国家召开处理渔船事故的专门会议。如2007年11月28日至12月3日中日渔船海上事故处理协议会在日本举行,双方就中国渔船在日本北海道沿岸避风发生的多起网具损失案件、数起中日渔船渔事纠纷等进行了谈判,并最终就"浙岭渔7561"号渔船与"第12昭德丸"间的渔事纠纷达成了一致的处理意见。

(三) 中国与有关国家进行人员互访并开展执法合作

中国与有关国家进行人员互访。2005年8月中国农业部副部长在北京会见了印度尼西亚海洋事务与渔业部部长,2006年3月中国农业部部长杜青应邀访问印尼并会见了印尼海洋事务与渔业部部长,在这两次会谈中,双方都强调在禁止非法捕鱼等方面加强合作。

同时,中国与有关国家开展执法合作。一方面中国与有关国家举行执法会谈,如2008年9月2日中日渔业执法会谈在日本东京举行,以东海区张秋华副局长为团长的中方代表团和日方代表团就维护中日渔业协定水域作业秩序、查处公海流网作业、建立执法合作体制、对《中日民间渔业安全作业议定书》宣传情况、中国渔船进入日本领海及港口紧急避难等问题展开讨论。另一方面与有关国家联合执法,如自2006年起中国农业部南海区渔政局与越南海警每年都组织中越共同渔区联合检查行动。特别是为整顿北太平洋渔场作业秩序,中国东海区渔政渔

---

① 史春林.中国渔船和渔民在海外的安全问题及其解决对策[J].中国海洋大学学报(社会科学版),2010(3).

港监督管理局从2002年开始派遣中国渔政船赴北太平洋鱿鱼钓鱼场巡航,巡航期间中国渔政船与日本海上保安厅以及美国海岸警卫队的舰艇进行了有效的合作,对此美方认为"中国渔政船能克服恶劣的气候条件到北太平洋现场进行渔业管理,这充分显示了中国政府贯彻执行联大决议,共同打击非法捕捞的力度和决心,证明了中国政府是负责任的政府"。①

三、对外国渔船违法活动的调查处理

对涉嫌违法双边渔业协定和《联合国海洋法公约》和我国渔业法规的外国渔船,渔政部门应依据规定程序调查处理。主要包括巡航观察、立案、调查取证(包括录像、登临检查、紧追、询问等方式)、扣押违法人员和渔船、形成和执行处理决定、释放违法人员及渔船、提交结案报告等环节。为了保证及时查处违法的外国渔船,各级渔政机关和机构都建立了应急值班制度。②

根据《渔业法》第四十六条规定,外国人、外国渔船违反规定,擅自进入中华人民共和国管辖水域从事渔业生产和渔业资源调查活动的,责令其离开或者将其驱逐,可以没收渔获物、渔具,并处五十万元人民币以下的罚款;情节严重的,可以没收渔船;构成犯罪的,依法追究刑事责任。

外国人、外国渔船对我国渔政部门实施的渔业行政处罚不服的,可以申请行政复议或提起行政诉讼。

拓 展 材 料

> 海南省第五届人民代表大会常务委员会第五次会议审议通过《海南省实施中华人民共和国渔业法办法》(以下简称《办法》),规定外国人、外国渔船进入海南管辖水域进行渔业生产或渔业资源调查活动,应当经国务院有关主管部门批准。
>
> 当前,海南省管辖200万平方公里相关海域。《办法》明确,外国人、外国渔船进入海南省管辖水域进行渔业生产或者渔业资源调查活动应当经国务院有关主管部门批准。进入海南管辖水域的外国人、外国渔船进行渔业生产或者渔业资源调查活动,应当遵守国家有关渔业、环境保护、出境入境管理的法律、法规和海南省有关规定。

---

① 东海区渔政渔港监督管理局.中国渔政201船北太平洋渔政巡航顺利归来[J].中国水产,2003(11):3.
② 农业部东海区渔政渔港监督管理局,上海水产大学.专属经济区渔政巡航培训教材,2006:183-187.

> 依据《中华人民共和国渔业法》第四十六条规定,外国人、外国渔船违反规定,擅自进入中华人民共和国管辖水域从事渔业生产和渔业资源调查活动的,责令其离开或者将其驱逐,可以没收渔获物、渔具,并处五十万元人民币以下的罚款;情节严重的,可以没收渔船;构成犯罪的,依法追究刑事责任。
>
> 该《办法》将于 2014 年 1 月 1 日生效实施。

四、远洋渔业管理

根据《远洋渔业管理规定》第二条,远洋渔业是指中华人民共和国公民、法人和其他组织到公海和他国管辖海域从事海洋捕捞以及与之配套的加工、补给和产品运输等渔业活动,但不包括到黄海、东海和南海从事的渔业活动。可见,远洋渔业包括了公海渔业和在他国管辖海域的过洋性渔业。[①]

根据《联合国海洋法公约》和其他相关的国际法原则及国际渔业管理实践,船旗国管辖是管理公海渔业的根本原则,而对于过洋性的远洋渔业,则主要由渔业活动所在国依据其国内法和双边渔业协定进行管理。根据《远洋渔业管理规定》第三条,农业部主管全国的远洋渔业工作,制定国家远洋渔业发展政策,负责全国远洋渔业的规划、组织和管理,并会同海关、商务、外交、税务等部门对远洋渔业企业执行国家有关法规和政策的情况进行监督。省级人民政府渔业行政主管部门负责本行政区域内远洋渔业的规划、组织和监督管理。具体的远洋渔业管理制度主要包括企业资格认定及年审换证制度、项目审批及年审确认制度、远洋渔业生产信息报告制度、公海渔业捕捞许可证制度以及对远洋渔业船舶和船员的监督管理制度。

公海渔业捕捞许可证制度是在《联合国海洋法公约》于 1994 年生效、全国人大常委会于 1996 年批准《联合国海洋法公约》的背景下实行的,目的是更好地行使我国享有的国际法权利,承担相应的国际法义务,与其他远洋渔业国家一道维护公海渔业生产秩序,保护公海渔业资源,保证我国公海渔业事业的健康发展。根据《渔业法》第二十三条,从事公海渔业生产的渔船必须持有农业部核发的公海渔业捕捞许可证。因此,远洋渔业企业应当根据《渔业捕捞许可管理规定》规定的程序和要求的材料,向农业部申请公海渔业捕捞许可证。农业部在批准远洋渔业项目时,同时发给《公海渔业捕捞许可证》,并且每两年对公海渔业捕捞许可证审核一次。渔业企业应按照《公海渔业捕捞许可证》规定的作业类型、场所、时限进行生产。

[①] 刘新山.渔业行政管理学.北京:海洋出版社,2010:154.

作为一类特殊的动产,远洋渔业船舶既是渔业劳动者的工作场所,也是他们生活的场所。政府和渔政部门依法由权力,也有义务对远洋渔船的安全性、管理水平和船员的从业资格实施行政管理,禁止企业利用不合格的渔船从事远洋渔业生产,禁止没有资格的船员从事远洋渔业生产,禁止没有资格的船员从事远洋渔业工作,以维护劳动者的生命安全、身体健康和财产安全,保证远洋渔业的健康发展。根据《渔业法》和《远洋渔业管理规定》以及其他相关法律法规的规定,远洋渔船必须经国家渔业船舶检验部门技术检验、经渔港监督部门依法登记,取得各种有关的证书后才可能被用于从事远洋渔业生产,制造、更新改造、购置、进口远洋捕捞渔船的,应当根据《渔业捕捞许可管理规定》报农业部审批,远洋渔船所有权变更为他国公民或企业所有的,应当按《渔业船舶登记办法》的有关规定,办理渔船所有权注销登记,并持渔船所有权注销登记证书复印件报农业部备案。

根据《远洋渔业管理规定》第二十一条至第二十三条的规定,远洋渔业船员应当具有一年以上的海洋捕捞经历,并经过培训,取得经农业部授权的渔政渔港监督管理机构考试资格发放的《渔业船舶职务船员适任证书》和《渔业船员专业训练合格证》,远洋渔业企业应当凭农业部远洋渔业项目批准文件、远洋渔业船员聘任合同、远洋渔业船员聘用合同、远洋渔业船员职务船员证书和专业训练合格证、远洋渔业船员政审材料等为远洋渔业船员办理海员证,应当与其聘用的远洋渔业船员或远洋渔业船员所在单位直接签订合同,为远洋渔业船员办理有关保险,按时发放工资,保障远洋渔业船员的合法权益。

思考题

1. 渔业的内涵是什么?
2. 简述我国对外国人、外国渔船实施管理的国内外法律依据。
3. 简述我国对远洋渔业管理的内容。

附录 1

中华人民共和国管辖海域外国人、外国船舶渔业活动管理暂行规定

农业部令〔1999〕第 18 号 1999 年 6 月 24 日

第一条 为加强中华人民共和国管辖海域内渔业活动的管理,维护国家海洋权益,根据《中华人民共和国渔业法》《中华人民共和国专属经济区和大陆架法》《中华人民共和国领海及毗连区法》等法律、法规,制定本规定。

第二条 本规定适用于外国人、外国船舶在中华人民共和国管辖海域内从事

渔业生产、生物资源调查等涉及渔业的有关活动。

第三条　任何外国人、外国船舶在中华人民共和国管辖海域内从事渔业生产、生物资源调查等活动的,必须经中华人民共和国渔政渔港监督管理局批准,并遵守中华人民共和国的法律、法规以及中华人民共和国缔结或参加的国际条约与协定。

第四条　中华人民共和国内水、领海内禁止外国人、外国船舶从事渔业生产活动;经批准从事生物资源调查活动必须采用与中方合作的方式进行。

第五条　中华人民共和国渔政渔港监督管理局根据以下条件对外国人的入渔申请进行审批:

1. 申请的活动,不危害中华人民共和国国家安全,不妨碍中华人民共和国缔结或参加的国际条约与协定的执行;

2. 申请的活动,不对中华人民共和国实施的海洋生物资源养护措施和海洋环境造成不利影响;

3. 申请的船舶数量、作业类型和渔获量等符合中华人民共和国管辖海域内的资源状况。

第六条　外国人、外国船舶入渔申请获得批准后,应当向中华人民共和国渔政渔港监督管理局缴纳入渔费并领取许可证。如有特殊情况,经批准机关同意,入渔费可予以减免。经批准进入中华人民共和国渔港的,应按规定缴纳港口费用。

第七条　经批准作业的外国人、外国船舶领取许可证后,按许可证确定的作业船舶、作业区域、作业时间、作业类型、渔获数量等有关事项作业,并按照中华人民共和国渔政渔港监督管理局的有关规定填写捕捞日志、悬挂标志和执行报告制度。

第八条　在中华人民共和国管辖海域内的外国人、外国船舶,未经中华人民共和国渔政渔港监督管理局批准,不得在船舶间转载渔获物及其制品或补给物品。

第九条　经批准转载的外国鱼货运输船、补给船,必须按规定向中华人民共和国有关海区渔政渔港监督管理机构申报进入中华人民共和国管辖海域过驳鱼货或补给的时间、地点,被驳鱼货或补给的船舶船名、鱼种、驳运量,或主要补给物品和数量。过驳或补给结束,应申报确切过驳数量。

第十条　外国人、外国船舶在中华人民共和国管辖海域内从事渔业生产、生物资源调查等活动以及进入中华人民共和国渔港的,应当接受中华人民共和国渔政渔港监督管理机构的监督检查和管理。

中华人民共和国渔政渔港监督管理机构及其检查人员在必要时,可以对外国船舶采取登临、检查、驱逐、扣留等必要措施,并可行使紧追权。

第十一条　外国人、外国船舶在中华人民共和国内水、领海内有下列行为之一的,可处以没收渔获物、没收渔具、没收调查资料,并按下列数额罚款:

1. 从事渔业生产活动的,可处50万元以下罚款;
2. 未经批准从事生物资源调查活动的,可处40万元以下罚款;
3. 未经批准从事补给或转载鱼货的,可处30万元以下罚款。

第十二条　外国人、外国船舶在中华人民共和国专属经济区和大陆架有下列行为之一的,可处以没收渔获物、没收渔具,并按下列数额罚款:

1. 未经批准从事渔业生产活动的,可处40万元以下罚款;
2. 未经批准从事生物资源调查活动的,可处30万元以下罚款;
3. 未经批准从事补给或转载鱼货的,可处20万元以下罚款。

第十三条　外国人、外国船舶经批准在中华人民共和国专属经济区和大陆架从事渔业生产、生物资源调查活动,有下列行为之一的,可处以没收渔获物、没收渔具和30万元以下罚款的处罚:

1. 未按许可的作业区域、时间、类型、船舶功率或吨位作业的;
2. 超过核定捕捞配额的。

第十四条　外国人、外国船舶经批准在中华人民共和国专属经济区和大陆架从事渔业生产、生物资源调查活动,有下列行为之一的,可处以没收渔获物、没收渔具和5万元以下罚款的处罚:

1. 未按规定填写渔捞日志的;
2. 未按规定向指定的监督机构报告船位、渔捞情况等信息的;
3. 未按规定标识作业船舶的;
4. 未按规定的网具规格和网目尺寸作业的。

第十五条　未取得入渔许可进入中华人民共和国管辖水域,或取得入渔许可但航行于许可作业区域以外的外国船舶,未将渔具收入舱内或未按规定捆扎、覆盖的,中华人民共和国渔政渔港监督管理机构可处以没收渔具和3万元以下罚款的处罚。

第十六条　外国船舶进出中华人民共和国渔港,有下列行为之一的,中华人民共和国渔政渔港监督管理机构有权禁止其进、离港口,或者令其停航、改航、停止作业,并可处以3万元以下罚款的处罚:

1. 未经批准进出中华人民共和国渔港的;
2. 违反船舶装运、装卸危险品规定的;
3. 拒不服从渔政渔港监督管理机构指挥调度的;
4. 拒不执行渔政渔港监督管理机构作出的离港、停航、改航、停止作业和禁止进、离港等决定的。

第十七条　外国人、外国船舶对中华人民共和国渔港及渔港水域造成污染的,中华人民共和国渔政渔港监督管理机构可视情节及危害程度,处以警告或 10 万元以下的罚款。对造成渔港水域环境污染损害的,可责令其支付消除污染费用,赔偿损失。

第十八条 中华人民共和国渔政渔港监督管理局和各海区渔政渔港监督管理局可决定 50 万元以下罚款的处罚。

省(自治区、直辖市)渔政渔港监督管理机构可决定 20 万元以下罚款的处罚。市、县渔政渔港监督管理机构可决定 5 万元以下罚款的处罚。作出超过本级机构权限的行政处罚决定的,必须事先报经具有相应处罚权的上级渔政渔港监督管理机构批准。

第十九条 受到罚款处罚的外国船舶及其人员,必须在离港或开航前缴清罚款。不能在离港或开航前缴清罚款的,应当提交相当于罚款额的保证金或处罚决定机关认可的其他担保,否则不得离港。

第二十条 外国人、外国船舶违反本规定和中华人民共和国有关法律、法规,情节严重的,除依法给予行政处罚或移送有关部门追究法律责任外,中华人民共和国渔政渔港监督管理局并可取消其入渔资格。

第二十一条 外国人、外国船舶对渔业行政处罚不服的,可依据中华人民共和国法律、法规的有关规定申请复议或提起诉讼。

第二十二条 本规定与我国缔结或参加的有关国际渔业条约有不同规定的,适用国际条约的规定,但我国声明保留的除外。

第二十三条 本规定未尽事项,按照中华人民共和国有关法律、法规的规定办理。

第二十四条 本规定由农业部负责解释。

第二十五条 本规定自发布之日起施行。

附录 2

远洋渔业管理规定

2003 年 4 月

第一章 总 则

第一条 为加强远洋渔业管理,维护国家和远洋渔业企业及从业人员的合法权益,保护和合理利用海洋渔业资源,促进远洋渔业的持续、健康发展,根据《中华人民共和国渔业法》及有关法律、行政法规,制定本规定。

第二条 本规定所称远洋渔业,是指中华人民共和国公民、法人和其他组织到公海和他国管辖海域从事海洋捕捞以及与之配套的加工、补给和产品运输等渔业活动,但不包括到黄海、东海和南海从事的渔业活动。

第三条 农业部主管全国远洋渔业工作,负责全国远洋渔业的规划、组织和管理,会同国务院其他有关部门对远洋渔业企业执行国家有关法规和政策的情况进行监督。

省级人民政府渔业行政主管部门负责本行政区域内远洋渔业的规划、组织和监督管理。

第四条 农业部对远洋渔业实行项目审批管理和企业资格认定制度,并依法对远洋渔业船舶和船员进行监督管理。

第二章 远洋渔业项目申请和审批

第五条 同时具备下列条件的企业,可以从事远洋渔业,申请开展远洋渔业项目:

(一)在我国工商行政管理部门登记,具有独立法人资格;

(二)拥有适合从事远洋渔业的合法渔业船舶;

(三)具有承担项目运营和意外风险的经济实力,资信良好;

(四)有熟知远洋渔业政策、相关法律规定、国外情况并具有3年以上远洋渔业生产及管理经验的专职经营管理人员。

(五)申请前的3年内没有被农业部取消远洋渔业企业资格的记录;企业主要负责人和项目负责人申请前的3年内没有在被农业部取消远洋渔业企业资格的企业担任主要负责人和项目负责人的记录。

第六条 符合本规定第五条条件的企业申请开展远洋渔业项目的,应当通过所在地省级人民政府渔业行政主管部门提出,经省级人民政府渔业行政主管部门审核同意后报农业部审批。中央直属企业直接报农业部审批。

第七条 申请远洋渔业项目时,应当报送以下材料:

(一)项目申请报告。申请报告应当包括企业基本情况和条件、项目组织和经营管理计划、已开展远洋渔业项目(如有)的情况等内容,同时填写《申请远洋渔业项目基本情况表》。

(二)企业营业执照复印件和银行资信证明。

(三)项目可行性研究报告。

(四)到他国专属经济区作业的,提供与外方的合作协议或他国政府主管部门同意入渔的证明、我驻项目所在国使(领)馆的意见;到公海作业的,填报《公海渔业捕捞许可证申请书》。

(五)拟派渔船所有权证书、登记(国籍)证书、远洋渔船检验证书(或勘验报告)原件和复印件(复印件由省级人民政府渔业行政主管部门审核无误并盖章确认后报农业部)。属制造、更新改造、购置或进口的专业远洋渔船,需同时提供农业部《渔业船网工具指标批准书》复印件;属非专业远洋渔船(具有国内有效渔业捕捞许可证转产从事远洋渔业的渔船),需同时提供国内《海洋渔业捕捞许可证》复印件;属进口渔船,需同时提供国家机电进出口办公室批准文件;属代理或租赁国内其他企业或个人的渔船,需同时报送本规定第八条规定的代理或租赁协议。

(六)农业部要求的其他材料。

第八条　申请项目企业代理或租赁非本企业所有国内渔船开展远洋渔业项目的,应当与被代理或租赁渔船的所有人签订协议,并在协议中明确承担项目经营、渔船和船员管理、渔事纠纷和事故处理等义务。

第九条　农业部收到符合本规定第七条要求的远洋渔业项目申请后,在15个工作日内做出是否批准的决定。特殊情况需要延长决定期限的,应当及时告知申请企业延长决定期限的理由。

经审查批准远洋渔业项目申请的,农业部书面通知申请项目企业及其所在地省级人民政府渔业行政主管部门,并抄送国务院其他有关部门。

从事公海捕捞作业的,农业部批准远洋渔业项目的同时,发给《公海渔业捕捞许可证》。经审查不予批准远洋渔业项目申请的,农业部将决定及理由书面通知申请项目企业。

第十条　取得农业部远洋渔业项目批准后,企业持批准文件和其他有关材料,办理远洋渔业船舶和船员证书等有关手续。

到公海或他国管辖海域从事捕捞作业的非专业远洋渔船,出境前应当将《海洋渔业捕捞许可证》交回原发证机关暂存。

第十一条　到他国管辖海域从事捕捞作业的远洋渔业项目开始执行后,企业项目负责人应当持农业部远洋渔业项目批准文件到我驻外使(领)馆登记,接受使(领)馆的监督和指导。

第十二条　企业在项目执行期间,应当及时、准确地向所在地省级人民政府渔业行政主管部门报告下列情况,由省级人民政府渔业行政主管部门汇总后报农业部:

(一)渔船出(入)境情况。渔船出入境之日起5个工作日内提供海事部门出具的《国际航行船舶出口岸许可证》或《船舶进口岸手续办妥通知单》。

(二)投产各渔船渔获量、主要品种、产值等生产情况。除另有规定外,应当于每年1月10日、7月10日前分别报告前6个月情况,填报《远洋渔业项目生产情况表》(见附表三)。

(三)自捕水产品运回情况。按照海关总署和农业部《远洋渔业企业运回自捕水产品不征税的暂行管理办法》的要求报告。

(四)农业部或国际渔业管理组织要求报告的其他情况。

第十三条　远洋渔业项目执行过程中需要改变作业国家(地区)或海域、作业类型、入渔方式或渔船数量(包括更换渔船)的,应当提供本规定第七条规定的与变更内容有关的材料,按照本规定第六条规定的程序事先报农业部批准。其中改变作业国家(地区)或海域的,除提供第七条第(四)款规定的材料外,还应当提供我驻原项目所在国使(领)馆的意见。

第十四条　项目中止或执行完毕后,远洋渔业企业应当及时向省级人民政府渔业行政主管部门和农业部报告,并于30日内提交项目执行情况总结。

第三章　远洋渔业企业资格认定和项目确认

第十五条　对于已获农业部批准并开始实施远洋渔业项目的企业,其生产经营情况正常,认真遵守有关法律、法规和本规定,未发生严重违规事件的,农业部授予其远洋渔业企业资格,并颁发《农业部远洋渔业企业资格证书》。

取得《农业部远洋渔业企业资格证书》的企业,可以根据有关规定享受国家对远洋渔业的扶持性政策。

第十六条　农业部对远洋渔业企业资格实行年审换证制度,对远洋渔业项目实行年审确认制度。

申请年审的远洋渔业企业应当于每年1月15日以前向所在地省级人民政府渔业行政主管部门报送下列材料:

(一)上年度远洋渔业项目执行情况报告;

(二)《远洋渔业企业资格和项目年审登记表》(见附表四);

(三)《农业部远洋渔业企业资格证书》复印件;

(四)渔船出(入)境情况及证明,有效的渔业船舶所有权证书、国籍证书和检验证书复印件,公安边防机关出具的渔船和船员边防检查材料。

省级人民政府渔业行政主管部门应当于1月31日前将审核意见和有关材料报农业部。

农业部于3月31日前将远洋渔业企业资格审查和远洋渔业项目确认结果书面通知省级人民政府渔业行政主管部门、有关企业和国务院有关部门。对审查合格的企业,换发当年度《农业部远洋渔业企业资格证书》。

第四章　远洋渔业船舶和船员

第十七条　远洋渔船应当经渔业船舶检验部门技术检验合格、渔港监督部门依法登记,取得相关证书,符合我国法律、法规和有关国际条约的管理规定。

不得使用超过报废船龄或未取得相关证书的渔船从事远洋渔业生产。

第十八条　制造、更新改造、购置、进口远洋捕捞渔船,应当根据《渔业捕捞许可管理规定》事先报农业部审批。

远洋渔船所有权变更为他国公民或企业所有的,应当按《中华人民共和国渔业船舶登记办法》的有关规定,事先办理渔船所有权注销登记。远洋渔业企业应当将渔船所有权注销登记证书复印件报农业部备案。

第十九条　远洋渔船应当随船携带有关证书,按规定悬挂旗帜。

到公海作业的远洋渔船,应当具有中华人民共和国国籍,悬挂中华人民共和国国旗,按照农业部远洋渔业项目批准文件和《公海渔业捕捞许可证》限定的作业场所、类型和时限作业,遵守我国缔结或者参加的国际条约、协定。

在他国管辖海域作业的远洋渔船,应当遵守我国与该国签订的渔业协议及该国的法律法规。

专业远洋渔船不得在我国管辖海域从事渔业生产。

第二十条　远洋渔船应当填写《中华人民共和国渔捞日志》(见农业部《渔业捕捞许可管理规定》附件4),并接受渔业行政主管部门的监督检查。

第二十一条　远洋渔业船员应当经农业部审定合格的专业培训机构培训,经农业部授权的渔政渔港监督管理机构考试合格,取得《中华人民共和国渔业船舶职务船员适任证书》(以下简称"职务船员证书")和《中华人民共和国渔业船员专业训练合格证》(以下简称"专业训练合格证"),并具有1年以上海洋捕捞经历。

远洋渔业船员、远洋渔业企业及项目负责人和经营管理人员应当学习国际渔业法律法规和涉外知识,参加渔业行政主管部门或其委托机构组织的培训。

第二十二条　远洋渔业企业应当与其聘用的远洋渔业船员或远洋渔业船员所在单位直接签订合同,为远洋渔业船员办理有关保险,按时发放工资,保障远洋渔业船员的合法权益,不得向远洋渔业船员收取不合理费用。

远洋渔业企业不得聘用未取得"职务船员证书"和"专业训练合格证"的人员作为远洋渔业船员,聘用的远洋渔业船员不得超过农业部远洋渔业项目批准文件核定的船员数。

第二十三条　远洋渔业企业应当凭农业部远洋渔业项目批准文件、远洋渔业船员聘用合同、远洋渔业船员"职务船员证书"和"专业训练合格证"、远洋渔业船员政审等材料,为远洋渔业船员办理海员证。

第二十四条　远洋渔业企业应当在远洋渔业船员出境前对其进行外事纪律和法律知识教育。

远洋渔业船员在境外应当遵守所在国法律、法规和有关国际条约、协定的规定,尊重当地的风俗习惯。

第五章　监督管理

第二十五条　远洋渔业企业的法定代表人和远洋渔业项目的主要负责人,应当对远洋渔业项目的执行、经营管理、渔船的活动和船员的行为负责,并承担相应的法律责任。

第二十六条　农业部根据管理需要对远洋渔船进行船位和渔获情况监测。远洋渔船应当根据农业部制定的监测计划安装渔船监测系统(VMS),并配备持有技术培训合格证的船员,保障系统正常工作,及时、准确提供真实信息。

农业部可根据有关国际组织的要求或管理需要向远洋渔船派遣政府观察员。

远洋渔业企业和渔船有义务接纳观察员，承担有关费用，为观察员的工作、生活提供协助和方便。

第二十七条 两个以上远洋渔业企业在同一国家（地区）或海域作业，或从事同品种、同类型作业，应当建立企业自我协调和自律机制，接受行业协会的指导，配合政府有关部门进行协调和管理。

第二十八条 远洋渔业企业、渔船和船员在国外发生涉外事件时，应当立即如实向农业部、企业所在地省级人民政府渔业行政主管部门和有关驻外使（领）馆报告，省级人民政府渔业行政主管部门接到报告后，应当立即核实情况，并提出处理意见报农业部和本省级人民政府，由农业部协调提出正式处理意见通知驻外使领馆。对海难和重大涉外事件需要国家紧急救助和对外交涉的，由农业部协调提出正式处理意见，商外交部通知驻外使领馆进行外交交涉。

远洋渔业企业和所在地各级人民政府渔业行政主管部门应当认真负责、迅速、妥善处理涉外事件。

第二十九条 远洋渔业企业、渔船或船员有下列违法行为的，由省级以上人民政府渔业行政主管部门或其所属的渔政渔港监督管理机构根据《中华人民共和国渔业法》和有关法律、法规予以处罚。对已经取得农业部远洋渔业企业资格的企业，农业部视情节轻重和影响大小，暂停或取消其远洋渔业企业资格。

（一）未经农业部批准擅自从事远洋渔业生产，或未取得《公海渔业捕捞许可证》从事公海捕捞生产的；

（二）申报或实施远洋渔业项目时隐瞒真相、弄虚作假的；

（三）不按农业部批准的或《公海渔业捕捞许可证》规定的作业类型、场所、时限生产，或使用禁用的渔具、渔法进行捕捞，或非法捕捞珍稀水生野生动物的；

（四）远洋渔船未取得有效的检验、登记和其他船舶证书，或不符合远洋渔船的有关规定的；

（五）违反本规定招聘或派出远洋渔业船员的；

（六）妨碍或拒绝渔业行政主管部门监督管理的；

（七）不按规定报告情况和提供信息，或故意报告和提供不真实情况和信息的；

（八）拒绝接纳农业部派出的观察员或妨碍其正常工作的；

（九）不按规定填报《渔捞日志》的；

（十）发生涉外违规事件，造成严重不良影响的；

（十一）依法应予处罚的其他行为。

第三十条 被暂停农业部远洋渔业企业资格的企业，整改后经省级人民政府渔业行政主管部门和农业部审查合格的，可自暂停之日起一年后恢复其远洋渔业企业资格。整改期过后经审查仍不合格的，取消其农业部远洋渔业企业资格。

第三十一条 当事人对渔业行政处罚有异议的,可按《中华人民共和国行政复议法》和《中华人民共和国行政诉讼法》的有关规定申请行政复议或提起行政诉讼。

第三十二条 各级渔业行政主管部门工作人员有不履行法定义务、玩忽职守、徇私舞弊等行为,尚不构成犯罪的,由所在单位或上级主管机关予以行政处分。

第六章 附 则

第三十三条 本规定所称远洋渔船是指中华人民共和国公民、法人或其他组织所有并从事远洋渔业活动的渔业船舶;远洋渔业船员是指在远洋渔船上工作的所有船员,包括职务船员。

本规定所称省级人民政府渔业行政主管部门包括计划单列市人民政府渔业行政主管部门。

第三十四条 本规定自2003年6月1日起施行。农业部1998年3月3日发布的《农业部远洋渔业企业资格管理规定》和1999年7月20日发布的《远洋渔业管理暂行规定》同时废止。

第五章 渔业资源管理

第一节 渔业资源概述

世界各国都非常重视对渔业资源的管理,并作为渔业管理的主要内容。1982年《联合国海洋法公约》赋予了沿海国在其专属经济区内开发海洋生物资源的主权权利的同时,规定了沿海国对海洋生物资源进行养护和管理的义务。

"渔业资源也称为水产资源,一般指可为渔业生产开发利用、具有一定经济价值的天然水域中的水生生物资源。"[1]"渔业资源管理,是指对整个渔业资源繁殖保护、开发利用以及人工增殖等所进行的计划、组织、指挥、监督和协调一系列活动的总称。它贯穿于渔政管理的全过程,是渔政管理的核心。"[2]因为渔业资源是一种生物资源,需要对其特性、现状、数量变动原因等进行系统全面了解,才能更好地进行保护、管理。因此本节主要论述渔业资源的特性,我国渔业资源的特点及现状,以及渔业资源数量变动的主要原因。

一、渔业资源的特性

自然渔业资源的特性概括起来主要有:共有性、洄游性、再生性、波动性、多样性以及整体性和地域差异性等特点。

(一) 共有性

共有性是指任何水域的渔业资源,都不专属于某个单位、集体或个人,任何人都可以利用渔业资源,而且无权干涉他人利用,由此可见渔业资源的开放性。也正是由于这一特性,致使涉足渔业的人数过多,从而导致了争夺渔业资源的现象。

(二) 洄游性

洄游性是指大多数鱼类都有各自的移动习性。例如,海洋渔业中的鱼类较为明显,中上层鱼类移动幅度较大,底栖鱼类移动幅度较小。由于移动范围较大,一

---

[1] 黄硕琳,唐议.渔业法规与渔政管理.北京:中国农业出版社,2010:141.
[2] 夏章英.渔政管理学(修订本).北京:海洋出版社,2013:57.

定水域的渔业资源往往是由一个国家不同行政区域的渔民开放,甚至由不同国家的渔民共同开发。

(三) 再生性

再生性是指渔业资源作为一种生物资源,是整个生态系中的组成部分。其通过繁殖、生长、死亡等一系列的生物学过程,维持一定的数量和质量。如果环境条件适宜,人类的开发利用合理,则渔业资源可以维持正常的世代繁衍,持续为人类提供高质量的水产品。但是如果生存环境遭到自然或人为的破坏,或不合理的开发利用,渔业资源的自我更新能力就会降低,导致渔业资源衰退,甚至枯竭。可见,渔业资源的再生性是有限度的,需要合理利用和保护。

(四) 波动性

波动性是指渔业资源数量的自然波动变化。影响渔业资源数量变动的因素很多,如饵料、敌害等生物因素和水质、气候等非生物环境因素的变化,都会引起渔业资源数量的变动。特别是环境的异常变化,对渔业资源数量产生的影响很大,如台风、海啸等都会使得该地区渔业资源的数量减少。

(五) 多样性

多样性是指渔业资源种类繁多。若从生物学角度区分,可分为鱼类、甲壳类、软体类、海兽类以及藻类等,每一类又包括很多种群;若按地理区域来划分,又分为生活在热带、亚热带的暖水性种类,高纬度的冷水性种类,以及中纬度地区生长的温水性种类;若按其洄游特性来分,有大洋性高度洄游的种类、半洄游性种类和少移动的地方性种类等。

(六) 整体性

整体性是指渔业资源是生物资源与自然环境相互联系、相互影响而构成的一个整体,同时渔业资源不同种类之间也存在着相互联系,相互影响的关系。因此,在渔业资源管理中,必须将渔业资源的生物和非生物环境因素进行整体性的综合考虑。

(七) 地域差异性

地域差异性是指渔业资源处于不同的自然环境中,受到许多外界因素的作用和影响,在一定的水域空间内具有整体性的同时,又表现出明显的地域差异。不同地区的渔业资源种类、数量、质量以及结构特征等都有很大差别,海洋渔业资源的这种地域差异性更为突出。

二、我国渔业资源的特点与现状

我国海域辽阔,内陆水域分布面也很广泛,各类水域跨越近 40 个纬度,处于温带、亚热带、热带等各类区域,南北气候等条件差别很大。因此,我国海洋渔业资源和淡水渔业资源都具有不同的特点。

(一) 我国海洋渔业资源的特点

我国海域辽阔,海洋渔业资源种类丰富,具有以下特点:

1. 我国海洋渔业资源具有明显的地方性和独立性

我国大陆毗邻的渤海、黄海、东海、南海都属于半封闭海域,大洋水系较难与其进行水体交换。因此,这些海域的渔业资源具有明显的地方性和独立性,其洄游特性也基本局限于本海区范围内。这一特点,虽然使得我国渔业资源易遭破坏,但同时又有利于资源增殖和人工放流,所以只要我们开发适当,则渔业生产可稳定发展。

2. 我国海洋渔业资源种间产卵期不同,产卵场分散

我国海洋渔业资源种间产卵期不同,产卵场分散,许多经济鱼类产卵场分布在江河口及浅滩附近。这一特点,一方面有利于鱼类产卵、孵化和幼鱼生长,因为这一海区饵料丰富,幼鱼生长快,成熟早。另一方面由于是近海作业的渔场,所以幼鱼容易遭到损害。

3. 我国海洋渔业资源种类多,数量少,地方差异大

我国大陆毗邻海域跨越温带、亚热带和热带3个气候带,并跨越大陆架、大陆坡和深海海槽等不同海底地形。海洋生物种类约有1万种,约占世界海洋生物总种数的1/20。但单一种类均产量也比较低,一般年产量为几十万吨,可利用的持续时期也比较短。在种类分布上,我国渔业资源南北差异很大,一般是南海的种类多于渤海、黄海和东海。例如鱼类,南海北部大陆架海域有1 000种,东海为700种,黄海和渤海仅有290种。

4. 海域的生产力和生物量处于世界主要渔业海域的中下水平

我国海域的生物生产量在全球范围内属中下水平,比欧洲北海的生物量几乎低一半。我国海区生物生产量处于偏低水平。

(二) 我国淡水渔业资源的特点

我国幅员辽阔,大陆的东西、南北跨度都很大,淡水渔业资源丰富。我国地处温带、亚热带和热带,自然分布于我国的土著淡水鱼类有804种,绝大部分是温水性鱼类,其中大约1/2的种类可供食用,常见的经济鱼类有50多种,可作为养殖对象的有20余种;河口海(咸)淡水洄游性鱼类和入河口的海洋鱼类共有238种,分别隶属于22目73科144属,大半是有食用价值的名贵经济鱼类;此外,还有大量河口半咸水鱼类。淡水水生野生动物包括鱼类、两栖类、爬行类、哺乳类等,被列为国家一、二级重点保护的濒危水生野生动物63种,亟须保护的种类现已达100多种。我国内陆水域浮游生物总计110属201种;底栖生物约有600种;水生

维管束植物有 186 种,隶属于 40 科 76 属。除了大型水生动植物种类以外,还有可以作为饲料或饲料添加剂和可以作为鱼用疫苗或生物防治(载体)的微生物,如芽孢杆菌、双歧杆菌、乳酸菌、类链球菌、酵母菌等,还有大量水生细菌作为异养生物在物质循环中起着重要作用。

目前,我国淡水养殖产量占水产养殖产量的四分之三。2012 年,我国淡水产品产量已达到 2 874.3 万吨,占我国水产品总量的 48.7%,其中淡水养殖产品 2 644.5 万吨,占淡水产品总量的 92%。我国以占世界 6.7% 的淡水径流量生产了世界 43.5% 以上的淡水养殖产量,在世界渔业中,我国池塘养殖产量和平均单产均处于世界首位。充分利用水面资源,挖掘水体生产潜力,不仅使我国解决了"吃鱼难"问题,而且使我国成为世界上唯一水产养殖产量超过捕捞产量的渔业国家。目前,我国水产养殖产量占世界水产养殖产量的 70%,其中,淡水养殖产量占水产养殖总产量的 61.7%。改革开放之前,我国人均淡水鱼供应量低于世界水平,现在则是世界水平的两倍多。更为难能可贵的是,我国淡水养殖业发展是建立在"不与人争粮,不与粮争地"的基础上。随着养殖技术发展,大量的不可耕地、低洼盐碱地被利用,淡水养殖真正实现了"不与粮争地"。美国著名生态经济学家、哈佛大学教授布朗曾高度评价我国的淡水渔业,认为"中国淡水渔业对世界贡献巨大,是最有效率的技术"。

1978—2011 年,我国渔业产值年均增长率达到 19.3%,渔业产值占农林牧渔产值的比重从 1.6% 提高到 9.3%,与种植业、畜牧业、林业等其他农业产业相比,渔业是发展最快的行业。2012 年,我国淡水养殖产值为 4 194.82 亿元,占渔业产业产值的比重为 46.36%,占渔业经济总产值的比重为 24.22%,这是自 2003 年以来连续 10 年我国淡水养殖业产值占渔业第一产业产值的比例保持在 40% 以上,连续 10 年淡水养殖业占渔业经济总产值的比例保持在 20% 以上。2012 年,我国淡水捕捞产值为 369.85 亿元,占渔业产值的比重为 4.1%,淡水渔业产值合计为 50.5%,比海水渔业产值 43.9%(其中,海水养殖 25.0%,海洋捕捞 18.9%)多出 6.6 个百分点。这充分说明,在整个渔业经济中,淡水渔业占有重要地位。[①]

淡水渔业资源具有以下特点:

1. 按地理分布,鱼的种类南方多于北方,东部多于西部

我国淡水渔业资源的种类总体上呈现出南方多于北方,东部多于西部的特点。例如,珠江流域鱼类资源的种类有 260 多种,长江流域鱼类有 370 多种,黄河流域鱼类有 150 多种,黑龙江流域鱼类有 110 多种。而西部地区如新疆、西藏某些水域的鱼类只有 40~60 种。

---

① 陈洁,张静宜,何安华,等.我国淡水渔业发展趋势分析[N].中国渔业报,2014-01-20.

2. 在鱼的种类方面,鲤科鱼类最多

全国各水系中鲤形目鱼类最多,共有 623 种,分隶属于 6 科 160 属,占内陆水域土著鱼类总数的 77.2%。其次是鲇形目鱼类有 84 种,占内陆水域土著鱼类总数的 10.4%。再次是鲈形目、鲑形目、鲟形目、刺形目等。多数鲤科鱼类食物链短,多为单食或杂食性品种,人工饲养时经济效益高。

3. 江河口咸淡水洄游性鱼类多为名贵品种

我国江河口咸淡水洄游性鱼类主要有黑龙江和图们江的七鳃鳗、大马哈鱼;长江和钱塘江的中华鲟、鲥鱼、松江鲈、凤尾鱼;全国沿海河口的河鳗、尖吻鲈等。这些名贵鱼类具有很高的经济价值和营养价值。

(三) 海洋渔业资源和淡水渔业资源的状况

我国渔业资源种类丰富。海洋鱼类近 2 000 种,头足类 100 余种,虾蟹类 900 多种,贝类 400 多种。尽管资源种类比较多,但很多种类的数量很少,主要经济种类大约只有 300 多种,真正有高产量的经济鱼类只有 60~70 种。相比于海洋渔业资源,我国淡水鱼类资源比较丰富,全国土著淡水鱼类约 800 种,江河口咸淡水洄游性鱼类约 60 多种,贝类 170 多种,虾类 60 多种。此外还有丰富的龟、蟹等,水生植物有 180 多种。

我国渔业生产总体上呈现出逐年增加的趋势。其中也存在不少问题,例如,由于盲目增船增网,片面追求产量,近海捕捞强度超过渔业资源的再生能力,导致单位产量下降,渔获中出现低龄化、低质化、小型化,优质鱼与劣质鱼的比例从 8∶2 变为 2∶8。更严重的是非法捕捞日益猖獗,炸鱼、毒鱼、滥用电力捕鱼、密阵密拖屡禁不止,这种非法毁灭性的掠夺式生产,对鱼苗、鱼卵也造成无法估量的损失。又如淡水渔业中,洞庭湖鱼类资源原来很丰富,但近 20 年来资源日趋衰退,原来有 114 种鱼类,现已灭绝 8 种以上,还有 15 种也已少见,过去年产约 5 000 吨,现在还不足 1 000 吨,个别地方只有几百吨了。从渔业资源的特性来看,虽然渔业资源具有可再生的特征,但这种再生能力在一定条件下是有限的,如果环境恶化、过度开发利用就会造成资源衰退或枯竭。

目前,我国淡水鱼类中约有 62 种处于濒危状态。大江大河的水利设施兴建和湖泊萎缩等已经破坏了半洄游鱼类的生境,鱼类多样性大大下降,纯天然苗种大量减少,对水产育种提纯复壮工作带来困难。四大家鱼鱼苗来源多靠人工繁殖,已经出现退化现象,亲本个体变小,发病率高。已有专家提出,长江增殖放流工作必须在科学、可控的条件下开展,不能盲目投放苗种、加剧生态灾难。

通过生物手段来控制水体中氮、磷和藻类,以解决水体富营养化问题,已经被实践证明是一种可行的措施。三大淡水湖鄱阳湖、洞庭湖、太湖先后启动大规模的生态修复工程,包括三峡水库在内的一些湖泊水库利用鲢、鳙等滤食性鱼类治理水体污染,开展生态养殖。滇池实施封湖禁渔并开展增殖放流,"以鱼控藻、以鱼减污、以鱼养水",2012年9月底开湖16天即捕捞3 680吨鱼,削减总氮110吨、总磷22吨。我国消费者喜食野生或自然水域放养的鱼类,如能合理规划、进行科学的增殖放流和轮放轮捕,是有利于淡水水域生态又有助于增收的好方式。

三、渔业资源数量变动的原因

影响渔业资源数量变动的原因是多方面的,但总的来看,大体上可以归纳为渔业资源自身因素、水域环境因素以及人为捕捞因素3个方面。

(一)渔业资源自身因素

渔业资源自身因素对渔业资源数量变动的影响主要来自繁殖、生长、自然死亡、种间和种群之间的相互影响。

繁殖,受到资源种群亲体的繁殖力、受精率和鱼卵、仔幼鱼的成活率等因素的制约,而且卵和稚体的成活率与环境因素是否适宜也有很大关系。生长,受到资源种群密度、年龄组成和饵料丰度和水文条件等因素的制约。死亡,包括自然死亡和捕捞死亡,自然死亡的因素有敌害、疾病,以及资源种类的自然寿命等。种间的相互影响,来自物种之间的相互依存或排斥的关系,以及物种在食物链中的位置等。某一物种资源量的变动,对依从或相关的物种可能带来数量的变动。种群之间的相互影响是指饵料生物较差的条件下,有可能产生的食物竞争,从而影响到种群数量的变动。

(二)水域环境因素

渔业生物在繁殖、生长、自然死亡的整个生命过程中都受到外部水域环境因素的制约。水域环境由生物环境与非生物环境组成,包括江河径流量、气象变化、水系移动、水温、潮汐、海流等物理条件,溶解氧、pH值、盐度、营养盐等化学条件,以及饵料生物和敌害生物的分布变动等生物条件。水域环境是各种环境条件相互制约、相互作用构成的统一体。某些环境条件的剧烈变化对渔业资源数量的影响非常严重,尤其是强台风或飓风、强冷空气、径流量的明显增减、水文条件的剧烈变化等。

渔业水域污染是影响渔业资源生存环境的另一个主要因素。我国水域污染造成近海和内陆水域中主要经济水生生物产卵物和索饵育肥场的水域环境遭到破坏,饵料生物减少,水生生物繁殖力和幼体存活力降低,水生生物资源得不到有效补充,致使水域生产力急剧下降,水生生物总量减少。除此之外,水利水电、交通航运和海岸工程建设等人类活动,在创造巨大经济效益和社会效益的同时,对水域环境也造成了不利影响,水生生物的生存条件不断恶化,也会影响渔业资源的繁殖、生长和自然死亡。

（三）人为捕捞因素

人为捕捞而造成的捕捞死亡，是直接影响渔业资源数量变动的重要因素。在捕捞强度适当的情况下，因捕捞产生的渔业资源种群数量的减少，可由种群的补充群体和生长群体给予补偿，在种群生长量和补充量大于自然死亡量和捕捞死亡量时，种群资源量有可能增加一些；在种群生长量和补充量基本等于自然死亡量和捕捞死亡量时，可使资源保持相对稳定；当种群生长量和补充量不能补偿自然死亡量和捕捞死亡量时，则直接导致资源减少。

影响其渔业资源数量变动的因素错综复杂。总的来说，是种群补充和减少的对比关系变化的结果。引起两者对比关系变化的原因，基本上可以归纳为自然因素和人为因素两大类。

第二节 渔业自然资源的保护与管理

充分合理地利用渔业自然资源，为人类提供质优量的水产品，是渔业资源管理的重要任务。渔业资源的保护与管理，直接或间接地涉及人类生活的各个领域，关系到国民经济各部门、各地区的利益，关系到国家、集体和个人三者之间的利害问题，因此必须对渔业自然资源进行全面的保护与管理。

一、渔业自然资源管理的任务

我国渔业自然资源管理的任务，是由社会发展和渔业生产目标决定的，是按客观规律的要求和国家在一定时期的政治经济任务以及渔业生产的需要与可能来确定的，具体是：

（1）保证国家渔业法规的贯彻执行，合理开发利用渔业资源和严格保护渔业资源。

（2）通过系统的调查研究，为渔政管理决策提供依据，努力使渔业资源维持在一个固有的数量水平上，以保证获得最大持续的渔获量。

（3）加强对渔业自然环境的监督与保护。

（4）积极开展渔业资源的增殖活动。

（5）维护国家的渔业权益。

二、渔业自然资源管理的综合措施

渔业自然资源管理的综合措施，涉及社会、经济、自然、技术等方面，具体包括：设立专管机构，加强法制建设；全面规划，合理开发，加强生态系统管理；保护渔业水域环境；制定奖惩制度；健全管理制度，完善管理方法；建立渔业资源保护区、规定重点保护的渔业资源以及开发增养殖业等。

(一) 设立专管机构,加强法制建设

自然界是个有机整体,因此对渔业自然资源的开发与管理必须按其自身特点和国家需要,使资源得到最充分、最合理利用。许多先进渔业国家的经验证明,渔业自然资源的保护与管理顺利开展的重点是国家重视和领导机构健全,因此必须在全国范围内设立专门的渔业管理机构,并进行统一领导和分层管理。

渔业自然资源的开发利用,涉及各方面的利害关系。为此必须制定相关法律来指导自然资源的合理开发、利用、保护和管理。日本对渔业资源管理的重要经验之一是法律先行,制定了比较全面的资源法,其中属总理大臣掌握实施的有《国土资源开发法》《水资源开发法》等;属于资源开发管理的专门法律有《水产资源保护法》《海洋水产资源开发促进法》等,从而使各项资源的开发都有法律依据。美国对渔业资源的开发、管理也十分重视立法工作,如《1979年渔业保护和管理法》是美国参众两院通过,并以美国公共法令94-265号令颁布的。韩国提出"从捕捞渔业转向养育渔业"发展战略,并紧紧围绕战略目标制定海洋渔业资源可持续发展的相关法规、实施管理措施。挪威是世界上最早成立渔业部的国家。渔业部主要职能是负责全国海洋捕捞、渔业立法、渔业资源保护、水产养殖、海岸安全、鱼品质量、海洋科研、出口贸易、渔业资金等具体管理;主要目标为建立一个获利且可持续的渔捞渔业、水产养殖渔业,并在挪威沿岸区域建立起有保障的经济环境、安全的海上交通环境。[①]

(二) 全面规划,合理开发,加强生态系统的管理

调查、规划、布局、开发是渔业资源管理的主要内容和秩序,只有查清资源本底,才能有针对性地制定全面规划和进行合理开发,使整个资源管理科学有序。

渔业资源的保护与管理要把可更新自然资源的保护管理放在主体地位,即重视生态系统的保护管理。从20世纪60年代开始,欧美一些国家就开始应用生态学原理直接为自然资源的开发利用服务,为合理开发自然资源提供了科学依据。由于环境资源的负荷能力和生态系统的自我调节能力有限,因此要重视生态系统的保护管理。如果在自然资源开发利用中出现生物有机体的数量增长超过环境的供养能力和生态系统的自我调节能力,必然对生产发展产生障碍和限制,甚至造成生态失调、资源衰退、生产下降。所以渔业资源的保护与管理不能单从生产角度,只考虑开发利用,忽视保护管理,而应当同时注意保护自然资源和改善生态环境的需要。只有把自然资源的开发利用与发展生产、改善生态环境同时加以考虑,才能实现最佳生态经济效益的最合理管理。

---

① 李娜.舟山市海洋渔业资源管理研究[D].大连:大连海事大学硕士学位论文,2014.

(三) 保护渔业水域环境

渔业自然资源管理,必须保护渔业水域环境,综合利用水域资源。为保证水域资源的综合利用,对用水单位的活动要有专门法令监管,避免相互损害。对已造成损害的,应采取相应措施来补救,如降低单产污染物排放系数、"三废"综合利用、改革工艺设备、改革原料和产品结构、增加净化设施、加强深海排放等。

(四) 规定奖惩制度

渔业资源的保护与管理,首先要向渔业生产者宣传渔业资源保护与发展渔业生产的关系,帮助他们了解长远利益与眼前利益的辩证统一关系。此外,还必须建立资源保护的奖惩制度。对于在资源保护中有功的,给予精神和物质的奖励。对于破坏资源保护的单位、个人,依情节轻重,给予批评教育或惩处,如对炸鱼、毒鱼等除了没收渔获物之外还要罚款、吊销捕捞许可证,甚至追究刑事责任。

(五) 健全管理制度,完善管理方法

渔业资源的保护与管理是以渔业生产的持续发展为目标,在不破坏资源增殖能力的前提下,最大限度和有效地取得生产量。这个管理目标是以生态、经济、社会三大效益的综合来衡量的。渔业资源的保护与管理一般采用两大措施:一是控制渔获对象的最小体长;二是控制捕捞死亡水平。

1995年10月,联合国粮食及农业组织(FAO)从确保渔业资源可持续利用的观点出发,通过了《负责任渔业行为准则》,指出过剩的渔捞能力是造成过度捕捞、海洋渔业资源衰退、食物生产潜能降低和经济浪费的主要原因,明确了海洋捕捞业的责任,提出使用安全捕捞技术,改进渔具选择性,做到负责任捕捞,并要求各国确保捕捞强度与渔业资源的可持续利用相适应。为响应《负责任渔业行为准则》的要求,国际上一些区域性渔业组织也在其管辖的水域制定了相应的捕捞规定,严格限制破坏资源的渔具、渔法,或者要求安装能释放被保护动物的装置,对渔具所造成副渔获死亡的严重性及后果对海洋生态系统结构和功能的影响十分重视。[①]

1. 控制渔获对象的最小体长

这也称可捕标准,它是一项定性的间接的管理办法,也属初级管理手段。一般从划定禁渔期和禁渔区,禁止某些渔具渔法、限制网目尺寸,或者直接控制渔获首次被捕体长(或体重)以及兼捕的幼鱼比例。

(1) 划定禁渔区、禁渔期。根据渔获对象的各个生活阶段和集群活动的产卵场、越冬场和幼鱼发育的具体情况,划定禁渔区、禁渔期和保护区。其目的是为了

---

① 陈晓雪,黄洪亮,陈雪忠.国内外拖网减少副渔获物的研究进展[J].海洋渔业,2007,29(3):263-270.

保护亲鱼的正常繁殖和幼鱼、仔鱼的索饵成长,保护鱼类顺利越冬。禁渔区的规定是限制捕捞努力量和保护幼鱼的措施。禁渔期的规定对处于衰退状况的渔业起到保护鱼种的作用。我国在养护水生生物资源、保护渔业水域生态环境方面实施了一系列养护管理制度和措施,包括海洋伏季休渔、长江禁渔期、海洋捕捞渔船双控、水生生物资源增殖放流、水生生物自然保护区建设和濒危水生野生动物救护等,2006年国务院印发的《中国水生生物养护行动纲要》,进一步明确了我国水生生物资源养护工作的指导思想、原则、目标、重点行动和保障措施,将水生生物资源养护工作纳入了国家生态建设的总体部署,对保护水生生物资源,改善水域生态环境,提高渔业可持续发展能力具有重要意义。[1]

(2)禁止某些渔具渔法。凡是造成鱼卵、幼鱼严重摧残的或引起禁渔群体大量死亡的渔具渔法,都会破坏渔业资源。因此,我国《水产资源繁殖保护条例》中明确规定,严禁炸鱼、毒鱼、滥用电动捕鱼以及进行敲䑷作业等严重损害水产资源的行为。同时规定,对现有危害渔业资源的渔具渔法,应有计划、有步骤地予以改进,对严重危害资源的,应禁止或限期淘汰。

(3)限制网目尺寸。渔具网目尺寸的大小,对渔获物有一定的选择性。为了减少捕捞小于法定标准的幼鱼,必须规定网目尺寸。

我国繁殖保护条例中各类网具的最小网目尺寸不小于54毫米。早在20世纪30年代,欧洲渔业国际委员会中挪威、比利时、德国、波兰、冰岛等10个国家,曾就相互协议签订了限制拖网网囊网目尺寸的国际条约,后来美国、加拿大也规定限制黑线鳕拖网网囊网目尺寸,并取得很好效果。随后日本也进行了试验,认为80%的幼鱼是在网具曳行中从网囊网目逃出的。目前世界各国结合本国的渔业资源特点,特别是针对拖网渔业主要捕捞品种和非目标鱼种在个体、形状和生物学习性等方面的差异,开发研制了不同的非目标鱼种的释放和选择装置,取得了预期的效果。如,在澳大利亚东部以澳洲沟对虾为主捕对象的拖网渔船上,已规定强制使用副渔获物减少装置(BRD),称为复合方形网目网片,这种副渔获物减少装置的栅格连接两种不同网目(如方形目)尺寸(45 mm和60～150 mm之间)的网片,这样提高了兼捕过程中未成熟鱼类的逃逸概率。[2] 可见限制网目尺寸,对保护鱼类资源具有现实意义。

(4)规定采捕对象的可捕标准和幼鱼比例。这是控制被捕群体再生能力的重要措施之一。我国对83种主要捕捞对象的种类已明确规定了可捕标准,如国家文件规定带鱼其肛长23厘米、小黄鱼体长19厘米、竹黄鱼叉长20厘米等。规定可捕标准在渔港进行监督检查,也是保护幼鱼的有力措施。由于在实际捕捞生

---

[1] 着力提高渔业可持续发展能力[N].中国渔业报,2007-02-26.
[2] 陈晓雪,黄洪亮,陈雪忠.国内外拖网减少副渔获物的研究进展[J].海洋渔业,2007,29(3):263-270.

产中不可避免地会兼捕到幼鱼,因此有关资源保护的文件中也同时规定了渔获中幼鱼的比例。我国准许混捕幼鱼的数量,一般规定为总渔获量的20%。如果超过此标准,必须迅速主动转移作业渔场。

2. 控制捕捞死亡水平

这是一项定量的直接的管理办法,一般从限制船、网捕捞工具的数量和限制渔获量的两种办法。

(1) 限制捕捞船数。限制作业船数的目的是为了避免渔船高度集中,争夺资源,造成资源严重破坏和捕捞力量的浪费。为实现海洋渔业资源的集中统一管理,减轻近海资源的压力,解决各省、市争夺渔场矛盾,必须对各省作业船数进行安排。国务院批转农业部《关于东、黄、渤海主要渔场渔汛生产安排和管理的规定》中,对主要渔场渔汛各省都做了具体的安排和布置。作业渔船的安排要根据资源量,本着有利于保护和合理利用资源,有利于团结,有利于维护生产秩序,优先安排邻近省、市、地区渔船为原则。国务院批转的《关于发展海洋渔业若干问题的报告》中指出:近期内渤海、黄海、东海渔船一律不得增加,南海区也要严格控制。利用外资、补偿贸易的一律不得从事近海捕捞生产。农副业队,农民个人或联户购买的小型渔船,可以从事养殖和运输,不得从事捕捞生产。对现有渔船要进行一次全面登记、整顿,过多的渔船要逐步裁减和转业。

(2) 限制渔获量。限制渔获量就是限额捕捞,是对生产单位直接的管理办法,其目的是控制捕捞死亡量,使它不超过资源的补充量,因为资源数量的变动是增加量与减少量对比结果的表现。通过科学研究,计算出资源的增加量之后,确定其总渔获量,使增长量与减少量达到平衡,这样就可以获得最大的持续产量。国际渔业管理就是以持续产量为准,并加以分配,这样就可避免捕捞过度,减少劳力和财力的浪费,提高经济效益。

三、建立渔业资源保护区

建立渔业资源保护区,对重要渔业资源的产卵场、索饵育肥场、越冬场、洄游通道等主要栖息场所及特有水域生态类型进行重点保护,是保护渔业资源最直接、最有效的措施之一。渔业资源保护区建设,不仅对保护渔业资源有重要作用,而且还对水域环境和生物多样性都具有重要保护作用,它可提供环境效益、保障生态安全、促进自然资源的持续利用和生态旅游的发展,使人与自然和谐相处。

我国大陆毗邻的海域辽阔,内陆水域丰富,自然条件多样,为多种水生动植物并存提供了良好基础。根据我国有关法律法规的规定和保护区建设的实践,目前专门针对渔业资源的保护区主要是重要渔业资源保护区,而其他涉及的有水产种质资源保护区、海洋自然保护区等。据统计,目前已建的专门的渔业资源保护区和涉及渔业资源保护区共有300多个。

（一）设立重要渔业资源保护区

它是指在重要渔业资源主要的产卵区域、幼鱼生长区域等建立的保护区，重点针对特定的渔业资源实施保护。在重要渔业资源保护区内，一般采取的措施是禁止和限制捕捞，以及取缔对渔业资源及其栖息地有严重损害的养殖活动、水利建设、水源利用等。我国在20世纪80年代就建立了一些海洋渔业资源保护区，如1981年根据《国务院决定设立幼鱼保护区》和1988年农业部发布的《关于国务院批准设立东海产卵带鱼保护区的通知》等建立的大黄鱼幼鱼保护区、东海产卵带鱼保护区等。此外，地方政府根据在本行政区范围内渔业资源及水域自然条件和开发利用状况，也建设了一些地方性的渔业资源保护区。

（二）设立水产种质资源保护区

设立水产种质资源保护区是指根据重要渔业种质资源的数量、分布区域、生态特点等情况，在渔业种质资源的重要分布区建立的自然保护区，对重要的水产种质资源进行保护。

《渔业法》明确规定，国家保护水产种质资源及其生存环境，并在具有较高经济价值和遗传育种价值的水产种质资源的主要生长繁育区域建立水产种质资源保护区。未经国务院渔业行政主管部门批准，任何单位或个人不得在水产种质资源保护区内从事捕捞活动。

2006年国务院发布了《中国水生生物资源养护行动纲要》，进一步强调建立水产种质资源保护区来保护水产种质资源，并要求制定相应的管理办法，强化和规范保护区管理。2007年12月12日，根据《渔业法》规定和《中国水生生物养护行动纲要》的有关要求，农业部公布了批准建立的第一批国家级水产种质资源保护区名单，包括黄河鄂尔多斯段黄河鲶保护区等共40处。2014年11月26日公布了第八批国家级水产种质资源保护名单，共36处，包括26个江河类型和10个湖泊水库类型。至此，全国范围内国家级水产种质资源保护区总数已达464处，其中海洋类50个，内陆类414个。这些保护区分布于江河、湖库以及海湾、岛礁、滩涂等水域，初步构建了覆盖各海区和内陆主要江河湖泊的水产种质资源保护网络，对保护水产种质资源、防止重要渔业水域被不合理占用、促进渔业可持续发展以及维护广大渔民权益具有重要现实意义。[①] 另外，地方政府还根据本行政区范围内的水产种质资源保护需要，依法建立了大量地方水产种质资源保护区。

（三）设立珍贵、濒危水生野生动植物自然保护区

它是指在受国家法律保护的珍贵、濒危水生野生动植物栖息地，根据水生野

---

① 农业部官网．http://www.moa.gov.cn/govpublic/YYJ/201504/t20150414_4526476.htm

生动植物的特点、濒危程度建立的自然保护区。这种自然保护区主要是针对珍贵、濒危水生野生动植物进行保护,保护其物种和生物多样性。

我国水生野生动植物类型自然保护区建设经历1956—1965年的初步探索阶段、1966—1978年的停滞阶段、1979—1990年的起步阶段、1991—1997年的法制建设阶段和从1998年至今的发展阶段五个阶段。通过努力,截至2005年年底,全国共建立水生动植物和水域生态系统类型自然保护区200余处,其中国家级9处,省级30多处,市县级160多处,有效地保护了珍贵、濒危水生野生动植物及其栖息地,对维护生态平衡,优化生态环境起到了重要作用。[①]

(四) 设立海洋自然保护区

海洋自然保护区的保护范围比较广泛,除了海洋生物资源外,还对海洋环境、生态系统、海水资源利用等实施保护。海洋自然保护区分为国家级和地方级。国家级自然保护区,是指经国务院批准而建立的,在国内外有重大影响、重大科研和保护价值的海洋区域建立的自然保护区。地方级自然保护区,是指经省、区、市人民政府批准而建立的,在当地有较大影响,具有重要科研和一定的保护价值的沿岸海洋区域建立的自然保护区。

海洋自然保护区可根据海洋自然环境条件、生物资源状况和保护目标,划分为核心区、缓冲区、实验区,并确定相应的保护期。

(五) 设立土著、特有水生生物物种保护区

它是指根据土著、特有水生生物种群的数量、分布区域、生态特点等情况,在土著和特有水生生物物种栖息地建立的自然保护区,主要从保全水生生物多样性的角度出发,对土著和特有的水生生物资源进行保护。

(六) 设立典型水域生态类型保护区

典型水域生态类型保护区是指根据重要水生生态类型分布区域、生态特点、资源种类等情况,在典型的水生生态区域建立的自然保护区,对重要水生生物栖息地生态环境进行保护。

上述保护区的分类是按保护区的主要功能来划分的。实际上,多数自然保护区往往兼具多种功能。例如,一些海洋自然保护区往往又是重要的渔业资源保护区的典型生态类型保护区;一些土著、特有水生生物物种保护区往往又是重要的水生物种种质资源保护区。

四、规定重点保护的渔业资源

规定重点保护的渔业资源,目的是明确哪些渔业资源种类应在开发利用和管

---

① 洪峰.水生野生动植物自然保护区建设期待完善[N].中国渔业报,2006-05-22.

理中予以重点保护,以保护水产种质资源。早在1979年国务院颁布的《水产资源繁殖保护条例》中,就规定要保护重点水生动物和植物,并列出重点水生动植物名单。《渔业法》进一步要求,国务院渔业行政主管部门或省级人民政府渔业行政主管部门应规定重点保护的渔业资源品种及其可捕标准。此外,2006年国务院发布的《中国水生生物资源养护行动纲要》中提出,应修订重点保护的渔业资源品种及其可捕标准。为此,2007年农业部公布了新的国家重点保护的水生动植物名录。

(一)《水产资源繁殖保护条例》规定的重点保护的水生动植物

它包括六大类共90个物种,具体如下:

1. 鱼类

海水鱼有:带鱼、大黄鱼、小黄鱼、蓝圆鲹、沙丁鱼、太平洋鲱鱼、鲥鱼、真鲷、黑鲷、二长棘鲷、红笛鲷、梭鱼、鲆、鲽、石斑鱼、鳕鱼、狗母鱼、金线鱼、鲳鱼、鲵鱼、白姑鱼、黄姑鱼、鲐鱼、马鲛鱼、海鳗。

淡水鱼有:鲤鱼、青鱼、草鱼、鲢鱼、鳙鱼、鳡鱼、红鳍鱼、鲮鱼、鲫鱼、鳜鱼、鳜鱼、鲂鱼、鳊鱼、鲑鱼、长江鲟、中国鲟、白鲟、青海湖裸鲤、鲚鱼、银鱼、河鳗、黄鳝、鲷鱼。

2. 虾蟹类

对虾、毛虾、青虾、鹰爪虾、中华绒螯蟹、梭子蟹、青蟹。

3. 贝类

鲍鱼、蛏、蚶、牡蛎、西施舌、扇贝、江瑶、文蛤、杂色蛤、翡翠贻贝、紫贻贝、厚壳贻贝、珍珠贝、河蚌。

4. 海藻类

紫菜、裙带菜、石花菜、江篱、海带、麒麟菜。

5. 淡水食用水生植物类

莲藕、菱角、芡实。

6. 其他

白鳍豚、鲸、大鲵、海龟、玳瑁、海参、乌贼、鱿鱼、乌龟、鳖。

各省、自治区、直辖市可以根据本地的水产资源情况,对重点保护对象作必要的增减。

(二)农业部规定的重点保护经济水生动植物资源名录

2007年12月12日,根据《渔业法》和《中国水生生物资源养护行动纲要》有关规定和要求,农业部公布了《国家重点保护经济水生生物植物资源名录(第一批)》,首次全面系统地对我国重要保护经济水生动植物资源进行了整理和规范,为进一步开展物种资源保护奠定了基础。该名录共包括水生经济物种166个,其中鱼类 99 个、虾蟹类 17 个、贝类 20 个、藻类 7 个、爬行类 2 个、高等水生植物 9 个、章鱼等其他物种 12 个。

第三节　人工增殖渔业资源的保护与管理

人工增殖渔业资源，是指以人为手段来增加公有水域的渔业资源量，是在继承早期资源、繁殖自然资源和增殖技术的基础上，应用近代科学成就而发展起来的技术。这种技术的特点是：把水产土木工程技术运用于渔业资源增殖、能排除资源生物幼稚时期的致死因素、能改变水域生态系统中渔业生物的种群结构、可用驯化方法提高洄游种群的放流回归率等，从而达到最大限度地提高生产力的目的。为改良渔业生态环境、改善渔业资源品种结构、增加渔业量，而向公有水域投放种苗、移殖驯化、繁殖良种，或营造人工海藻林、投放鱼礁、鱼巢以及建造其他有利于资源生物发生、发育、成长和繁殖设施的活动。

一、人工增殖渔业资源的意义

人工增殖渔业资源，是社会发展的必然趋势。以往渔业资源的管理大多采用限制船网数量、限制作业渔场、规定捕捞限额等行政管理措施或法律管理办法，不能解决资源生产不足和社会需要不断增长的矛盾。如果把资源保护与资源增殖结合起来，不仅提高了增殖效益，而且还较好地调节了渔政管理部门与渔民群众的关系，给渔政管理工作带来新的活力。由此可见，人工增殖渔业资源与渔政管理工作之间的关系是十分密切的。

渔业资源增殖是增加渔业资源的种群数量和质量，优化生物群落结构、改善水域生态功能的一项重要措施，对保护渔业资源，促进渔业可持续发展具有重要意义。对有重要经济价值和重要生态价值的渔业资源的增殖放流，可直接增加这些资源生物的补充量，补偿由于人为或自然因素造成的资源量衰减，改善相关水域的生物环境，增加渔业资源的补充量，为捕捞业提供物质基础，促进渔业经济发展，并可修复渔业资源的生态结构。在有条件的水域将渔业资源增殖与休闲渔业相结合，还有助于调整渔业产业结构，促进渔业地区经济发展。此外，增殖放流珍稀、濒危水生生物资源，是保护水生生物资源和保全水生生物多样性的重要手段。

一些渔业发达国家开展渔业资源增殖工作已有上百年的历史，并获得了良好的生态效益和经济效益。例如日本，从 1961 年开始，就在全国范围内开展了增殖研究，建立了濑户内海栽培渔业中心，作为国家委托事业，承担渔业增殖苗种生产和放流技术的开发。1979 年以来又在各海区设立了国家栽培渔业中心，各县设立县栽培中心，使增殖渔业获得了成效。至 1986 年日本增殖渔业资源品种达到 80 多种，形成了鱼、虾、贝、藻全面发展的局面。又如美国，从 1871 年在缅因州建立的鲑鱼人工孵化场,开启了美国的增殖放流渔业,进入 20 世纪后,随着一些法案被美国国会通过,政府同意资助并建立了一系列海洋鱼类孵化场,标志着政府行为的海洋增殖放流项目取得了突破性进展,并在沿海地区进行了广泛的推广。1965 年美国国会通过了关于溯河性洄游鱼类保护法案(Anadromous Fish Conservation Act),该法案强调增殖放流的开展主要以增加休闲渔业机会为目的,法案通过后,联邦政府、州政府、企业及非政府组织(NGO)逐渐加入到支持的行列,目前支持并开展增殖放流渔业的官方与非官方组织达数十个,在太平洋沿岸开展了大量的休闲渔业增殖放流活动,商业性的渔业增殖活动作为附属品也借机得到了一定发展,但规模较小。尽管商业性的增殖放流不断缩减,但无论是放流策略、还是放流后的资源分布等的研究却从未停止。[①]

增殖渔业是社会发展的必然,在整个渔业发展史上具有划时代的意义。它不仅标志着未来海洋渔业的发展方向,而且对于发展江、河、湖泊、水库等内陆水域渔业也具有重要意义。

我国从 1961 年开始,就在全国范围内开展了增殖研究,建立了濑户内海栽培渔业中心,作为国家委托事业,承担渔业增殖苗种生产和放流技术的开发。1979 年以来又在各海区设立了国家栽培渔业中心,各县设立县栽培中心,使增殖渔业获得了成效。至 1986 年日本增殖渔业资源品种达到 80 多种,形成了鱼、虾、贝、藻全面发展的局面。增殖渔业是社会发展的必然,在整个渔业发展史上具有划时代的意义。它不仅标志着未来海洋渔业的发展方向,而且对于发展江、河、湖泊、水库等内陆水域渔业也具有重要意义。

二、我国人工增殖渔业资源的现状

我国人工增殖渔业资源工作已有几十年的历史,不论在内陆水域,还是在近海,都取得了一定成绩。在内陆水域方面,20 世纪 50 年代随着四大家鱼孵化成功与推广,江、河、湖、库的人工增殖工作早已取得显著成就。60 年代后由于水利工程造成江湖隔断而近乎绝迹的中华绒螯蟹获得一定程度的恢复。

我国海洋人工增殖渔业资源工作起步较晚,直至 20 世纪 80 年代初才形成一定规模。在当时沿海 11 个省、自治区、直辖市都开展了这项工作,并在建造人工鱼礁和人工放流种苗方面取得较大成绩。如从 1970 年开始在南海北部湾首先投放 15 个单位人工鱼礁,取得明显的生态、经济、社会效益。随后又在广东的大亚湾和山东的胶南、蓬莱等地进行了建造人工鱼礁试验,后来又很快在许多省份铺开。据统计,当时沿海 8 个省(区)已建立了 24 个鱼礁点,投放人工鱼礁旧船 49 艘和海参、鲍鱼、牡蛎等浅海增殖礁 2.8 万个,共 12 万空立方米。截至 2004 年 12

---

① 徐海龙.渔业增殖放流及开发策略优化[D].上海:上海海洋大学博士学位论文,2015.

月,共建人工鱼礁33处,建设总体积50多万空立方米。人工鱼礁建设发展很快,2005年全国沿海建设人工鱼礁28处,总体积达28万空立方米。2006年沿海各省及部分内陆水域共建人工鱼礁36处,总体积达48万空立方米。而在人工放流种苗方面,特别在对虾人工放流方面取得显著成果,如在"七五"期间国家在渤海增殖基地总投资8 700多万元,建造了多个增殖站,对虾育苗能力达40亿尾,5年间沿海共放流对虾近200亿尾,比"六五"期间的18亿尾增加10倍以上,共回捕对虾3万多吨。2001—2007年全国沿海人工增殖放流各种鱼类、虾类、贝类共计2 173亿尾,每年放流量15.3亿~63.8亿尾。

2012年全国共投入增殖放流资金超过9.7亿元,同比增长15.6%,放流各类水产苗种和珍稀濒危物种307.7亿尾(只),同比增长3.95%。其中,中央财政资金安排放流各类水产苗种及濒危物种苗种64.9亿尾,包括经济物种64.72亿尾,珍稀濒危物种1 787.29万尾。2012年,我国放流水域已覆盖境内全部重要渔业水域,增殖对象不仅包括鱼、虾、蟹、贝等重要水产苗种,还有大量珍稀濒危水生野生动物,放流的生态、经济和社会效益日益显现。[1]

三、人工增殖渔业资源的基本途径

人工增殖渔业资源的基本途径包括两个方面:一是投放人工繁殖或暂养的苗种,或移植品种;二是改善或扩大生物资源的生存环境,促使生物资源的发生、发育、成长和繁殖。这两种基本途径,可以一起进行,也可以单独进行。具体说,人工增殖渔业资源的主要技术包括下列措施:

(一)增加资源的补充群体和移植优良种群

通用的方法是人工培育渔业生物幼体,使其在人工培育过程中渡过自然死亡的高峰阶段,然后放流到增殖水域,以保障其稳定的生存率。这种方法既可用于调节增殖水域的适量种苗,也可用于移植优良种群。对于洄游性鱼类资源,还可用驯化方法提高洄游的放流回归率。

(二)通过工程技术改善或扩大渔业资源的生存环境

通过对渔场环境系统的调节控制来提高渔业水域的生产力,即为渔业资源移植、繁殖、培育、驯化创造良好的环境条件,包括水质改善、水流控制、消波控制、底质改善,例如人工鱼礁、人工鱼巢的建造等。

(三)控制捕捞生产和防止损害资源生存环境

根据增殖水域的生物环境容量,适度控制渔业捕捞生产,并防止水利工程等

---

[1] 郭睿.渔业增殖放流效益日益显现[N].中国渔业报,2013-01-28.

建设破坏渔业资源的生存环境。这种方法往往是前两种方法的补充措施,其目的主要是保证渔业资源增殖的作用和效果,以免受到捕捞生产或其他工程施工的影响。

以上各种技术手段,应根据不同的水域环境,不同的资源生态习性等情况因地制宜地运用,以达到最大限度提高渔业资源的增殖效果。

四、人工增殖渔业资源的管理

人工增殖渔业资源涉及公共自然资源,可直接产生经济影响和生态影响,为此应加强监督管理。管理内容主要包括下列几方面:

(一)增殖计划的审核

由于渔业资源增殖可能使自然水生生物资源的数量、结构、生态环境产生一定的变化,因此应对增殖计划进行严格的审核,包括增殖品种和增殖水域的选定、增殖对象的种质鉴定、增殖规模的确定、环境修复和改善工程计划等。审核部门应涉及渔业行政主管部门、海洋监督行政管理部门、环境保护行政主管部门、公安部门以及工程建设管理部门等。

(二)生态安全风险评价和管理

通过渔业资源生态安全风险评价体系,对增殖对象和规模、增殖水域、环境修复和改善工程方案进行科学论证和生态安全风险评估,严格限制向天然水域增殖外来种、杂交种、转基因种,防止生态失衡或种质混杂,防止环境修复和改善工程产生新的环境破坏。通过对增殖个体的标记跟踪,对增殖水域环境生态实施监测,对增殖效果进行跟踪评估。

(三)增殖过程监督

对增殖对象的亲体和苗种培育、放流的技术环节以及人工鱼礁建造等施工环节,进行严格控制和监督,制定相关的技术标准和操作规范。对于人工放流苗种,需要对亲体、苗种实施严格的检验检疫。

(四)制定采捕标准和对违规作业进行处理

根据资源增殖水域和保护对象,制定采捕标准,规定禁渔期,对渔具渔法进行限制和控制,对违规捕捞作业、破坏资源增殖的行为要依法处理。

(五)征收渔业资源保护费

渔业资源保护费制度是我国《渔业法》明确规定的一项渔业资源管理制度,是拓展渔业资源增殖和保护的资金来源,使捕捞生产者合理负担的一项重要制度。

人工增殖渔业资源的管理,除了上述措施之外,渔政机构必须认真贯彻"放下来，管起来"的方针，必须树立"管养结合，管字当头，养在其中"的指导思想，在具体工作中应做好下列几项工作：

（1）建立领导机构，加强组织领导，要建立有当地政府领导和渔业行政、渔政管理、水产科研、环境、公安等有关部门的领导和渔民代表参加的资源增殖委员会或资源增殖领导小组，协调增殖和管理工作，监督检查增殖计划和措施的落实。

（2）做好放流苗种的检查验收工作，确保放流苗种的数量和规模。

（3）在各大、中型的增殖渔业水域，要建立健全渔政监督管理机构，配备必要的管理手段，加强渔政监督管理。

（4）完善渔业法规，加强渔政管理，对资源增殖水域的保护对象和采捕标准、禁渔期、渔具渔法、水域环境维护、奖惩条例等要做出明确规定，公布于众，严格遵守。在人工放流苗种之前，渔政管理等有关部门要组织力量，做好增殖水域禁用渔具的拆除清理工作。在放流苗种后的一定时期，禁止以捕捞幼鱼、幼虾为主的各种定置作业和破坏资源的其他作业进入增殖水域。对违规作业和破坏资源增殖的行为要依法严肃处理。

（5）增殖水域的采捕作业，要严格执行捕捞许可制度，并依照有关规定，征收渔业资源保护费。

（6）加强对增殖放流技术的研究及其效果的检验工作，并要经常总结资源增殖过程中渔政管理工作的经验，不断提高人工增殖渔业资源的生态效益、经济效益和社会效益。

五、认真执行人工增殖渔业资源保护费制度

《渔业法》第二十八条规定："县级以上人民政府渔业行政主管部门应当对其管理的渔业水域统一规划，采取措施，增殖渔业资源。县级以上人民政府渔业行政主管部门可以向受益的单位和个人征收渔业资源增殖保护费，专门用于增殖和保护渔业资源。"这是我国渔业资源增殖保护费制度的基本法律依据。下面着重介绍渔业资源增殖保护费征收使用的原则与标准、留成与使用、管理与监督三个方面内容。

（一）渔业资源增殖保护费征收使用的原则与标准

渔业资源增殖保护费征收使用的原则与标准是指征收的基本原则、年征收标准幅度和具体征收标准。

1. 渔业资源增殖保护费的征收使用原则

其基本原则是"取之于渔，用之于渔"。"取之于渔"要做到适度，在制定收费标准应依据渔业生产的总水平和生产者的承受能力，在科学、实际、可行的基础上征收。"用之于渔"也要得当，必须严格按规定的范围和审批程序使用，而且要发挥效应，在科学、有效、节约的基础上使用。

2. 渔业资源增殖保护费的征收标准

由于全国渔业生产发展不平衡，从事渔业生产的水域环境条件差异较大，经营方式、作业类型繁多，因此不可能在全国制定统一的渔业资源增殖保护费的具体征收标准。目前为了便于各地方在制定具体征收标准时有所依据，国家根据我国渔业生产总水平、渔业资源品种价值和渔业生产者的承受力，规定了年征收金额总的征收标准、幅度和征收原则。

（1）年征收标准幅度。内容包括海洋渔业资源、淡水渔业资源增殖保护费的年征收标准幅度，以及采捕经济价值较高的渔业资源的年征收标准幅度，具体规定如下：

第一，海洋渔业资源增殖保护费的年征收标准幅度。按其批准发放捕捞许可证的渔船前三年采捕水产品平均年总产值的 $1\%\sim3\%$ 幅度内征收。这里的水产品是指除国家规定的经济价值较高或有重要经济价值怀卵亲体、苗种或珍贵、濒危水生野生动物以外的渔业资源品种。平均年总产值是指捕捞渔船所有人或经营者在下达具体征收标准执行日之前 3 年所获取总渔获量按现行价格计算的总价值的年平均价值。

第二，内陆水域渔业资源增殖保护费总征收标准。由省、自治区、直辖市人民政府确定辖区内的内陆水域渔业资源增殖保护费年征收金额幅度。国家只规定海洋渔业资源增殖保护费年征收金额幅度，授权省级人民政府确定内陆水域渔业资源增殖保护费的年征收金额幅度，这样能更加符合各地的实际情况。

第三，采捕经济价值较高的渔业资源的年征收标准幅度。按该品种前三年平均年总产值的 $3\%\sim5\%$ 标准幅度征收。经济价值较高的渔业资源品种是指经农业部公布的大黄鱼、小黄鱼、石斑鱼、真鲷、对虾、龙虾、鹰爪虾和管鞭虾等，但随着渔业资源的变化和市场价格的变动，还可以再行确定增减。现各地方所规定的经济价值较高品种已远超过上述 8 种，而且还包括了淡水渔业品种。

（2）具体征收标准。根据《渔业资源增殖保护费征收使用办法》第六条规定，渔业资源增殖保护费的具体征收标准由海区渔政管理机构根据国家规定制定年征收标准幅度；省级人民政府渔业行政主管部门按照国家和所在省级人民政府所规定的年征收标准幅度制定。制定具体征收标准的原则为：

第一，下列情况应低于平均征收标准。这些情况是：从事外海捕捞的；有利于渔业资源保护的作业，如围网、钓捕等作业；国家鼓励开发的作业，如对某种未被人们利用的资源的开发或某种新型的并能有效保护渔业资源的渔具等的使用。上述这些情况也可以在一定时期内免征渔业资源保护费。

第二，下列情况应高于平均征收标准。这些情况是：应当禁止或淘汰而经特别准许的作业，如鱼鹰捕鱼、电力捕鱼、墨鱼笼、三层流网等；不利于渔业资源保护的作业，如沿海的定置张网、水陆水域的鱼笼等；国家限制发展的作业，如底拖网作业等;经批准取得临时捕捞许可证的作业。上述这些情况,最高限度不得超过平均征收金额的三倍征收。

第三,依法批准采捕经济价值较高的渔业资源品种。适用的征收标准加倍,但最高不得超过平均征收标准的三倍。

上述具体征收标准的制定,应依照捕捞作业的船只、功率、网具数量等确定应缴纳的渔业资源增殖保护费,制定标准应经同级物价主管部门核定。海区渔政管理机构征收标准的制定,由国家渔业行政主管部门审查后,由国家物价局核定。

(二)渔业资源增殖保护费的比例留成和使用范围

这里的"比例留成"是指资源保护按一定比例留成,"使用范围"是指资源保护费上缴一部分作为统筹使用。具体做法如下:

1. 渔业资源增殖保护费的比例留成

根据我国渔业管理"统一领导,分级管理"的原则,为充分发挥渔业资源增殖保护费"用之于渔"的效能,做到责、权、利的统一,国家规定各级渔业行政主管部门及其渔政管理机构所征收的渔业资源增殖保护费实行留成一定比例,上缴一部分统筹使用的办法。

(1) 沿海省级人民政府渔业行政主管部门征收的海洋渔业资源增殖保护费90%由其留用,10%上缴海区渔政监督管理机构用于大范围的渔业资源增殖保护项目。

(2) 省级人民政府渔业行政主管部门征收的内陆水域渔业资源增殖保护费由其自行安排使用。

(3) 省级所辖市、县级人民政府渔业行政主管部门征收的渔业资源增殖保护费上缴省、自治区、直辖市的比例,由省级人民政府渔业行政主管部门与同级财政部门协商确定。目前各地所规定上缴的比例不尽相同,有的还对捕捞、养殖所收取的渔业资源保护费做了留成比例的规定。

2. 渔业资源增殖保护的使用

这种资源保护费的使用必须遵循"用之于渔"的原则。具体可使用的项目归纳有下列几种:

(1) 增殖渔业资源的项目。主要包括:购买放流苗种;购置培育苗种所需配套的设备;修建人工鱼礁、鱼巢等设施;增殖渔业资源的科学研究补助;增殖渔业资源所需要的费用,如苗种暂养、运输费、车旅费、雇佣人员的费用等。

(2) 保护渔业资源的项目。主要包括:宣传渔业法律、法规;为保护特定渔业资源而用于帮助渔业生产转产转业的有偿生产周转金,如对珍稀、濒危物种和名贵渔业资源品种的保护提供经费;为增殖保护渔业资源的渔政管理费用,如渔政检查车辆、船只的购置、维修等的费用以及开展群众性护渔等的经费。

(三) 渔业资源增殖保护费的管理与监督

渔业资源增殖保护费属预算外资金,对其的管理与监督必须严格按照国家有关对预算外资金和渔业资源增殖保护费征收使用法规的规定进行。国家对计划外资金的管理方式是:在资金所有权不变的前提下,实行"专户储存、计划管理、财政审批、银行监督"。这种方式也完全适用于渔业资源增殖保护费的管理与监督,以保证"取之于渔、用之于渔"的原则得到实现。

1. 专户储存

各级渔业行政主管部门所征收的渔业资源增殖保护费,应当交同级财政部门,在银行开设专户储存,依照规定的用途专款专用,不得挪用。

2. 计划管理

其内容主要包括下列四大方面:

(1) 收费单位应向物价部门申领渔业资源增殖保护费《收费许可证》,并使用财政部门统一制定的收费票据方可收费。

(2) 确定渔业资源增殖保护费用于渔业资源增殖与保护之间的比例,按规定属海区渔政管理机构掌握的,由海区渔政管理机构确定;属于省、自治区、直辖市人民政府掌握的,由省级人民政府渔业行政主管部门及财政部门确定。

(3) 凡使用渔业资源增殖保护费的单位(包括各级地方渔业行政主管部门及其渔政管理机构和其他使用单位)都应在年初编制渔业资源增殖保护费收支计划,在年终编制决算。编制收支计划和决算应按国家规定的格式和项目填写。

(4) 对于跨省、自治区、直辖市的大江、大河的人工增殖放流费用,根据国家渔业行政主管部门的统一规划,由江河流经的省、自治区、直辖市人民政府渔业行政主管部门在所征收的内陆水域渔业资源增殖保护费中列支。

3. 财政审批

财政审批是指渔业资源增殖保护费使用单位所编制的收支计划的年终决算都必须经所在地区同级财政部门审批。凡未经审批的收支计划,使用单位无权实施,已使用的经费要加以审计;对违反财政纪律的,应追究有关单位或人员的责任。

另外,使用单位在编制年度收支计划和年终决策时,还应按规定报上级渔业行政主管部门备案或审查。各使用单位在具体实施渔业资源增殖保护费收支计划时,应严格建立与完善各项经费的审批制度和专项账册等。

4. 监督检查

包括各级财政、物价审计和银行的监督检查,还包括各级渔业行政主管部门的行政监督和自我监督。主要监督内容综合起来有下列几方面。

(1) 监督检查是否有乱收费情况。对乱收费者,由物价部门依据《中华人民共和国价格管理条例》的有关规定给予处罚。凡属下列情况之一者,均属"乱收费"。

①各级地方政府或部门制定的收费标准与法律、法规不符的；
②超越权限收费的；
③擅自增加收费项目的；
④擅自提高收费标准的；
⑤不按规定申领《收费许可证》的；
⑥不使用规定票据收费的；
⑦其他乱收费行为。

(2) 监督检查费用的开支,决算是否按规定程序编制和审批。

(3) 监督检查费用的使用是否符合规定范围,财务管理制度是否健全,手续是否完备。

(4) 监督与保护向物价部门或有关部门举报违反渔业资源增殖保护费征收使用规定的单位和个人。

(5) 依法查处违反渔业资源增殖保护费管理规定的行为。

(6) 对执行渔业资源增殖保护费管理法规的有功人员应予奖励。

思 考 题

1. 渔业资源的概念是什么？
2. 渔业资源有哪些特性？
3. 我国渔业资源有哪些特点？
4. 我国渔业资源的现状如何？
5. 渔业资源数量变动主要有哪些原因？
6. 渔业自然资源管理主要有哪些措施？
7. 设置禁渔区和禁渔期有何意义？
8. 建立渔业资源保护区有何意义？
9. 人工增殖渔业资源有何意义？如何做好人工增殖渔业资源的管理工作？
10. 执行人工增殖渔业资源保护费制度有何意义？如何做好渔业资源增殖保护费的管理工作？

第六章 渔业水域管理

第一节 渔业水域环境概述

渔业水域环境,是指经济水生动植物生存所需的周围和外部的各种自然环境,通常包括水系移动状况、江河径流量、气象条件变化、水的理化性质、饵料生物的分布、浮游动植物的分布与变动,以及水域环境的污染情况等,包括非生物环境的气象、底质、径流和水的理化性质,也包括生物性环境的浮游动植物、饵料生物、底栖生物和藻类等。渔业水域管理,是指对整个渔业水域自然环境所进行的计划、组织、指挥、监督和协调的一系列活动的总称。

渔业水域环境的优劣关系到渔业生产的兴衰。由于工农业的迅速发展,污水处理不当,致使我国渔业水域环境遭受不同程度的污染和破坏,给渔业生产带来了严重威胁。这些情况都表明渔业水域环境与渔业生产紧密相连。本节主要介绍渔业水域环境的特点、渔业水域环境与渔业生产的关系以及我国渔业水域环境的基本状况。

一、渔业水域环境的特点

渔业水域环境是广义的水域环境的一个组成部分,是水域生态系统的一个子系统。渔业水域环境的特点,概括起来有下列三方面:

(一) 整体性

渔业水域环境是由渔业资源赖以生存的各种水域环境因素组成的,这些要素之间是相互联系、相互作用、相互制约的一个整体,共同对水域中的渔业资源产生作用。

(二) 区域性

区域性也称地域差异性。由于不同区域渔业水域环境的要素存在着差别,所以渔业水域环境条件存在着差异性。在内陆水域,不同的江河湖泊之间的相互隔绝,环境条件必然存在差异;即使是同一个江河湖泊,不同区域的环境条件也不同。而海洋中的不同海区环境条件的差别更为明显,即使在同一海区,深水区和浅水区、河口区和非河口区之间的环境条件也不同。

(三) 复合性

渔业水域环境的复合性指生物环境与非生物环境之间不是孤立存在的,而是相互联系、相互转化的,联系中的一个体系改变必然引起另一个体系改变。鱼类生存不仅需要有一个赖以生存的水域空间,而且更重要的还必须有充分的食物保障,这些条件的总和构成了生态系统的荷载能力。

二、渔业水域环境与渔业生产的关系

水生生物系统和水域环境系统共同构成了生态系统。在这个系统中,渔业生物资源只有与整个生态系统保持一定平衡,才能维持其生存和繁衍,环境系统的任何变化都必然会对渔业生物的生存和繁衍产生影响。例如,水域污染会致使水域质量下降,水域生态环境破坏会导致渔业生物资源的栖息地被破坏或洄游被隔断,这些都会对渔业生物资源造成危害,从而影响渔业生产。

渔业生产是以渔业生物资源为对象的,水域环境系统的任何变化,都会直接或间接地对渔业生物资源产生影响,这种影响表现在对渔业资源的生存和繁殖生长上,进而影响到渔业生产效益和人体健康,所以说渔业水域环境是渔业生产存在和发展的基础条件。保护渔业水域环境,就是保障整个渔业经济水生生物的生存系统,也就是保障渔业的生存空间,是维持渔业可持续发展的前提。反过来说,渔业生产活动也会对渔业水域环境产生影响,因为渔业生产的利用对象是水域生态系统中的某些生物,当这些生物不适当地被利用,就会使水域生态系统中的生物结构发生变化,这种变化达到一定程度时,就会破坏自然条件下形成的平衡状况,最终也影响到渔业生产的发展。

三、我国渔业水域环境的基本状况

我国渔业水域生态环境良好。海域辽阔,海岸线曲折漫长,沿海岛屿众多,大陆架宽广。内陆水域面积也非常丰富,江河湖泊纵横交错,形成了众多的捕捞、养殖场所。但由于近几十年来我国工农业迅速发展,污水处理不当,致使渔业水域生态环境遭受不同程度的污染和破坏,给渔业生产带来严重威胁。据《1999—2000年中国渔业生态环境状况公报》指出:"由于陆源污染物排放,我国海域部分近岸、河口及内湾鱼虾类产卵场、索饵场受到无机氮和活性磷酸盐污染,水体呈一定程度的富营养化,赤潮频繁发生。加之其他污染,使一些渔业水域的渔业功能有所削弱,渔业资源和水产养殖受到很大损害。"从2005年以来的《中国渔业生态环境状况公报》来看,近些年我国渔业生态环境状况总体保持良好,但局部渔业水域污染仍然比较严重,主要污染物为氮、磷、石油类和铜。

渔业水域生态环境破坏,可分为水体污染性的环境破坏和非水体污染性的环境破坏两大类型。当水体中有毒或有害物质超过水体自净能力时,水体便会改变原有的正常状态,由此而造成的水域环境破坏,称为水体污染性的渔业水域环境破坏。当水体周围或外部自然环境改变而造成的渔业水域环境破坏,则称为非水体污染性的渔业水域环境破坏。我国淡水渔业生态环境和海洋渔业生态环境都存在这两种破坏情况。

(一)我国淡水渔业水域环境的基本状况

我国是世界上淡水水域最多的国家之一,在广阔的水域里蕴藏着 500 多种鱼类。其中具有经济价值的鱼类约占半数,常见和产量较高的经济鱼类有 50 多种,包括青、草、鲢、鳙四大家鱼以及鲤、鲫、鳊、鲂等。很多淡水渔业水域环境遭到破坏,影响淡水渔业的发展。

1. 水体污染性的淡水渔业水域环境破坏现状

我国淡水渔业水域环境水体污染比较严重,国家曾对 532 条江河进行了监测,发现受污染的约占 82.3%,其中有些局部水体污染情况十分严重。若从 2005 年以来的《中国渔业生态环境状况公报》来看,江河重要渔业水域主要受到总磷、非离子氨、高锰酸盐、石油类、挥发性酚及铜的污染。总磷污染以黄河、长江及黑龙江流域部分渔业水域相对较重;高锰酸盐污染以黄河和黑龙江流域部分渔业水域相对较重;石油类及挥发性酚污染以松花江渔业水域相对较重。湖泊、水库重要渔业水域主要受到总氮、总磷和高锰酸盐污染,总磷和总氮的污染依然比较严重。

2. 非水体污染性的淡水渔业水域环境破坏现状

由于不合理的填河围湖垦殖活动,导致河流、湖泊面积日益缩小,改变了原有的良好生态环境,致使渔业资源受到破坏。同时,由于在江河上兴修水利建闸筑坝时没有考虑过鱼设施,致使在工程完成后阻断了鱼类的繁殖洄游通道,并减少了上游饵料的下泄,造成江河湖泊的生态隔绝,从而也破坏了正常的渔业水域环境。

(二)我国海洋渔业水域环境的基本状况

我国海洋渔业水域环境辽阔,濒临海域总面积可达 470×10^4 平方千米,海岸线总长超过 18 000 千米,6 500 多个岛屿,水域跨越温带、亚热带和热带,并有著名的长江、黄河、珠江等江河注入,水质肥沃,是各种海洋动植物栖息、生长、繁殖的良好场所。我国海水养殖面积广阔,渔业资源种类繁多,有 1 500 多种鱼类。其中经济鱼类有几十种,如带鱼、小黄鱼、大黄鱼、白姑鱼、鲨鱼、海鳗、鲭鱼、马面鲀以及鲐鲹等,数量多,分布广。此外,还有虾、蟹、贝、藻等种类繁多的水产动植物。但由于近岸海域污染严重,造成近海经济水生生物产卵场、索饵育肥场的水域遭到破坏,致使水域生产能力下降。

根据 2005 年以来的《中国海洋环境质量状况公报》，我国近岸海域污染形势依然严峻。严重污染海域主要分布在辽东湾、渤海湾、黄河口、莱州湾、长江口、杭州湾、珠江口和部分大中城市近岸局部水域。污染造成我国近海主要经济水生生物产卵场和索饵育肥场环境遭到破坏，饵料生物减少、水生生物繁殖力和幼体存活率降低，生物资源得不到有效补充，致使水域生产力急剧下降。目前渤海水域生产力水平不足 20 世纪 80 年代的 1/5。严重影响了渔业生产，污染事故直接造成经济损失约 31.7 亿元。

1. 水体污染性的海洋渔业水域环境的破坏现状

我国沿海九省二市，城镇密度大，人口集中，工矿企业 4 万多个，每年直接排入近海的生活污水和工业废水多达 66.5×10^8 吨。其中化学污水排放量最大，约占总排放量的 40%，随着这些污水排入近海的有毒有害物质有石油、汞、镉、铅、砷、铬、氰化物等。全国沿海各县施放农药每年约 20×10^4 吨，若以 1/4 入海计算，一年就有 5×10^4 吨。这些污染物危害范围很大，尤其是东海的污染情况严重。东海沿岸的化工、造纸、医药、冶金、矿山、电镀、电气仪表等企业日排放污水量超过 300 吨的有 196 个企业。因此，造成渔场外移，近海"赤潮"时有发生。值得注意的是，由于沿海石油勘探、拆船业兴起，以及各类船舶航行等各方面的排油，石油污染已成为我国海区污染的一个突出问题。据有关部门监测结果表明，近海水域海水中溶解分散的石油残留物平均浓度已超过我国渔业水质标准。在各海区中东海沿岸油污染程度最高，渤海油污染范围最广。海洋污染使部分鱼类死亡，生物种类减少，水产品体内残留物增加，渔场外移，滩涂荒废，以渤海、黄海胶州湾为例，20 世纪 70 年代之前在其海港潮间带的海洋生物有 171 种，经过 10 年时间就降到 30 种，目前只剩下不到 10 种。由于上述种种原因据有关部门统计，我国每年海洋生物死亡事件达上千起，经济损失达几亿元。

由于我国近岸海洋无机氮和活性磷酸盐平均浓度一直严重超标，海洋污染已从近岸内湾河口向外海扩散，因此赤潮已经成为频发性的自然灾害。由于城市工业废水和生活污水大量排入海中，使营养物质在水体中富集，造成海域富营养化。此时，水域中氮、磷等营养盐类；铁、锰等微量元素以及有机化合物的含量大大增加，促进赤潮生物的大量繁殖。赤潮检测的结果表明，赤潮发生海域的水体均已遭到严重污染，富营养化，氮磷等营养盐物质大大超标。

例如，1995—2014 年的 20 年间，我国近岸海域共记载赤潮事件约 1 160 次，累计发生面积约 214 700 平方千米。其中，造成较大经济损失的灾害性赤潮 70 余次，直接经济损失约 36 亿元。1998 年、2000 年、2010 年和 2012 年因赤潮灾害带来的直接经济损失均超过 2.06 亿元，其中，2012 年米氏凯伦藻在我国东南沿海一带引发的赤潮对水产养殖业带来了毁灭性的打击,直接经济损失超过20亿元。[①]

另外,水产养殖生产过程中所产生的污染也是不可忽视的,由于不规范的养殖生产操作使残饵、养殖排泄物、生物尸体、渔用饲料和药物在封闭或半封闭的养殖水域中形成污染,主要表现在养殖水体营养盐含量升高,下层水体缺氧,沉积物中硫化物、有机质、还原物质含量上升,有害微生物,污染生物繁衍,各类病害频繁发生,最终导致养殖产量下降甚至绝产。

2. 非水体污染性的海洋渔业生态环境破坏现状

海洋非水体污染性的渔业生态环境破坏主要是在河口、海湾或沿岸线浅水区。由于不适当的拦河筑坝、围海造田、修建海岸工程等,导致生态环境变化,加剧了渔业资源的衰退。

沿海湿地、红树林和珊瑚礁是最富生物多样性的海洋生态系统,它们具有防止水土流失、净化海水和预防病毒的作用。但是,由于缺乏严格的法规规范和宏观调控,在发展沿海经济和大规模的海洋开发活动中,各行业和各类工程建设对海洋生态环境的影响日益加重。尤其是不合理的围涂造地、河口造田、炸岛采石、海底挖砂、海洋倾废排污及违法捕捞,改变了海域的自然地形地貌、底质分布和潮(水)流条件,导致港口海湾淤积、航道萎缩、海岸被侵蚀;亿万年来自然形成的优越的水产动物产卵场、育肥场和越冬场等逐渐消失,近岸海域生物种类不断减少,海洋和渔业资源日趋衰退,海洋生态环境已遭到了不可逆转的损害。

我国曾在50年代和80年代分别掀起了围海造田和发展养虾业两次大规模围海热潮,使沿海自然滩涂湿地总面积约缩减了一半。由于数十年的挖珊瑚礁烧石灰,导致我国珊瑚礁生态群落整体呈现迅速衰退现象,珊瑚礁受损面积超过80%,些地方地区珊瑚礁资源濒临绝迹。湿地、红树林和珊瑚礁的衰退和破坏不仅使得鱼、虾、蟹、贝类生息、繁衍场所消失,甚至使许多珍稀濒危野生动植物绝迹。[②]

滩涂开发利用、围海造地等活动吞噬了大片湿地,减弱了海流流速,加速了淤积,改变了底质成分,影响了滤食性贝类的养殖,导致海区自然环境出现退化,海洋生物多样性受到严重损害。辽宁省庄河市蛤蜊岛附近海域生物资源原本十分丰富,但连岛大堤的修建彻底破坏了海岛生态系统,由此引发的淤积造成当地生物资源严重退化,原先的"中华蚬库"不复存在;胶州湾则因围填海导致75年内海

[①] 郭皓,丁德文,林凤翱,等.近20年我国近海赤潮特点与发生规律[J].海洋科学进展,2015,33(4):547-558.

[②] 王淼,段志霞.我国海洋渔业生态环境现状及保护对策[J].河北渔业,2007(9):1-5.

域面积缩小了35％,有的地方已出现海域"荒漠化"势头。[①]

深圳围填海工程给海洋环境带来的负面影响:(1)西部海岸地区滩槽演变剧烈,不稳定性加强,给今后西部港区运作环境带来威胁;(2)纳潮量迅速减少,经过20年的围垦,西部伶仃洋海岸地区纳潮量减少20％～30％,深圳湾纳潮量减少15.6％,纳潮量的锐减使得潮流流速降低,流向发生变化,更加不利于污染物的稀释与扩散;(3)海岸生态承载力下降,使得生物多样性降低,物种数量大幅减少。[②] 广东省珠江口万顷沙附近的咸淡水交汇处,饵料丰富,是鲻鱼等经济鱼类生长、栖息的水域,由于多年来的围垦,使幼鱼失去大片生长、育肥的场所。又如,广东大亚湾是水产资源自然保护区,湾内金门塘马氏珍珠贝苗尤为丰富,但在1990年为建设万吨级码头而开山填海,将这片珍贵贝苗天然保护区填为平地。同时,在许多岛屿上因开发鸟类资源而过多捕鸟、过多采石、工业废物倾倒以及砍伐破坏红树林等,也使岛屿生态环境恶化,附近渔业水域环境变坏。例如红树林破坏给渔业带来损害。由于红树林自然掉落物较多,分解形成的有机物碎屑是浮游生物、底栖生物的优良饵料,而这些生物又是鱼、虾、蟹的食物,同时红树林又是鱼、虾、蟹躲避敌害的优良场所,砍掉了红树林必然给渔业资源繁殖带来危害。另外,南海珊瑚礁作为生产石灰的原料而进行开采,结果海岸直接受到海湾冲刷而破坏,沿岸土壤盐碱化,珊瑚礁鱼类由于失去生态环境和食物供应地,种群因而消退,从而导致生态环境变化,破坏了鱼类栖息的场所,加剧了渔业资源的衰退。

第二节 渔业水域环境保护与管理的法律依据

随着我国经济的快速发展,各地工矿企业的布局和排污等问题越来越引起人们的关注。为此我国政府自20世纪70年代以来相继颁布实施了一系列环境保护的法律、法规,如在渔业水域环境方面有《中华人民共和国渔业法》(以下简称《渔业法》)、《中华人民共和国环境保护法》(以下简称《环境保护法》)、《中华人民共和国水污染防治法》(以下简称《水污染防治法》)、《中华人民共和国海洋环境保护法》(以下简称《海洋环境保护法》)、《中华人民共和国深海海底区域资源勘探开发法》(以下简称《深海法》),以及渔业水域环境行政法规、渔业水域环境质量标准、渔业水域环境规章和规范性文件、地方性法规和规章等。这些法律、法规都是渔业水域环境保护与管理的法律依据。

[①] 张金城,汪峻峰.我国海洋生态环境安全保护存在问题与对策研究[C].第十一届国家安全地球物理专题研讨会,2015,西安.

[②] 郭伟,朱大奎.深圳围海造地对海洋环境影响的分析[J].南京大学学报(自然科学版),2005,41(3):286-296.

一、《环境保护法》中的依据

1979年9月13日,全国人大常委会颁布了《中华人民共和国环境保护法(试行)》。1989年12月26日,全国人大常委会颁布了《中华人民共和国环境保护法》,自颁布之日起生效。《环境保护法》是我国环境保护的基本法,也是渔业水域环境保护的基本法。《环境保护法》的内容主要包括我国环境保护的基本原则、环境监督管理的原则和职能分工、保护和改善环境的基本要求、防治环境污染和其他公害的基本要求,以及违法的法律责任等。虽然《环境保护法》没有专门规定渔业水域环境问题,但在监督管理的条款中,仍然明确规定渔政渔港监督有权依照有关法律的规定对环境污染防治实施监督管理;农业、水利行政主管部门,依照有关法律的规定对资源的保护实施监督管理。

二、《渔业法》中的依据

《渔业法》于1986年1月20日公布,自1986年7月1日起实施,后来经过2000年、2004年、2013年三次修订。有关渔业水域环境方面的规定包括三个方面:

(一)关于养殖业中的水域环境保护

《渔业法》第十九条规定:"从事养殖生产不得使用含有害有毒物质的饵料、饲料";第二十条规定:"从事养殖生产应保护水域生态环境,科学确定养殖密度,合理投饵、施肥、使用药物,不得造成水域的环境污染。"

(二)关于环境对渔业资源的影响

《渔业法》在环境对渔业资源的影响方面的规定主要包括:

(1)在鱼、虾、蟹洄游通道建闸、筑坝,对渔业资源有严重影响的,建设单位应建造过鱼设施或采取其他补救措施。

(2)禁止围湖造田。沿海滩涂未经县级以上人民政府批准,不得围垦。重要的苗种基地、养殖场不得围垦。

(3)进行水下爆破、勘探、施工作业,对渔业资源有严重影响的,作业单位应当事先同有关县级以上人民政府渔业行政主管部门协商,采取措施,防止或减少对渔业资源的损害;造成渔业资源损失的,由县级以上人民政府责令赔偿。

(4)对用于渔业,并兼有调蓄、灌溉功能的水体,有关主管部门应确定渔业生产所需要的最低水位线。

(三)关于渔业水域环境污染

关于防止渔业水域环境污染,《渔业法》中规定:"各级人民政府采取措施,保护和改善渔业水域的生态环境,防止污染。"

《渔业法》同时规定:"渔业水域生态环境的监督管理和渔业污染事故的调查处理,依照《中华人民共和国海洋环境保护法》和《中华人民共和国水污染防治法》的有关规定执行。""造成渔业水域生态环境破坏或者渔业污染事故的,依照《中华人民共和国海洋环境保护法》和《中华人民共和国水污染防治法》的规定追究法律责任。"

三、《水污染防治法》中的依据

《水污染防治法》于1984年5月11颁布,11月1日起实施,后于1996年修改,1996年5月15日起实施。2008年再次修订,并于2008年6月1日起实施。该法第二条规定:"本法适用于中华人民共和国领域内的江河、湖泊、运河、渠道、水库等地表水体及地下水体的污染防治。海洋污染防治适用《中华人民共和国海洋环境保护法》。"由此可见,《水污染防治法》适用于内陆地表水域和地下水的污染防治,其中包括内陆渔业水域。《水污染防治法》共8章92条,内容包括以下几方面:

(一)水污染防治的基本原则和制度

我国水污染防治的基本原则是预防为主、防治结合、综合治理,优先保护饮用水水源,严格控制工业污染、城镇生活污染,防治农业面源污染,积极推进生态治理工程建设,预防、控制和减少水环境污染和生态破坏。县级以上人民政府应当将水环境保护工作纳入国民经济和社会发展规划。

(二)水污染防治的标准和规划

国务院环境保护主管部门制定国家水环境质量标准,省级政府可以对国家水环境质量标准中未作规定的项目,制定地方标准。防治水污染应当按流域或者按区域进行统一规划。

(三)水污染防治监督管理的管辖机关和基本原则

县级以上人民政府环境保护主管部门对水污染防治实施统一监督管理。交通主管部门的海事管理机构对船舶污染水域的防治实施监督管理。县级以上政府行政、国土资源、卫生、建设、农业、渔业等部门以及重要江河、湖泊的流域水资源保护机构,在各自的职责范围内,对有关水污染防治实施监督管理。

(四)水污染防治的监督管理

主要包括:水上建设项目和其他设施工程的环境影响评价;重点水污染排放总量控制制度,对未按照要求完成重点水污染物排放总量控制指标的省、自治区、直辖市实行公布制度;排污许可证制度和排污收费制度;水环境质量监测和水污染物排放监测和信息发布制度。

(五)水污染防治措施

包括一般性禁止措施和限制措施;工业水污染防治措施;城镇水污染防治措施;农业时水污染防治措施;船舶水污染防治措施。

(六)饮用水水源和其他特殊水体保护

包括饮用水水源保护区制度;风景名胜区水体、重要渔业水体和其他具有特殊经济文化价值的水体保护区制度。

(七)水污染事故处理

包括突发性水污染事故的应急准备、应急处置、报告、事故调查处理等。

(八)法律责任

详细规定了对违法行为追究的法律责任。

四、《海洋环境保护法》中的依据

我国《海洋环境保护法》于1982年8月22日发布,1983年5月1日实施,1999年修订后的《海洋环境保护法》自2000年4月1日起生效。《海洋环境保护法》共有10章98条,主要内容包括以下几方面。

(一)我国海洋环境保护的基本原则和海洋环境监督管理的基本体制

包括重点海域排污总量控制制度、主要污染物排海总量控制指标制度、对主要污染源分配排放控制数量的基本原则性规定,以及对政府环境保护行政主管部门、海洋行政主管部门、海事行政主管部门、渔业行政主管部门、海军环境保护部门在海洋环境监督管理中的职责和分工。

(二)海洋环境的监督管理

主要包括:海洋功能区划和海洋环境保护规划的制定;海洋环境保护规划和海洋环境污染防治及海洋生态保护的实施;海洋环境质量标准的制定及其在水污染排放标准制定中的地位;海洋排污费制度的基本原则;对超标排放污染物、在规定的期限内未完成污染物排放削减任务、造成海洋环境严重污染损害的处理规定;防治海洋环境污染损害的科技研究和开发、企业防治海洋环境污染的要求,以及对严重污染海洋环境的落后生产工艺和落后设备的淘汰制度;海洋环境监视、监测、调查的基本制度;因发生事故或者其他突发性事件,造成或者可能造成海洋环境污染事故的处理;重大海上污染事故应急计划的制订;海洋环境海上联合执法制度等。

(三)海洋生态保护

主要包括:海洋生态保护的基本要求;海洋自然保护区建立;开发利用海洋资

源、引进海洋动植物物种、开发海岛及周围海域资源的生态保护要求；海岸生态保护；对海水养殖的生态保护要求等。

（四）防止陆源污染物对海洋环境的污染损害

主要包括：向海域排放陆源污染物的基本要求；入海排污口管理；入海河流管理；排放陆源污染物的单位排放和处理申报；对各类入海污染物的禁止、控制和管理；城市污水处理和污水海洋处理工程建设；防止、减少和控制大气层海洋污染等。

（五）防止海岸工程建设项目对海洋环境的污染损害

主要包括：海岸工程项目建设的基本要求；对海岸工程建设项目编报环境影响报告书的要求；海岸工程建设项目的环境保护设施的设计、施工和使用要求；对兴建海岸工程建设项目保护海洋生物资源的要求，以及对海岸采挖砂石的限制、对露天开采海滨砂矿和从岸上打井开采海底矿产资源环境保护要求等。

（六）防止海洋工程建设项目对海洋环境的污染损害

主要包括：海洋工程建设项目环境保护的基本要求和编报海洋环境影响报告书的要求；海洋工程建设项目的环境保护设施的设计、施工和使用要求；海洋工程建设项目保护海洋生物资源的要求；防止海洋石油污染海洋环境等。

（七）防止倾倒废弃物对海洋环境的污染损害

主要包括：向海洋倾倒废弃物的审查批准制度、评价程序和标准制定，以及向海洋倾倒废弃物的管理；海洋倾倒区的选划、使用和环境监测；获准倾倒废弃物的实施；在海上焚烧废弃物、处置放射性废弃物或其他放射性物质的禁止规定等。

（八）防止船舶及有关作业活动对海洋环境的污染损害

主要包括：船舶及相关作业活动保护海洋环境的基本要求；船舶防止海洋环境污染的证书与文书、防污设备和器材的要求；防止海难事故造成海洋环境污染；船舶油污损害民事赔偿责任制度、油污保险、油污损害赔偿基金制度；船舶载运具有污染危害性货物进出港口的申报制度；船舶装运污染危害性的交付、评估，以及装卸油类及有毒有害货物的作业操作要求；港口、码头、装卸站和船舶修造厂防止污染海洋环境的要求；防止船舶及有关作业污染海洋环境的报批制度；船舶发生海难事故造成或者可能造成海洋环境重大污染损害的处理；船舶和民用航空器监视海上污染的义务及报告要求等。

（九）法律责任

规定了违反《海洋环境保护法》的法律责任和责任追究主体。

除了上述这些法律法规是渔业水域环境保护与管理的法律依据之外，还有国际条约,如《联合国海洋法公约》《防止倾倒废弃物及其他物质污染海洋的公约》《1973年国际防止船舶造成污染公约》《国际干预公海油污事故公约》《1990年国际油污防备、反应和合作公约》《1992年国际油污损害民事责任公约》等。《联合国海洋法公约》第十二部分专门对海洋环境保护和保全进行了规定,内容包括各国在海洋环境保护和保全方面的权利和义务、国际合作、技术援助、环境监测与评价以及减少和控制海洋环境污染的国际规则和国内立法等。由此可见,渔业水域环境保护与管理的法律依据,不仅各国家都有,而且在联合国也有法律依据,说明水域环境保护与管理得到全世界的公认。

五、《深海法》中的依据

《深海法》由中华人民共和国第十二届全国人民代表大会常务委员会第十九次会议于2016年2月26日通过,自2016年5月1日起施行。该法第一条指出:"为了规范深海海底区域资源勘探、开发活动,推进深海科学技术研究、资源调查,保护海洋环境,促进深海海底区域资源可持续利用,维护人类共同利益,制定本法。"该法第三章为环境保护,主要针对海洋环境保护而设立。主要内容包括:

第十二条 承包者应当在合理、可行的范围内,利用可获得的先进技术,采取必要措施,防止、减少、控制勘探、开发区域内的活动对海洋环境造成的污染和其他危害。

第十三条 承包者应当按照勘探、开发合同的约定和要求、国务院海洋主管部门规定,调查研究勘探、开发区域的海洋状况,确定环境基线,评估勘探、开发活动可能对海洋环境的影响;制定和执行环境监测方案,监测勘探、开发活动对勘探、开发区域海洋环境的影响,并保证监测设备正常运行,保存原始监测记录。

第十四条 承包者从事勘探、开发活动应当采取必要措施,保护和保全稀有或者脆弱的生态系统,以及衰竭、受威胁或者有灭绝危险的物种和其他海洋生物的生存环境,保护海洋生物多样性,维护海洋资源的可持续利用。

第三节 水域污染对渔业发展的影响

自然界的水体具有一定的自净能力。但是,当污染物排入量超过水体的自净能力时,水质将逐渐变坏,水体就被污染了。水域环境污染导致生物种群趋向简化或种类更替,生物体内污染物含量上升。污染物一般对鱼类的生物效应是死亡、回避、生长缓慢、产卵减少和繁殖率下降。如氰化物和有机农药以及大量的有机物排入水体后,大量消耗水中的溶解氧,使鱼类窒息死亡;当鱼类逆流而上到达一定区域产卵时,由于河流被污染后有的产卵区被破坏了,鱼为避开污染区而中途返回;有的鱼因水质污染而迷失方向,到不了产卵场,这样渔场受到破坏,就形不成渔汛。水域环境污染危害渔业生产和人体健康。形成水域环境污染的主要原因是工矿企业等排放的污染物,如石油、重金属、农药、有机物、放射性物质、工业热废水、固体废弃物等。这些污染物如果进入水域,就会污染水域环境,危害渔业生产。

一、石油污染及其对渔业的危害

石油是海洋污染的主要物质,在港口、海湾、沿岸,在船舶的主要航线附近,以及海底油田周围,经常可以看到漂浮的油块和油膜。我国近海石油污染严重,几个海域各种油污入海量每年高达 144 000 吨,其中渤海油污染约占 44%,每年超过 64 000 吨。石油污染范围广,对水生生物、水域环境和人体健康都有不良影响。

石油污染的主要来源有:沿岸工矿企业的排放废水,港口、油库设施的泄漏,船舶在航行中漏油,海难事故,海底石油开采及油井喷油,以及拆船工业的油扩散等。据统计,全世界每年由沿海工矿企业排入海洋的石油约有 500×10^4 吨,由海底石油及油井事故流入海洋的石油有 100×10^4 吨,由船舶压舱水和洗舱水排入海洋的石油有 80×10^4 吨,由船舶事故排出的石油有 50×10^4 吨。入海的石油,由于比水轻,便漂浮在水面上,扩展成油膜。油膜在扩散和漂流过程中,轻组分迅速挥发,重组分沉降或黏附在悬浮固体颗粒上而后沉到海底。当海底每克干泥中含油达 2 千克时,底质便会发臭。

石油污染对渔业危害最大,因为漂浮在海面上的油膜,隔断了大气与海洋气体的交换,减弱了太阳的辐射量,影响植物光合作用,降低了水域的海洋初级生产力。石油中低沸点的饱和烃对低等海洋生物具有毒性,特别对其幼体危害更大;而高沸点饱和烃过量会干扰海洋生物的营养状况,影响其生长,毒性大的燃料油能大量毒死鱼类。油膜的生物分解及自身的氧化作用,消耗大量的溶解氧,使海洋中有些生物由于缺氧而死亡。油膜黏附在鱼鳃与海兽的呼吸器官上,导致呼吸困难而死亡。油膜和油块黏着鱼卵,孵化出来的幼鱼大部分畸形,而且成活时间只有一两天,海洋棘皮动物经油污染后短时间内大量死亡。当海水中含有 1% 浮油时,海胆的管足不能活动,只能存活 1 小时。蛤、鲍鱼、牡蛎也将窒息死亡。小型藻类最易受石油污染而导致大量死亡,其中燃料油对海藻幼苗毒性最大。石油污染对潮间带生物也有严重威胁,油污能毒死海洋岩石表面的固着生物。海鸟的羽毛经油污染后,体重增加,失去隔热性能、降低御寒能力,最后也将死亡。经过污染一定程度后的鱼、贝有一股臭味,不能食用。同时,油污染发生后要经过 5~7 年海洋生物才能完成恢复生长,而且海上事故造成的石油泄漏往往具有突发性,损失会特别大。

例如,2010 年 4 月 21 日,美国墨西哥湾发生重大漏油事件,成为美国历史上最严重的一次石油泄漏事故,引起世人高度关注。美国凭借其完善的法律制度对英国石油公司展开了刑事和民事司法调查,最终使其赔偿超过 400 亿美元,英国石油公司付出巨大代价。

又如,2011 年 6 月美国康菲公司与中海油合作开发的蓬莱 19 - 3 油田发生溢油事故,在超过半年的时间内,渤海被污染的海域从最初的 16 平方公里蔓延到超过 6 200 平方公里。受此影响,渤海或许再也找不回昔日深邃的清澈。2011 年 12 月,康菲公司遭到百名养殖户的起诉。2012 年 4 月下旬,康菲和中海油总计支付 16.83 亿元用以赔偿溢油事故,其中,康菲公司出资 10.9 亿元,赔偿本次溢油事故对海洋生态造成的损失;中国海油和康菲公司分别出资 4.8 亿元和 1.13 亿元,承担保护渤海环境的社会责任。[①]

二、重金属污染及其对渔业的危害

重金属是指比重大于 5 的金属。污染水体的重金属主要有汞、铜、锌、镉、铬、镍、锰、钒等,其中汞的毒性最大,镉次之,铬等也有相当的毒性。砷和硒虽然属非金属,但其毒性及某些性质类似于重金属,所以在环境化学中都把它归于重金属范围。重金属污染物主要来源于纺织、电镀、化工、化肥、农药、矿山等工业生产中排出的重金属废水,流入江河湖海。重金属在水体中一般不被微生物分解,只能发生生态之间的相互转化、分散和富集。重金属在水中一般呈化合物形式,也可以离子状态存在,但重金属的化合物在水体中溶解度很小,往往沉于水底。由于重金属离子带正电,因此在水中很容易被带负电的胶体颗粒所吸附。吸附重金属的胶体随河水向下游移动,但多数很快沉降。由于这些原因,大大限制了重金属在水中的扩散,使重金属主要集中于排水口下游一定范围内的底泥中。沉积于底泥中的重金属是个长期的次生污染源,而且难治理。每年汛期,河川流量加大和对河床冲刷增加时,底泥中的重金属随泥一起流入径流。

重金属排入海洋的情况和数量,各不相同。如,汞主要来自工业废水和汞制剂农药的流失以及含汞废气的沉降。汞每年排入海洋约 1×10^4 吨。铅在太平洋沿岸表层水中浓度与 40 年前相比增加了 10 倍,每年排入海洋的铅约 1×10^4 吨。镉近年来海洋的污染范围日益增大,特别在河口及海湾更为严重。铜的污染是通过煤的燃烧而排入海洋。全世界锌每年通过河流排入海洋高达 393×10^4 吨。砷的污染,目前在海洋虽然较小,但在污染区附近的污染程度十分严重,这是由于海洋生物一般对砷具有较强的富集力,因此对人类的危害也较大。铬的毒性与砷相似,海洋中铬主要来自工业污染,在制铬工业中,如果日处理 10 吨原料,则每年将排入海洋约有 73~91 吨。

[①] 殷建平,任隽妮.从康菲漏油事件透视我国的海洋环境保护问题[J].理论导刊,2012(4):91-95.

重金属主要通过食物进入人体,不易排泄,能在人体的一定部位积累,使人慢慢中毒,极难治疗。如,甲基汞极易在脑中积累,其次是肝肾中积累。无机汞极易在肾中积累。镉主要积累在肾脏和骨骼中,从而导致贫血、代谢不正常、高血压等慢性病。镉若与氰、铬等同时存在时,毒性更大。此外,铅能引起贫血、肾炎,破坏神经系统和影响骨骼等。鱼类重金属中毒,一般表现出不安,呼吸频率增大、分泌黏液大量增加,并作深呼吸状态,对外界刺激反应减弱,随后作冲激运动、侧卧、呼吸减少,死时痉挛。中毒鱼的死亡是因鱼鳃被直接破坏,皮肤和鳃上形成很厚的黏液层阻碍呼吸从而导致窒息。

重金属污染对渔业的危害程度,主要取决于该元素的化学性质和水生生物的种类。水生生物一般都有富集重金属的能力,特别是鱼、贝类富集力更强。重金属污染水域后,破坏了渔业环境的生态平衡,即非生物环境条件改变导致影响生物环境条件变化,从而影响渔业生产。例如,渔场受污染后,浮游动植物被毒死,饵料生物减少,破坏了环境中的食物链结构,从而影响鱼、虾的索饵、产卵、越冬洄游,使渔场逐渐荒废。水中重金属含量超过一定范围时,不仅直接毒害水生生物,而且还会通过食物链的传递和富集,使水生生物体内重金属增加几倍至几十倍。在重金属污染的水域中,首先受害的是浮游植物、固着生物、底栖生物以及浮游动物。鱼类在被污染的水域中,由于缺氧,加上鳃盖受损,皮肤、鳃盖附着黏液,呼吸困难,进而窒息死亡;或者当鱼类洄游到被污染的渔场时,由于缺少饵料生物而改变了洄游路线,造成渔场荒废。对鱼类来说高浓度的重金属含量直接破坏表皮细胞和鳃盖组织,低浓度的重金属则能渗透到鱼类组织内部,影响其肝、肾、脾和脑等。

三、农药污染及其对渔业的危害

对环境造成污染的农药,主要包括含有汞、铜、铅等重金属的农药和含有有机磷、有机氯的农药。含有重金属的农药所产生的危害与重金属污染的危害相同。有机磷农药的毒性较烈,能在局部水域造成危害,但它较易分解,毒性作用持续时间不长。有机氯农药的结构比较稳定,不易分解,因此其毒性作用持续时间较长。有机氯污染的水域以滴滴涕(DDT)和多氯联苯的农药为主。据统计,全世界滴滴涕的产量约达 300×10^4 吨,其中有 100×10^4 吨污染海洋环境。对海洋渔业造成危害的主要是有机氯化合物。难分解的农药已成为全球性的污染物,参与大气和水的循环以及生态系统,危害遗传基因,存在着致畸、致瘤的潜在危险。氯化碳氢化合物随鱼、虾、贝等食物进入人体,便会富集于肾腺、甲状腺、肝以及脂肪中,危害人体健康。

农药污染对渔业的危害极大,其中有机磷农药能使鱼体脊髓骨弯曲而畸形,它对鱼类的主要生理作用是抑制鱼体内胆碱酯酶的活力,造成中枢和外周神经系统以及神经肌肉和关节功能的失调,致使鱼体畸形,从而影响鱼类生存。但受有机磷农药污染时间不长,尚未造成鱼体神经系统残废时,若在正常的水域饲养一段时间后,即可消除它对鱼体的毒性。而有机氯农药对海洋生物的危害,主要是抑制海洋植物的光合作用,如滴滴涕农药在十亿分之几时,某些浮游植物的光合作用受影响。当有机氯进入鱼体后,便大量贮存于脂肪、肝脏和卵巢中,影响生存。水体被有机氯污染后,往往促使鱼类改变洄游路线,同时产卵量减少。

四、有机物污染及其对渔业的危害

污染渔业水域的有机物有两类:一类是具有毒性的有机物,如人工合成的有机磷、有机氯等。还有其他化工产品、天然石油、天然气等,这类有机物能在水生生物体内积累并对其产生直接的毒害作用。另一类是营养性有机物,主要来源于生活污水、养殖排污、工农业废水等,分解后成为营养盐。营养盐是水生生物生长繁殖所必需的,但数量过多就会造成污染,称为"富营养化",或"过度肥沃"。在水体交换不良的地方,一旦出现富营养化,即使切断外界营养盐的来源,水体还是难以恢复。

有机物污染主要来自食品、化肥、造纸、化纤、农贸市场以及城市的生活用水。海洋中有机物污染除了小部分由航行船只排入的生活污水之外,绝大部分经海岸进入海洋,或江河径流带入海洋。因此它的污染源都在沿岸。例如黄渤海沿岸有食品厂、酒厂、屠宰厂、粮食加工厂等110家,每年排出含富营养有机物的废水多达 400×10^4 吨。沿岸城镇人口集中,每年排出生活污水有 36×10^4 吨,仅上海市每日排入东海的生活污水有 45×10^4 吨以上。此外,农业上使用的粪肥和化学肥料很容易被雨水冲刷流失,最终也归入海洋,如北方沿海各县化肥使用量高达 70×10^4 吨,若以 $20\% \sim 40\%$ 排入海洋中,也有 $10 \times 10^4 \sim 30 \times 10^4$ 吨。在这些污水中有机物含量很高,给水域带来大量氮、磷等营养盐,当营养盐过量,则水域富营养化或产生缺氧,将危害渔业。

有机物污染对渔业的危害是多方面的,如影响水生动植物生存、助长病毒繁殖、影响渔业环境以及产生赤潮等。有机物大量流入水域,使水域产生不同程度的缺氧现象,造成大量海洋生物窒息死亡,或严重影响鱼类生长、发育和繁殖,影响水生经济动植物生存。有机物中大量营养盐进入水域,细菌和病毒大量繁殖,病毒进入鱼体内直接影响其生长,有的通过食物链进入人体,影响健康。有机物污水中的纤维悬浮物能与海水中带阳电荷离子产生化学凝结,形成絮状沉淀。同时污水中大量的碳水化合物等由于细菌作用,最终形成硫化氢、甲烷和氨等有毒气体,影响渔业水域环境。有机物中含有铁、锰等微量元素以及一些维生素 B_1、维生素 B_{12},酵母、蛋白质的消化分解等都是赤潮生物大量繁殖的刺激因素。当形成赤潮后,它将造成各方面的危害。如,赤潮生物大量繁殖后覆盖了大片海面,妨碍水面氧气交换,致使水体缺氧,赤潮生物死亡后,极易为微生物分解,从而消耗水中大量溶解氧,使海水缺氧甚至处于无氧状态,导致海洋生物死亡;赤潮生物体内含有毒素,经微生物分解或排出体外,毒素对肌体、呼吸、神经中枢将产生不良影响,能毒死鱼、虾、贝类;赤潮可破坏渔场结构,使其形不成渔汛等。

五、放射性污染及其对渔业的危害

水体中的放射性物质,有天然放射性物质和人工放射性物质,前者存在于自然界,后者是人类活动中造成的。放射性污染物种类繁多,其中较危险的有锶-90和铯-137等,它们主要来源于:核试验的人工放射性同位素及其大气沉降,稀土元素,稀有金属铀、钍矿的开采、洗选、冶炼提纯过程的废物,原子能反应堆、核电站、核动力潜艇运转时排放或漏泄的废物,核潜艇失事,载有核弹头飞机坠毁,原子能工业排放出的废弃物等。

放射性物质进入水域之前,先是停留在海面,后经生活于水体中各种生物富集,再经海流等各种因素的作用,胶体和悬浮物的聚沉,于是海面上的放射性物质将逐渐向水域下层移动,同时随着表层生物的死亡、分解和下沉,也将吸收的放射性物质带到海底,从而造成海洋底质的放射性污染,给渔业带来种种危害。

放射性污染对渔业的危害,主要是对鱼类的生长、繁殖产生不良影响,以及降低鱼类的食用价值。放射性污染对海洋生物的影响,是通过其体表的吸附和鳃盖的吸收,以及摄食被污染的饵料,再通过食物链而富集于海水中或底质里。放射性物质对鱼卵和稚鱼的发育、生长产生明显的不良影响,如胚胎发育较慢、死亡率上升;稚鱼生长减缓,死亡率增加;胚胎孵化出来的稚鱼畸形;鱼类寿命缩短,产卵量下降,破坏成鱼的生殖系统,影响鱼类的生长和繁殖等。人类如果大量食用被严重污染的水产品,将直接影响健康,因为锶-90和铯-137等放射性物质的半衰期较长,经食物链进入人体后能在一定部位积累,增加对人体的放射,损伤遗传物质,引起基因突变和染色体畸变,同时使造血器官、心脏、血管系统、内分泌系统、神经系统等受到损伤。

六、酸碱污染及其对渔业的危害

水体酸污染主要是冶炼、金属加工酸洗、人造纤维、硫酸、农药等工厂排入的废酸水和矿业排放的废水造成。此外,酸雨也是当前水体酸污染的一个来源。水体碱污染主要是造纸、化学纤维、印染、制革、炼油等工厂排入的废水造成。水体遭受酸、碱污染后,当pH值小于6.5或大于8.5时,水中微生物的生长会受到抑制,致使水体对需氧有机物的净化能力降低。水体长期遭到酸碱污染,会使水生生态系统产生不良影响,水生生物的种群结构会发生变化,某些生物种类减少,甚至绝迹。

酸的腐蚀性很强,可以腐蚀鱼鳃,降低它们吸收氧的能力;还会腐蚀鱼类的内脏,使血液滞流,排泄器官失去作用。当 pH 值小于 5 时,鱼类就难以生存;而当 pH 值大于 9 时(呈碱性),也会对水生生物产生明显影响。若是碱性污染物进入鱼类消化系统,就会引起消化道黏膜糜烂、出血甚至穿孔,造成严重危害。

七、热污染及其对渔业的危害

水域热污染是指工业废水对水域的有害影响,如果常年有高于海区水域 4℃以上的热废水排入,即产生热污染。水域热污染来源于电力工业的废水,其次是冶金、石油、造纸和机械工业排放的热废水。一座核电站每秒排放 30 吨热废水,可使周围水域温度升高 3～8℃,一座 $10×10^4$ 千瓦的火力发电站,每秒排出 7 吨热废水,能提高周围水温 3℃。在热污染的水域中绿藻、红藻、褐藻可能消失,然而蓝藻却大量繁殖。

热污染对渔业的危害,主要表现在:能导致水域缺氧,影响水生生物正常生存,增大有害物质的毒性以及改变渔场底质环境等,因为热水本身就是缺氧的水体,大量热废水排入,必然使局部水域溶解氧含量降低。热污染还能干扰水生生物的生长和繁殖,因为水生生物只能在特定的温度范围内生存,如果水温超过其范围,则它将难于生存,尤其是对一些低温种类的水生生物影响更大。此外,由于热污染促进了生物初期的生长速度,使它们过早成熟,以致完全不能繁殖,从而造成生物个体数量减少。然而,热污染对那些适应高温的水生生物,水温升高使它们成为种间竞争的优胜者,从而改变了该水域原有的生态平衡。对于逆流产卵的鱼类,热污染将是该鱼类生殖期的障碍,鱼类无法到达产卵场。或者是水温升高,诱使某些鱼类在错误的时间产卵或作"季节性"迁移,从而影响它们的正常繁殖。热污染对某些有毒的水体,当水温升高 10℃ 时,水生生物的存活率将减少一半,或存活时间缩短。水温升高能使水域中的悬浮物易于分解,泥沙易于沉淀,不利于泥沙搬运,长期排放热废水,可影响局部水域淤塞变浅,使渔场环境产生变化,影响渔业生产。当然,热污染如果处理得好,也能化害为利,如冬季热废水可使水域不结冻,可作非洲鲫鱼的越冬场。

八、固体废弃物污染及其对渔业的危害

人类活动会产生多种固体废弃物,如工业生产和矿山开采、城市的生活垃圾、农作物的秸秆、家畜的粪便以及船舶有意投弃的固体废弃物,如碎木片、空瓶、旧鞋、废旧轮胎、废矿渣、破旧汽车等。对固体废弃物的处理,除了利用废弃矿区或挖深坑埋藏之外,还有向海洋倾废。海洋倾废的目的是利用海洋的环境容量和自净能力,将固体废弃物倒入指定的海洋倾倒区。

固体废弃物对渔业的危害,主要是指固体废弃物可减弱水体的光照,妨碍水

体中绿色植物的光合作用,影响水域表面与大气中氧气的交换。漂浮的固体废弃物中的微粒,不仅会伤害鱼鳃的呼吸,甚至导致鱼类死亡。固体废弃物中有机微粒的氧化分解,将造成水域严重缺氧,导致鱼类窒息死亡。大量的固体废弃物倾入水中,将会改变破坏原有水域的生态平衡,或覆盖海底,迫使鱼、虾、贝等底栖生物离开渔场,使传统渔场受到破坏,甚至荒废。特别是对于我国沿海都是浅海水域渔场,岛屿众多,海峡狭窄而封闭,不论是海水的交换能力,还是自净能力,都是比较薄弱的,因此更应该注意固体废弃物对渔业的危害。

第四节　渔业水域环境保护与管理

水质污染对渔业资源的危害,是影响渔业生产的重要因素。因此,为了防止和消除水质污染,保证渔业生产,必须对渔业水域生态环境进行全面保护与管理。本节着重介绍渔业水域环境管理体制、渔业水域环境的保护途径以及渔业水域环境的管理办法,共三方面内容。

一、渔业水域环境管理体制

渔业水域环境的管理体制,包括我国环境保护监督管理的基本体制、内陆水域水污染防治的监督管理体制以及海洋环境保护管理体制,这三方面紧密相关。

(一) 我国环境保护监督管理的基本体制

《中华人民共和国环境保护法》(2015年1月1日实施)第十条规定:"国务院环境保护行政主管部门,对全国环境保护工作实施统一监督管理;县级以上地方人民政府环境保护主管部门,对本行政区域环境保护工作实施统一监督管理。县级以上人民政府有关部门和军队环境保护部门,依照有关法律的规定对资源保护和污染防治等环境保护工作实施监督管理。"上述规定确定了我国环境保护监督管理的基本体制。政府环境保护主管部门实施环境保护统一监督管理,各政府有关部门依法在各自职能范围内对环境污染防治和资源保护实施监督管理。在监督管理职能分工的同时,也需要相互合作,这种合作往往由政府环境保护主管部门进行组织协调。

(二) 内陆水域水污染防治监督管理体制

这里包括内陆水域水污染防治监督管理的基本体制和渔业污染事故调查处理的管辖两个方面。

1. 内陆水域水污染防治监督管理的基本体制

《水污染防治法》第八条规定:"县级以上人民政府环境保护主管部门对水污染防治实施统一监督管理。交通主管部门的海事管理机构对船舶污染水域的防治实施监督管理。县级以上人民政府水行政、国土资源、卫生、建设、农业、渔业等部门以及重要江河、湖泊的流域水资源保护机构,在各自的职能范围内,对有关水污染防治实施监督管理。"由于《水污染防治法》是适用于内陆的地表水域和地下水,因此上述规定就是规定了我国内陆水域水污染防治的监督管理基本体制。其中,政府渔业主管部门的监督管理事项主要是:

(1) 建设单位在江河、湖泊新建、改建、扩建排污口的,应当取得水行政主管部门或者流域管理机构同意;涉及渔业水域的,环境保护主管部门在审批环境影响评价文件时,应当征求渔业主管部门的意见。

(2) 在渔业水域进行渔业船舶水上拆解活动,应当报作业地渔业主管部门批准。

(3) 渔业船舶未配置相应的防污染设备和器材,或者未持有合法有效的防止水域环境污染的证书与文书的,由渔业主管部门责令限期改正,处以罚款的行政处罚;逾期不改正的,可责令船舶临时停航。渔业船舶进行涉及污染物排放作业,未遵守操作规程或者未在相应的记录簿上如实记载的,由渔业主管部门责令改正,处以罚款的行政处罚。

(4) 渔业船舶向水体倾倒船舶垃圾或者排放船舶残油、废油的,未经作业地渔业主管部门批准,在渔港水域进行渔业船舶水上拆解的,由渔业主管部门责令停止违法行为,处以罚款;造成水污染的,责令期限采取治理措施,消除污染;逾期不采取治理措施的,渔业主管部门可以指定有治理能力的单位代为治理,所需费用由船舶承担。

2. 渔业污染事故调查处理的管理管辖

《水污染防治法》第六十八条第二款规定:"造成渔业污染事故或者渔业船舶造成水污染事故的,应当向事故发生地的渔业主管部门报告,接受调查处理。其他船舶造成水污染事故的,应当向事故发生地的海事管理机构报告,接受调查处理;给渔业造成损害的,海事管理机构应当通知渔业主管部门参与调查处理。"

《水污染防治法》第八十三条第三款规定:"造成渔业污染事故或者渔业船舶造成水污染事故的,由渔业主管部门进行处罚";第八十六条规定:"因水污染引起的损害赔偿责任和赔偿金额的纠纷,可以根据当事人的请求,由环境保护主管部门或者海事管理机构、渔业主管部门按照职责分工调解处理。"

上述规定,赋予了政府渔业行政主管部门对渔业污染事故和渔业船舶造成水污染事故的调查处理权和行政处罚权以及调解处理权。由海事管理机构负责调查处理的其他船舶造成的水污染事故,政府渔业行政主管部门有权参与调查处理。

（三）海洋环境保护管理体制

这里包括海洋环境保护监督管理体制和海洋渔业污染事故调查处理的管辖两方面内容。

1. 海洋环境保护监督管理体制

根据《海洋环境保护法》第五条规定，海洋环境保护的监督管理以海洋行政主管部门为主，由环境保护主管部门、海洋行政主管部门、海事行政主管部门、渔业行政主管部门、军队环境保护部门等分工实施，具体职责分工如下：

（1）国务院环境保护行政主管部门对全国海洋环境保护工作实施指导、协调和监督，并负责全国防治陆源污染物和海岸工程建设项目对海洋污染损害的环境保护工作。但是环境保护行政主管部门在批准设置入海排污口之前，必须征求海洋、海事、渔业行政主管部门和军队环境保护部门的意见；在批准海岸工程建设项目环境影响报告书之前，必须征求海事、渔业行政主管部门和军队环境保护部门的意见。

（2）国家海洋行政主管部门负责海洋环境的监督管理，组织海洋环境的调查、监测、监视、评价和科研，负责全国防治海洋工程建设项目和海洋倾倒废弃物对海洋污染损害的环境保护工作。但是海洋行政主管部门在核准海岸工程建设项目海洋环境影响报告书之前，必须征求海事、渔业行政主管部门和军队环境保护部门的意见；在选划海洋倾倒区和批准临时性海洋倾倒区之前，必须征求国家海事、渔业行政主管部门的意见。

（3）国家海事行政主管部门负责所辖港区水域内非军事船舶和港区水域外非渔业、非军事船舶污染海洋环境的监督管理。

（4）国家渔业行政主管部门负责渔港水域内非军事船舶和渔港水域外渔业船舶污染海洋环境的监督管理，负责保护渔业水域生态环境工作。

（5）军队环境保护部门负责军事船舶污染海洋环境的监督管理。

（6）沿海县级以上地方人民政府行使海洋环境监督管理权部门的职责，由省、自治区、直辖市人民政府根据《海洋环境保护法》及国务院有关规定确定。

2. 海洋渔业污染事故调查处理的管辖

根据《海洋环境保护法》的有关规定，海洋环境污染事故的调查处理由行使海洋环境监督管理权的部门实施。因此，海洋环境污染事故的调查处理主要由海洋行政主管部门实施。但是，海事行政主管部门负责所辖港区水域内非军事船舶和港区水域外非渔业、非军事船舶海洋环境污染事故的调查处理，并对在我国管辖海域航行、停泊和作业的外国籍船舶造成的污染事故登轮检查处理；军队环境保护部门负责军事船舶污染海洋环境的监督管理及污染事故的调查处理。

关于海洋渔业污染事故的调查处理，《海洋环境保护法》规定，国家渔业行政主管部门负责渔业污染事故的调查处理。此外，船舶污染事故给渔业造成损害的,应当吸收渔业行政主管部门参与调查处理。因此,渔业行政主管部门享有海洋渔业污染事故的调查处理权,并对给渔业造成损害的船舶污染事故享有参与调查处理的权利。

二、渔业水域环境的保护途径

渔业水域生态环境的日趋恶化,是当今人类面临的重大问题。世界许多先进国家,在高速发展工农业生产的同时,都十分注意保护渔业水域生态环境。我国渔业水域生态环境保护工作也迫在眉睫,必须大力加强。

渔业水域生态环境保护途径主要有:健全渔业水域环境监测机构,加强渔业水域环境监测工作;重视渔业水域的污染治理,加强对污染物排放的宏观控制;禁止围湖造田,注意非水体污染对渔业水域的破坏;调整船数,理顺作业结构,保证渔业资源的合理开发和利用;借鉴国外经验,开展城市与水系水体污染的区域性综合防治;发展投资少、耗能低的污水处理工艺,促进污水资源化;做好渔业部门的水域管理,加强与有关部门的配合。

(一) 健全渔业水域环境监测机构,加强渔业水域环境的监测工作

我国1985年8月建立了渔业水域环境监测网,在渤海、黄海、东海、南海、松花江、辽河、长江、珠江等主要海区和流域建立了20多个渔业环境监测站,初步形成了以农业部渔业水域环境监测枢纽为中心的全国监测网络。全国渔业水域环境监测网,设置三级监测站,一级监测站为国家渔业水域环境监测中心,设在中国水产科学研究院;二级监测站是海区或流域渔业水域环境监测站,设在中国水产科学研究院的有关直属研究所;三级监测站是省渔业环境监测站,设在各省(市、自治区)的水产研究所。但这些监测单位,目前技术力量和监测手段还有待提高,因此今后应该不断健全全国渔业环境监测机构,加强渔业水域环境的监测工作。

为了有效地保护渔业水域生态环境,今后必须对重要渔业水域进行经常性的调查和监测,掌握各种污染物的来源、分布范围、变化规律和危害程度等信息,及时准确地掌握水域污染动态,发布有关污染的报警和预报,并对因污染而造成的渔业损害进行调查,为渔业行政主管部门及其渔政监督管理机构,提供准确的数据和评价资料,为执法提供可靠依据。

(二) 重视渔业水域污染治理,加强对污染物排放的宏观控制

渔业水域生态环境保护的关键是对污染物的治理,而加强对污染物排放的宏观控制有着更积极的意义。因此,确定对污染物排放的宏观控制是保护渔业水域生态环境的重要途径之一。这些宏观控制途径有:

1. 控制污染物的排放总量

根据各渔业水域的环境功能和水体自净能力,确定相应污染物排放指标,并

将其分配到各产生污染物的主要工厂,控制其污染物的排放总量。同时必须结合技术改造,回收有用物质,这样既可增加经济效益,又可大大减轻废水浓度,减轻污水处理负担。任何单位排放污染物到渔业水域,都必须符合《渔业水质标准》,改革生产工艺,尽量做到不排或少排废水,以及排出危害性小的或浓度低的废水,提高水体循环利用率,尽量减少污染物的排放总量。

2. 控制污染物排放的浓度标准

所谓排放浓度标准,是指对应于各水域不同污染物排放的浓度标准。把全国统一的污染物排放浓度标准机械地应用到各水域是不够全面的,而应制定不同水域的污染物排放浓度标准。排放浓度标准的制定,要根据水域的功能、环境、水域自净能力以及污染源状况,同时还要充分考虑该水域的污染物排放总量等。控制污染物排放浓度标准的制定和执行是保护渔业水域的重要措施之一。

3. 控制新污染源

为保证鱼类等水生生物的生长和繁殖,不可在渔业自然保护区、禁渔区、水产养殖区和重要产卵场、索饵场所、越冬场以及增殖水域等新建排污口,对已建的排污口应进行改排,暂时无法改排的必须严格控制污水排放量、排放浓度以及污染物种类。

4. 控制排污口位置

排污口设置在不同水域,排放同样的污染物,会产生不同的污染效果,其主要原因在于与排污口连接的水体有不同的交换能力。为了充分利用水体的自净能力,挖掘水域环境资源的内在潜力,排污口应建在水体交换活跃区,远离水体交换滞缓区,因为在水域交换活跃区,水体有较强的交换能力,污染物很快被送走。而对于历史上形成的已处于滞缓区的排污口,要进行严格的污染控制或必要的改造。

5. 合理调整工厂企业布局

水域沿岸工厂企业布局的不合理,是造成渔业水域生态环境污染的重要原因之一。调整工厂企业布局,是为改善严重污染水体的产业结构。因此,合理地控制、调整工矿企业的布局,是保护渔业水域生态环境的基本途径。经过水质监测后,发现局部水域某种污染物严重超标的,应有计划地削减这种污染。对于将要产生严重污染的同类污染物工厂,不应在该水域沿岸新建。对于污水量大的工厂企业,应尽量设置在水体交换活跃区附近。

6. 控制勘探开采石油的污染

勘探、开采石油和其他矿藏,不得排放未经处理的油类和油类混合物以及其他对鱼类有害的污染物,经处理排放的污染物,不得超过国家规定的标准。

7. 控制拆船业

在重点渔业水域不得从事拆船业,在其他渔业水域从事拆船业造成渔业资源损害的,应由拆船单位依照有关规定负责赔偿。

8. 控制水下爆炸勘探施工作业

水下爆炸勘探、施工作业的单位,开工前应依照《渔业法》规定与有关县级以上人民政府渔业行政主管部门协商,采取措施,加强管理,防止或减少渔业资源的损害,如果造成渔业资源的损失,应由有关单位赔偿。

(三) 禁止围湖造田,注意非水体污染对渔业水域的破坏

要切实保护渔业水域的水面,必须禁止围湖造田。而围垦海涂要依照有关法律规定,并应在不影响渔业养殖场、种苗基地以及港口、航道下进行。对重要的种苗基地和养殖场不得围垦。在修筑各种水利设施时,要考虑鱼类的洄游和产卵需要,必须建造过鱼设施或采取其他补救办法。对于渔业并兼有调整、灌溉等功能的水体,有关主管部门应确定渔业生产所需的最低水位线。

(四) 调整捕捞船数、理顺作业结构,保证水产资源的合理开发与利用

任何水域的生物资源都是有限的,人类在开展利用自然资源时,都要注意保护和增殖资源,使其有再生能力。但多年来由于近海渔船盲目发展,作业结构不合理,捕捞强度大大超过资源再生能力,使渔业生产受到严重威胁。长此以往不但渔业生产下降,而且会引起渔业水域生态环境的破坏,产生恶性循环。因此,要坚决贯彻国务院办公厅转发农业部《关于东、黄、渤海主要渔场渔汛生产安排和管理的规定》和《关于近海捕捞机动渔船控制指标的意见》两个文件的指示精神,调整捕捞船数、理顺作业结构,保证水产资源的合理开发和利用。

(五) 借鉴国外经验,进行城市与水系水体污染的区域性综合防治

为了保护城市与水系的水资源,国外曾经历了从局部治理发展到区域治理,从单项治理发展到综合治理,这对于我国刚开始大规模进行城市与水系水体污染防治是个重要经验。区域性综合防治应成为城市与水系环境保护的发展方向,它对于区域规划、资源利用、能源改造、有害物质的处理以及自然净化等能进行综合考虑,以求得整体上的最好防治方案,并可获得最大经济效益。城市与水系水体污染的区域综合防治有许多优点,如何掌握区域内各个城市和工矿企业排出的废水对渔业水域环境的污染,以供我们采取相应的治理措施,并可向中央或地方提出合理化建议,以防造成严重的污染。

(六) 发展投资少、耗能低的污水处理工艺,促使城市污水资源化

污水处理工艺,必须根据水域的不同类型和功能,充分利用水体的自身能力。污水处理应积极发展投资少、耗能低的土地处理系统来净化城市污水,或修建城市污水处理厂。污水通过回收、加工处理后可用于城市厕所冲洗、消防以及园林灌溉等,为严重缺水城市提供第二水源。

（七）做好各部门的水域管理，加强与有关部门的协作与配合

渔业水域生态环境保护，是渔业生产迫切需要的工作，也是渔政监督管理义不容辞的职责。然而，渔业水域生态环境保护，单靠渔业行政部门是很困难的。要做好我国辽阔的渔业水域生态环境，没有各部门的协调与配合是不行的。渔业水域生态环境保护，关系到水域的开发管理和沿岸经济发展，既涉及环境、石油、海洋、地质、水上交通、海事纠纷以及执法等单位，又涉及水域沿岸各省、自治区、直辖市以及各级地方政府。因此，作为渔业行政主管部门及其所属的渔政机构，理应主动积极地与各行业各部门密切配合，这样才能保护好我国的渔业水域生态环境。

三、渔业水域环境的管理办法

渔业水域生态环境管理，可防止和消除水质污染，保证渔业水域的水质适合于水生生物的正常生长，保证渔业生产稳步增长。它可运用法律、经济、行政、技术等手段，对人为损害渔业水域生态环境的行为进行管理。渔业水域生态环境管理，一般包括水质标准、环境监测、污染治理以及污染事故处理四方面内容。

（一）渔业水域的水质标准

我国渔业水域的水质标准，在20世纪70年代末就由农业部国家生产总局组织有关单位起草，经国务院环境保护小组、国家建委、经委、水产总局批准颁布了《渔业水质标准》(TH135-79)（试行），并于1979年12月1日起试行。后来国家有关单位为完善我国渔业水质标准又在此基础上进行了修订，并于1989年8月以国家环境保护局名义发布了《中华人民共和国国家标准：渔业水质标准》(GB11607-89)，从1990年3月1日起正式实施。

此标准对渔业水质的保护强调了三点，首先是任何企业单位和个体经营者排放的工业废水、生活污水和有害废弃物，必须采取有效措施，保证附近渔业水域的水质符合标准要求；其次是未经处理的工业废水、生活污水和有害废弃物严禁直接排入鱼、虾、贝类的产卵场、索饵场、越冬场、养殖场以及珍贵水生动物保护区；再次是严禁向渔业水域排放含有病原体的污水，如需排放此类污水必须经过处理和严格消毒。

此标准的实施有下列规定：第一，此标准由各级渔政部门负责监督与实施，并定期报告同级人民政府环境保护部门；第二，在执行国家有关污染物排放标准中，如不能满足地方水质要求时，省、自治区、直辖市人民政府可制定严于国家有关污染排放标准的地方污染物排放标准，以保证渔业水质的要求，并报国务院环境保护部门和渔业行政主管部门备案；第三，在此标准以外的项目，若对渔业构成明显危害时，省级渔政监督管理部门应组织有关单位制定地方补充渔业水质标准，报

省级人民政府批准,并报国务院环境保护部门和渔业行政主管部门备案;第四,排污口所在水域形成的混合区不得影响鱼类洄游通道;第五,渔业水域的监测工作由各级渔政监督管理部门组织渔业环境监测站负责执行。《中华人民共和国国家标准:渔业水质标准》(GB11607-89)如下表所示。

表6-1 《中华人民共和国国家标准:渔业水质标准》(GB11607-89)

单位:mg/L,个别项目另标除外

项目序号	项 目	标 准 值
1	色、臭、味	不得使鱼、虾、贝、藻类带有异色、异臭、异味
2	漂浮物质	水面不得出现明显油膜或浮沫
3	悬浮物质	人为增加的量不得超过10,而且悬浮物质沉积于底部后,不得对鱼、虾、贝类产生有害的影响
4	pH值	淡水6.5~8.5,海水7.0~8.5
5	溶解氧	连续24 h中,16 h以上必须大于5,其余任何时候不得低于3,对于鲑科鱼类栖息水域冰封期其余任何时候不得低于4
6	生化需氧量(五天、20℃)	不超过5,冰封期不超过3
7	总大肠菌群	不超过5 000个/L(贝类养殖水质不超过500个/L)
8	汞	≤0.000 5
9	镉	≤0.005
10	铅	≤0.05
11	铬	≤0.1
12	铜	≤0.01
13	锌	≤0.1
14	镍	≤0.05
15	砷	≤0.05
16	氰化物	≤0.005
17	硫化物	≤0.2
18	氟化物(以F^-计)	≤1
19	非离子氨	≤0.02
20	凯氏氮	≤0.05

续表 6-1

项目序号	项 目	标 准 值
21	挥发性酚	≤0.005
22	黄磷	≤0.001
23	石油类	≤0.05
24	丙烯腈	≤0.5
25	丙烯醛	≤0.02
26	六六六(丙体)	≤0.002
27	滴滴涕	≤0.001
28	马拉硫磷	≤0.005
29	五氯酚钠	≤0.01
30	乐果	≤0.1
31	甲胺磷	≤1
32	甲基对硫磷	≤0.0005
33	呋喃丹	≤0.01

1. 渔业水域水质标准制定的依据

我国渔业水域水质标准制定的原则是：渔业水域的水质不影响鱼、虾、贝、藻的正常生长、发育和繁殖，对鱼类不造成急性或慢性中毒；不危害主要饵料生物；对有害物质在鱼、虾、贝、藻体内的积累量应不超过国家规定的食品卫生标准；不使鱼、虾、贝、藻带有异色、异臭、异味，不影响水产品质量，不影响水体自净过程。另外，对能在鱼、虾、贝、藻体内明显积累的，对人体健康产生长远影响的汞、镉、砷、有机氯等有害物质要从严要求。

2. 海水水质标准的需要

海水水质按不同用途可分为三大类，第一类为适用于保护海洋生物资源、海上自然保护区以及人类安全用水，其中包括盐场、食品加工、海水淡化、海水养殖以及渔业生产等的用水水质；第二类为适用于海水浴场及风景游览区的水质；第三类是适用于一般工业用水、港口水域和海洋开发作业区等的用水水质。

（二）渔业水域的环境监测

环境监测是环境质量评价的基础，是环境管理规划和立法的依据，也是衡量环境保护工作的重要标志。渔业水域环境监测，是指间断或连续地监测渔业水域中某些污染物的浓度，并对捕捞、养殖水域产生影响的过程。搞好渔业水域环境监测，对发展环境科学和促进渔业水域生态环境保护起着重要作用。环境监测是一项严肃而又复杂的工作,需要花费大量的人力、财力和时间。因此必须周密计划、精心设计和合理安排。

1. 水域环境监测网设立

渔业水域环境监测是全国环境监测网的一个组成部分,它担负着全国重要渔业水域的监测工作。全国渔业环境监测网的设置,如上面所说的设三级监测站,但当条件成熟时,也可在污染严重的市、县或水产企业部门设立四级站,各级监测站都有各自的职责。

为了获得较有代表性的监测数据,各级监测站监测点的布设也十分重要。从历史的监测结果表明,监测点位置不同,采样层次不一样,污染物浓度分布有很大差别。因此,监测点要选择在能反映水质污染浓度的位置。例如,为了解天然河流受工业废水和生活污水的影响,采样点应设在居住区上游清洁断面处及废水排出门下游最靠近用水点,或在其上游1千米的断面处。同时,各断面的采样点应在断面上均匀分布。这样可以了解断面处废水的混合情况。湖泊、水库采样点的位置,应根据水流迟缓,排入污染物扩散稀释的特点,在污染物入口及各主要用水点等处设置采样点。要了解湖、库的全面污染情况,应在较大范围均匀布点,同时在湖心污染少的地方设点,可得湖库水质的全面情况。海洋监测点应根据划分好的海区布设,设点要有代表性,一般来说,离污染源近的地方监测点布置要密,远的地方布设可以稀些,近岸海区布点较多,开阔海区布点要少。

渔业环境监测,重点放在重要捕捞对象的产卵场、索饵场、越冬场以及重要的养殖场。监测项目不仅是水质,更重要的还是生物监测。渔业环境监测还必须对污染事故做出快速和有效的反应。如,为了查明污染对长江口渔业资源的影响,上海市渔业环境监测站在南分支布设白卯沙、石洞外、吴淞口及南区排污口处4个采样点,北分支设青龙江口1个点,同时在长江口122°E处设一断面采样点。除了上述布点选择之外,还需考虑采样时间和频率,两者结合起来便可获得较有代表性的监测数据。

2. 水域环境监测类型

渔业水域环境监测按其性质可分为常规监测和专项监测。常规监测是指优化选择若干代表性监测站和监测项目,对确定的渔业水域环境实施长周期监测,包括应用常规手段对一般污染指标实施的基线监测、环境现状监测、污染源监测。专项监测是指为特定监测目的开展的监测,包括专题监测和应急监测等。专题监测一般是为了特定的水域环境保护和管理目的,对大范围或特定水域进行的监测;应急监测则往往是在发生渔业污染事故后或发生灾害等突发事件可能造成渔业污染事故时进行的应急性监测。

根据不同水体特点,渔业环境监测可分为内陆渔业环境监测和海洋渔业环境监测。前者是指对江、河、湖、库等渔业水域进行的环境监测;后者一般是指对河口、海湾、近岸的海洋渔业水域环境监测。

3. 监测任务与目的

全国渔业环境监测网的主要任务,是对重要渔业环境进行经常性监测;对污染造成的渔业损害进行应急调查;随时掌握渔业生态环境的现状和变化趋势;定期进行渔业环境质量评价,为渔业主管部门和渔政部门进行渔业环境保护和管理提供准确的数据和评价资料;为执法提供可靠依据;保护渔业资源,提高水产品质量和发展渔业生产。

环境监测的目的,是为了迅速掌握环境质量的现状,以便迅速采取必要措施。同时,积累环境质量资料,以便制定长远的规划。具体目的包括:评价环境质量,预测环境污染发展趋势;为制定环境法规、标准、规划、综合防治对策提供科学依据,并监视环境管理的效果;积累环境本底值资料,为确切掌握环境容量提供数据;揭示新的污染源,探明污染原因,确定新的污染物质,为环境科研提供方向。

4. 水域环境监测方法

渔业水域环境监测由各级渔政监督管理部门组织渔业环境监测站,根据渔业水质标准各项目的监测要求,按规定分析方法进行。渔业水质的监测方法有下列几种:

(1) 水样采集与分析。渔业水体的水样采集与分析,在于查明水中污染物质的浓度和含量,以估计对水生生物的污染危害与经济损失,并制定相应的对策。

(2) 水生生物体内残留量分析。是为了了解有害物质在生物体内积累、分布情况,为环境质量评价、保护水产资源和人体健康提供科学根据。

(3) 水生生物检验法。在进行江河湖海的污染调查时,由于污染源十分复杂,很难用单一的理化指标表示其污染程度。水生生物检验法可以在某种程度上综合反映水体受污染情况和污染物实际毒性。另外,运用生物的检验法还可以作为对有毒物质的危害评价和对污染控制提供可靠依据。生物检验是在适当的控制条件下,把试验生物放在不同浓度的含毒物内,测定含毒物或工业废水对鱼类致死的急性毒害,还包括低浓度的慢性毒害试验和其致死毒性试验。受试生物种类近年来取得很大发展,除鱼类之外,还有藻类、浮游植物、浮游动物、珊瑚、甲壳类、软体动物和腔肠动物等。

(4) 底质污染物含量分析。底质分析是发展环境保护科学,积累资料必不可少的一方面;也是调查底质污染状况,评价和改善水域环境质量提供依据的一方面。为研究污染对底栖生物的影响,提供生物栖息场所的环境质量资料。

5. 监测项目

在环境监测中,由于受到人力、物力、财力以及设备等的限制,通常监测不能全面开展。因此,监测项目必须根据本地区污染的具体情况确定。对排放量大和危害明显的污染物或污染指标,应列为必测项目。对排放量少,不具代表性的污

染物或污染指标,则列为选测项目。但在一般情况下监测项目选择必须根据下列原则:

(1) 通过现场调查,实地观察,根据污染物性质的特征,选择活性大和毒性强的物质进行监测。

(2) 被测污染物质,应有可靠的监测手段和方法,从而获得有意义的监测数据。

(3) 对监测数据能作出正确解释和判断,能用标准或对人体健康及生物的影响作出合理的评价。

(4) 影响范围大的污染物要优先监测,渔业水域要优先监测有机污染物、重金属离子等有毒物质,但对国家、省、市统一规定的项目应按要求监测。

(5) 对已经造成污染,或具有潜在危险,并且污染趋势有可能上升的项目,应列入优先监测范围。

(6) 具有代表性的监测项目要优先监测,如,用水产品残留量测定水体污染情况等。

由于渔业环境监测有其特殊要求,因此在监测手段上要有所测重,除了物理测量、化学分析之外,还应加强水生生物检验,特别是能够直接反映对渔业资源影响的生物学指标和水产品质量指标。同时考虑研究污染物在水生生物体内的吸收、累积和生理生化的代谢过程,以及有毒物质的转化规律等。对所选择的监测时间、次数、位置也必须与水生生物的生态密切结合。

6. 监测程序

环境监测程序,是由确定目的、现场调查、制订计划、实施计划以及质量保证等几个环节组成。

(1) 确定目的。监测必须有针对性目的,因为不同目的在监测计划和工作安排中有很大差别,具体要求也不一样。

(2) 现场调查。根据监测目的要求,进行现场调查研究,调查内容包括主要污染的来源、性质和排放规律,污染受体的性质及其与污染源的相对位置,水文、地理及气象条件,必要时还要调查有关的历史情况。

(3) 制订计划。根据目的要求和现场调查资料,确定测试范围和项目;确定采样点的数目和具体位置;确定采样的时间和频率;调查采样人员和运输工具;实验室分析人员的分工,现场工作与实验室的联系,以及对监测报告的要求。

(4) 实施计划。根据监测计划,从采样、分析检验、数据处理与评价到及时上报。采样,即将采样装置安排在指定的监测位置,按规定操作程序,确定采样时间采集样品,记录采样实况,最后将采集样品和记录送往实验室。分析检验,即按国家规定的分析方法,进行样品分析,计算污染物浓度,然后整理成表。数据处理与评价,是将测得的数据进行处理,按国家规定的有关标准,进行单项或综合评价,并结合现场调查资料对数据作出合理的解释,并写成报告。上报,即写成的报告经鉴定符合预期要求后及时上报,若不符合要求应作补充监测,或在总结上次监测工作经验的基础上另行监测。

(5) 质量保证。环境监测必须保证监测数据具有代表性和准确性,质量保证必须包括影响数据有效性的所有方面,如调查研究计划的设计、采样方法、分析方法、样品保存、运输与实验室之间的协调、制定和执行质量控制图、评价监测活动、培训人员、器材设备、数据处理以及统一报表等。

(三) 渔业水域的污染治理

渔业水域的废水来源,主要有工业废水和生活废水。工业废水,由于生产过程、原料、产品的不同,则有不同的性质和成分。根据废水的污染程度,工业废水还可分为净废水和浊废水。净废水来自工业设备中的间接冷却水,其特点是水温较高、污染轻微,经简单处理后可循环使用或排入水域。浊废水主要来自生产过程中与原料直接接触所排出的废水,其特点是污染程度大,必须经过严格处理才能循环使用或排入水域。生活废水来自城市、医院、工厂生活区,其特点是大部分不含有害物质,但含有大量细菌和病原体。为了有效地控制水体污染,必须对废水进行处理和对污染源进行管理。

1. 废水处理方法

废水处理,根据其作用原理的不同,可分为三类,即物理处理法、化学处理法和生物处理法。物理处理法,是根据物理作用,分离水中呈悬浮状态的污染物质,其特点是处理过程不改变原物的化学性质,可通过沉淀分离、离心分离、过滤、浮选、蒸发结晶以及渗透等具体方法进行处理。化学处理方法,是根据化学反应作用,分离、回收废水中处于各种状态的污染物质,或改变污染物质的性质,使其变为无害物质,可通过混凝、中和、氧化还原、电解、汽提、吹脱、吸附、电渗析以及萃取等具体方法进行处理。生物处理方法,是利用微生物作用,使废水中呈溶解和胶体状的有机污染物转化为无害物质,它可通过活性污泥法、生物膜法、生物氧化塘法以及污水灌溉法等进行具体的处理。

2. 污染源管理内容与管理方法

污染源是指污染的发源地,即向环境排放污染物或对环境产生有害影响的场所、装置和设备的总称。在环境污染中,按人类社会生产活动的不同,可分为工业污染源、农业污染、交通污染源和生活污染源。污染源管理是控制污染和保护环境的根本措施。

(1) 污染源管理内容。污染源管理包括污染源调查、污染源评价和污染源控制三方面内容。

污染源调查,由于环境污染是多因素的,因此需要进行细致的调查和监测。它是环境保护的基础工作,有助于掌握污染源的变化趋势和污染物的消长规律,同时结合环境质量监测可以预测环境质量的变化趋势,以便采取相应措施,减少和控制污染源排放的污染物。

污染源评价,是以调查资料为依据,按其对环境质量影响的大小来确定主要污染物和污染源。为了进行评价,对调查数据进行标准化处理,并将其转换成在同一尺度上可以相互比较的评价指数,然后按其大小排列,从而找出主要污染物和污染源。

污染源控制,主要是控制污染源排放污染物的数量。控制污染物排放的方法,一般有排放标准控制、排放地点控制以及环境容量控制。排放标准控制,要求各污染源达到国家或地方规定的各种排放标准。排放地点控制,一般规定不准在居民稠密区、水源上游、风景区、疗养区、养殖区等设有污染的企业。环境容量控制,是根据环境单元在一定时间内可以承受污染物的总量,并分摊到各污染源,再控制各污染源的允许排放量。

(2) 污染源管理方法。它一般采用经济手段、法律手段、技术手段和行政手段。

经济手段,比如对超过国家规定排放污染物的污染源,实行排污收费。对积极开展"三废"综合利用、减少排污量的单位,应给予减免税和利润留存奖励等。

法律手段,如,建立许可证制度,凡对环境有影响的各种开发、建设、排污活动、产品使用与销售等,均需由经营单位向环境主管部门申请,经批准发放许可证后才能进行。对造成重大污染事故的,规定经济赔偿或罚款,直至追究法律责任。

技术手段,如建立监测网络系统。利用各种监测手段对污染源排放的主要污染物进行定期监测,实行排污监督。

行政手段,即运用计划管理手段。它对各种污染源,根据其技术与管理水平,规定污染物排放数量指标,或规定单位产品排污指标、用水量指标以及单位设备排污指标等,对一切开发建设工程实行环境影响评价制度。污染防治措施要与主体工程同时设计、同时施工、同时投产,这是控制污染源的重要行政措施。

第五节 渔业水域污染事故的调查与处理

随着我国法制建设的不断完善,渔业水域的污染事故处理就迫切需要相关法律保障,实现污染事故处理的法制化、规范化和科学化。

渔业水域污染事故,是指因渔业水域污染而造成的渔业资源及渔业生产损害的事故。1997年农业部发布的《渔业水域污染事故调查处理程序规定》第四条明确指出:"本规定所称的渔业水域污染事故是指由于单位和个人将某种物质和能量引入渔业水域,损坏渔业水体使用功能,影响渔业水域内的生物繁殖、生长或造成该生物死亡、数量减少,以及造成该生物有毒有害物质积累、质量下降等,对渔业资源和渔业生病造成损害的事实。"渔业水域污染事故调查处理,包括渔业水域污染事故调查处理的管辖、基本原则、调查程序、调查方法、处理方式以及事故损失的计算方法等。

一、渔业水域污染事故调查处理的管辖

渔业污染事故调查处理的管辖,是指享有渔业水域污染事故调查处理权的主管机构在调查处理渔业污染事故中的权限与分工。根据《水污染防治法》的规定,造成渔业污染事故或者渔业船舶造成水污染事故的,应当向事故发生地的渔业行政主管部门报告,并接受调查处理;《海洋环境保护法》规定,渔业行政主管部门负责渔业污染事故的调查处理,船舶污染事故给渔业造成损害的,应当吸收渔业行政主管部门参与调查处理。因此,渔业行政主管部门及其所属的渔政监督管理机构是渔业水域污染事故的主要机构。我国渔业污染事故调查处理的管辖,分为级别管辖和指定管辖。

(一) 级别管辖

级别管辖是指根据污染事故的级别,划分不同行政级别渔政监督管理机构之间的调查处理权限,主要解决的是不同级别的渔政监督管理机构分别调查处理哪些渔业水域污染事故。根据《渔业水域污染事故调查处理程序规定》,渔业污染事故调查处理的级别管辖主要以污染事故造成直接经济损失额的大小来确定管辖权限,分为较大和一般性渔业污染事故、重大渔业污染事故、特大和涉外渔业污染事故三个级别层次。

(1) 事故造成直接经济损失额在百万元以下的较大和一般性渔业水域污染事故,由事故所在地的地(市)、县主管机构,在其监督管理范围内依法管辖。

(2) 事故造成直接经济损失额在百万元以上千万元以下的重大渔业污染事故,由事故所在的省(自治区、直辖市)主管机构,在其监督管理范围内依法管辖。

(3) 事故造成直接经济损失额在千万元以上的特大渔业污染事故以及涉外渔业污染事故,都由国家渔政监督管理机构或其授权指定的省级主管机构处理。

(二) 指定管辖

指定管辖是指管辖权发生异议的渔业污染事故的管辖。当渔业水域污染事故调查处理管辖权发生异议时,应由争议双方协商解决,如果协调不成时,则由共同的上一级主管机构指定的机构管辖或调查处理。而指定管辖或调查处理的渔业水域污染事故应当办理书面手续,被指定的管辖机构必须在指定权限范围内行使权力。

(三) 管辖权转移

管辖权转移是指一个主管机构将其管辖范围内的渔业水域污染事故交由没

有管辖权的机构处理,主要包括下列两种情况：

(1) 下级主管机构对其管辖范围内的渔业水域污染事故,认为需要由上级主管机构处理的,可报请上级机构处理。

(2) 上级主管机构管辖的渔业水域污染事故,必要时可以指定下级机构处理。

(四) 跨行政区域和跨部门的管辖

根据《水污染防治法》第二十八条规定,跨行政区域的水污染纠纷,由有关地方人民府协商解决,或者由其共同的上级人民政府协调解决。对于跨行政区的渔业水域污染事故,渔业行政主管部门及其所属的渔政监督管理机构应积极配合有关地方人民政府做好事故处理工作。而跨部门的重大海洋环境污染事故的调查处理,根据《海洋环境保护法》规定,由国务院环境保护行政主管部门进行协调,协调不成的,由国务院做出决定。

二、渔业水域污染事故调查处理的原则

任何事故的处理都要遵守一定的原则,水污染处理也一样要遵循一定原则。根据我国渔业水域环境保护与管理的法律法规的有关规定,以及渔业水域环境的特点和水域污染事故调查处理的实践,渔业水域污染事故调查处理一般应遵循谁污染谁治理,着重调解以及各部门协同管理的原则。

(一) 谁污染谁治理原则

谁污染谁治理原则是指由污染者承担治理责任。这里的责任不仅是治理污染或支付治理费用,还要承担污染损害的赔偿费用。污染赔偿责任单位拒绝赔偿损失的,受害人可以向人民法院提起赔偿诉讼。渔业水域污染造成天然渔业资源损失的,按污染对渔业资源的损失及渔业生产的损害程度,由政府渔业行政主管部门或其所属的渔政监督管理机构代表国家向责任者提出损失赔偿。

(二) 着重调解原则

着重调解原则指在渔业水域污染损害赔偿纠纷处理中以调解为主,促使双方当事人达成调解协议。难以达成调解的,政府渔业行政主管部门应会同环境保护行政主管部门等有关机构做出裁决。渔业水域污染造成单位和个人养殖或增殖放流的鱼、虾、贝类等损失的,按照农业部《水域污染事故渔业损失计算方法规定》确定损失,在查明事实的基础上,依法进行损失赔偿调解。但必须注意的是,着重调解原则只能适用于污染损害赔偿纠纷。对于污染者有违法行为的,应依法进行行政处罚,在行政处罚中,不能适用调解。调解也不是解决污染赔偿纠纷的必经程序,当事人可以直接向法院提起赔偿民事诉讼。随着我国法制建设的不断发展和人们法律意识的不断提高,人们越来越倾向于法院诉讼解决民事纠纷。

(三) 与环保、海洋、海事等部门协同管理原则

与环保、海事等部门协同管理的原则要求渔业行政主管部门和渔政监督管理机构在调查处理渔业水域污染事故时,应主动、积极地与环境保护、海洋、海事等部门协调合作。根据《水污染防治法》《海洋环境保护法》等相关规定,内陆水域和海洋环境的监督管理主要由政府环境保护部门和海洋管理部门负责,船舶污染水域环境的监督管理则主要由海事部门负责,此外还有水利、卫生、市政等部门对水域环境享有一定的监督管理权。渔业污染事故的调查处理往往涉及面很广,因此在调查处理中必须取得相关主管部门的合作与支持。

三、渔业水域污染事故的调查程序

渔业水域污染事故的调查程序,目前主要的法律依据是《渔业水域污染事故调查处理程序规定》《水污染防治法》以及《水污染防治法实施细则》等。渔业水域污染事故调查包括事故报告、受理与立案、调查取证、污染事实确认以及调查报告的制作与审查等程序。

(一) 事故报告

一旦发生环境污染事故,或突发性事件使渔业水域环境受到或可能受到严重污染的紧急情况时,当事人应依法向渔业行政主管部门或渔政监督管理机构报告有关情况,并采取应急措施。

《水污染防治法实施细则》规定,企业事业单位造成水污染事故时,必须立即采取措施,停止或减少排污,并在事故发生后48小时内,向当地环境保护部门作出事故发生的初步报告,内容应包括事故发生的时间、地点、类型,排放污染物的种类、数量、经济损失,人员受害及应急措施等。环境保护部门收到水污染事故的初步报告后,应当立即向本级政府和上一级政府环境保护部门报告。有关地方政府应当组织有关部门对事故发生的原因进行调查,并采取相关措施,减轻或消除污染。县级以上政府环保部门应当组织对事故可能影响的水域进行监测,并对事故进行调查处理。

造成渔业水体污染事故的,必须立即向事故发生地的渔业行政主管部门或渔政监督管理机构报告。渔业行政主管部门或渔政管理机构接到报告后,应当立即向本级政府的环保部门通报情况,并尽快组织渔业环境监测站或有关人员赴现场进行调查取证。重大、特大及涉外渔业水域污染事故应立即向同级政府及环境主管部门和上一级主管机关报告,并及时开展调查处理工作。

(二) 受理与立案

渔业行政主管部门或渔政管理机构接到事故报告后,应进行审查核实,若认

为属于本机构管辖范围的,应填写《渔业水域污染事故报告表》,并立案登记;若经审核缺少事实,或不属受理范围,则不予立案,并告知当事人。

(三) 调查取证

渔业水域污染事故立案登记后,渔业行政主管部门或渔政监督管理机构应尽快组织渔业环境监测机构或有关专业技术人员到现场调查取证。对污染情况复杂、损失较重的污染事故,应参照农业部颁布的《污染死鱼调查方法(淡水)》的规定进行调查取证。

1. 证据要求

调查处理渔业水域污染事故,应当收集与污染事故有关的各种证据,证据形式包括书证、物证、视听资料、证人证言、当事人陈述、鉴定结论、现场笔录。所有证据都必须查证属实,才能作为认定事故事实的依据。

根据《渔业水域污染事故调查处理程序规定》,调查渔业水域污染事故必须制作现场笔录,现场笔录的内容包括:发生事故时间、地点、水体类型、气候、水文、污染物、污染源、污染范围、损失程度等。笔录应当表述清楚,定量准确,如实记载,并有在场调查的两名渔业执法人员签名和笔录时间。

渔业环境监测站出具的监测数据、鉴定结论或其他具备资格的有关单位出具的鉴定证明是渔政监督机构处理污染事故的依据。监测数据、鉴定结果报告书必须由监测鉴定人员签名,并且要加盖单位公章。

2. 调查形式要求

渔业水域污染事故的调查人员不得少于两人,调查人员与污染事故不得有利害关系,否则应当回避。调查人员在实施调查时,必须先出示执法检查证件,以表明身份,并说明调查事由。

(四) 污染事实确认

经过调查取证,掌握了污染事故的基本情况及污染事实过程后,渔业行政主管部门或渔政监督管理机构可以根据对污染物的鉴定结论,初步认定污染事故事实。如果渔业水域污染事故当事人有违法行为,依法应当进行行政处罚的,渔业行政主管部门或渔政监督管理机构在做出行政处罚决定之前,应当告知污染单位和个人污染事故处理的事实依据和法律依据,并听取当事人的陈述或申辩。经过当事人的陈述和申辩理由进行复核后,进一步确认污染事故事实。对符合听证条件、当事人要求听证的,主管机关还应当按规定组织听证。

(五) 调查报告的制作与审查

经过调查取证,对污染事故进行事实确认后,调查人员应制作调查总结报告,并提请所属单位负责人进行审查。该调查报告就是对污染事故事实的认定意见,是渔业行政主管部门或渔政监督管理机构做出事故处理决定和处理损害赔偿的依据。

四、渔业水域污染死鱼的调查方法

目前我国尚缺乏渔业水域污染事故调查的法定方法,这将影响调查结论的准确性和可靠性,也影响着事故处理的合理性。为此,农业部曾在1996年专门委托渔业环境监测中心编制了《污染死鱼调查方法(淡水)》,作为调查处理渔业水域污染事故的参照方法。目的是为了使渔政监督管理机构能采用科学、简便的方法调查处理污染渔业事故,确保调查结论的准确性和事故处理的合理性。该方法包括:现场调查内容与实验室检验分析,样品的采集、固定与保存以及制作调查报告的内容与格式等。

(一) 现场调查内容与实验室检验分析

调查内容包括死鱼事故的一般情况调查、中毒鱼的行为反应与形态特征调查、水域生物与环境状况调查、污染物与污染源调查以及试验室的检验分析项目等。

1. 死鱼事故的一般情况调查

调查内容有下列几方面:(1) 死鱼事件当事人及被告人的姓名、单位、职业;(2) 死鱼发生的地点;(3) 死鱼的范围与面积;(4) 死鱼的种类、数量与个体大小;(5) 死鱼发生的季节与水温;(6) 鱼死亡的速率与死亡持续情况;(7) 死鱼个体大小和品种的选择性;(8) 死鱼前各种异常情况(如暴雨、气温突变、河流缺口等)与投饵、摄食情况;(9) 死鱼发生的形式(如孤立的或流行的);(10) 死鱼水体的类型与特征等。

2. 中毒鱼的行为反应与形态特征调查

调查内容有:(1) 鱼中毒发生的时间;(2) 中毒鱼的行为反应;(3) 中毒鱼的形态特征;(4) 中毒鱼鱼体附着物检查和病原体检查。

3. 水域生物与环境状况调查

调查内容有:(1) 浮游动物品种与数量变化调查;(2) 浮游植物品种与数量变化调查;(3) 其他水生动植物受害情况调查;(4) 水体溶解氧状况调查;(5) 水体pH值调查;(6) 水体颜色、浊度、漂浮物、泡沫等调查。

4. 污染物与污染源调查

这种调查应根据中毒鱼的行为、形态及环境特征的调查结果以及现场实际情况选择调查项目。如果对污染物和污染源情况比较清楚,并能说明问题时,则可有针对性地开展一个或几个项目的调查。以下只是对一般情况下淡水污染可能的污染物和污染源的调查,具体为:(1) 死鱼水体及其周围地区固体废弃物情况调查;(2) 农药、化肥使用及流失情况调查;(3) 污水库、污水管泄漏、溢流情况调查;(4)水上化学物质运输情况调查;(5)水下工程(如河道疏浚)情况调查;(6)化学物容器清洗情况调查;(7)化学物加工情况调查;(8)化学物投放(如灭螺、杀蚊等)情况调查;(9)人为投毒情况调查;(10)污水处理设施运行情况和排污情况调查(特别是非正常排污和事故排污情况,应调查其排放时间、方式、路线、排放量、排放性质、种类等)。

5. 试验室的检验分析项目

为了对死鱼原因给出最后的科学结论,应进行试验室检验分析,其具体的检验分析项目应根据中毒鱼的行为、形态、环境特征调查结果以及污染物、污染源调查结果和实际需要进行选择。可选择的检验分析项目一般有下列几种:(1)死鱼现场、参考点及排污口水样分析;(2)死鱼现场、参考点及排污口底泥样分析;(3)死鱼现场及参考点鱼体残留毒物分析;(4)死鱼现场及参考点鱼体生化指标分析;(5)毒性再现试验;(6)急性致死试验;(7)鱼体组织解剖检查。

(二)样品的采集、固定与保存

水域污染死鱼调查的样品主要包括死鱼样品、污水样品和底泥样品。为保证样品的证明能力,各种样品的采集、固定都要符合一定的技术要求。例如,采样布点应遵守下列原则:(1)各种样品的采集应在污染死鱼事件发生后尽可能短的时间内进行,以提高其可靠性;(2)在死鱼现场、参考点、污水排放口、渔业用水进口都应设采样点,以保证样品采集的合理性和全面性;(3)河流参考点应设在死鱼区的上游没有发生污染死鱼的水域,湖泊、水库等大水面的参考点应设在远离死鱼区的水体,池塘参考点可设在条件相当、相邻近的没有发生死鱼的池塘,以保证采样的可对比性;(4)布点应考虑样品的代表性,如在较宽的河流中可在一个断面两个近岸水体及河中间设3个采样点,而在较窄的河流中可在每个断面河中间设1个采样点,大面积死鱼可设2~3个断面,并考虑沿水深上、中、下三层取样,根据受毒鱼的生活习性,取样深度应有所侧重。又如,样品采集、保存和分析要达到下列要求:(1)对于死鱼样品、污水样品和底泥样品,都必须保证在取样、运输、保存和分析过程中不受污染,样品不腐败变质和风干等;(2)取样时应做好现场记录,制作样品标签(内容包括编号、采样点、采样时间、采样者等),并将标签系在样品瓶上;(3)在专业调查人员不能及时赶到现场的情况下,受害单位或个人也应采集当时现场死鱼样品和污水样品,并要妥善保存,还要保护好现场接受调查。样品须标明取样时间、地点、取样者和两个现场证明人的姓名和职业,这样的样品可作为分析数据参考。

1. 死鱼样品的采集、固定与保存的技术要求

这个技术要求包括取样要求、样品大小和样品的现场处理与保存,因为它涉及样品的级别、分析项目以及使用的测试药物不同等,具体要求如下:

(1)取样要求。①在死鱼现场所有鱼样都必须是具有代表性的合格样品,包

括一级样品和二级样品。一级样品是指较长时间在浅水区游动,即使受到惊吓也不立即游去;或较长时间在水面漂浮,受到惊吓也不立即下潜或下潜后又马上浮出水面;或游泳行为异常,形态发生变化(体色、鳍条、鳃盖等改变)的鱼。二级样品是指刚死亡不久,没有出现腐败现象的鱼。②所取鱼样应包括受影响的不同品种和不同个体大小的鱼。

(2)样品大小要求。它取决于所分析的项目。对于无机物分析,每一取样点、每一品种至少3个样,每个样要大于100克,可以是几条鱼重量之和;对于有机物分析,每一取样点、每一品种至少3个样,每个样要大于250克,可以是几条鱼重量之和;如果是挥发性样品分析,每一取样点、每一品种取5个样,每个样要大于100克。

(3)样品现场处理与保存。若取得活鱼样品,应将样品放入聚乙烯袋中充氧,在高温季节要将聚乙烯袋放入含有碎冰的容器内。如果是死鱼样品,则应进行冷冻、低温或固定液保存。死鱼样品因检验项目不同,其处理方法也有所区别。

用于农药和有机物测定的鱼样要用干净的清水洗过数次,然后用铝箔将鱼卷包起来,尽快冷冻。用于有机氯农药和石油烃测定的样品,在采集和预处理过程中应避免采用塑料皿和含有卤代烃或石油烃的试剂,对于挥发性强的样品应放在隔绝空气的密闭容器中并尽快冷冻保存。

用于金属或其他元素测定的鱼样,应在聚乙烯瓶中冷冻保存。

用于特殊分析的鱼次级样品(如脑、鳃、血液等)应在现场取出之后放入干净的玻璃瓶内,尽快冷冻。这种特殊用途主要用于乙酰胆碱酯酶等分析。

用于组织检查的鱼样最好是作现场检查。如有些项目不能进行现场检查,则取样后马上放入固定液中(不能冷冻保存),固定液与鱼样体积比为10∶1,固定液为10%的缓冲中性福尔马林,长时间保存可以移至70%的酒精溶液中。

2. 污水样品的采集、固定和保存

此项技术要求包括容器要求、取样要求和样品的处理与保存,这是因为水样容器的材质对于水样在贮存期间的稳定性影响很大。同时样品的采集量是由检验项目决定的等原因。具体是:

(1)容器要求。由于水样容器的材质对水样影响很大,所以要求容器的化学稳定性要好,器壁可溶性杂质含量低,器壁对被测成分吸附极少和抗挤压的材料。高压低密度聚乙烯塑料瓶和硬质玻璃瓶可基本满足上述要求。装贮水样要用细口容器,封口塞材料要尽量与容器材质一致,塑料容器用塑料螺口盖,玻璃容器用玻璃磨口塞,测定有机物的水样容器不能用橡皮塞,碱性液体容器不能用玻璃塞,所有容器使用前都应彻底清洗干净。

(2)取样要求。样品的采集量,由检验项目决定,并适当增加一定余量。水样装瓶时,应先用混合均匀的水样充分荡洗几次再装瓶,若采样器容量有限不能一次完成采样时,可以多次采样,将各次采集的水样装在预先准备的大容器中混匀过滤后再装入瓶中,同时加入相应的固定液,装瓶时注意留有一定的空隙。在较浅水域取样时,采样者应站在下游,采集上游方向水样,避免搅动沉积物造成水样污染。

(3) 样品的处理与保存。水样采集后,为尽量减少由于微生物、化学、物理作用而引起水样组分变化,使样品具有代表性,最有效的办法是力求缩短运输时间,尽快进行分析。如果不能及时分析,应根据不同测定项目采取不同的保存方法。

3. 底泥样品的处理与保存

并非所有的死鱼事件都要进行底泥的分析,但有时也是需要的,为此必须注意下列事项:

(1) 取底泥样品的位置与取水样时的位置要相同,取样时用塑料刀或勺从采泥器中仔细取上部 0.1 厘米之间的泥样,如果一次采样量不足,应再采一次。样品容器一般为 1 升左右的广口瓶,用于金属元素分析时,瓶盖应当用聚四氟乙烯衬里填充。样品瓶、瓶盖、衬里都应当彻底清洗干净。

(2) 对于短时间(7 天)内分析的样品,应基本装满样品瓶,上部用取样处的水封好,之后用带聚四氟乙烯或铝箔衬里的瓶盖盖好。若长时间保存,样品量应为样品瓶的 2/3,之后用取样处的水封好加盖,冷冻保存。能进行现场描述的项目,应尽量在现场描述记录,如底泥样的颜色、气味等。若采集底泥样品是为了用于毒性试验,样品只能在 4℃下保存,但不能冷冻。

(三) 调查报告

污染死鱼调查后应制作调查报告,其内容与格式包括下列几方面:

(1) 污染死鱼事故发生的时间、地点、水体的类型。
(2) 死鱼范围、品种、个体大小、数量、经济损失。
(3) 死鱼的行为、形态反应以及环境特征。
(4) 污染物、污染源现场调查情况。
(5) 死鱼现场、参考点、排污口水质、底质化学物测定结果。
(6) 组织解剖、鱼体毒物残留、急性毒性试验结果。
(7) 水环境质量评价。
(8) 最终确定的致鱼死亡的污染物和污染源及其确定的根据。
(9) 所用化学分析和生物检测方法及评价标准。
(10) 各种证据材料,包括照片、录像、谈话、各种测试的原始数据等。

五、渔业水域污染事故的处理

渔业水域污染事故的处理,由于污染事故的不同情况,必然要用不同的处理方式,而不同的处理方式,也必然要有不同的处理程序。如对事故当事人有违法

行为的,就要用行政处罚程序;如对损失赔偿纠纷的,一般是用调解处理程序。具体分析如下:

(一) 渔业水域污染事故的处理方式

对不同情况的渔业水域污染事故,处理方式也不相同。这些方式包括:排除危害、赔偿损害和行政处罚。

1. 排除危害

主要用于渔业水域污染事故造成的财产损害仍继续存在的情况,而这种损害又是可以排除的。

2. 赔偿损害

赔偿损害是指由污染事故损害赔偿责任人赔偿污染损害受害者的经济财产损失。损害赔偿包括两种情况:一种是渔业水域污染造成单位和个人养殖或增殖放流的鱼、虾、贝类等损失的,由赔偿责任人向具体的受害单位和个人赔偿损失;另一种是水域污染造成人工增殖或天然渔业资源损失的,由政府渔业行政主管部门或渔政监督管理机构代表国家责令责任人赔偿损失。天然渔业资源损失的赔偿费由渔政监督管理机构收取,用于增殖放流和渔业生态环境的改善、保护及管理。

3. 行政处罚

对于渔业水域污染事故当事人的违法行为,依法追究其行政法律责任,由政府渔业行政主管部门或渔政监督管理机构进行罚款等行政处罚,并可责令违法行为人对污染行为进行补救,或补救违法行为所造成的危害后果,包括消除危害、恢复原状和支付治理费用等。

(二) 渔业水域污染事故的处理程序

此程序包括行政处理程序和损失赔偿纠纷处理程序。前者主要是指事故当事人有违法行为的,应依法予以行政处罚;后者是指因渔业水域污染事故而发生的赔偿责任和赔偿金额纠纷所需的处理程序。具体分析如下:

1. 行政处理程序

在渔业行政主管部门监督管理范围内,渔业水域污染事故当事人有违法行为的,应依法予以行政处罚。渔业污染违法行为的处罚应遵守《中华人民共和国行政处罚法》,在处罚程序上应适用《农业行政处罚程序规定》,而法定的处罚程序包括简易程序、一般程序和听证程序。但由于渔业污染案件案情大都较为复杂,索赔或处罚金额较大,容易产生对违法事实的认定争议。因此,在渔业水域污染案件的行政处罚过程中,调查取证、违法事实认定、污染事故处理,都要按一般程序的规定进行。

2. 损失赔偿纠纷的处理程序

因渔业水域污染事故而发生的赔偿责任和赔偿金额的纠纷,当事人可以向事故发生地的政府渔业行政主管部门或渔政监督管理机构申请调解处理,也可以直接向人民法院起诉。渔业行政主管部门或是渔政监督管理机构的调解处理作为一种选择性机制,是否发生主要取决于当事人的意愿,如果当事人不服从行政调解,调解行为就不能发生法律效应。

(1) 受理调解。渔业行政主管部门或渔政监督管理机构受理当事人渔业水域污染事故纠纷调解处理申请,应符合下列条件:

①必须是双方当事人同意调解处理;

②申请人必须是与渔业损失事故纠纷有直接利害关系的单位或个人;

③有明确的被申请人和具体的事实依据与请求;

④不超越受理范围。

如果只有当事人一方申请调解,渔业行政主管部门或渔政监督管理机构有责任通知另一方接受调解;若另一方拒绝接受调解,当事人可直接向人民法院起诉。

(2) 调解处理实施。渔业行政主管部门或渔政监督管理机构受理污染事故赔偿纠纷后,可根据需要邀请有关部门人员参加调解处理。负责和参加处理纠纷的人员与纠纷当事人有利害关系时,应当自行回避,当事人也可提出回避请求。

调解处理过程中,应召集双方座谈协调。经协调可达成协议,调解协议书经当事人双方和渔业行政主管部门或渔政监督管理机构三方签字盖章后生效。当事人应主动履行生效后的调解协议,如果当事人拒不履行调解协议的,渔业行政主管部门或渔政监督管理机构应督促履行,同时当事人可向人民法院起诉。

渔业行政主管部门或渔政监督管理机构的调解处理不具有终局决定权。当事人对调解污染事故赔偿纠纷处理决定不服的,可以向人民法院起诉。而且在调解处理过程中,只要有当事人的一方向法院起诉,调解处理便终止。

六、水域污染渔业损失的计算方法

调查处理渔业水域污染事故时,必须科学计算污染事故造成的渔业损失,这样才能正确地判定和处理污染事故。为加强渔业水域环境的监督管理,科学合理地计算因污染事故造成的渔业损失,为正确判定和处理污染事故提供依据,农业部制定了《水域污染事故渔业损失计算方法规定》,于1996年10月8日颁布。该规定第二十八条指出:本规定中渔业损失的计算,按农业部颁布的规定执行。水域污染渔业损失计算包括两方面:污染事故渔业损失量的计算和污染事故渔业经济损失计算。具体内容如下:

(一) 污染事故渔业损失量计算

污染事故中的渔业损失量,是指污染源直接或间接污染渔业水域造成鱼、虾、蟹、贝、藻等及珍稀、濒危水生野生动植物死亡或受损的数量。

污染事故渔业损失量的计算方法,有围捕统计法、调查估算法、统计推算法和专家评估法。具体选择哪种计算方法,应根据事故水域的类型、水文状况、受污染面积大小以及受损害资源的种类而定。

1. 围捕统计法

这种方法适用于能进行围捕操作的水域,其污染事故水域面积在万亩[①]以下。

(1) 围捕设点方法。在事故水域中,设置具有代表性的围捕点 8~10 个,每个围捕的面积 1.3~3.3 公顷,在围捕中按种类和规格(苗种、成品)分别统计水产生物死亡量和具有严重中毒症的水产生物数量。围捕点及各点面积的设定由渔政监督管理机构根据受污染水域的具体状况决定。

(2) 计算方法。各围捕点单位面积平均损失量=各围捕点单位面积损失(包括中毒量)之和/围捕点数。

事故水域总损失量=单位面积平均损失量×事故水域总面积+群众捕捞的损失量。

水域面积在万亩以上,或其损失密度分布呈明显区域性的养殖水域,分别围捕统计,总损失量等于各区域损失量之和。

2. 调查估算法

这种方法适用于难以设点围捕的大面积增养殖水域。具体按下列方法估算:

(1) 调查养殖单位当年投放苗种的分类放养量,以养殖单位提供的发票、生产原始记录和旁证为准,并由渔政监督管理机构核定。以租养为主的应考虑原有天然渔业资源量。

(2) 由渔政监督管理机构组织有关单位或事故双方评估事故水域中的损失量。

(3) 由渔政监督管理机构抽样调查群众自发性捕捞的损失量。

(4) 总损失量=评估的损失量+抽样调查的群众自发性捕捞损失量。

3. 统计推算法

此法一般适用于精养池塘小面积水域,或滩涂养殖和围塘养殖。

(1) 精养池塘或小面积渔业水域的统计推算法。

$$事故水域的损失量 = 当年计划全部产量 - 已捕产量$$

其中:

$$当年计划全部产量 = 当年投放的苗种数量 \times \frac{前三年每亩平均产量}{前三年每亩平均投放苗种数量}$$

[①] 亩为非法定计量单位,1 公顷=15 亩。

(2) 养殖、增殖水面的统计推算法。这里的养殖、增殖水面包括港湾、湖泊、水库、外荡等,具体使用以下公式推算:

总损失量＝当年放养水产生物损失量＋上年剩余水产生物损失量＋自然繁殖水产生物损失量

其中:

当年放养水产生物损失量＝(每公顷放苗种数×成活率×起捕规格－已捕产量)×受污面积×受污水产生物损失率

上年剩余水产生物损失量＝(上年放养增殖量－上年起捕量)×受污水产生物损失率

式中的单位:损失量为千克;每公顷放苗种数为尾/公顷、只/公顷、颗/公顷;成活率和损失率为％;起捕规格为千克/尾、千克/只、千克/颗;已捕产量,为千克/公顷;受污面积为公顷。

(3) 滩涂养殖和围塘养殖的统计推算法。这种类型养殖的统计推算方法,应使用下列公式进行计算:

总损失量＝(每公顷放苗种数×成活率×起捕规格－已捕产量)×受污面积×受污水产生物损失率

式中单位为:每公顷放苗种数:尾/公顷、只/公顷、颗/公顷;成活率和损失率:％;起捕规格:千克/尾、千克/只、千克/颗;已捕产量:千克/公顷;受污面积:公顷。

每公顷放苗种数、成活率(％)、起捕规格、已捕产量(千克/公顷)由污染受害单位或个人出具证明,当地渔业行政主管部门或渔政监督管理机构审核;受污面积(公顷)、受污水产生物损失率(％)由污染受害单位或个人提供情况,当地渔业行政主管部门或者渔政监督管理机构组织有关部门调查确定。

(4) 虾、蟹、贝、藻损失量的统计推算法按下列公式进行:

$$损失量 = \frac{K \times 受污面积 \times 每亩投放苗种数量 \times 成活率}{成品规格} - 污染面积内已收获产量$$

式中,K是养殖技术、养殖环境等因素的综合参考系数,由于养殖环境、养成水平等差异,K值的具体数值可参考当地历年产量和当年度产量等因素而定。式中单位为:损失量:千克;受污面积:公顷;每亩投放苗种数量:尾/公顷、只/公顷、颗/公顷;成活率:％;污染面积内已收获产量:千克;成品规格,只/千克、颗/千克、尾/千克。

4. 专家评估法

在难以用上述公式计算的天然渔业水域,包括内陆的江河、湖泊、河口及沿岸海域、近海,可采用专家评估法,主要以现场调查、现场取证、生产统计数据、资源

动态监测资料等为评估依据,必要时以试验数据资料作为评估的补充依据。专家评估法的基本程序如下:

(1) 进行生产和资源的现场调查,确定事故水域主要渔业资源的种类及主要渔获物组成。

(2) 资源量的确定。江河、河口及海域的资源量用近 3~5 年的平均产量÷资源开发率进行计算,开发率视当地捕捞强度和种群自生能力而定;增殖资源量用近 3~5 年的平均投放尾数×回捕规格×回捕率÷资源开发率进行计算。

(3) 资源损失量的确定。由渔业行政主管部门或渔政监督管理机构组织有关专家评估,确定其损失量,对资源损失大的(10 万元以上),应制作详细的评估报告。

(二) 污染事故经济损失量计算

包括损失量计算的基本原则和损失额计算。具体是:

1. 污染事故经济损失量计算的基本原则

因渔业环境污染、破坏直接对受害单位和个人造成的损失,在计算经济损失时只计算直接经济损失。同时,因渔业环境污染、破坏不仅对受害单位和个人造成损失,而且也造成天然渔业资源和渔政监督管理机构增殖放流资源的无法原则利用以及可能造成的渔业产量减产等损失,在计算经济损失额时,应将直接经济损失额与天然渔业资源损失额相加。

2. 直接经济损失额的计算

直接经济损失包括水产品损失、污染防护设施损失、渔具损失以及清除污染费和监测部门取证、鉴定等工作的实际费用。

水产品损失额按照当时当地工商行政管理部门提供的主要菜市场零售价格来计算。水产品损失量包括中毒致死量和有明显中毒症状但尚能存活以及因污染造成不能食用的水产品。由于水产品损失量既包括成品,也包括半成品、苗种而计算损失量,最终以成品损失量表示,因此苗种、半成品与成品损失量的换算比由渔业行政主管部门或渔政监督机构根据不同种类和当地实际情况而定。

网箱、稻田养鱼按实际损失额计算,计算公式如下:水产品损失额＝当地市场价格×损失量。养殖种类亲体和原种的死亡损失价格,计算时根据其重要程度按高于一般商品价格的 50%~500% 计算,具体价格由渔政监督管理机构确定。

污染防护设施损失、渔具损失以及清除污染费用和监测部门取证、鉴定等所需的费用按实际投入计算。

3. 天然渔业资源经济损失额计算

这种计算由渔业行政主管部门或渔政监督管理机构根据当地的资源情况而定,但不应低于直接经济损失中水产品损失额的 3 倍。

思考题

1. 什么是渔业水域环境？它由哪些要素组成？
2. 渔业水域环境有何特点？它与渔业生产有何关系？
3. 保护渔业水域环境对渔业生产有什么意义？为什么？
4. 目前我国渔业水域环境状况如何？
5. 我国严重污染的海域主要在哪些地方？
6. 渔业水域环境保护与管理的基本法有哪些？水域环境单行法律有哪些？
7. 破坏渔业水域环境的因素有哪些？
8. 渔业水域污染有哪些特点？
9. 渔业水域主要的污染物有哪些？这些污染物对渔业资源有何危害？
10. 渔业行政主管部门在海洋环境监督管理中有哪些职权？
11. 渔业水域环境保护有哪些主要途径？
12. 如何做好渔业水域环境监测工作？
13. 如何做好污染源的管理工作？
14. 什么是渔业水域污染事故？
15. 政府渔业行政主管部门或其所属的渔政监督管理机构之间的渔业水域污染事故调查处理权如何分工？
16. 渔业水域污染事故调查处理应遵循哪些基本原则？
17. 如何做好水域污染样品采集工作？
18. 渔业水域污染事故处理有哪些方式？

附录 1

《中华人民共和国海洋环境保护法》

第一章 总 则

第一条 为了保护和改善海洋环境，保护海洋资源，防治污染损害，维护生态平衡，保障人体健康，促进经济和社会的可持续发展，制定本法。

第二条 本法适用于中华人民共和国内水、领海、毗连区、专属经济区、大陆架以及中华人民共和国管辖的其他海域。

在中华人民共和国管辖海域内从事航行、勘探、开发、生产、旅游、科学研究及其他活动，或者在沿海陆域内从事影响海洋环境活动的任何单位和个人，都必须遵守本法。

在中华人民共和国管辖海域以外，造成中华人民共和国管辖海域污染的，也适用本法。

第三条 国家建立并实施重点海域排污总量控制制度,确定主要污染物排海总量控制指标,并对主要污染源分配排放控制数量。具体办法由国务院制定。

第四条 一切单位和个人都有保护海洋环境的义务,并有权对污染损害海洋环境的单位和个人,以及海洋环境监督管理人员的违法失职行为进行监督和检举。

第五条 国务院环境保护行政主管部门作为对全国环境保护工作统一监督管理的部门,对全国海洋环境保护工作实施指导、协调和监督,并负责全国防治陆源污染物和海岸工程建设项目对海洋污染损害的环境保护工作。

国家海洋行政主管部门负责海洋环境的监督管理,组织海洋环境的调查、监测、监视、评价和科学研究,负责全国防治海洋工程建设项目和海洋倾倒废弃物对海洋污染损害的环境保护工作。

国家海事行政主管部门负责所辖港区水域内非军事船舶和港区水域外非渔业、非军事船舶污染海洋环境的监督管理,并负责污染事故的调查处理;对在中华人民共和国管辖海域航行、停泊和作业的外国籍船舶造成的污染事故登轮检查处理。船舶污染事故给渔业造成损害的,应当吸收渔业行政主管部门参与调查处理。

国家渔业行政主管部门负责渔港水域内非军事船舶和渔港水域外渔业船舶污染海洋环境的监督管理,负责保护渔业水域生态环境工作,并调查处理前款规定的污染事故以外的渔业污染事故。

军队环境保护部门负责军事船舶污染海洋环境的监督管理及污染事故的调查处理。

沿海县级以上地方人民政府行使海洋环境监督管理权的部门的职责,由省、自治区、直辖市人民政府根据本法及国务院有关规定确定。

第二章 环境监督

第六条 国家海洋行政主管部门会同国务院有关部门和沿海省、自治区、直辖市人民政府拟定全国海洋功能区划,报国务院批准。

沿海地方各级人民政府应当根据全国和地方海洋功能区划,科学合理地使用海域。

第七条 国家根据海洋功能区划制定全国海洋环境保护规划和重点海域区域性海洋环境保护规划。

毗邻重点海域的有关沿海省、自治区、直辖市人民政府及行使海洋环境监督管理权的部门,可以建立海洋环境保护区域合作组织,负责实施重点海域区域性海洋环境保护规划、海洋环境污染的防治和海洋生态保护工作。

第八条 跨区域的海洋环境保护工作,由有关沿海地方人民政府协商解决,或者由上级人民政府协调解决。

跨部门的重大海洋环境保护工作,由国务院环境保护行政主管部门协调;协调未能解决的,由国务院作出决定。

第九条 国家根据海洋环境质量状况和国家经济、技术条件,制定国家海洋环境质量标准。

沿海省、自治区、直辖市人民政府对国家海洋环境质量标准中未作规定的项目,可以制定地方海洋环境质量标准。

沿海地方各级人民政府根据国家和地方海洋环境质量标准的规定和本行政区近岸海域环境质量状况,确定海洋环境保护的目标和任务,并纳入人民政府工作计划,按相应的海洋环境质量标准实施管理。

第十条 国家和地方水污染物排放标准的制定,应当将国家和地方海洋环境质量标准作为重要依据之一。在国家建立并实施排污总量控制制度的重点海域,水污染物排放标准的制定,还应当将主要污染物排海总量控制指标作为重要依据。

第十一条 直接向海洋排放污染物的单位和个人,必须按照国家规定缴纳排污费。

向海洋倾倒废弃物,必须按照国家规定缴纳倾倒费。

根据本法规定征收的排污费、倾倒费,必须用于海洋环境污染的整治,不得挪作他用。具体办法由国务院规定。

第十二条 对超过污染物排放标准的,或者在规定的期限内未完成污染物排放削减任务的,或者造成海洋环境严重污染损害的,应当限期治理。

限期治理按照国务院规定的权限决定。

第十三条 国家加强防治海洋环境污染损害的科学技术的研究和开发,对严重污染海洋环境的落后生产工艺和落后设备,实行淘汰制度。

企业应当优先使用清洁能源,采用资源利用率高、污染物排放量少的清洁生产工艺,防止对海洋环境的污染。

第十四条 国家海洋行政主管部门按照国家环境监测、监视规范和标准,管理全国海洋环境的调查、监测、监视,制定具体的实施办法,会同有关部门组织全国海洋环境监测、监视网络,定期评价海洋环境质量,发布海洋巡航监视通报。

依照本法规定行使海洋环境监督管理权的部门分别负责各自所辖水域的监测、监视。

其他有关部门根据全国海洋环境监测网的分工,分别负责对入海河口、主要排污口的监测。

第十五条 国务院有关部门应当向国务院环境保护行政主管部门提供编制全国环境质量公报所必需的海洋环境监测资料。

环境保护行政主管部门应当向有关部门提供与海洋环境监督管理有关的资料。

第十六条　国家海洋行政主管部门按照国家制定的环境监测、监视信息管理制度,负责管理海洋综合信息系统,为海洋环境保护监督管理提供服务。

第十七条　因发生事故或者其他突发性事件,造成或者可能造成海洋环境污染事故的单位和个人,必须立即采取有效措施,及时向可能受到危害者通报,并向依照本法规定行使海洋环境监督管理权的部门报告,接受调查处理。

沿海县级以上地方人民政府在本行政区域近岸海域的环境受到严重污染时,必须采取有效措施,解除或者减轻危害。

第十八条　国家根据防止海洋环境污染的需要,制定国家重大海上污染事故应急计划。

国家海洋行政主管部门负责制定全国海洋石油勘探开发重大海上溢油应急计划,报国务院环境保护行政主管部门备案。

国家海事行政主管部门负责制定全国船舶重大海上溢油污染事故应急计划,报国务院环境保护行政主管部门备案。

沿海可能发生重大海洋环境污染事故的单位,应当依照国家的规定,制定污染事故应急计划,并向当地环境保护行政主管部门、海洋行政主管部门备案。

沿海县级以上地方人民政府及其有关部门在发生重大海上污染事故时,必须按照应急计划解除或者减轻危害。

第十九条　依照本法规定行使海洋环境监督管理权的部门可以在海上实行联合执法,在巡航监视中发现海上污染事故或者违反本法规定的行为时,应予以制止并调查取证,必要时有权采取有效措施,防止污染事态的扩大,并报告有关主管部门处理。

依照本法规定行使海洋环境监督管理权的部门,有权对管辖范围内排放污染物的单位和个人进行现场检查。被检查者应当如实反映情况,提供必要的资料。

检查机关应当为被检查者保守技术秘密和业务秘密。

第三章　生态保护

第二十条　国务院和沿海地方各级人民政府应当采取有效措施,保护红树林、珊瑚礁、滨海湿地、海岛、海湾、入海河口、重要渔业水域等具有典型性、代表性的海洋生态系统,珍稀、濒危海洋生物的天然集中分布区,具有重要经济价值的海洋生物生存区域及有重大科学文化价值的海洋自然历史遗迹和自然景观。

对具有重要经济、社会价值的已遭到破坏的海洋生态,应当进行整治和恢复。

第二十一条　国务院有关部门和沿海省级人民政府应当根据保护海洋生态的需要,选划、建立海洋自然保护区。

国家级海洋自然保护区的建立,须经国务院批准。

第二十二条　凡具有下列条件之一的,应当建立海洋自然保护区:

(一)典型的海洋自然地理区域、有代表性的自然生态区域,以及遭受破坏但经保护能恢复的海洋自然生态区域;

(二)海洋生物物种高度丰富的区域,或者珍稀、濒危海洋生物物种的天然集中分布区域;

(三)具有特殊保护价值的海域、海岸、岛屿、滨海湿地、入海河口和海湾等;

(四)具有重大科学文化价值的海洋自然遗迹所在区域;

(五)其他需要予以特殊保护的区域。

第二十三条　凡具有特殊地理条件、生态系统、生物与非生物资源及海洋开发利用特殊需要的区域,可以建立海洋特别保护区,采取有效的保护措施和科学的开发方式进行特殊管理。

第二十四条　开发利用海洋资源,应当根据海洋功能区划合理布局,不得造成海洋生态环境破坏。

第二十五条　引进海洋动植物物种,应当进行科学论证,避免对海洋生态系统造成危害。

第二十六条　开发海岛及周围海域的资源,应当采取严格的生态保护措施,不得造成海岛地形、岸滩、植被以及海岛周围海域生态环境的破坏。

第二十七条　沿海地方各级人民政府应当结合当地自然环境的特点,建设海岸防护设施、沿海防护林、沿海城镇园林和绿地,对海岸侵蚀和海水入侵地区进行综合治理。

禁止毁坏海岸防护设施、沿海防护林、沿海城镇园林和绿地。

第二十八条　国家鼓励发展生态渔业建设,推广多种生态渔业生产方式,改善海洋生态状况。

新建、改建、扩建海水养殖场,应当进行环境影响评价。

海水养殖应当科学确定养殖密度,并应当合理投饵、施肥,正确使用药物,防止造成海洋环境的污染。

第四章　防治陆源污染物对海洋环境的污染损害

第二十九条　向海域排放陆源污染物,必须严格执行国家或者地方规定的标准和有关规定。

第三十条　入海排污口位置的选择,应当根据海洋功能区划、海水动力条件和有关规定,经科学论证后,报设区的市级以上人民政府环境保护行政主管部门审查批准。

环境保护行政主管部门在批准设置入海排污口之前,必须征求海洋、海事、渔业行政主管部门和军队环境保护部门的意见。

在海洋自然保护区、重要渔业水域、海滨风景名胜区和其他需要特别保护的区域,不得新建排污口。

在有条件的地区,应当将排污口深海设置,实行离岸排放。设置陆源污染物深海离岸排放排污口,应当根据海洋功能区划、海水动力条件和海底工程设施的有关情况确定,具体办法由国务院规定。

第三十一条　省、自治区、直辖市人民政府环境保护行政主管部门和水行政主管部门应当按照水污染防治有关法律的规定,加强入海河流管理,防治污染,使入海河口的水质处于良好状态。

第三十二条　排放陆源污染物的单位,必须向环境保护行政主管部门申报拥有的陆源污染物排放设施、处理设施和在正常作业条件下排放陆源污染物的种类、数量和浓度,并提供防治海洋环境污染方面的有关技术和资料。

排放陆源污染物的种类、数量和浓度有重大改变的,必须及时申报。

拆除或者闲置陆源污染物处理设施的,必须事先征得环境保护行政主管部门的同意。

第三十三条　禁止向海域排放油类、酸液、碱液、剧毒废液和高、中水平放射性废水。

严格限制向海域排放低水平放射性废水;确需排放的,必须严格执行国家辐射防护规定。

严格控制向海域排放含有不易降解的有机物和重金属的废水。

第三十四条　含病原体的医疗污水、生活污水和工业废水必须经过处理,符合国家有关排放标准后,方能排入海域。

第三十五条　含有机物和营养物质的工业废水、生活污水,应当严格控制向海湾、半封闭海及其他自净能力较差的海域排放。

第三十六条　向海域排放含热废水,必须采取有效措施,保证邻近渔业水域的水温符合国家海洋环境质量标准,避免热污染对水产资源的危害。

第三十七条　沿海农田、林场施用化学农药,必须执行国家农药安全使用的规定和标准。

沿海农田、林场应当合理使用化肥和植物生长调节剂。

第三十八条　在岸滩弃置、堆放和处理尾矿、矿渣、煤灰渣、垃圾和其他固体废物的,依照《中华人民共和国固体废物污染环境防治法》的有关规定执行。

第三十九条　禁止经中华人民共和国内水、领海转移危险废物。

经中华人民共和国管辖的其他海域转移危险废物的,必须事先取得国务院环境保护行政主管部门的书面同意。

第四十条　沿海城市人民政府应当建设和完善城市排水管网,有计划地建设城市污水处理厂或者其他污水集中处理设施,加强城市污水的综合整治。

建设污水海洋处置工程,必须符合国家有关规定。

第四十一条 国家采取必要措施,防止、减少和控制来自大气层或者通过大气层造成的海洋环境污染损害。

第五章 防治海岸工程建设项目对海洋环境的污染损害

第四十二条 新建、改建、扩建海岸工程建设项目,必须遵守国家有关建设项目环境保护管理的规定,并把防治污染所需资金纳入建设项目投资计划。

在依法划定的海洋自然保护区、海滨风景名胜区、重要渔业水域及其他需要特别保护的区域,不得从事污染环境、破坏景观的海岸工程项目建设或者其他活动。

第四十三条 海岸工程建设项目的单位,必须在建设项目可行性研究阶段,对海洋环境进行科学调查,根据自然条件和社会条件,合理选址,编报环境影响报告书。环境影响报告书报环境保护行政主管部门审查批准。

环境保护行政主管部门在批准环境影响报告书之前,必须征求海洋、海事、渔业行政主管部门和军队环境保护部门的意见。

第四十四条 海岸工程建设项目的环境保护设施,必须与主体工程同时设计、同时施工、同时投产使用。环境保护设施未经环境保护行政主管部门检查批准,建设项目不得试运行;环境保护设施未经环境保护行政主管部门验收,或者经验收不合格的,建设项目不得投入生产或者使用。

第四十五条 禁止在沿海陆域内新建不具备有效治理措施的化学制浆造纸、化工、印染、制革、电镀、酿造、炼油、岸边冲滩拆船以及其他严重污染海洋环境的工业生产项目。

第四十六条 兴建海岸工程建设项目,必须采取有效措施,保护国家和地方重点保护的野生动植物及其生存环境和海洋水产资源。

严格限制在海岸采挖砂石。露天开采海滨砂矿和从岸上打井开采海底矿产资源,必须采取有效措施,防止污染海洋环境。

第六章 防治海洋工程建设项目对海洋环境的污染损害

第四十七条 海洋工程建设项目必须符合海洋功能区划、海洋环境保护规划和国家有关环境保护标准,在可行性研究阶段,编报海洋环境影响报告书,由海洋行政主管部门核准,并报环境保护行政主管部门备案,接受环境保护行政主管部门监督。

海洋行政主管部门在核准海洋环境影响报告书之前,必须征求海事、渔业行政主管部门和军队环境保护部门的意见。

第四十八条 海洋工程建设项目的环境保护设施,必须与主体工程同时设计、同时施工、同时投产使用。环境保护设施未经海洋行政主管部门检查批准,建设项目不得试运行;环境保护设施未经海洋行政主管部门验收,或者经验收不合格的,建设项目不得投入生产或者使用。

拆除或者闲置环境保护设施,必须事先征得海洋行政主管部门的同意。

第四十九条　海洋工程建设项目,不得使用含超标准放射性物质或者易溶出有毒有害物质的材料。

第五十条　海洋工程建设项目需要爆破作业时,必须采取有效措施,保护海洋资源。

海洋石油勘探开发及输油过程中,必须采取有效措施,避免溢油事故的发生。

第五十一条　海洋石油钻井船、钻井平台和采油平台的含油污水和油性混合物,必须经过处理达标后排放;残油、废油必须予以回收,不得排放入海。经回收处理后排放的,其含油量不得超过国家规定的标准。

钻井所使用的油基泥浆和其他有毒复合泥浆不得排放入海。水基泥浆和无毒复合泥浆及钻屑的排放,必须符合国家有关规定。

第五十二条　海洋石油钻井船、钻井平台和采油平台及其有关海上设施,不得向海域处置含油的工业垃圾。处置其他工业垃圾,不得造成海洋环境污染。

第五十三条　海上试油时,应当确保油气充分燃烧,油和油性混合物不得排放入海。

第五十四条　勘探开发海洋石油,必须按有关规定编制溢油应急计划,报国家海洋行政主管部门的海区派出机构备案。

第七章　防治倾倒废弃物对海洋环境的污染损害

第五十五条　任何单位未经国家海洋行政主管部门批准,不得向中华人民共和国管辖海域倾倒任何废弃物。

需要倾倒废弃物的单位,必须向国家海洋行政主管部门提出书面申请,经国家海洋行政主管部门审查批准,发给许可证后,方可倾倒。

禁止中华人民共和国境外的废弃物在中华人民共和国管辖海域倾倒。

第五十六条　国家海洋行政主管部门根据废弃物的毒性、有毒物质含量和对海洋环境影响程度,制定海洋倾倒废弃物评价程序和标准。

向海洋倾倒废弃物,应当按照废弃物的类别和数量实行分级管理。

可以向海洋倾倒的废弃物名录,由国家海洋行政主管部门拟定,经国务院环境保护行政主管部门提出审核意见后,报国务院批准。

第五十七条　国家海洋行政主管部门按照科学、合理、经济、安全的原则选划海洋倾倒区,经国务院环境保护行政主管部门提出审核意见后,报国务院批准。

临时性海洋倾倒区由国家海洋行政主管部门批准,并报国务院环境保护行政主管部门备案。

国家海洋行政主管部门在选划海洋倾倒区和批准临时性海洋倾倒区之前,必须征求国家海事、渔业行政主管部门的意见。

第五十八条　国家海洋行政主管部门监督管理倾倒区的使用,组织倾倒区的环境监测。对经确认不宜继续使用的倾倒区,国家海洋行政主管部门应当予以封闭,终止在该倾倒区的一切倾倒活动,并报国务院备案。

第五十九条　获准倾倒废弃物的单位,必须按照许可证注明的期限及条件,到指定的区域进行倾倒。废弃物装载之后,批准部门应当予以核实。

第六十条　获准倾倒废弃物的单位,应当详细记录倾倒的情况,并在倾倒后向批准部门作出书面报告。倾倒废弃物的船舶必须向驶出港的海事行政主管部门作出书面报告。

第六十一条　禁止在海上焚烧废弃物。

禁止在海上处置放射性废弃物或者其他放射性物质。废弃物中的放射性物质的豁免浓度由国务院制定。

第八章　防治船舶及有关作业活动对海洋环境的污染损害

第六十二条　在中华人民共和国管辖海域,任何船舶及相关作业不得违反本法规定向海洋排放污染物、废弃物和压载水、船舶垃圾及其他有害物质。

从事船舶污染物、废弃物、船舶垃圾接收、船舶清舱、洗舱作业活动的,必须具备相应的接收处理能力。

第六十三条　船舶必须按照有关规定持有防止海洋环境污染的证书与文书,在进行涉及污染物排放及操作时,应当如实记录。

第六十四条　船舶必须配置相应的防污设备和器材。

载运具有污染危害性货物的船舶,其结构与设备应当能够防止或者减轻所载货物对海洋环境的污染。

第六十五条　船舶应当遵守海上交通安全法律、法规的规定,防止因碰撞、触礁、搁浅、火灾或者爆炸等引起的海难事故,造成海洋环境的污染。

第六十六条　国家完善并实施船舶油污损害民事赔偿责任制度;按照船舶油污损害赔偿责任由船东和货主共同承担风险的原则,建立船舶油污保险、油污损害赔偿基金制度。

实施船舶油污保险、油污损害赔偿基金制度的具体办法由国务院规定。

第六十七条　载运具有污染危害性货物进出港口的船舶,其承运人、货物所有人或者代理人,必须事先向海事行政主管部门申报。经批准后,方可进出港口、过境停留或者装卸作业。

第六十八条　交付船舶装运污染危害性货物的单证、包装、标志、数量限制等,必须符合对所装货物的有关规定。

需要船舶装运污染危害性不明的货物,应当按照有关规定事先进行评估。

装卸油类及有毒有害货物的作业,船岸双方必须遵守安全防污操作规程。

第六十九条　港口、码头、装卸站和船舶修造厂必须按照有关规定备有足够的用于处理船舶污染物、废弃物的接收设施,并使该设施处于良好状态。

装卸油类的港口、码头、装卸站和船舶必须编制溢油污染应急计划,并配备相应的溢油污染应急设备和器材。

第七十条　进行下列活动,应当事先按照有关规定报经有关部门批准或者核准:

(一) 船舶在港区水域内使用焚烧炉;

(二) 船舶在港区水域内进行洗舱、清舱、驱气、排放压载水、残油、含油污水接收、舷外拷铲及油漆等作业;

(三) 船舶、码头、设施使用化学消油剂;

(四) 船舶冲洗沾有污染物、有毒有害物质的甲板;

(五) 船舶进行散装液体污染危害性货物的过驳作业;

(六) 从事船舶水上拆解、打捞、修造和其他水上、水下船舶施工作业。

第七十一条　船舶发生海难事故,造成或者可能造成海洋环境重大污染损害的,国家海事行政主管部门有权强制采取避免或者减少污染损害的措施。

对在公海上因发生海难事故,造成中华人民共和国管辖海域重大污染损害后果或者具有污染威胁的船舶、海上设施,国家海事行政主管部门有权采取与实际的或者可能发生的损害相称的必要措施。

第七十二条　所有船舶均有监视海上污染的义务,在发现海上污染事故或者违反本法规定的行为时,必须立即向就近的依照本法规定行使海洋环境监督管理权的部门报告。

民用航空器发现海上排污或者污染事件,必须及时向就近的民用航空空中交通管制单位报告。接到报告的单位,应当立即向依照本法规定行使海洋环境监督管理权的部门通报。

第九章　法律责任

第七十三条　违反本法有关规定,有下列行为之一的,由依照本法规定行使海洋环境监督管理权的部门责令限期改正,并处以罚款:

(一) 向海域排放本法禁止排放的污染物或者其他物质的;

(二) 不按照本法规定向海洋排放污染物,或者超过标准排放污染物的;

(三) 未取得海洋倾倒许可证,向海洋倾倒废弃物的;

(四) 因发生事故或者其他突发性事件,造成海洋环境污染事故,不立即采取处理措施的。

有前款第(一)、(三)项行为之一的,处三万元以上二十万元以下的罚款;有前款第(二)、(四)项行为之一的,处二万元以上十万元以下的罚款。

第七十四条　违反本法有关规定,有下列行为之一的,由依照本法规定行使海洋环境监督管理权的部门予以警告,或者处以罚款:

(一) 不按照规定申报,甚至拒报污染物排放有关事项,或者在申报时弄虚作假的；

（二）发生事故或者其他突发性事件不按照规定报告的；

（三）不按照规定记录倾倒情况，或者不按照规定提交倾倒报告的；

（四）拒报或者谎报船舶载运污染危害性货物申报事项的。

有前款第（一）、（三）项行为之一的，处二万元以下的罚款；有前款第（二）、（四）项行为之一的，处五万元以下的罚款。

第七十五条　违反本法第十九条第二款的规定，拒绝现场检查，或者在被检查时弄虚作假的，由依照本法规定行使海洋环境监督管理权的部门予以警告，并处二万元以下的罚款。

第七十六条　违反本法规定，造成珊瑚礁、红树林等海洋生态系统及海洋水产资源、海洋保护区破坏的，由依照本法规定行使海洋环境监督管理权的部门责令限期改正和采取补救措施，并处一万元以上十万元以下的罚款；有违法所得的，没收其违法所得。

第七十七条　违反本法第三十条第一款、第三款规定设置入海排污口的，由县级以上地方人民政府环境保护行政主管部门责令其关闭，并处二万元以上十万元以下的罚款。

第七十八条　违反本法第三十二条第三款的规定，擅自拆除、闲置环境保护设施的，由县级以上地方人民政府环境保护行政主管部门责令重新安装使用，并处一万元以上十万元以下的罚款。

第七十九条　违反本法第三十九条第二款的规定，经中华人民共和国管辖海域，转移危险废物的，由国家海事行政主管部门责令非法运输该危险废物的船舶退出中华人民共和国管辖海域，并处五万元以上五十万元以下的罚款。

第八十条　违反本法第四十三条第一款的规定，未持有经批准的环境影响报告书，兴建海岸工程建设项目的，由县级以上地方人民政府环境保护行政主管部门责令其停止违法行为和采取补救措施，并处五万元以上二十万元以下的罚款；或者按照管理权限，由县级以上地方人民政府责令其限期拆除。

第八十一条　违反本法第四十四条的规定，海岸工程建设项目未建成环境保护设施，或者环境保护设施未达到规定要求即投入生产、使用的，由环境保护行政主管部门责令其停止生产或者使用，并处二万元以上十万元以下的罚款。

第八十二条　违反本法第四十五条的规定，新建严重污染海洋环境的工业生产建设项目的，按照管理权限，由县级以上人民政府责令关闭。

第八十三条　违反本法第四十七条第一款、第四十八条的规定，进行海洋工程建设项目，或者海洋工程建设项目未建成环境保护设施、环境保护设施未达到规定要求即投入生产、使用的，由海洋行政主管部门责令其停止施工或者生产、使用，并处五万元以上二十万元以下的罚款。

第八十四条　违反本法第四十九条的规定,使用含超标准放射性物质或者易溶出有毒有害物质材料的,由海洋行政主管部门处五万元以下的罚款,并责令其停止该建设项目的运行,直到消除污染危害。

第八十五条　违反本法规定进行海洋石油勘探开发活动,造成海洋环境污染的,由国家海洋行政主管部门予以警告,并处二万元以上二十万元以下的罚款。

第八十六条　违反本法规定,不按照许可证的规定倾倒,或者向已经封闭的倾倒区倾倒废弃物的,由海洋行政主管部门予以警告,并处三万元以上二十万元以下的罚款;对情节严重的,可以暂扣或者吊销许可证。

第八十七条　违反本法第五十五条第三款的规定,将中华人民共和国境外废弃物运进中华人民共和国管辖海域倾倒的,由国家海洋行政主管部门予以警告,并根据造成或者可能造成的危害后果,处十万元以上一百万元以下的罚款。

第八十八条　违反本法规定,有下列行为之一的,由依照本法规定行使海洋环境监督管理权的部门予以警告,或者处以罚款:

(一) 港口、码头、装卸站及船舶未配备防污设施、器材的;

(二) 船舶未持有防污证书、防污文书,或者不按照规定记载排污记录的;

(三) 从事水上和港区水域拆船、旧船改装、打捞和其他水上、水下施工作业,造成海洋环境污染损害的;

(四) 船舶载运的货物不具备防污适运条件的。

有前款第(一)、(四)项行为之一的,处二万元以上十万元以下的罚款;有前款第(二)项行为的,处二万元以下的罚款;有前款第(三)项行为的,处五万元以上二十万元以下的罚款。

第八十九条　违反本法规定,船舶、石油平台和装卸油类的港口、码头、装卸站不编制溢油应急计划的,由依照本法规定行使海洋环境监督管理权的部门予以警告,或者责令限期改正。

第九十条　造成海洋环境污染损害的责任者,应当排除危害,并赔偿损失;完全由于第三者的故意或者过失,造成海洋环境污染损害的,由第三者排除危害,并承担赔偿责任。

对破坏海洋生态、海洋水产资源、海洋保护区,给国家造成重大损失的,由依照本法规定行使海洋环境监督管理权的部门代表国家对责任者提出损害赔偿要求。

第九十一条　对违反本法规定,造成海洋环境污染事故的单位,由依照本法规定行使海洋环境监督管理权的部门根据所造成的危害和损失处以罚款;负有直接责任的主管人员和其他直接责任人员属于国家工作人员的,依法给予行政处分。

前款规定的罚款数额按照直接损失的百分之三十计算,但最高不得超过三十万元。

对造成重大海洋环境污染事故,致使公私财产遭受重大损失或者人身伤亡严重后果的,依法追究刑事责任。

第九十二条 完全属于下列情形之一,经过及时采取合理措施,仍然不能避免对海洋环境造成污染损害的,造成污染损害的有关责任者免予承担责任:

(一)战争;

(二)不可抗拒的自然灾害;

(三)负责灯塔或者其他助航设备的主管部门,在执行职责时的疏忽,或者其他过失行为。

第九十三条 对违反本法第十一条、第十二条有关缴纳排污费、倾倒费和限期治理规定的行政处罚,由国务院规定。

第九十四条 海洋环境监督管理人员滥用职权、玩忽职守、徇私舞弊,造成海洋环境污染损害的,依法给予行政处分;构成犯罪的,依法追究刑事责任。

第十章 附 则

第九十五条 本法中下列用语的含义是:

(一)海洋环境污染损害,是指直接或者间接地把物质或者能量引入海洋环境,产生损害海洋生物资源、危害人体健康、妨害渔业和海上其他合法活动、损害海水使用素质和减损环境质量等有害影响。

(二)内水,是指我国领海基线向内陆一侧的所有海域。

(三)滨海湿地,是指低潮时水深浅于六米的水域及其沿岸浸湿地带,包括水深不超过六米的永久性水域、潮间带(或洪泛地带)和沿海低地等。

(四)海洋功能区划,是指依据海洋自然属性和社会属性,以及自然资源和环境特定条件,界定海洋利用的主导功能和使用范畴。

(五)渔业水域,是指鱼虾类的产卵场、索饵场、越冬场、洄游通道和鱼虾贝藻类的养殖场。

(六)油类,是指任何类型的油及其炼制品。

(七)油性混合物,是指任何含有油分的混合物。

(八)排放,是指把污染物排入海洋的行为,包括泵出、溢出、泄出、喷出和倒出。

(九)陆地污染源(简称陆源),是指从陆地向海域排放污染物,造成或者可能造成海洋环境污染的场所、设施等。

(十)陆源污染物,是指由陆地污染源排放的污染物。

(十一)倾倒,是指通过船舶、航空器、平台或者其他载运工具,向海洋处置废弃物和其他有害物质的行为,包括弃置船舶、航空器、平台及其辅助设施和其他浮动工具的行为。

（十二）沿海陆域，是指与海岸相连，或者通过管道、沟渠、设施，直接或者间接向海洋排放污染物及其相关活动的一带区域。

（十三）海上焚烧，是指以热摧毁为目的，在海上焚烧设施上，故意焚烧废弃物或者其他物质的行为，但船舶、平台或者其他人工构造物正常操作中，所附带发生的行为除外。

第九十六条 涉及海洋环境监督管理的有关部门的具体职权划分，本法未作规定的，由国务院规定。

第九十七条 中华人民共和国缔结或者参加的与海洋环境保护有关的国际条约与本法有不同规定的，适用国际条约的规定；但是，中华人民共和国声明保留的条款除外。

第九十八条 本法自2000年4月1日起施行。

附录2

《中华人民共和国水污染防治法》

（1984年5月11日第六届全国人民代表大会常务委员会第五次会议通过 根据1996年5月15日第八届全国人民代表大会常务委员会第十九次会议《关于修改〈中华人民共和国水污染防治法〉的决定》修正 2008年2月28日第十届全国人民代表大会常务委员会第三十二次会议修订）

第一章 总 则

第一条 为了防治水污染，保护和改善环境，保障饮用水安全，促进经济社会全面协调可持续发展，制定本法。

第二条 本法适用于中华人民共和国领域内的江河、湖泊、运河、渠道、水库等地表水体以及地下水体的污染防治。

海洋污染防治适用《中华人民共和国海洋环境保护法》。

第三条 水污染防治应当坚持预防为主、防治结合、综合治理的原则，优先保护饮用水水源，严格控制工业污染、城镇生活污染，防治农业面源污染，积极推进生态治理工程建设，预防、控制和减少水环境污染和生态破坏。

第四条 县级以上人民政府应当将水环境保护工作纳入国民经济和社会发展规划。

县级以上地方人民政府应当采取防治水污染的对策和措施，对本行政区域的水环境质量负责。

第五条 国家实行水环境保护目标责任制和考核评价制度，将水环境保护目标完成情况作为对地方人民政府及其负责人考核评价的内容。

第六条　国家鼓励、支持水污染防治的科学技术研究和先进适用技术的推广应用,加强水环境保护的宣传教育。

第七条　国家通过财政转移支付等方式,建立健全对位于饮用水水源保护区区域和江河、湖泊、水库上游地区的水环境生态保护补偿机制。

第八条　县级以上人民政府环境保护主管部门对水污染防治实施统一监督管理。

交通主管部门的海事管理机构对船舶污染水域的防治实施监督管理。

县级以上人民政府水行政、国土资源、卫生、建设、农业、渔业等部门以及重要江河、湖泊的流域水资源保护机构,在各自的职责范围内,对有关水污染防治实施监督管理。

第九条　排放水污染物,不得超过国家或者地方规定的水污染物排放标准和重点水污染物排放总量控制指标。

第十条　任何单位和个人都有义务保护水环境,并有权对污染损害水环境的行为进行检举。

县级以上人民政府及其有关主管部门对在水污染防治工作中做出显著成绩的单位和个人给予表彰和奖励。

第二章　水污染防治的标准和规划

第十一条　国务院环境保护主管部门制定国家水环境质量标准。

省、自治区、直辖市人民政府可以对国家水环境质量标准中未作规定的项目,制定地方标准,并报国务院环境保护主管部门备案。

第十二条　国务院环境保护主管部门会同国务院水行政主管部门和有关省、自治区、直辖市人民政府,可以根据国家确定的重要江河、湖泊流域水体的使用功能以及有关地区的经济、技术条件,确定该重要江河、湖泊流域的省界水体适用的水环境质量标准,报国务院批准后施行。

第十三条　国务院环境保护主管部门根据国家水环境质量标准和国家经济、技术条件,制定国家水污染物排放标准。

省、自治区、直辖市人民政府对国家水污染物排放标准中未作规定的项目,可以制定地方水污染物排放标准;对国家水污染物排放标准中已作规定的项目,可以制定严于国家水污染物排放标准的地方水污染物排放标准。地方水污染物排放标准须报国务院环境保护主管部门备案。

向已有地方水污染物排放标准的水体排放污染物的,应当执行地方水污染物排放标准。

第十四条　国务院环境保护主管部门和省、自治区、直辖市人民政府,应当根据水污染防治的要求和国家或者地方的经济、技术条件,适时修订水环境质量标准和水污染物排放标准。

第十五条　防治水污染应当按流域或者按区域进行统一规划。国家确定的重要江河、湖泊的流域水污染防治规划，由国务院环境保护主管部门会同国务院经济综合宏观调控、水行政等部门和有关省、自治区、直辖市人民政府编制，报国务院批准。

前款规定外的其他跨省、自治区、直辖市江河、湖泊的流域水污染防治规划，根据国家确定的重要江河、湖泊的流域水污染防治规划和本地实际情况，由有关省、自治区、直辖市人民政府环境保护主管部门会同同级水行政等部门和有关市、县人民政府编制，经有关省、自治区、直辖市人民政府审核，报国务院批准。

省、自治区、直辖市内跨县江河、湖泊的流域水污染防治规划，根据国家确定的重要江河、湖泊的流域水污染防治规划和本地实际情况，由省、自治区、直辖市人民政府环境保护主管部门会同同级水行政等部门编制，报省、自治区、直辖市人民政府批准，并报国务院备案。

经批准的水污染防治规划是防治水污染的基本依据，规划的修订须经原批准机关批准。

县级以上地方人民政府应当根据依法批准的江河、湖泊的流域水污染防治规划，组织制定本行政区域的水污染防治规划。

第十六条　国务院有关部门和县级以上地方人民政府开发、利用和调节、调度水资源时，应当统筹兼顾，维持江河的合理流量和湖泊、水库以及地下水体的合理水位，维护水体的生态功能。

第三章　水污染防治的监督管理

第十七条　新建、改建、扩建直接或者间接向水体排放污染物的建设项目和其他水上设施，应当依法进行环境影响评价。

建设单位在江河、湖泊新建、改建、扩建排污口的，应当取得水行政主管部门或者流域管理机构同意；涉及通航、渔业水域的，环境保护主管部门在审批环境影响评价文件时，应当征求交通、渔业主管部门的意见。

建设项目的水污染防治设施，应当与主体工程同时设计、同时施工、同时投入使用。水污染防治设施应当经过环境保护主管部门验收，验收不合格的，该建设项目不得投入生产或者使用。

第十八条　国家对重点水污染物排放实施总量控制制度。

省、自治区、直辖市人民政府应当按照国务院的规定削减和控制本行政区域的重点水污染物排放总量，并将重点水污染物排放总量控制指标分解落实到市、县人民政府。市、县人民政府根据本行政区域重点水污染物排放总量控制指标的要求，将重点水污染物排放总量控制指标分解落实到排污单位。具体办法和实施步骤由国务院规定。

省、自治区、直辖市人民政府可以根据本行政区域水环境质量状况和水污染防治工作的需要,确定本行政区域实施总量削减和控制的重点水污染物。

对超过重点水污染物排放总量控制指标的地区,有关人民政府环境保护主管部门应当暂停审批新增重点水污染物排放总量的建设项目的环境影响评价文件。

第十九条 国务院环境保护主管部门对未按照要求完成重点水污染物排放总量控制指标的省、自治区、直辖市予以公布。省、自治区、直辖市人民政府环境保护主管部门对未按照要求完成重点水污染物排放总量控制指标的市、县予以公布。

县级以上人民政府环境保护主管部门对违反本法规定、严重污染水环境的企业予以公布。

第二十条 国家实行排污许可制度。

直接或者间接向水体排放工业废水和医疗污水以及其他按照规定应当取得排污许可证方可排放的废水、污水的企业事业单位,应当取得排污许可证;城镇污水集中处理设施的运营单位,也应当取得排污许可证。排污许可的具体办法和实施步骤由国务院规定。

禁止企业事业单位无排污许可证或者违反排污许可证的规定向水体排放前款规定的废水、污水。

第二十一条 直接或者间接向水体排放污染物的企业事业单位和个体工商户,应当按照国务院环境保护主管部门的规定,向县级以上地方人民政府环境保护主管部门申报登记拥有的水污染物排放设施、处理设施和在正常作业条件下排放水污染物的种类、数量和浓度,并提供防治水污染方面的有关技术资料。

企业事业单位和个体工商户排放水污染物的种类、数量和浓度有重大改变的,应当及时申报登记;其水污染物处理设施应当保持正常使用;拆除或者闲置水污染物处理设施的,应当事先报县级以上地方人民政府环境保护主管部门批准。

第二十二条 向水体排放污染物的企业事业单位和个体工商户,应当按照法律、行政法规和国务院环境保护主管部门的规定设置排污口;在江河、湖泊设置排污口的,还应当遵守国务院水行政主管部门的规定。

禁止私设暗管或者采取其他规避监管的方式排放水污染物。

第二十三条 重点排污单位应当安装水污染物排放自动监测设备,与环境保护主管部门的监控设备联网,并保证监测设备正常运行。排放工业废水的企业,应当对其所排放的工业废水进行监测,并保存原始监测记录。具体办法由国务院环境保护主管部门规定。

应当安装水污染物排放自动监测设备的重点排污单位名录,由设区的市级以上地方人民政府环境保护主管部门根据本行政区域的环境容量、重点水污染物排放总量控制指标的要求以及排污单位排放水污染物的种类、数量和浓度等因素,商同级有关部门确定。

第二十四条　直接向水体排放污染物的企业事业单位和个体工商户,应当按照排放水污染物的种类、数量和排污费征收标准缴纳排污费。

排污费应当用于污染的防治,不得挪作他用。

第二十五条　国家建立水环境质量监测和水污染物排放监测制度。国务院环境保护主管部门负责制定水环境监测规范,统一发布国家水环境状况信息,会同国务院水行政等部门组织监测网络。

第二十六条　国家确定的重要江河、湖泊流域的水资源保护工作机构负责监测其所在流域的省界水体的水环境质量状况,并将监测结果及时报国务院环境保护主管部门和国务院水行政主管部门;有经国务院批准成立的流域水资源保护领导机构的,应当将监测结果及时报告流域水资源保护领导机构。

第二十七条　环境保护主管部门和其他依照本法规定行使监督管理权的部门,有权对管辖范围内的排污单位进行现场检查,被检查的单位应当如实反映情况,提供必要的资料。检查机关有义务为被检查的单位保守在检查中获取的商业秘密。

第二十八条　跨行政区域的水污染纠纷,由有关地方人民政府协商解决,或者由其共同的上级人民政府协调解决。

第四章　水污染防治措施
第一节　一般规定

第二十九条　禁止向水体排放油类、酸液、碱液或者剧毒废液。

禁止在水体清洗装贮过油类或者有毒污染物的车辆和容器。

第三十条　禁止向水体排放、倾倒放射性固体废物或者含有高放射性和中放射性物质的废水。

向水体排放含低放射性物质的废水,应当符合国家有关放射性污染防治的规定和标准。

第三十一条　向水体排放含热废水,应当采取措施,保证水体的水温符合水环境质量标准。

第三十二条　含病原体的污水应当经过消毒处理;符合国家有关标准后,方可排放。

第三十三条　禁止向水体排放、倾倒工业废渣、城镇垃圾和其他废弃物。

禁止将含有汞、镉、砷、铬、铅、氰化物、黄磷等的可溶性剧毒废渣向水体排放、倾倒或者直接埋入地下。

存放可溶性剧毒废渣的场所,应当采取防水、防渗漏、防流失的措施。

第三十四条　禁止在江河、湖泊、运河、渠道、水库最高水位线以下的滩地和岸坡堆放、存贮固体废弃物和其他污染物。

第三十五条　禁止利用渗井、渗坑、裂隙和溶洞排放、倾倒含有毒污染物的废水、含病原体的污水和其他废弃物。

第三十六条 禁止利用无防渗漏措施的沟渠、坑塘等输送或者存贮含有毒污染物的废水、含病原体的污水和其他废弃物。

第三十七条 多层地下水的含水层水质差异大的,应当分层开采;对已受污染的潜水和承压水,不得混合开采。

第三十八条 兴建地下工程设施或者进行地下勘探、采矿等活动,应当采取防护性措施,防止地下水污染。

第三十九条 人工回灌补给地下水,不得恶化地下水质。

第二节 工业水污染防治

第四十条 国务院有关部门和县级以上地方人民政府应当合理规划工业布局,要求造成水污染的企业进行技术改造,采取综合防治措施,提高水的重复利用率,减少废水和污染物排放量。

第四十一条 国家对严重污染水环境的落后工艺和设备实行淘汰制度。

国务院经济综合宏观调控部门会同国务院有关部门,公布限期禁止采用的严重污染水环境的工艺名录和限期禁止生产、销售、进口、使用的严重污染水环境的设备名录。

生产者、销售者、进口者或者使用者应当在规定的期限内停止生产、销售、进口或者使用列入前款规定的设备名录中的设备。工艺的采用者应当在规定的期限内停止采用列入前款规定的工艺名录中的工艺。

依照本条第二款、第三款规定被淘汰的设备,不得转让给他人使用。

第四十二条 国家禁止新建不符合国家产业政策的小型造纸、制革、印染、染料、炼焦、炼硫、炼砷、炼汞、炼油、电镀、农药、石棉、水泥、玻璃、钢铁、火电以及其他严重污染水环境的生产项目。

第四十三条 企业应当采用原材料利用效率高、污染物排放量少的清洁工艺,并加强管理,减少水污染物的产生。

第三节 城镇水污染防治

第四十四条 城镇污水应当集中处理。

县级以上地方人民政府应当通过财政预算和其他渠道筹集资金,统筹安排建设城镇污水集中处理设施及配套管网,提高本行政区域城镇污水的收集率和处理率。

国务院建设主管部门应当会同国务院经济综合宏观调控、环境保护主管部门,根据城乡规划和水污染防治规划,组织编制全国城镇污水处理设施建设规划。县级以上地方人民政府组织建设、经济综合宏观调控、环境保护、水行政等部门编制本行政区域的城镇污水处理设施建设规划。县级以上地方人民政府建设主管部门应当按照城镇污水处理设施建设规划,组织建设城镇污水集中处理设施及配套管网，并加强对城镇污水集中处理设施运营的监督管理。

城镇污水集中处理设施的运营单位按照国家规定向排污者提供污水处理的有偿服务，收取污水处理费用，保证污水集中处理设施的正常运行。向城镇污水集中处理设施排放污水、缴纳污水处理费用的，不再缴纳排污费。收取的污水处理费用应当用于城镇污水集中处理设施的建设和运行，不得挪作他用。

城镇污水集中处理设施的污水处理收费、管理以及使用的具体办法，由国务院规定。

第四十五条 向城镇污水集中处理设施排放水污染物，应当符合国家或者地方规定的水污染物排放标准。

城镇污水集中处理设施的出水水质达到国家或者地方规定的水污染物排放标准的，可以按照国家有关规定免缴排污费。

城镇污水集中处理设施的运营单位，应当对城镇污水集中处理设施的出水水质负责。

环境保护主管部门应当对城镇污水集中处理设施的出水水质和水量进行监督检查。

第四十六条 建设生活垃圾填埋场，应当采取防渗漏等措施，防止造成水污染。

第四节 农业和农村水污染防治

第四十七条 使用农药，应当符合国家有关农药安全使用的规定和标准。

运输、存贮农药和处置过期失效农药，应当加强管理，防止造成水污染。

第四十八条 县级以上地方人民政府农业主管部门和其他有关部门，应当采取措施，指导农业生产者科学、合理地施用化肥和农药，控制化肥和农药的过量使用，防止造成水污染。

第四十九条 国家支持畜禽养殖场、养殖小区建设畜禽粪便、废水的综合利用或者无害化处理设施。

畜禽养殖场、养殖小区应当保证其畜禽粪便、废水的综合利用或者无害化处理设施正常运转，保证污水达标排放，防止污染水环境。

第五十条 从事水产养殖应当保护水域生态环境，科学确定养殖密度，合理投饵和使用药物，防止污染水环境。

第五十一条 向农田灌溉渠道排放工业废水和城镇污水，应当保证其下游最近的灌溉取水点的水质符合农田灌溉水质标准。

利用工业废水和城镇污水进行灌溉，应当防止污染土壤、地下水和农产品。

第五节 船舶水污染防治

第五十二条 船舶排放含油污水、生活污水，应当符合船舶污染物排放标准。从事海洋航运的船舶进入内河和港口的，应当遵守内河的船舶污染物排放标准。

船舶的残油、废油应当回收,禁止排入水体。

禁止向水体倾倒船舶垃圾。

船舶装载运输油类或者有毒货物,应当采取防止溢流和渗漏的措施,防止货物落水造成水污染。

第五十三条　船舶应当按照国家有关规定配置相应的防污设备和器材,并持有合法有效的防止水域环境污染的证书与文书。

船舶进行涉及污染物排放的作业,应当严格遵守操作规程,并在相应的记录簿上如实记载。

第五十四条　港口、码头、装卸站和船舶修造厂应当备有足够的船舶污染物、废弃物的接收设施。从事船舶污染物、废弃物接收作业,或者从事装载油类、污染危害性货物船舱清洗作业的单位,应当具备与其运营规模相适应的接收处理能力。

第五十五条　船舶进行下列活动,应当编制作业方案,采取有效的安全和防污染措施,并报作业地海事管理机构批准:

(一)进行残油、含油污水、污染危害性货物残留物的接收作业,或者进行装载油类、污染危害性货物船舱的清洗作业;

(二)进行散装液体污染危害性货物的过驳作业;

(三)进行船舶水上拆解、打捞或者其他水上、水下船舶施工作业。

在渔港水域进行渔业船舶水上拆解活动,应当报作业地渔业主管部门批准。

第五章　饮用水水源和其他特殊水体保护

第五十六条　国家建立饮用水水源保护区制度。饮用水水源保护区分为一级保护区和二级保护区;必要时,可以在饮用水水源保护区外围划定一定的区域作为准保护区。

饮用水水源保护区的划定,由有关市、县人民政府提出划定方案,报省、自治区、直辖市人民政府批准;跨市、县饮用水水源保护区的划定,由有关市、县人民政府协商提出划定方案,报省、自治区、直辖市人民政府批准;协商不成的,由省、自治区、直辖市人民政府环境保护主管部门会同同级水行政、国土资源、卫生、建设等部门提出划定方案,征求同级有关部门的意见后,报省、自治区、直辖市人民政府批准。

跨省、自治区、直辖市的饮用水水源保护区,由有关省、自治区、直辖市人民政府商有关流域管理机构划定;协商不成的,由国务院环境保护主管部门会同同级水行政、国土资源、卫生、建设等部门提出划定方案,征求国务院有关部门的意见后,报国务院批准。

国务院和省、自治区、直辖市人民政府可以根据保护饮用水水源的实际需要,调整饮用水水源保护区的范围,确保饮用水安全。有关地方人民政府应当在饮用水水源保护区的边界设立明确的地理界标和明显的警示标志。

第五十七条　在饮用水水源保护区内,禁止设置排污口。

第五十八条　禁止在饮用水水源一级保护区内新建、改建、扩建与供水设施和保护水源无关的建设项目;已建成的与供水设施和保护水源无关的建设项目,由县级以上人民政府责令拆除或者关闭。

禁止在饮用水水源一级保护区内从事网箱养殖、旅游、游泳、垂钓或者其他可能污染饮用水水体的活动。

第五十九条　禁止在饮用水水源二级保护区内新建、改建、扩建排放污染物的建设项目;已建成的排放污染物的建设项目,由县级以上人民政府责令拆除或者关闭。

在饮用水水源二级保护区内从事网箱养殖、旅游等活动的,应当按照规定采取措施,防止污染饮用水水体。

第六十条　禁止在饮用水水源准保护区内新建、扩建对水体污染严重的建设项目;改建建设项目,不得增加排污量。

第六十一条　县级以上地方人民政府应当根据保护饮用水水源的实际需要,在准保护区内采取工程措施或者建造湿地、水源涵养林等生态保护措施,防止水污染物直接排入饮用水水体,确保饮用水安全。

第六十二条　饮用水水源受到污染可能威胁供水安全的,环境保护主管部门应当责令有关企业事业单位采取停止或者减少排放水污染物等措施。

第六十三条　国务院和省、自治区、直辖市人民政府根据水环境保护的需要,可以规定在饮用水水源保护区内,采取禁止或者限制使用含磷洗涤剂、化肥、农药以及限制种植养殖等措施。

第六十四条　县级以上人民政府可以对风景名胜区水体、重要渔业水体和其他具有特殊经济文化价值的水体划定保护区,并采取措施,保证保护区的水质符合规定用途的水环境质量标准。

第六十五条　在风景名胜区水体、重要渔业水体和其他具有特殊经济文化价值的水体的保护区内,不得新建排污口。在保护区附近新建排污口,应当保证保护区水体不受污染。

第六章　水污染事故处置

第六十六条　各级人民政府及其有关部门,可能发生水污染事故的企业事业单位,应当依照《中华人民共和国突发事件应对法》的规定,做好突发水污染事故的应急准备、应急处置和事后恢复等工作。

第六十七条　可能发生水污染事故的企业事业单位,应当制定有关水污染事故的应急方案,做好应急准备,并定期进行演练。

生产、储存危险化学品的企业事业单位,应当采取措施,防止在处理安全生产事故过程中产生的可能严重污染水体的消防废水、废液直接排入水体。

第六十八条　企业事业单位发生事故或者其他突发性事件，造成或者可能造成水污染事故的，应当立即启动本单位的应急方案，采取应急措施，并向事故发生地的县级以上地方人民政府或者环境保护主管部门报告。环境保护主管部门接到报告后，应当及时向本级人民政府报告，并抄送有关部门。

造成渔业污染事故或者渔业船舶造成水污染事故的，应当向事故发生地的渔业主管部门报告，接受调查处理。其他船舶造成水污染事故的，应当向事故发生地的海事管理机构报告，接受调查处理；给渔业造成损害的，海事管理机构应当通知渔业主管部门参与调查处理。

第七章　法律责任

第六十九条　环境保护主管部门或者其他依照本法规定行使监督管理权的部门，不依法作出行政许可或者办理批准文件的，发现违法行为或者接到对违法行为的举报后不予查处的，或者有其他未依照本法规定履行职责的行为的，对直接负责的主管人员和其他直接责任人员依法给予处分。

第七十条　拒绝环境保护主管部门或者其他依照本法规定行使监督管理权的部门的监督检查，或者在接受监督检查时弄虚作假的，由县级以上人民政府环境保护主管部门或者其他依照本法规定行使监督管理权的部门责令改正，处一万元以上十万元以下的罚款。

第七十一条　违反本法规定，建设项目的水污染防治设施未建成、未经验收或者验收不合格，主体工程即投入生产或者使用的，由县级以上人民政府环境保护主管部门责令停止生产或者使用，直至验收合格，处五万元以上五十万元以下的罚款。

第七十二条　违反本法规定，有下列行为之一的，由县级以上人民政府环境保护主管部门责令限期改正；逾期不改正的，处一万元以上十万元以下的罚款：

（一）拒报或者谎报国务院环境保护主管部门规定的有关水污染物排放申报登记事项的；

（二）未按照规定安装水污染物排放自动监测设备或者未按照规定与环境保护主管部门的监控设备联网，并保证监测设备正常运行的；

（三）未按照规定对所排放的工业废水进行监测并保存原始监测记录的。

第七十三条　违反本法规定，不正常使用水污染物处理设施，或者未经环境保护主管部门批准拆除、闲置水污染物处理设施的，由县级以上人民政府环境保护主管部门责令限期改正，处应缴纳排污费数额一倍以上三倍以下的罚款。

第七十四条　违反本法规定，排放水污染物超过国家或者地方规定的水污染物排放标准，或者超过重点水污染物排放总量控制指标的，由县级以上人民政府环境保护主管部门按照权限责令限期治理，处应缴纳排污费数额二倍以上五倍以下的罚款。

限期治理期间,由环境保护主管部门责令限制生产、限制排放或者停产整治。限期治理的期限最长不超过一年;逾期未完成治理任务的,报经有批准权的人民政府批准,责令关闭。

第七十五条　在饮用水水源保护区内设置排污口的,由县级以上地方人民政府责令限期拆除,处十万元以上五十万元以下的罚款;逾期不拆除的,强制拆除,所需费用由违法者承担,处五十万元以上一百万元以下的罚款,并可以责令停产整顿。

除前款规定外,违反法律、行政法规和国务院环境保护主管部门的规定设置排污口或者私设暗管的,由县级以上地方人民政府环境保护主管部门责令限期拆除,处二万元以上十万元以下的罚款;逾期不拆除的,强制拆除,所需费用由违法者承担,处十万元以上五十万元以下的罚款;私设暗管或者有其他严重情节的,县级以上地方人民政府环境保护主管部门可以提请县级以上地方人民政府责令停产整顿。

未经水行政主管部门或者流域管理机构同意,在江河、湖泊新建、改建、扩建排污口的,由县级以上人民政府水行政主管部门或者流域管理机构依据职权,依照前款规定采取措施、给予处罚。

第七十六条　有下列行为之一的,由县级以上地方人民政府环境保护主管部门责令停止违法行为,限期采取治理措施,消除污染,处以罚款;逾期不采取治理措施的,环境保护主管部门可以指定有治理能力的单位代为治理,所需费用由违法者承担:

(一)向水体排放油类、酸液、碱液的;

(二)向水体排放剧毒废液,或者将含有汞、镉、砷、铬、铅、氰化物、黄磷等的可溶性剧毒废渣向水体排放、倾倒或者直接埋入地下的;

(三)在水体清洗装贮过油类、有毒污染物的车辆或者容器的;

(四)向水体排放、倾倒工业废渣、城镇垃圾或者其他废弃物,或者在江河、湖泊、运河、渠道、水库最高水位线以下的滩地、岸坡堆放、存贮固体废弃物或者其他污染物的;

(五)向水体排放、倾倒放射性固体废物或者含有高放射性、中放射性物质的废水的;

(六)违反国家有关规定或者标准,向水体排放含低放射性物质的废水、热废水或者含病原体的污水的;

(七)利用渗井、渗坑、裂隙或者溶洞排放、倾倒含有毒污染物的废水、含病原体的污水或者其他废弃物的;

(八)利用无防渗漏措施的沟渠、坑塘等输送或者存贮含有毒污染物的废水、含病原体的污水或者其他废弃物的。

有前款第三项、第六项行为之一的,处一万元以上十万元以下的罚款;有前款第一项、第四项、第八项行为之一的,处二万元以上二十万元以下的罚款;有前款第二项、第五项、第七项行为之一的,处五万元以上五十万元以下的罚款。

第七十七条　违反本法规定,生产、销售、进口或者使用列入禁止生产、销售、进口、使用的严重污染水环境的设备名录中的设备,或者采用列入禁止采用的严重污染水环境的工艺名录中的工艺的,由县级以上人民政府经济综合宏观调控部门责令改正,处五万元以上二十万元以下的罚款;情节严重的,由县级以上人民政府经济综合宏观调控部门提出意见,报请本级人民政府责令停业、关闭。

第七十八条　违反本法规定,建设不符合国家产业政策的小型造纸、制革、印染、染料、炼焦、炼硫、炼砷、炼汞、炼油、电镀、农药、石棉、水泥、玻璃、钢铁、火电以及其他严重污染水环境的生产项目的,由所在地的市、县人民政府责令关闭。

第七十九条　船舶未配置相应的防污染设备和器材,或者未持有合法有效的防止水域环境污染的证书与文书的,由海事管理机构、渔业主管部门按照职责分工责令限期改正,处二千元以上二万元以下的罚款;逾期不改正的,责令船舶临时停航。

船舶进行涉及污染物排放的作业,未遵守操作规程或者未在相应的记录簿上如实记载的,由海事管理机构、渔业主管部门按照职责分工责令改正,处二千元以上二万元以下的罚款。

第八十条　违反本法规定,有下列行为之一的,由海事管理机构、渔业主管部门按照职责分工责令停止违法行为,处以罚款;造成水污染的,责令限期采取治理措施,消除污染;逾期不采取治理措施的,海事管理机构、渔业主管部门按照职责分工可以指定有治理能力的单位代为治理,所需费用由船舶承担:

(一)向水体倾倒船舶垃圾或者排放船舶的残油、废油的;

(二)未经作业地海事管理机构批准,船舶进行残油、含油污水、污染危害性货物残留物的接收作业,或者进行装载油类、污染危害性货物船舱的清洗作业,或者进行散装液体污染危害性货物的过驳作业的;

(三)未经作业地海事管理机构批准,进行船舶水上拆解、打捞或者其他水上、水下船舶施工作业的;

(四)未经作业地渔业主管部门批准,在渔港水域进行渔业船舶水上拆解的。

有前款第一项、第二项、第四项行为之一的,处五千元以上五万元以下的罚款;有前款第三项行为的,处一万元以上十万元以下的罚款。

第八十一条　有下列行为之一的,由县级以上地方人民政府环境保护主管部门责令停止违法行为,处十万元以上五十万元以下的罚款;并报经有批准权的人民政府批准,责令拆除或者关闭:

（一）在饮用水水源一级保护区内新建、改建、扩建与供水设施和保护水源无关的建设项目的；

（二）在饮用水水源二级保护区内新建、改建、扩建排放污染物的建设项目的；

（三）在饮用水水源准保护区内新建、扩建对水体污染严重的建设项目，或者改建建设项目增加排污量的。

在饮用水水源一级保护区内从事网箱养殖或者组织进行旅游、垂钓或者其他可能污染饮用水水体的活动的，由县级以上地方人民政府环境保护主管部门责令停止违法行为，处二万元以上十万元以下的罚款。个人在饮用水水源一级保护区内游泳、垂钓或者从事其他可能污染饮用水水体的活动的，由县级以上地方人民政府环境保护主管部门责令停止违法行为，可以处五百元以下的罚款。

第八十二条　企业事业单位有下列行为之一的，由县级以上人民政府环境保护主管部门责令改正；情节严重的，处二万元以上十万元以下的罚款：

（一）不按照规定制定水污染事故的应急方案的；

（二）水污染事故发生后，未及时启动水污染事故的应急方案，采取有关应急措施的。

第八十三条　企业事业单位违反本法规定，造成水污染事故的，由县级以上人民政府环境保护主管部门依照本条第二款的规定处以罚款，责令限期采取治理措施，消除污染；不按要求采取治理措施或者不具备治理能力的，由环境保护主管部门指定有治理能力的单位代为治理，所需费用由违法者承担；对造成重大或者特大水污染事故的，可以报经有批准权的人民政府批准，责令关闭；对直接负责的主管人员和其他直接责任人员可以处上一年度从本单位取得的收入百分之五十以下的罚款。

对造成一般或者较大水污染事故的，按照水污染事故造成的直接损失的百分之二十计算罚款；对造成重大或者特大水污染事故的，按照水污染事故造成的直接损失的百分之三十计算罚款。

造成渔业污染事故或者渔业船舶造成水污染事故的，由渔业主管部门进行处罚；其他船舶造成水污染事故的，由海事管理机构进行处罚。

第八十四条　当事人对行政处罚决定不服的，可以申请行政复议，也可以在收到通知之日起十五日内向人民法院起诉；期满不申请行政复议或者起诉，又不履行行政处罚决定的，由作出行政处罚决定的机关申请人民法院强制执行。

第八十五条　因水污染受到损害的当事人，有权要求排污方排除危害和赔偿损失。

由于不可抗力造成水污染损害的，排污方不承担赔偿责任；法律另有规定的除外。

水污染损害是由受害人故意造成的,排污方不承担赔偿责任。水污染损害是由受害人重大过失造成的,可以减轻排污方的赔偿责任。

水污染损害是由第三人造成的,排污方承担赔偿责任后,有权向第三人追偿。

第八十六条 因水污染引起的损害赔偿责任和赔偿金额的纠纷,可以根据当事人的请求,由环境保护主管部门或者海事管理机构、渔业主管部门按照职责分工调解处理;调解不成的,当事人可以向人民法院提起诉讼。当事人也可以直接向人民法院提起诉讼。

第八十七条 因水污染引起的损害赔偿诉讼,由排污方就法律规定的免责事由及其行为与损害结果之间不存在因果关系承担举证责任。

第八十八条 因水污染受到损害的当事人人数众多的,可以依法由当事人推选代表人进行共同诉讼。

环境保护主管部门和有关社会团体可以依法支持因水污染受到损害的当事人向人民法院提起诉讼。

国家鼓励法律服务机构和律师为水污染损害诉讼中的受害人提供法律援助。

第八十九条 因水污染引起的损害赔偿责任和赔偿金额的纠纷,当事人可以委托环境监测机构提供监测数据。环境监测机构应当接受委托,如实提供有关监测数据。

第九十条 违反本法规定,构成违反治安管理行为的,依法给予治安管理处罚;构成犯罪的,依法追究刑事责任。

第八章 附 则

第九十一条 本法中下列用语的含义:

(一)水污染,是指水体因某种物质的介入,而导致其化学、物理、生物或者放射性等方面特性的改变,从而影响水的有效利用,危害人体健康或者破坏生态环境,造成水质恶化的现象。

(二)水污染物,是指直接或者间接向水体排放的,能导致水体污染的物质。

(三)有毒污染物,是指那些直接或者间接被生物摄入体内后,可能导致该生物或者其后代发病、行为反常、遗传异变、生理机能失常、机体变形或者死亡的污染物。

(四)渔业水体,是指划定的鱼虾类的产卵场、索饵场、越冬场、洄游通道和鱼虾贝藻类的养殖场的水体。

第九十二条 本法自 2008 年 6 月 1 日起施行。

附录3

《中华人民共和国深海海底区域资源勘探开发法》

(2016年2月26日第十二届全国人民代表大会常务委员会第十九次会议通过)

第一章 总 则

第一条 为了规范深海海底区域资源勘探、开发活动,推进深海科学技术研究、资源调查,保护海洋环境,促进深海海底区域资源可持续利用,维护人类共同利益,制定本法。

第二条 中华人民共和国的公民、法人或者其他组织从事深海海底区域资源勘探、开发和相关环境保护、科学技术研究、资源调查活动,适用本法。

本法所称深海海底区域,是指中华人民共和国和其他国家管辖范围以外的海床、洋底及其底土。

第三条 深海海底区域资源勘探、开发活动应当坚持和平利用、合作共享、保护环境、维护人类共同利益的原则。

国家保护从事深海海底区域资源勘探、开发和资源调查活动的中华人民共和国公民、法人或者其他组织的正当权益。

第四条 国家制定有关深海海底区域资源勘探、开发规划,并采取经济、技术政策和措施,鼓励深海科学技术研究和资源调查,提升资源勘探、开发和海洋环境保护的能力。

第五条 国务院海洋主管部门负责对深海海底区域资源勘探、开发和资源调查活动的监督管理。国务院其他有关部门按照国务院规定的职责负责相关管理工作。

第六条 国家鼓励和支持在深海海底区域资源勘探、开发和相关环境保护、资源调查、科学技术研究和教育培训等方面,开展国际合作。

第二章 勘探、开发

第七条 中华人民共和国的公民、法人或者其他组织在向国际海底管理局申请从事深海海底区域资源勘探、开发活动前,应当向国务院海洋主管部门提出申请,并提交下列材料:

(一)申请者基本情况;

(二)拟勘探、开发区域位置、面积、矿产种类等说明;

(三)财务状况、投资能力证明和技术能力说明;

(四)勘探、开发工作计划,包括勘探、开发活动可能对海洋环境造成影响的相关资料,海洋环境严重损害等的应急预案;

(五)国务院海洋主管部门规定的其他材料。

第八条　国务院海洋主管部门应当对申请者提交的材料进行审查,对于符合国家利益并具备资金、技术、装备等能力条件的,应当在六十个工作日内予以许可,并出具相关文件。

获得许可的申请者在与国际海底管理局签订勘探、开发合同成为承包者后,方可从事勘探、开发活动。

承包者应当自勘探、开发合同签订之日起三十日内,将合同副本报国务院海洋主管部门备案。

国务院海洋主管部门应当将承包者及其勘探、开发的区域位置、面积等信息通报有关机关。

第九条　承包者对勘探、开发合同区域内特定资源享有相应的专属勘探、开发权。

承包者应当履行勘探、开发合同义务,保障从事勘探、开发作业人员的人身安全,保护海洋环境。

承包者从事勘探、开发作业应当保护作业区域内的文物、铺设物等。

承包者从事勘探、开发作业还应当遵守中华人民共和国有关安全生产、劳动保护方面的法律、行政法规。

第十条　承包者在转让勘探、开发合同的权利、义务前,或者在对勘探、开发合同作出重大变更前,应当报经国务院海洋主管部门同意。

承包者应当自勘探、开发合同转让、变更或者终止之日起三十日内,报国务院海洋主管部门备案。

国务院海洋主管部门应当及时将勘探、开发合同转让、变更或者终止的信息通报有关机关。

第十一条　发生或者可能发生严重损害海洋环境等事故,承包者应当立即启动应急预案,并采取下列措施:

(一)立即发出警报;

(二)立即报告国务院海洋主管部门,国务院海洋主管部门应当及时通报有关机关;

(三)采取一切实际可行与合理的措施,防止、减少、控制对人身、财产、海洋环境的损害。

第三章　环境保护

第十二条　承包者应当在合理、可行的范围内,利用可获得的先进技术,采取必要措施,防止、减少、控制勘探、开发区域内的活动对海洋环境造成的污染和其他危害。

第十三条　承包者应当按照勘探、开发合同的约定和要求、国务院海洋主管部门规定,调查研究勘探、开发区域的海洋状况,确定环境基线,评估勘探、开发活动可能对海洋环境的影响；制定和执行环境监测方案，监测勘探、开发活动对勘探、开发区域海洋环境的影响，并保证监测设备正常运行，保存原始监测记录。

第十四条　承包者从事勘探、开发活动应当采取必要措施，保护和保全稀有或者脆弱的生态系统，以及衰竭、受威胁或者有灭绝危险的物种和其他海洋生物的生存环境，保护海洋生物多样性，维护海洋资源的可持续利用。

第四章　科学技术研究与资源调查

第十五条　国家支持深海科学技术研究和专业人才培养，将深海科学技术列入科学技术发展的优先领域，鼓励与相关产业的合作研究。

国家支持企业进行深海科学技术研究与技术装备研发。

第十六条　国家支持深海公共平台的建设和运行，建立深海公共平台共享合作机制，为深海科学技术研究、资源调查活动提供专业服务，促进深海科学技术交流、合作及成果共享。

第十七条　国家鼓励单位和个人通过开放科学考察船舶、实验室、陈列室和其他场地、设施，举办讲座或者提供咨询等多种方式，开展深海科学普及活动。

第十八条　从事深海海底区域资源调查活动的公民、法人或者其他组织，应当按照有关规定将有关资料副本、实物样本或者目录汇交国务院海洋主管部门和其他相关部门。负责接受汇交的部门应当对汇交的资料和实物样本进行登记、保管，并按照有关规定向社会提供利用。

承包者从事深海海底区域资源勘探、开发活动取得的有关资料、实物样本等的汇交，适用前款规定。

第五章　监督检查

第十九条　国务院海洋主管部门应当对承包者勘探、开发活动进行监督检查。

第二十条　承包者应当定期向国务院海洋主管部门报告下列履行勘探、开发合同的事项：

（一）勘探、开发活动情况；

（二）环境监测情况；

（三）年度投资情况；

（四）国务院海洋主管部门要求的其他事项。

第二十一条　国务院海洋主管部门可以检查承包者用于勘探、开发活动的船舶、设施、设备以及航海日志、记录、数据等。

第二十二条　承包者应当对国务院海洋主管部门的监督检查予以协助、配合。

第六章　法律责任

第二十三条　违反本法第七条、第九条第二款、第十条第一款规定，有下列行

为之一的,国务院海洋主管部门可以撤销许可并撤回相关文件:

(一)提交虚假材料取得许可的;

(二)不履行勘探、开发合同义务或者履行合同义务不符合约定的;

(三)未经同意,转让勘探、开发合同的权利、义务或者对勘探、开发合同作出重大变更的。

承包者有前款第二项行为的,还应当承担相应的赔偿责任。

第二十四条 违反本法第八条第三款、第十条第二款、第十八条、第二十条、第二十二条规定,有下列行为之一的,由国务院海洋主管部门责令改正,处二万元以上十万元以下的罚款:

(一)未按规定将勘探、开发合同副本报备案的;

(二)转让、变更或者终止勘探、开发合同,未按规定报备案的;

(三)未按规定汇交有关资料副本、实物样本或者目录的;

(四)未按规定报告履行勘探、开发合同事项的;

(五)不协助、配合监督检查的。

第二十五条 违反本法第八条第二款规定,未经许可或者未签订勘探、开发合同从事深海海底区域资源勘探、开发活动的,由国务院海洋主管部门责令停止违法行为,处十万元以上五十万元以下的罚款;有违法所得的,并处没收违法所得。

第二十六条 违反本法第九条第三款、第十一条、第十二条规定,造成海洋环境污染损害或者作业区域内文物、铺设物等损害的,由国务院海洋主管部门责令停止违法行为,处五十万元以上一百万元以下的罚款;构成犯罪的,依法追究刑事责任。

第七章 附 则

第二十七条 本法下列用语的含义:

(一)勘探,是指在深海海底区域探寻资源,分析资源,使用和测试资源采集系统和设备、加工设施及运输系统,以及对开发时应当考虑的环境、技术、经济、商业和其他有关因素的研究。

(二)开发,是指在深海海底区域为商业目的收回并选取资源,包括建造和操作为生产和销售资源服务的采集、加工和运输系统。

(三)资源调查,是指在深海海底区域搜寻资源,包括估计资源成分、多少和分布情况及经济价值。

第二十八条 深海海底区域资源开发活动涉税事项,依照中华人民共和国税收法律、行政法规的规定执行。

第二十九条 本法自2016年5月1日起施行。

第七章
渔港监督管理概述

第一节　渔港监督管理

要理解渔港监督管理的概念,首先就要明确渔港的含义、监督的含义,然后才能较深刻地理解渔港监督管理的概念及其主要内容所在。

一、渔港的含义

《中华人民共和国渔港水域交通安全管理条例》第四条对于渔港有关用语的解释为:渔港是指主要为渔业生产服务和供渔业船舶停泊、避风、装卸渔获物和补充渔需物资的人工港口或者自然港湾。渔港水域是指渔港的港池、锚地、避风湾和航道。渔业船舶是指从事渔业生产的船舶以及属于水产系统为渔业生产服务的船舶,包括捕捞船、养殖船、水产运销船、冷藏加工船、油船、供应船、渔业指导船、科研调查船、教学实习船、渔港工程船、拖轮、交通船、驳船、渔政船和渔监船。

从渔港规划的角度来讲,渔港主要由水域、码头、陆域三大部分组成,其主要设施包括码头设施、生产及生活资料补给设施、渔获物处理保鲜及加工设施、鱼货装卸及交易设施、渔船渔具维修设施、渔港环境保护设施,防灾安全设施,公用及运输设施、渔港生活及生产管理设施、渔业通讯设施、航行辅助设施等。

渔港的功能主要是:为渔船提供锚地和停泊锚地,使广大渔民生命和财产得到保障;为捕捞业和增养殖业生产提供必要的后方设施,并建设有不同用途的码头泊位,方便鱼货装卸、加工保鲜、中转外调,丰富市场水产品供应,便于渔捞生产和生活物资及冰、油、淡水的供应;陆域建设有冷藏制冰、水产品加工、渔船修理、网具修补等设施有利于水产品保鲜,提高水产品质量;渔港与渔村相互依托,有利于渔民生活质量的提高和渔业村镇的发展与振兴;某些渔港兼顾渔业、商业和旅游业等综合功能,有利于带动地域性二、三产业的发展,促进区域经济的振兴。

二、监督的含义

监督,既是管理的一个职能和组成部分,又是实现管理职能的一种途径,因而它是一种特殊的管理活动。监督不是一个静态的活动,而是一个动态的过程,是在一定的动态过程中为实现某种目的,采取某种手段,对某一范围的活动进行的一种具有特殊意义的管理。因此,可以把它定义为:监督是一个综合的动态过程,是一种特殊的管理活动,是在社会分工和共同劳动条件下产生的一种管理职能,是人们为达到某种目的而对社会运行过程而实行的检查、审核、监察、督促和防患的促进活动。

三、渔港监督管理的含义

渔港监督管理,是指国家负责水上安全管理的行政机关,依据保障水上人命、财产安全和保护水域环境免受污染的法律、规章及国际公约,对渔船、船员、港口及航行环境实施的行政监督管理。它涉及航海技术、海事法律、行政管理等学科的理论与实践,是一门交叉性的科学。

渔港监督管理的内容包括渔船与船员管理、航行水域管理、船舶交通管理、危险货物管理、船舶防污管理、海事调查处理、水上搜寻救助以及渔船保险等。

第二节 渔港监督工作

对于渔港监督管理工作重要性的认识,首先要明确这项工作在渔业生产中的作用,其次就是要明确做好这项工作所需要的指导思想和基本原则。

一、渔港监督管理工作在渔业生产中的作用

渔港监督管理工作在渔业生产中的作用,是保障渔港的正常生产秩序和水上交通安全,预防和减少渔船的水上交通事故,保护渔业劳动者的生命财产安全和国家财产不受损失,使渔业生产得以顺利进行。渔港监督管理工作之所以非常重要,是因为渔业生产活动领域在广阔的水域中,在安全生产方面与其他生产行业相比较,有其特殊的一面,具体体现在下列几个方面。

(一)渔业生产风险较大

我国现有 8 600 多个渔业村,渔业人口 1 400 万。因与风浪做伴,常年生产环境险恶,海洋渔业被认为是世界上最危险的职业之一。据国际劳工组织统计,海洋渔民的年死亡率是 106/10 万,即每 10 万个下海渔民中,每年就有 106 人死亡或失踪。据我国渔业互保协会 2015 年的统计资料分析,我国每 10 万个下海渔民中,每年有 168 人死亡或失踪,每年海损事故的直接经济损失近 10 亿元,渔业是名副其实的高危险行业。据农业部渔业局的统计数字显示,我国海洋捕捞渔民和 20 马力以上机动渔船入渔业互保的保率仅为 22% 和 25%。绝大部分渔民群众和中小型渔船连基本的渔业互助风险保障体系也未加入。由于渔业风险大、渔船技术状况差、赔付率高,渔船无法比照商船进行商业保险,目前没有一家商业保险

机构愿意分担渔船的风险,渔船的风险只有渔民自己承担。一旦渔船发生事故,将造成一家乃至数十家渔民家庭由于主要劳动力的丧失而从此致贫,极易造成渔区社会的不稳定因素,也将直接影响渔区社会稳定和经济社会发展。

渔船作为渔民生产生活基本工具,分布广、航行捕捞作业行踪不定,不能按照商业运输船舶有固定的航线,海上作业环境恶劣,作业时间长(大洋性渔业船舶作业时间往往达到几百天);相对商船又较小,"抢风头,追风尾"式的捕捞生产使得渔业船舶安全监管更难于商船。由于渔船价值不高,其设计建造不能比照商船由技术力量雄厚、规模大的设计建造企业进行设计、修造,大量渔船缺乏安全技术设计,建造设计不规范,甚至无设计图纸施工,技术落后,安全隐患严重。

(二) 对渔港的依赖性强

渔港是渔业生产的重要基地,是水产品的主要集散点,是渔船补给、避风、维修等的主要场所。因此,保证渔船具有良好的水上交通安全秩序,保障渔港设施完好无损,保护渔港水域环境不受污染,对于提高渔港的经济效益,充分发挥渔港的作用是至关重要的。

(三) 对生产者的文化和技术要求较高

渔业生产,尤其是海洋捕鱼生产,是一项综合技术性的劳动,要求渔民不仅要掌握捕鱼技术,还要懂航海技术,特别是随着科技的进步,助渔、导航设备的普及,作业航区的扩大,对渔民的文化技术水平的要求也就不断提高,所以对渔业生产者的文化技术要求必然就要较高的水平。

以上这些特点都充分说明渔业生产安全监督工作是整个生产过程中一个必不可少的环节,尤其是在新形势下渔港监督管理工作更加的困难。例如:以往的渔港监督管理工作是对企业单位,而现在是对广大的渔民,在监督机构少、人员缺失、设备简单的情况下矛盾更加突出;渔船、船员的大量增加,使原来文化技术水平偏低的问题更为突出,同时也对船员考试发证工作带来更多困难;渔船从事多种经营,活动范围扩大,生产内容增多,使渔船出现率增加;个体渔船抗灾性能比国有渔船差很多,如何提高个体渔船抗灾性能,保证渔民安全生产也是个严峻的问题;渔船修造质量下降,安全救生设备配套齐全率下降,甚至购置废旧渔船生产,使渔船隐患事故剧增;远洋渔业发展,外海生产增速,船用设备不断提高,对船员的培训工作提出更高要求;渔港监督机构本身如何在短时间内尽快提高素质等问题,都带来很多难题,这都充分体现渔港监督工作在渔业生产中起着极为重要的作用,所以从事渔业生产及其管理的人员必须认识到这项工作的紧迫性和重要性。

二、渔港监督管理工作的指导思想和基本原则

为了促进我国渔业生产持续稳定地发展,国家不仅颁布了各种渔业法律,而且还专门成立了国家渔港监督管理局以及各基层相应的管理机构,并不断完善管理体制。特别在当前政府经济体制改革中,渔港监督工作必须坚持依法办事和不断提高广大渔民群众的法律意识,促进这项工作不断完善和发展。这些都必须坚持以四项基本原则为指导才能取得更大的成就。

在执行渔港监督工作中,必须坚决贯彻依法办事和为人民服务的原则。因为渔港监督工作的主要目的是保障渔业生产水上交通安全秩序,因此它的工作必然要依照海上交通安全法、海洋环境保护法等法律法规办事,为此渔港监督工作必须做到依法办事的原则,严格按规章办事、不徇私情,不偏不倚,做到有法必依、执法必严的要求,同时做到遵纪守法的模范。渔港监督工作要对渔民群众的生命财产安全负责,自觉接受人民群众监督,虚心听取广大群众意见,积极为渔民群众做好事、办实事,这样才能体现"权力是人民赋予的,只能用于为人民服务"。

第三节 渔港监督机构与人员

一、渔港监督管理机构

渔港监督管理机构,是国家依照宪法和法律所赋予的职权和管辖范围,对渔港、渔船和渔民实行水上交通监督管理的国家行政机关。它的前身是渔船管理机构,是在1956年当时的交通部和水产部根据我国渔业生产发展的实际情况和需要,决定由水产部门统一负责监管我国渔业船舶水上交通安全工作。1979年12月原国家水产总局发布了"关于设置渔业港口监督机构的通知"正式决定成立监督机构,1982年5月,原国家水产总局,农业部和农垦部合并为农牧渔业部,同年7月国务院正式批准农牧渔业部设立渔政渔港监督管理局。随着《中华人民共和国海洋环境保护法》和《中华人民共和国渔业法》的颁布实施,渔港监督管理机构的法律地位得到加强,职责更加明确,标志着渔港管理机构已经成为我国水上交通安全管理体系中的重要组成部分。至1988年年底,沿海各地已经设置各级渔港监督管理机构270余个,渔港监督工作人员比1982年增加了3倍。

国家对渔业的监督管理,实行统一领导、分级管理。国务院渔业行政主管部门主管全国的渔业工作,县级以上地方人民政府渔业行政主管部门主管本行政区域内的渔业工作。县级以上人民政府渔业行政主管部门可以在重要渔业水域、渔港设渔政监督管理机构。县级以上人民政府渔业行政主管部门及其所属的渔政监督管理机构可以设渔政检查人员。渔政检查人员执行渔业行政主管部门及其

所属的渔政监督管理机构交付的任务。

二、渔港监督管理机构的职责

（1）负责渔业港口的规划和审批；

（2）负责渔用港口安全设施的检查；

（3）负责对渔港日常管理和使用的监督；

（4）负责办理船舶进出港签证及外国籍船舶进出渔港的审批、引航、签证、安全管理等事宜；

（5）负责锚地的管理使用；

（6）管理渔港岸线的使用，审批渔港水域内的施工作业及危险货物的装卸作业，保障渔港航道通畅及港内船舶和人员安全；

（7）负责监督管理渔用航标；

（8）负责对渔港水域环境的监督检查。

三、渔港监督人员

渔港监督工作人员，是指在国家渔港监督机关中担任国家渔港和渔业水上交通安全行政管理工作的国家行政工作人员。由于渔港监督工作是一项政策性和技术性很强的工作，因此，担任这项工作的人员必须具备一定的条件，政治上必须拥护社会主义制度，热爱祖国，热爱人民，较好地理解党和国家的方针政策，并要努力地去观察执行，业务上必须具备较强的法制观念和法制水平，能知法守法并善于运用有关法律，同时还要有相应的专业技术知识和较强的上进心与事业心，这样才能体现为人民服务的要求。

渔港监督工作人员属国家工作人员范畴，在接受国家委托担任国家行政职务之后，国家和渔港监督人员之间便产生了职务关系。这种关系的内容主要是：渔港监督工作人员对国家必须正确履行职务，而国家为使渔港监督工作人员能有效地完成工作任务，赋予他们各种相应的职务上的权利。但是，国家赋予的权利只是为完成其担任工作的手段，如果工作人员不是为了履行职务而利用自己的职权，或是超越职务范围而滥用职权，就将构成违法行为，必须承担由此而产生的法律责任。

第四节　我国海事管理机构

新中国成立以来，随着我国海事管理体制的逐渐完善，海事管理体制大致经历了以下三个阶段。

一、港务监督管理阶段（建国初期—1986年）

1949年以后，中央政府在交通部海运总局设立航政室，主要负责海上交通安全监督管理。1953年在政务院的批准下，在交通部下设置中华人民共和国港务监督局，同时，在沿海港口设港务监督机构，对外统一行使海上交通安全监督管理职能"中华人民共和国港务监督"的名称。20世纪80年代初，在交通部内设水上安全监督局，在沿海各主要港口设港务监督，在长江、黑龙江分别设长江航政管理局、黑龙江港航监督局，各省、自治区、直辖市在交通厅或交通厅航运局设置港航监督处（室或车船监理处），在主要港口设置港航监督或车船监理，县市交通局一般也设有统一管理的运输业务、航政管理和航管站。

这个阶段海事管理体制的形成主要是我国当时国内连年战火，国家经济百废待兴，海洋经济几乎空白，海事管理处于摸索期，缺乏海事管理的经验，但是为了有效实施海事管理的主权，国家不断积累先进的管理经验，因此该阶段的海事管理机构是频繁变动的，海事管理的界定也非常模糊，但这一阶段海事管理的重心在于港口管理和船舶检验。

二、海监管理阶段（1986—1998年）

1985年，国务院制定了改革水上交通安全监督管理体制的通知，1986年开始进行改革。按照政企分开的原则，分别建立中央和地方分工负责的水上安全监督管理体制，共组建了14个海上安全监督局，实行交通部与所在城市政府的双重领导，以交通部为主的领导体制。长江、珠江和黑龙江的水上安全监督，由交通部设置的港航监督机构统一负责制；其他内河水域，由各省、自治区、直辖市交通厅（局）设置的港航监督机构负责。据统计，除北京、西藏外，全国共有个省、自治区、直辖市建立了水上安全监督机构，基本上形成覆盖全国水域的水上交通安全管理布局。1989年，实施了以政企分开为核心的港监管理体制改革，中央直属和地方港监机构从港务局中独立出来，管理模式和体制有了较大的突破，在交通部成立了安监局、船检局，沿海港口成立海上安全监督局独立行使职能，地方交通主管部门也相应设立了港航监督、船检机构。

这一时期，我国正在进行改革开放的大浪潮，行政体制和社会经济都在进行变革转型，也取得了巨大的成就。但是海事管理上行政色彩浓厚，海事管理机构相对完善，全国水域监管格局基本形成，该阶段的海事管理的重点是水上交通安全和港航秩序管理。

三、海事管理阶段（1998年至今）

1998年，国务院将交通部船舶检验局与港务监督局合并，组建了中华人民共和国海事局,为交通部直属机构,实行"一水一监,一港一监"的管理体制,即将我国沿海海域(包括岛屿)和港口、对外开放水域和重要跨省通航内河干线和港口由交通部设置直属海事管理机构实施垂直管理;中央管理水域以外的内河、湖泊和水库等水域由省、自治区、直辖市人民政府设立地方海事管理机构实施管理。2005年,西藏地方海事局正式挂牌成立,这标志着历时多年的全国水监体制改革工作已全面完成。我国建立起了与社会主义市场经济体制相适应的行为规范、办事高效、执法统一、运转协调的水上安全监督管理新体制,使海事监管范围能覆盖全国通航水域,实现了符合我国当前国情的"一港一监、一水一监"预期目标,统一了政令、统一了监督管理、统一了布局、水上安全监督管理新体制最终形成。

这一个阶段,随着我国经济的高速发展,我国行政体制改革进一步深化,海事管理体制也由事项管理转为专项职能管理,更加注重依法管理,海事管理体制也迈向了一个新的高度,但与当前的国际海事管理形势仍有较大的差距。从全国海事管理体制经过的几次改革来看,我国的海事管理机构分为国家海事和地方海事两套海事系统,两套系统依据不同的执法内容,以不同的方式来履行船舶管理等职能。从水上安全管理的角度而言,形成了海事管理机构与航道、海洋、港口、环保等执法主体共同管理的新局面。

第五节 国际海事组织

国际海事组织(International Marine Organization,简称 IMO)是联合国负责海上航行安全和防止船舶造成海洋污染的一个专门机构,总部设在伦敦。该组织最早成立于1959年1月6日,原名"政府间海事协商组织",1982年5月改为国际海事组织。截至2012年9月,共有170个国家加入了该组织,另外还有3个联系会员。组织宗旨是促进各国间的航运技术合作,鼓励各国在促进海上安全,提高船舶航行效率,防止和控制船舶对海洋污染方面采取统一的标准,处理有关的法律问题。

国际海事组织设有大会和理事会,以及海上安全、法律、海上环境保护、技术合作、便利运输等5个委员会1个秘书处。大会为最高权力机构,每两年召开一次,其任务是选举理事国,当选主席和理事国的任期为2年,制订工作计划和财务预算,讨论本组织职权范围内的技术和法律问题。大会休会期间,由理事会行使上述职权。国际海事组织理事会共有40名成员,分为A、B、C三类。其中10个A类理事为航运大国,10个B类理事为海上贸易量最大国家,20个C类理事为地区代表。理事会是该组织的重要决策机构。中国曾在第九、十、十一和十三届大会上四次当选为第二类理事国。秘书处负责保存国际海事组织制定的公约、规则、议定书和记录、文件等,并负责处理日常事务。秘书处内设有法律司、行政司、会议司、技术合作司、海运安全司、海运技术司和对外关系司。秘书长为国际海事组织的行政负责人。

国际海事组织运作之初,主要致力于创制有关海上安全和防止海洋污染的国际公约。到20世纪后期,这一工作已基本上完成,此后,国际海事组织的工作主要集中于不断发展海运业的国际立法以及促进更多的国家通过这些方法。该组织的一项重要工作就是保障《国际海事公约》及其他条约被已经接受的国家正确地履行;该组织的主要出版物为《国际海事组织新闻》,属于英文版季刊,此外该组织还制定了各种公约规则建议案和决议;为会员国提供本组织所研究问题的情报和科技报告;用联合国开发计划署等国际组织提供的经费和捐助国提供的捐款,为发展中国家提供一定的技术援助。截至1984年,国际海事组织制定并负责保存的公约、规则和议定书共有30个,其中24个已经生效。

"世界海事日"是国际海事组织的一项重要活动,由各国政府自选一日举行庆祝活动,以引起人们对船只安全、海洋环境和国际海事组织的重视。每年海洋日国际海事组织秘书长均准备一份特别文告,提出需要特别注意的主题。最早的"世界海事日"出现在1978年。1978年3月17日正值《国际海事组织公约》生效二十周年。1977年11月的国际海事组织第十届大会通过决议,决定今后每年3月17日为"世界海事日",则1978年3月17日成为第一个世界海事日。1979年11月,国际海事组织第十一届大会对此决议作出修改,考虑9月的气候较适宜海事活动,因此今后的世界海事日改在9月最后一周的某一天。

2005年4月25日是"世界海事日"在我国的实施日期,从这一天开始我国决定将每年的7月11日定为中国的"航海日"。

第六节 国外水上交通安全管理简介

一、日本的水上交通安全管理

日本执行国家航政管理和水上安全监督工作的部门,是运输省的海运局、船舶局和海上保安厅。三个单位的总称为"管海关厅"。

海运局设有内航科和外航科。内航科管辖日本沿海、冲绳航海及内河、湖泊的航运工作,外航科管辖远洋运输工作。

船舶局承管全国的船舶设计、建造及船机、船用产品、造船工业的材料预算、计划、并制定国家的验船技术规范、技术标准和证书。

海上保卫厅是运输省领导下的海上执法机关,承管海上交通安全、巡逻领海和200海里经济水域、维持港口和海上秩序、负责海上搜救、防止海洋污染、发布航行通告和警告、执行海域及水道的测量、承担港长职权、完成海洋法规定的业务等。

海上保安厅的主要职能：

（一）海上治安管理

主要包括海上巡视、领海警备、海上治安管理、打击海上刑事犯罪、防止走私和偷渡、打击海盗、防止不明船只侵入、海上交通事故调查、取缔非法渔业作业、情报收集、海上重要设施和重要物资运送警备等工作，同时，与周边国家积极开展交流与合作，维护海上秩序。

（二）海上交通安全管理

一是负责海上交通管理职能，以及日本501个港口内船舶航行和停泊的监管，港内工程和水上水下施工作业的管理，同时对捕捞活动进行监督。在东京湾等通航密集区建立了多个海上交通管理中心，提供交通信息，管制船舶航行，提高海域的营运效率，在通航密集的86个港口内，掌握着船舶进出港的情况，以确保船舶交通安全。

二是负责测绘、编辑海图，确保航行安全。开展海底地形、水深、潮汐、天体位置等海洋科学研究活动，监测海流和潮流，测绘、编辑、出版海图、电子导航海图、水路志（航海指南）、潮汐表、航海（天文）历等航海图书。该厅下属的日本海洋数据中心是日本唯一的海洋数据库，负责收集和管理由境内外海洋科学研究机构提供的各种海洋数据和信息。

三是负责助航设施管理。负责日本5600多座灯塔、灯浮标和无线电航标灯等助航设施的管理和日常保养巡检，同时，还在日本沿海设置了58处水文设备监测海区的风向、风速、波浪等气象和水文情况，并随时提供气象、海况信息。随着海港（海湾）和航道的发展以及船舶的高速化和专用化，船舶的航行方式也发生了显著变化，考虑到海域的自然条件及船舶通航情况等各种因素，该厅有计划地进行助航标志的不断发展和完善，确保在日本沿海航行的船舶交通安全。

四是负责安全通信信息管理。拥有完善的安全通信信息网络，负责遇险通信、进出港通信、检疫通信、发生自然灾害时的紧急通信等，同时发布航行警告、航行通告、特大型船舶航行通报和海洋气象预报。该厅目前正在对传统的遇险和安全通信信息体制加以大幅度的改进，大量引进自动化设备，已将GMDSS（全球海上遇险和安全系统）投入使用。

（三）海难救助

负责日本沿海和海上搜救区域内发生的船舶火灾、颠覆、沉船等海难事故时人命救助和现场救助工作。建立有完善的海上应急体制和应急预案，拥有反应高效的专业海上救助队，实施全天候不间断的值班体制，由巡逻船艇和巡逻飞机实施巡航监视,以备海难事故的发生。一旦发生海难事故,立即派出巡逻船艇、巡逻飞机前往海难现场施救,并通过日本船位报告制度,要求过往船舶前去救助。

为迅速有效地进行海难救助,还建立了包括通信卫星、海岸电台、船舶和飞机电台一体的海上搜救信息预警机制。其下属的海岸电台用国际遇险频率进行24小时不间断的收听,以便收到遇险信息时立即采取相应的措施。同时,电台还使用短波通信及其他通信手段,与远距离海域内的船舶联络,及时收集正确的船位信息。

当远洋船舶上的船员受伤或患病,船东等人请求紧急医疗援助时,该厅也将派出配有医生、护士的巡逻船艇或巡逻飞机前往现场,进行迅速有效的医疗援助。

(四) 海洋环境的保护及海上防灾

负责对日本周围海域海洋污染行为进行监控和处理,保护海洋生态环境,在发生重大自然灾害时,派出巡逻船艇、巡逻飞机前往现场,展开应急行动,救助灾民或运输有关人员和救援物资。该厅对油污损害发率较高的海域进行重点监控,以防止海上船舶、陆上工厂或海岸工程等排放废油、含油污水等污染物,其下属机构都配备有污油回收装置等油污清除设备,随时待命,以备重大溢油事故的发生。

另外,日本海上保安厅还积极参加国际交流活动,在与周边国家的海上保安机构举办高层会议、实施联合搜救训练、加强国际交流和合作的同时,也积极参加IMO(国际海事组织)、IHO(国际航道测量组织)、IALA(国际航标协会)和UNDCP(联合国药品统制计划)等的国际海事活动,同时,还对日本周边国家的重大自然灾害实施国际人道援助和救助。

二、德国的水上交通安全管理

德国交通部是唯一行使水运行政管理权的政府机构,属于集中型管理模式。根据德国的《基本法》,交通部长在交通运输失业中行使对铁路、水道、海洋运输、内河运输、航空运输、水运交通、水运交通建设及气象服务等方面的管理权力。在内河航运、气象服务、用于商业性航行的内河水道等方面兼有立法权。德国交通部对水道航运建立垂直领导的管理体制,分为三级,即交通部、水道航运区局、水道航运分局进行管理。德国的港口管理,是地方政府的事务。州和市政府管理港口的方式如下。

(1) 划定港区面积。例如汉堡是州、市合一的政府,总面积 750 km²,而划定的港区面积达 75 km²,占 10%。在港区内不允许有与港口作业无关的工厂、商店和其他服务设施进入。对港区的保护以地方议会通过和港口法为依据,港区工地的全部财产为汉堡州政府所有。如果要扩大港区范围,州政府要花钱买下扩大的土地。如果要缩小港区,州政府可以出卖土地。

(2) 凡是在港区范围内的一切基础设施建设,统一由州政府投资拨款,在港口当局的统一规划下,经私人公司申请批准后可以租用码头泊位和场地,地面上的设备、设施由私人公司出资建设。对港区基础设施的资产管理,各州情况不完全相同。例如汉堡港,因为全部是州政府的资产,所以州政府专设一个港口水道建设局进行管理,而杜伊斯堡港因资产由联邦政府、州政府、市政府各占1/3,就成立董事会,在董事会下设立港口管理公司(也是港务局)来管理。

(3) 提供服务,管理进港船舶。港口的管理工作,如汉堡港是通过州经济交通农业部下面的港口管理局来管理,管理局不干预码头的经济活动,管理局对港区内所有码头靠泊的船舶进行电脑监督管理,船舶经允许后才能出港。管理局与水上保安警察是分工的关系。水警隶属于内务部下属的警察总部,主要职责是主管危险品、检查外籍船舶、追查水上刑事案件等。

三、美国的水上交通安全管理

美国的水上安全管理机构是海岸警卫队。它全权负责海上、湖泊、内河船舶的安全监督工作。美国海岸警卫队成立于1790年,最早为缉私队,后改称为巡防队,当时系以海关缉私工作为主。直到1915年以后才充实发展为海上安全监督机构,在第二次世界大战中受海军领导。1967年以来,该机构转为受运输部领导。

目前,美国海岸警卫队隶属于国土安全部,其总部设在首都华盛顿。按照地理位置,美国全国国土划分成两大辖区,即大西洋辖区和太平洋辖区。大西洋辖区的总部设在加利福尼亚州的阿拉梅达,管辖包括中、东部40各州和海外属地波多黎各在内的1 036万平方英里陆地,以及包括墨西哥湾和加勒比海在内的426万平方英里通航水域。大西洋辖区下设第1、第5、第7、第8和第9五个分区;太平洋辖区总部设在弗吉尼亚州的朴次茅斯,管辖包括西部各州、阿拉斯加和夏威夷在内的740万平方英里区域。太平洋辖区下设第11、第13、第14和第17四个分区。

美国海岸警卫队共有各类人员123 000人,其中现役人员40 000人;文职人员6 300人,后备役人员9 600人,辅助人员34 200人。现役人员主要是从美国海岸警卫队大学和其他大学招募。目前从事的不同职业,现役人员又分为四类,分别是甲板及武器类、轮机及船体类、行政管理及科研类和航空类。

美国海岸警卫队的主要职能有以下几个方面:

(1) 海事安全:包括搜寻与救助、游艇安全、海上航行安全、国际冰区巡逻等。

(2) 海上交通管理:包括助航设施的管理、破冰服务、船舶交通管理、桥梁管理(确保开闭式吊桥的运行规定符合水上和陆路运输的合理需要;确认不合理的、有妨碍的桥梁,并作出对他们拆除或改建的决定)。

(3) 海事保安:包括海上禁毒、打击非法移民、保护专属经济区和海洋生命资源、保护美国的专属经济区不受外来侵犯;履行国内渔业法;履行国际渔业协议。

(4) 国家防御:国土安全、港口和水道安全等。

(5) 海上自然资源的保护:环境保护和应急反应、防止垃圾污染、外国籍船舶检查、海洋生命资源的保护。

四、加拿大的水上交通安全管理

加拿大政府中主管海上、大湖和北极冰区船舶安全的机构为运输部海运局领导下的海岸警卫队,其总部内设有七个部:海难调查部、电子通信部、引水调整部、船舶安全部、舟艇部,水道灯标部以及管区海岸警卫本部。海岸警卫队将全国沿海、河湖分为十一个管区,其中八个在东海岸,两个在太平洋海岸。

加拿大三面环海,东临大西洋,西濒太平洋,北靠北冰洋,全境有五大湖泊,海岸线长 24 379 km,占世界海岸线总长的 25%,为世界之最。为此,管好海洋、管好门户很早就是该国一项重要工作日程。加拿大海岸警卫队也是世界上最早成立的海岸警卫队之一。加拿大海岸警卫队原称加拿大巡防船队,成立于 1867 年,1962 年发展为海上安全监督机构,隶属于交通运输部,1995 年划归于海洋渔业部。海岸警卫队主要任务是保证加拿大水域的交通安全及环境安全。通过海运领航服务、海运信息和交通服务、破冰作业、营救安全和环境保护管理五项工作来保证其主要任务的完成。海运信息和交通服务的自动识别系统已在加拿大全面安装使用。海岸警卫队总部设在渥太华,在温哥华、魁北克、哈利法克斯、纽芬兰和北极地区分设 5 大管区,分别区设有指挥部。加拿大海岸警卫队隶属于加拿大渔业与海洋部,2011 年在编人员 4 778 人,年经费约 3 亿加元。加拿大海岸警卫队拥有破冰船、救生船、观测导航救护三用船、工作母船、后勤供应船、环境调查船、气垫救生船和巡逻艇等各类大小船只 114 艘,并配备固定翼飞机和直升机 22 架。此外,海岸警卫队还有 5 000 多人和 1 700 多条船组成的志愿者组织,直接参与海上救助等工作。

加拿大海岸警卫队还是一个管理机构,海岸警卫队总部负责制定舰船的设计标准及货物的安全装载标准,检查船上及海岸站的救生设备,监督水手的训练及执照申领、航行秩序、导航及船只管理。防污染也是海岸警卫队工作的一项重要内容。他们在三大洋及五大湖沿海配有应急队,几艘破冰船装备有吊杆、浮油回收器及其他设备,可应付发生在北极海域的油料泄漏事故。加拿大海岸警卫队还通过保护生态体系,保证水源不被泄漏的原油、化学物质污染以及保护渔业资源的方式来为普通大众服务。海岸警卫队的海运领航服务的目的在于控制和保持领航帮助系统来提供安全、高效和可通行的航道,保证运输航道的安全高效使用、保障海洋运输环境的可持续发展以及保护航海的公共权利。同时,加拿大海岸警卫队还提供海上通信和交管服务,该项服务功能源于以《加拿大海运法》和《海上生命安全协定》为基础的规则框架。海上通信和交管服务可以提供遇险和安全通信与协调设备，制定船只运输规则，进行海运信息和公共通信服务系统的管理。除了保证航行安全，海上通信和交管服务同时还通过优化交通运输和港口效率以及便利的通信来支持经济活动。为了改进通信能力，海上通信和交管服务于2003年8月1日分别在加拿大东西海岸装置了全球海上遇险求救系统。

加拿大海岸警卫队是一个综合执法部门，他们手中的尚方宝剑除了有《联合国海洋法公约》外，还有10多个经加拿大议会通过和海洋渔业部长批准的法案，如《海洋法》《渔业法》《沿海渔业保护法》《领海和渔区法》《大西洋渔业管理区规定》《太平洋渔业管理规定》《沿海省份渔业管理规定》《200海里专属渔区法》《北冰洋管理法》《大陆架法》《海洋倾废法》《加拿大航海法》《防止油类污染法》等。不难看出，加拿大海岸警卫队综合海洋执法对所管辖的海域管理相当严格，特别是对进出口商船，他们与海岸警卫队打交道是必然的事。

五、英国的水上交通安全管理

英国的海上安全工作，是由海军、海岸警卫队及民间团体协同负责，由海岸警卫队代表政府掌管海上安全、海难救助的领导工作和对外联系。

海岸警卫队成立于1831年，最早为税务部领导下的海上缉私机构，1856年移交给海军领导，其工作范围以海难救助，取缔海上走私和沿岸巡逻为主，并成立了专供执行上述任务的监视部队。1923年划归商务部领导，将取缔海上走私及沿海巡逻两项工作留给海军管理。自那时起商务部的机构虽然几次变化，但海上警卫队在大不列颠及北爱尔兰共有158个基地、按英国的传统习惯，海上安全机构的干部均由海军退役人员担任。海岸警卫队虽然编制不大，但下设由6 400名支援人员组成的"海岸救难队"，在158个海难救助基地执行任务。此外，还有半官方的"皇家救生船协会"的救生船队协助海岸警卫队工作。现在，英国海岸警卫队的业务范围是：沿海海难救助工作、保护海水浴场及游泳区的安全、海上失事飞机的救护、而大规模的海难事故均由海空军协助搜救。英国的港口、河道的引水及航标、灯台的管理工作，由民间团体引水公会及北部灯塔协会管理。英国海岸警卫队与美国、加拿大的海岸警卫队经常保持业务联系。

思 考 题

1. 渔港监督工作有何必要性和紧迫性？
2. 渔港监督机构的性质是什么？
3. 渔港监督工作人员应具备哪些基本条件？
4. 国外水上交通安全管理有何特点？哪些方面我们可以借鉴？

第八章 渔港监督管理准则

第一节 渔港监督管理的法律体系结构

渔港水域交通安全监督管理的法律依据是《中华人民共和国海上交通安全法》（以下简称《海上交通安全法》）于 1984 年 1 月 1 日起实施。《海上交通安全法》是我国有关海上交通安全管理的第一部法律，也是港务监督对海上交通安全实施行政管理的基本法律依据，是调整和制约各种海上交通行为和相互关系的准则，《海上交通安全法》共有 12 章 53 条，其包括以下内容。

一、对适用范围的规定

（1）适用的水域。《海上交通安全法》适用的水域是我国的沿海水域。"沿海水域"是指我国沿海的港口、内水和领海以及国家管理的一切其他海域。

（2）适用的对象。在沿海水域航行、停泊和作业的一切船舶、设施和人员以及船舶、设施所有人和经营人。

"船舶"是指各类排水或非排水船、阀、水上飞机、潜水器和移动式平台。"设施"是指水上水下各种固定或浮动建筑、装置和固定平台。

"设施"是指水上水下各种固定或浮动建筑、装置和固定平台。

"作业"是指在沿海水域调查、勘探、开采、测量、建筑、疏浚、爆破、救助、打捞、拖带、捕捞、养殖、装卸、科学试验和其他水上水下施工。

二、对主管机关的规定

对沿海水域的交通安全实施统一监督管理的主管机关是中华人民共和国港务监督机构。以渔业为主的渔港水域内，国家渔政渔港监督管理机构行使主管机关的职权。

三、对船舶检验和登记的规定

（1）船舶和船上有关航行安全的重要设备必须具有船舶检验部门签发的有效技术证书。

(2)船舶必须持有船舶国籍证书,或船舶登记证书,或船舶执照。

四、对船舶、设施上的人员的规定

(1)船舶应当按照标准定额配备足以保证船舶安全的合格船员。

(2)船长、轮机长、驾驶员、轮机员、无线电报务员话务员以及水上飞机、潜水器的相应人员,必须持有合格的职务证书。其他船员必须经过相应的专业技术训练。

(3)设施应当按照国家规定,配备掌握避碰、信号、通信、消防、救生等专业技能的人员。

(4)船舶、设施上的人员必须遵守有关海上交通安全的规章制度和操作规程,保障船舶、设施航行、停泊和作业的安全。

(5)船舶、设施航行、停泊和作业,必须遵守中华人民共和国的有关法律、行政法规和规章。

(6)外国籍非军用船舶,未经主管机关批准,不得进入中华人民共和国的内水和港口。但是,因人员病急、机件故障、遇难、避风等意外情况,未及获得批准,可以在进入的同时向主管机关紧急报告,并听从指挥。外国籍军用船舶,未经中华人民共和国政府批准,不得进入中华人民共和国领海。

(7)国际航行船舶进出中华人民共和国港口,必须接受主管机关的检查。本国籍国内航行船舶进出港口,必须办理进出港签证。

(8)外国籍船舶进出中华人民共和国港口或者在港内航行、移泊以及靠离港外系泊点、装卸站等,必须由主管机关指派引航员引航。

(9)船舶进出港口或者通过交通管制区、通航密集区和航行条件受到限制的区域时,必须遵守中华人民共和国政府或主管机关公布的特别规定。

(10)除经主管机关特别许可外,禁止船舶进入或穿越禁航区。

(11)大型设施和移动式平台的海上拖带,必须经船舶检验部门进行拖航检验,并报主管机关核准。

(12)主管机关发现船舶的实际状况同证书所载不相符合时,有权责成其申请重新检验或者通知其所有人、经营人采取有效的安全措施。

(13)主管机关认为船舶对港口安全具有威胁时,有权禁止其进港或令其离港。

(14)船舶、设施有下列情况之一的,主管机关有权禁止其离港,或令其停航、改航、停止作业:

①违反中华人民共和国有关的法律、行政法规或规章;

②处于不适航或不适拖状态;

③发生交通事故,手续未清;

④未向主管机关或有关部门交付应承担的费用,也未提供适当的担保;
⑤主管机关认为有其他妨害或者可能妨害海上交通安全的情况。

五、对安全保障的规定

(1) 在沿海水域进行水上水下施工以及划定相应的安全作业区,必须报经主管机关核准公告。无关的船舶不得进入安全作业区。施工单位不得擅自扩大安全作业区的范围。在港区内使用岸线或者进行水上水下施工包括架空施工,还必须附图报经主管机关审核同意。

(2) 在沿海水域划定禁航区,必须经国务院或主管机关批准。但是,为军事需要划定禁航区,可以由国家军事主管部门批准。禁航区由主管机关公布。

(3) 未经主管机关批准,不得在港区、锚地、航道、通航密集区以及主管机关公布的航路内设置、构筑设施或者进行其他有碍航行安全的活动。对在上述区域内擅自设置、构筑的设施,主管机关有权责令其所有人限期搬迁或拆除。

(4) 禁止损坏助航标志和导航设施。损坏助航标志或导航设施的,应当立即向主管机关报告,并承担赔偿责任。

(5) 船舶、设施发现下列情况,应当迅速报告主管机关:
①助航标志或导航设施变异、失常;
②有妨碍航行安全的障碍物、漂流物;
③其他有碍航行安全的异常情况。

(6) 航标周围不得建造或设置影响其工作效能的障碍物。航标和航道附近有碍航行安全的灯光,应当妥善遮蔽。

(7) 设施的搬迁、拆除,沉船沉物的打捞清除,水下工程的善后处理,都不得遗留有碍航行和作业安全的隐患。在未妥善处理前,其所有人或经营人必须负责设置规定的标志,并将碍航物的名称、形状、尺寸、位置和深度准确地报告主管机关。

(8) 港口码头、港外系泊点、装卸站和船闸,应当加强安全管理,保持良好状态。

(9) 主管机关根据海上交通安全的需要,确定、调整交通管制区和港口锚地。港外锚地的划定,由主管机关报上级机关批准后公告。

(10) 主管机关按照国家规定,负责统一发布航行警告和航行通告。

(11) 为保障航行、停泊和作业的安全,有关部门应当保持通信联络畅通,保持助航标志、导航设施明显有效,及时提供海洋气象预报和必要的航海图书资料。

(12) 船舶、设施发生事故,对交通安全造成或者可能造成危害时,主管机关有权采取必要的强制性处置措施。

六、对危险货物运输的规定

(1) 船舶、设施储存、装卸、运输危险货物，必须具备安全可靠的设备和条件，遵守国家关于危险货物管理和运输的规定。

(2) 船舶装运危险货物，必须向主管机关办理申报手续，经批准后，方可进出港口或装卸。

七、对海难救助的规定

(1) 船舶、设施或飞机遇难时，除发出呼救信号外，还应当以最迅速的方式将出事时间、地点、受损情况、救助要求以及发生事故的原因，向主管机关报告。

(2) 遇难船舶、设施或飞机及其所有人、经营人应当采取一切有效措施组织自救。

(3) 事故现场附近的船舶、设施，收到求救信号或发现有人遭遇生命危险时，在不严重危及自身安全的情况下，应当尽力救助遇难人员，并迅速向主管机关报告现场情况和本船舶、设施的名称、呼号和位置。

(4) 发生碰撞事故的船舶、设施，应当互通名称、国籍和登记港，并尽一切可能救助遇难人员。在不严重危及自身安全的情况下，当事船舶不得擅自离开事故现场。

(5) 主管机关接到求救报告后，应当立即组织救助。有关单位和在事故现场附近的船舶、设施，必须听从主管机关的统一指挥。

(6) 外国派遣船舶或飞机进入中华人民共和国领海或领海上空搜寻救助遇难的船舶或人员，必须经主管机关批准。

八、对打捞清除的规定

(1) 对影响安全航行、航道整治以及有潜在爆炸危险的沉没物、漂浮物，其所有人、经营人应当在主管机关限定的时间内打捞清除。否则，主管机关有权采取措施强制打捞清除，其全部费用由沉没物、漂浮物的所有人、经营人承担。本条规定不影响沉没物、漂浮物的所有人、经营人向第三方索赔的权利。

(2) 未经主管机关批准，不得擅自打捞或拆除沿海水域内的沉船沉物。

九、对交通事故的调查处理的规定

(1) 船舶、设施发生交通事故，应当向主管机关递交事故报告书和有关资料，并接受调查处理。事故的当事人和有关人员，在接受主管机关调查时，必须如实提供现场情况和与事故有关的情节。

(2) 船舶、设施发生的交通事故，由主管机关查明原因，判明责任。

十、对法律责任的规定

(1) 对违反本法的,主管机关可视情节,给予下列一种或几种处罚:
①警告;
②扣留或吊销职务证书;
③罚款。

(2) 当事人对主管机关给予的罚款、吊销职务证书处罚不服的,可以在接到处罚通知之日起十五天内,向人民法院起诉;期满不起诉又不履行的,由主管机关申请人民法院强制执行。

(3) 因海上交通事故引起的民事纠纷,可以由主管机关调解处理,不愿意调解或调解不成的,当事人可以向人民法院起诉;涉外案件的当事人,还可以根据书面协议提交仲裁机构仲裁。

(4) 对违反本法构成犯罪的人员,由司法机关依法追究刑事责任。

第二节 渔港监督基本内容

根据《中华人民共和国海上交通安全法》的第四十八条规定:国家渔政渔港监督管理机构,在以渔业为主的渔港水域内。行使本法规定的主管机关的职权,负责交通安全的监督管理,并负责沿海水域渔业船舶之间的交通事故的调查处理。1989 年 5 月 5 日国务院第四十次常务会议通过,同年 7 月 3 日国务院令第三十八号发布了《中华人民共和国渔港水域交通安全管理条例》。该条例自 1989 年 8 月 1 日起施行。条例共 29 条,基本内容如下。

一、对渔港及船舶的要求

(1) 船舶进出渔港必须遵守渔港管理章程以及国际海上避碰规则,并依照规定办理签证,接受安全检查。渔港内的船舶必须服从渔政渔港监督管理机关对水域交通安全秩序的管理。

(2) 船舶在渔港内停泊、避风和装卸物资,不得损坏渔港的设施装备;造成损坏的应当向渔政渔港监督管理机关报告,并承担赔偿责任。

(3) 船舶在渔港内装卸易燃、易爆、有毒等危险货物,必须遵守国家关于危险货物管理的规定,并事先向渔政渔港监督管理机关提出申请,经批准后在指定的安全地点装卸。

(4) 在渔港内新建、改建、扩建各种设施,或者进行其他水上、水下施工作业,除依照国家规定履行审批手续外,应当报请渔政渔港监督管理机关批准。渔政渔港监督管理机关批准后,应当事先发布航行通告。

(5) 在渔港内的航道、港池、锚地和停泊区,禁止从事有碍海上交通安全的捕捞、养殖等生产活动;确需从事捕捞、养殖等生产活动的,必须经渔政渔港监督管理机关批准。

(6) 国家公务船舶在执行公务时进出渔港,经通报渔政渔港监督管理机关,可免于签证、检查。渔政渔港监督管理机关应当对执行海上巡视任务的国家公务船舶的靠岸、停泊和补给提供方便。

(7) 渔业船舶在向渔政渔港监督管理机关申请船舶登记,并取得渔业船舶国籍证书或者渔业船舶登记证书后,方可悬挂中华人民共和国国旗航行。

(8) 渔业船舶必须经船舶检验部门检验合格,取得船舶技术证书,并领取渔政渔港监督管理机关签发的渔业船舶航行签证簿后,方可从事渔业生产。

(9) 渔业船舶的船长、轮机长、驾驶员、轮机员、电机员、无线电报务员、话务员,必须经渔政渔港监督管理机关考核合格,取得职务证书,其他人员应当经过相应的专业训练。

(10) 地方各级人民政府应当加强本行政区域内渔业船舶船员的技术培训工作。国营、集体所有的渔业船舶,其船员的技术培训由渔业船舶所属单位负责;个人所有的渔业船舶,其船员的技术培训由当地人民政府渔业行政主管部门负责。

二、对违法行为的规定

(1) 渔业船舶之间发生交通事故,应当向就近的渔政渔港监督管理机关报告,并在进入第一个港口四十八小时之内向渔政渔港监督管理机关递交事故报告书和有关材料,接受调查处理。

(2) 渔政渔港监督管理机关对渔港水域内的交通事故和其他沿海水域渔业船舶之间的交通事故,应当及时查明原因,判明责任,作出处理决定。

(3) 渔港内的船舶、设施有下列情形之一的,渔政渔港监督管理机关有权禁止其离港,或者令其停航、改航、停止作业:
①违反中华人民共和国法律、法规或者规章的;
②处于不适航或者不适拖状态的;
③发生交通事故,手续未清的;
④未向渔政渔港监督管理机关或者有关部门交付应当承担的费用,也未提供担保的;
⑤渔政渔港监督管理机关认为有其他妨害或者可能妨害海上交通安全的。

(4) 渔港内的船舶、设施发生事故,对海上交通安全造成或者可能造成危害,渔政渔港监督管理机关有权对其采取强制性处置措施。

(5) 船舶进出渔港依照规定应当到渔政渔港监督管理机关办理签证而未办理签证的,或者在渔港内不服从渔政渔港监督管理机关对水域交通安全秩序管理的,由渔政渔港监督管理机关责令改正,可以并处警告、罚款;情节严重的,扣留或者吊销船长职务证书(扣留职务证书时间最长不超过六个月,下同)。

(6)违反本条例规定,有下列行为之一的,由渔政渔港监督管理机关责令停止违法行为,可以并处警告、罚款;造成损失的,应当承担赔偿责任;对直接责任人员由其所在单位或者上级主管机关给予行政处分:

①未经渔政渔港监督管理机关批准或者未按照批准文件的规定,在渔港内装卸易燃、易爆、有毒等危险货物的;

②未经渔政渔港监督管理机关批准,在渔港内新建、改建、扩建各种设施或者进行其他水上、水下施工作业的;

③在渔港内的航道、港池、锚地和停泊区从事有碍海上交通安全的捕捞、养殖等生产活动的。

(7)违反本条例规定,未持有船舶证书或者未配齐船员的,由渔政渔港监督管理机关责令改正,可以并处罚款。

(8)违反本条例规定,不执行渔政渔港监督管理机关作出的离港、停航、改航、停止作业的决定,或者在执行中违反上述决定的,由渔政渔港监督管理机关责令改正,可以并处警告、罚款;情节严重的,扣留或者吊销船长职务证书。

三、对法律责任的规定

(1)当事人对渔政渔港监督管理机关作出的行政处罚决定不服的,可以在接到处罚通知之日起十五日内向人民法院起诉;期满不起诉又不履行的,由渔政渔港监督管理机关申请人民法院强制执行。

(2)因渔港水域内发生的交通事故或者其他沿海水域发生的渔业船舶之间的交通事故引起的民事纠纷,可以由渔政渔港监督管理机关调解处理;调解不成或者不愿意调解的,当事人可以向人民法院起诉。

(3)拒绝、阻碍渔政渔港监督管理工作人员依法执行公务,应当给予治安管理处罚的,由公安机关依照《中华人民共和国治安管理处罚法》有关规定处罚;构成犯罪的,由司法机关依法追究刑事责任。

(4)渔政渔港监督管理工作人员,在渔港和渔港水域交通安全监督管理工作中,玩忽职守、滥用职权、徇私舞弊的,由其所在单位或者上级主管机关给予行政处分;构成犯罪的,由司法机关依法追究刑事责任。

第三节 渔港监督基本制度

渔港水域交通安全监督管理制度,是长期以来港口管理工作的总结,是行之有效的管理措施,是做好港口管理工作的重要前提。渔港水域交通安全监督管理的基本制度,包括船舶进出港签证制度、危险货物装运审批制度、港口水务工程审批制度、国际航行船舶进出口岸联合检查制度以及港口引航制度等。

一、船舶进出港签证制度

建立船舶进出港口签证制度化的目的,是为了使港口主管机关能够准确掌握船舶技术状况和航行动态,监督进出港口船舶处于安全适航状态;维护水上交通秩序,保障船舶航行安全和港口安全。也就是为了维护渔港正常秩序,保障渔港设施、船舶及人命、财产安全,防止污染渔港水域环境,加强对进出渔港船舶监督管理的需要。根据《中华人民共和国海上交通安全法》《中华人民共和国海洋环境保护法》及《中华人民共和国鱼缸水域交通安全管理条例》,农业部于 1990 年 1 月 26 日颁布了《中华人民共和国船舶进出渔港签证办法》,该办法共五章二十三条,其中明确规定:凡进出渔港(含综合性港口内的渔业港区、水域、锚地)的中国籍船舶均需办理进出港签证。但下列船舶免予签证:一是在执行公务时的军事、公安、边防、海关、海监、渔政船等国家公务船;二是体育运动船;三是经渔港监督机关批准免予签证的其他船舶。对于外国籍船舶,港、澳地区船舶(含港、澳流动渔船)及台湾省渔船,进出渔港应遵守我国现行有关规定,并应向渔港监督机关报告。该办法还明确规定:中华人民共和国渔港监督负责船舶进出渔港签证工作,具体内容如下:

(一)签证办法

(1)船舶应在进港后 24 小时内(在港时间不足 24 小时的,应于离港前)应向渔港监督机关办理进出港签证手续,并接受安全检查。签证工作一般实行进出港一次签证。渔业船舶若临时改变作业性质,出港时仍需办理出港签证。

(2)在海上连续作业时间不超过 24 小时的渔业船舶(包括水产养殖船),以及长度在 12 米以下的小型渔业船舶,可以向所在地或就近渔港的渔港监督机关或其派出机构办理定期签证,并接受安全检查。

(3)凡需在渔港内装卸货物的船舶,须填写《船舶进(出)港报告单》(附表一、二)一式两份(一份存签证机关,一份存本船)。

(4)装运危险物品进港的船舶,应在抵港前三天(航程不足三天者,应在驶离发出港前)直接或通过代理人,向所进港口的渔港监督机关报告所装物品的名称、数量、性质,包装情况和进港时间,经批准后,方可进港,并在指定地点停泊和作业。

(5)凡需要在渔港内装载危险货物的船舶,应在装船前两天向渔港监督机关申请办理《船舶装运危险物品准运单》(附表三)一式四份(出港签证机关、进港签证机关、本船及托运单位各存一份)。同时装运普通货物和危险货物的船舶须分别填报《船舶进(出)港报告单》和《船舶装运危险物品准运单》。

（6）渔港监督机关办理进出港签证，须填写《渔业船舶进出港签证登记簿》（附表四）和《渔业船舶航行签证簿》备查。

（二）签证条件

进出渔港的船数须符合下列条件，方能办理签证：

（1）船舶证书（国籍证书或登记证书、船舶检验证书、航行签证簿）齐全、有效。捕捞渔船还须有渔业捕捞许可证。捕捞渔船临时从事载客、载货运输时，须向船舶检验部门申请临时检验，并取得有关证书。150总吨以上的油轮、400总吨以上的非油轮和主机额定功率300千瓦以上的渔业船舶，应备有油类记录簿。从事倾倒废弃物作业的船舶，应持有国家海洋局或其派出机构的批准文件。

（2）按规定配齐船员、职务船员应持有有效的职务证书。

（3）船舶处于适航状态。各种有关航行安全的重要设施及救生、消防设备按规定配备齐全，并处于良好使用状态。装载合理，按规定标写船名、船号、船籍港和悬挂船名牌。

（4）装运危险物品的船舶，其货物名称和数量应与《船舶装运危险物品准运单》所载相符，并有相应的安全保障和预防措施，按规定显示信号。

（5）没有违反中华人民共和国法律、行政法规或港口管理规章的行为。

（6）已交付了承担的费用，或提供了适当的担保。

（7）如发生交通事故，按规定办完处理手续。

（8）根据天气预报，海上风力没有超过船舶抗风等级。

（三）违章处罚

（1）未办理进出渔港签证的，或者在渔港内不服从渔政渔港监督管理机关对水域交通安全秩序管理的，由渔政渔港监督管理机关责令改正，可以并处警告、罚款；情节严重的，扣留或者吊销船长职务证书（扣留职务证书时间不得超过6个月，下同）。

罚款按以下标准执行：

对500总吨以上机动船舶处500元至1000元；500总吨及以下机动船舶处100元至500元；对非机动船舶处50元以下罚款。

（2）有下列行为之一的，渔政渔港监督管理机关责令停止违法行为，可以并处警告、1 000元以下罚款；造成损失的，应当承担赔偿责任：

①未经渔政渔港监督管理机关批准或者未按照批准文件的规定，在渔港内装卸易燃、易爆、有毒等危险货物的；

②未经渔政渔港监督管理机关批准，在渔港内新建、改建、扩建各种设施或者进行其他水上、水下施工作业的；

③在渔港内的航道、港池、锚地和停泊区从事有碍海上交通安全的捕捞、养殖

等生产活动的。

(3) 未持有船舶证书或未按规定配齐船员的,处以1 000元以下罚款。

(4) 不执行渔政渔港监督管理机关做出的离港、停航、改航、停止作业的决定,或者在执行中违反上述决定的,由渔政渔港监督管理机关责令改正,可以并处警告、1 000元以下罚款;情节严重的,扣留或者吊销船长职务证书。

二、国际航行船舶进出口岸联合检查制度

《进出口船舶联合检查通则》于1961年9月8日经国务院批准。进入我国口岸的国际航行的中外籍船舶及其所载船员、旅客、货物和其他物品,必须接受有关主管部门的检查。该通则的主要内容如下:

(1) 为加强对进出口船舶、船具、旅客、行李和货物的联合检查工作,以保证航行安全,维护国境治安,查禁走私,防止疫病传入和传出,及便利船舶进出港口和对外贸易运输,特制定本通则。

(2) 参加联合检查工作的机关及其分工负责检查的范围如下:

①港务管理机关:负责检查船舶文书和有关船舶航行安全事项。

②海关:负责检查船舶、货物和船具、旅客所带行李物品的违法走私等事项。

③边防检查机关:负责对船舶以及船员、旅客的护照证件、行李物品等实施边防检查。

④国境卫生检疫机关:负责对船舶、船具、旅客、行李和货物等实施医学检查、卫生检查和必要的卫生处理。其他机关除经国务院特准的以外,不得进行检查。

(3) 船舶进出口的许可,由港务管理机关统一办理,其他机关不得借故阻留。如果有特殊事故,需要禁止或者延缓船舶进出口,必须通过港务管理机关执行。

(4) 港务管理机关负责联合检查,并于事先将船舶进出口的时间和停泊地点通知有关检查机关。

(5) 对于按照规定应当受进口检疫的船舶进行联合检查时,除引水员和经国境卫生检疫机关许可的人员外,其他参加联合检查的人员应当在检疫人员检疫完毕以后,再上船进行检查。

(6) 对各国外交官、领事官以及其他应受优待人员的行李物品的检查,依照中华人民共和国政府的有关规定办理。

(7) 航行内河和沿海的中国籍船舶,除国家另有规定者外,以不施行检查为原则,必要时可以通过港务管理机关,由各有关检查机关进行检查。

(8) 船舶、船具、旅客、行李和货物的检查,仅限于在发航港、到达港及中途停泊港进行。如无特殊情况,不得中途阻航检查。

(9) 各港由港务管理机关负责定期召集并主持联合检查会议,海关、边防检查机关和国境卫生检疫机关派代表参加,必要时可以邀请其他有关机关的代表列

席,会商有关联合检查事项。联合检查会议设秘书一人,在港务管理机关领导下,办理日常事务。

(10)本通则所称的"检查"是指第二条所列各项,其他如港务管理机关对船舶的管理,海关对船舶和货物的监管、征税,国境卫生检疫机关对船舶的卫生监督等另有规定的仍依照有关规定,由各主管机关办理。

同时,为了保障海上安全,促进我远洋渔业的发展,1984年9月20日,交通部、农牧渔业部联合颁布了《关于远洋渔业船舶船员证书和渔船进出口"联检"暂行规定的通知》。该《通知》要求如下:

(1)渔业船舶的船员,统一由渔港监督部门考试发证。对进出口的渔业船舶,凭渔港监督部门签发的渔船船员证书办理"联检"或船舶进出口签证手续。

(2)对出国的渔船船员,应按交通部、外交部、公安部(76)交船监字1055号《关于颁发中华人民共和国海员证签发和使用范围暂行规定的联合通知》及有关规定办理出国渔船船员的政审报批手续,并统一由港务监督签发海员证。

(3)对于开往国外港口或从国外港口回国的渔船,统一由港务监督、边防、海关、卫生检疫进行"联检"由港务监督签发进出口许可证。如始发港或到达港无"联检"单位,出国渔船应先驶往就近的有"联检"单位的港口办理进出口"联检"。

三、危险货物装运审批制度

《中华人民共和国海上交通安全法》第六章危险货物运输的第三十二条和第三十三条,以及《中华人民共和国内河交通安全管理条例》第五章危险货物管理的第二十三条和第二十四条,都作了明确规定,船舶、排筏、设施储存、装卸、运输危险货物,必须遵守国家有关危险货物管理和运输的规定;船舶在港口装卸危险货物或载运危险货物进出港口,应当按国家有关规定事先报经当地主管机关核准。《船舶载运危险货物安全监督管理规定》主要内容如下:

(一)通航安全和防污染管理

(1)载运危险货物的船舶在中国管辖水域航行、停泊、作业,应当遵守交通部公布的以及海事管理机构在其职权范围内依法公布的水上交通安全和防治船舶污染的规定。

对在中国管辖水域航行、停泊、作业的载运危险货物的船舶,海事管理机构应当进行监督。

(2)载运危险货物的船舶应当选择符合安全要求的通航环境航行、停泊、作业,并顾及在附近航行、停泊、作业的其他船舶以及港口和近岸设施的安全,防止污染环境。海事管理机构规定危险货物船舶专用航道、航路的,载运危险货物的船舶应当遵守规定航行。

载运危险货物的船舶通过狭窄或者拥挤的航道、航路,或者在气候、风浪比较恶劣的条件下航行、停泊、作业，应当加强瞭望，谨慎操作，采取相应的安全、防污措施。必要时，还应当落实辅助船舶待命防护等应急预防措施，或者向海事管理机构请求导航或者护航。

载运爆炸品、放射性物品、有机过氧化物、闪点28℃以下易燃液体和液化气的船，不得与其他驳船混合编队拖带。

对操作能力受限制的载运危险货物的船舶，海事管理机构应当疏导交通，必要时可实行相应的交通管制。

（3）载运危险货物的船舶在航行、停泊、作业时应当按规定显示信号。

其他船舶与载运危险货物的船舶相遇，应当注意按照航行和避碰规则的规定，尽早采取相应的行动。

（4）在船舶交通管理（VTS）中心控制的水域，船舶应当按照规定向交通管理（VTS）中心报告，并接受该中心海事执法人员的指令。

对报告进入船舶交通管理（VTS）中心控制水域的载运危险货物的船舶，海事管理机构应当进行标注和跟踪，发现违规航行、停泊、作业的，或者认为可能影响其他船舶安全的，海事管理机构应当及时发出警告，必要时依法采取相应的强制措施。

船舶交通管理（VTS）中心应当为向其报告的载运危险货物的船舶提供相应的水上交通安全信息服务。

（5）在实行船舶定线制的水域，载运危险货物的船舶应当遵守船舶定线制规定，并使用规定的通航分道航行。

在实行船位报告制的水域，载运危险货物的船舶应当按照海事管理机构的规定，加入船位报告系统。

（6）载运危险货物的船舶从事水上过驳作业，应当符合国家水上交通安全和防止船舶污染环境的管理规定和技术规范，选择缓流、避风、水深、底质等条件较好的水域，尽量远离人口密集区、船舶通航密集区、航道、重要的民用目标或者设施、军用水域，制定安全和防治污染的措施和应急计划并保证有效实施。

（7）载运危险货物的船舶在港口水域内从事危险货物过驳作业，应当根据交通部有关规定向港口行政管理部门提出申请。港口行政管理部门在审批时，应当就船舶过驳作业的水域征得海事管理机构的同意。

载运散装液体危险性货物的船舶在港口水域外从事海上危险货物过驳作业，应当由船舶或者其所有人、经营人或者管理人依法向海事管理机构申请批准。

船舶从事水上危险货物过驳作业的水域，由海事管理机构发布航行警告或者航行通告予以公布。

（8）申请从事港口水域外海上危险货物单航次过驳作业的，申请人应当提前24小时向海事管理机构提出申请；申请在港口水域外特定海域从事多航次危货物过驳作业的，申请人应当提前 7 日向海事管理机构提出书面申请。

船舶提交上述申请，应当申明船舶的名称、国籍、吨位，船舶所有人或者其经营人或者管理人、船员名单，危险货物的名称、编号、数量，过驳的时间、地点等，并附表明其业已符合本规定第十一条规定的相应材料。

海事管理机构收到齐备、合格的申请材料后，对单航次作业的船舶，应当在 24 小时内做出批准或者不批准的决定；对在特定水域多航次作业的船舶，应当在 7 日内做出批准或者不批准的决定。海事管理机构经审核，对申请材料显示船舶及其设备、船员、作业活动及安全和环保措施、作业水域等符合国家水上交通安全和防治船舶污染环境的管理规定和技术规范的，应当予以批准并及时通知申请人。对未予批准的，应当说明理由。

（9）载运危险货物的船舶排放压载水、洗舱水，排放其他残余物或者残余物与水的混合物，应当按照国家有关规定进行排放。

禁止船舶在海事管理机构依法设定并公告的禁止排放水域内，向水体排放任何禁排物品。

（10）载运危险货物的船舶发生水上险情、交通事故、非法排放事件，应当按照规定向海事管理机构报告，并及时启动应急计划和采取应急措施，防止损害、危害的扩大。

海事管理机构接到报告后，应当启动相应的应急救助计划，支援当事船舶尽量控制并消除损害、危害的态势和影响。

（二）船舶管理

（1）从事危险货物运输的船舶所有人或者其经营人或者管理人，应当根据国家水上交通安全和防治船舶污染环境的管理规定，建立和实施船舶安全营运和防污染管理体系。

（2）载运危险货物的船舶，其船体、构造、设备、性能和布置等方面应当符合国家船舶检验的法律、行政法规、规章和技术规范的规定，国际航行船舶还应当符合有关国际公约的规定，具备相应的适航、适装条件，经中华人民共和国海事局认可的船舶检验机构检验合格，取得相应的检验证书和文书，并保持良好状态。

载运危险货物的船用集装箱、船用刚性中型散装容器和船用可移动罐柜，应当经中华人民共和国海事局认可的船舶检验机构检验合格后，方可在船上使用。

（3）曾装运过危险货物的未清洁的船用载货空容器，应当作为盛装有危险货物的容器处理，但经采取足够措施消除了危险性的除外。

（4）载运危险货物的船舶应当制定保证水上人命、财产安全和防治船舶污染环境的措施，编制应对水上交通事故、危险货物泄漏事故的应急预案以及船舶溢油应急计划，配备相应的应急救护、消防和人员防护等设备及器材，并保证落实和有效实施。

(5) 载运危险货物的船舶应当按照国家有关船舶安全、防污染的强制保险规定,参加相应的保险,并取得规定的保险文书或者财务担保证明。

载运危险货物的国际航行船舶,按照有关国际公约的规定,凭相应的保险文书或者财务担保证明,由海事管理机构出具表明其业已办理符合国际公约规定的船舶保险的证明文件。

(6) 船舶载运危险货物,应当符合有关危险货物积载、隔离和运输的安全技术规范,并只能承运船舶检验机构签发的适装证书中所载明的货种。

国际航行船舶应当按照《国际海运危险货物规定》,国内航行船舶应当按照《水路危险货物运输规定》,对承载的危险货物进行正确分类和积载,保障危险货物在船上装载期间的安全,对不符合国际、国内有关危险货物包装和安全积载规定的,船舶应当拒绝受载、承运。

(7) 船舶进行洗(清)舱、驱气或者置换,应当选择安全水域,远离通航密集区、船舶定线制区、禁航区、航道、渡口、客轮码头、危险货物码头、军用码头、船闸、大型桥梁、水下通道以及重要的沿岸保护目标,并在作业之前报海事管理机构核准,核准程序和手续按本规定第十三条关于单航次海上危险货物过驳作业的规定执行。

船舶从事本条第一款所述作业活动期间,不得检修和使用雷达、无线电发报机、卫星船站;不得进行明火、拷铲及其他易产生火花的作业;不得使用供应船、车进行加油、加水作业。

(三) 申报管理

(1) 船舶载运危险货物进、出港口,或者在港口过境停留,应当在进、出港口之前提前24小时,直接或者通过代理人向海事管理机构办理申报手续,经海事管理机构批准后,方可进、出港口。国际航行船舶,还应当按照国务院颁布的《国际航行船舶进出中华人民共和国口岸检查办法》第六条规定的时间提前预报告。

定船舶、定航线、定货种的船舶可以办理定期申报手续。定期申报期限不超过一个月。

船舶载运尚未在《危险货物品名表》(国家标准 GB12268-2012)或者国际海事组织制定的《国际海运危险货物规则》(IMDG CODE)内列明但具有危险物质性质的货物,应当按照载运危险货物的管理规定办理进、出港口申报。

海事管理机构接到报告后,应当及时将上述信息通报港口所在地的港口行政管理部门。

办理申报手续可以采用电子数据处理(EDP)或者电子数据交换(EDI)的方式。

(2) 载运危险货物的船舶办理进、出港口申报手续,申报内容应至少包括:船名、预计进出港口的时间以及所载危险货物的正确名称、编号、类别、数量、特性、包装、装载位置等,并提供船舶持有安全适航、适装、适运、防污染证书或者文书的情况。

对于装有危险货物的集装箱,船舶需提供集装箱装箱检查员签名确认的《集装箱装箱证明书》。

对于易燃、易爆、易腐蚀、剧毒、放射性、感染性、污染危害性等危险品,船舶应当在申报时附具相应的危险货物安全技术说明书、安全作业注意事项、人员防护、应急急救和泄漏处置措施等资料。

(3)海事管理机构收到船舶载运危险货物进、出港口的申报后,应当在 24 小时内做出批准或者不批准船舶进、出港口的决定。

对于申报资料明确显示船舶处于安全适航、适装状态以及所载危险货物属于安全状态的,海事管理机构应当批准船舶进、出港口。对有下列情形之一的,海事管理机构应当禁止船舶进、出港口:

①船舶未按规定办理申报手续;

②申报显示船舶未持有有效的安全适航、适装证书和防污染证书,或者货物未达到安全适运要求或者单证不全;

③按规定尚需国家有关主管部门或者进出口国家的主管机关同意后方能载运进、出口的货物,在未办理完有关手续之前;

④船舶所载危险货物系国家法律、行政法规禁止通过水路运输的;

⑤本港尚不具备相应的安全航行、停泊、作业条件或者相应的应急、防污染、保安等措施的;

⑥交通部规定不允许船舶进出港口的其他情形。

(4)船舶载运需经国家其他有关主管部门批准的危险货物,或者载运需经两国或者多国有关主管部门批准的危险货物,应在装货前取得相应的批准文书并向海事管理机构备案。

(5)船舶从境外载运有害废料进口,国内收货单位应事先向预定抵达港的海事管理机构提交书面报告并附送出口国政府准许其迁移以及我国政府有关部门批准其进口的书面材料,提供承运的单位、船名、船舶国籍和呼号以及航行计划和预计抵达时间等情况。

船舶出口有害废弃物,托运人应提交我国政府有关部门批准其出口以及最终目的地国家政府准许其进口的书面材料。

(6)核动力船舶、载运放射性危险货物的船舶以及 5 万总吨以上的油轮、散装化学品船、散装液化气船从境外驶向我国领海的,不论其是否挂靠中国港口,均应当在驶入中国领海之前,向中国船位报告中心通报:船名、危险货物的名称、装载数量、预计驶入的时间和概位、挂靠中国的第一个港口或者声明过境。挂靠中国港口的,还应当按照本规定第二十三条的规定申报。

（四）人员管理

（1）载运危险货物船舶的船员，应当持有海事管理机构颁发的适任证书和相应的培训合格证，熟悉所在船舶载运危险货物安全知识和操作规程。

（2）载运危险货物船舶的船员应当事先了解所运危险货物的危险性和危害性及安全预防措施，掌握安全载运的相关知识。发生事故时，应遵循应急预案，采取相应的行动。

（3）从事原油洗舱作业的指挥人员，应当按照规定参加原油洗舱的特殊培训，具备船舶安全与防污染知识和专业操作技能，经海事管理机构考试、评估，取得合格证书后，方可上岗作业。

（4）按照本规定办理船舶申报手续的人员，应当熟悉船舶载运危险货物的申报程序和相关要求。

（五）法律责任

（1）海事管理机构依法对载运危险货物的船舶实施监督检查，对违法的船舶、船员实施相应的行政强制措施。

海事管理机构发现载运危险货物的船舶存在安全或者污染隐患的，应当责令立即消除或者限期消除隐患；有关单位和个人不立即消除或者逾期不消除的，海事管理机构可以采取责令其临时停航、停止作业，禁止进港、离港，责令驶往指定水域，强制卸载，滞留船舶等强制性措施。

对有下列情形之一的，海事管理机构应当责令当事船舶立即纠正或者限期改正：

①经核实申报内容与实际情况不符的；

②擅自在非指定泊位或者水域装卸危险货物的；

③船舶或者其设备不符合安全、防污染要求的；

④危险货物的积载和隔离不符合规定的；

⑤船舶的安全、防污染措施和应急计划不符合规定的；

⑥船员不符合载运危险货物的船舶的适任资格的。

（2）运危险货物的船舶违反本规定以及国家水上交通安全、防治船舶污染环境的规定，应当予以行政处罚的，由海事管理机构按照有关法律、行政法规和交通部公布的有关海事行政处罚的规定给予相应的处罚。

涉嫌构成犯罪的，由海事管理机构依法移送国家司法机关。

（3）海事管理机构的工作人员有滥用职权、徇私舞弊、玩忽职守等严重失职行为的，由其所在单位或者上级机关给予行政处分；情节严重构成犯罪的，由司法机关依法追究刑事责任。

四、港口水务工程审批制度

《中华人民共和国海上交通安全法》第五章安全保障的第二十条规定:"在沿海水域进行水上水下施工以及规定相应安全作业区,必须经报主管机关核准公告。无关的船舶不得进入安全作业区。施工单位不得擅自扩大安全作业区的范围。在港区内使用安县或者进行水上水下施工包括架空施工,还必须附图报经主管机关审核同意。"

港口水务工程,是指设计供船舶航行、停泊、作业的水域、码头、岸线以及从空中或地下通过港口水域的建设工程,实施港口水务工程审批制度的目的,是为了保证港口航道畅通,船舶航行安全以及岸线、码头的合理使用。

(1) 港口水务工程管理的范围包括下列几个方面的内容:

①航道,即供船舶进出港口的水道;

②锚地,即供船舶系泊的水域;

③港内航行水域,即供船舶在港内航行、移泊的水域;

④码头前水域,即码头前水深满足船舶靠泊的水域;

⑤防波堤,即保障港内船舶不受波浪袭击的建筑物;

⑥港口水域内钢种助航、导航设施。

港口建设是一项在国家统一领导下各方面配合的事业。因此,在审批工口水务工程时,首先应服从国家建设的整体规划,其次应考虑本港的实际情况、近期与长远规划。同时还应注意兼顾各有关方面的利益,达到维护港口正常秩序,保持船舶航行安全,提高港口效益。

(2) 工程建设单位在办理工程审批手续时,申报的内容应包括:

①申请单位的地址与联系人;

②工程项目,施工地点、时间和范围;

③工程结构和规格;

④工程地形图、结构及其他足以说明该项工程占用码头、岸线、航道情况的图纸;

⑤工程设计、规划、施工及批准投资的主管机关。

(3) 申请的工程经审查合格后,审批机关应注意下列事项:

①正式通知工程建设单位同意施工,有保留或暂时不同意的项目应着重说明;

②明确规定施工期间设置和悬挂标志;

③根据施工范围、性质和日期发布航行通告,对过往船舶航行提出具体要求;

④如果认为有必要,可要求施工单位派船驻守现场维持秩序;

⑤要求施工单位在工程完工之日起,将按规定应设置的信号、标志投入使用。

如果该项工程在施工期间或完工后对其他工程或生产将造成影响，应事先做好调查、平衡工作，或者要求工程施工单位与有关方面进行协商，待有关问题解决之后，再予以批复，并将工程施工的有关情况及时通知有关单位。遇到重大工程，应及时上报上级主管部门。如需要采取封航、封港或改变航道、修改港内部分航行规定等措施，必须事先报请上级主管部门或地方人民政府，经同意后方可进行。

五、港口引航制度

《中华人民共和国海上交通安全》第四章航行、停泊和作业的第十三条规定："外国籍船舶进入中华人民共和国港口或者在港内航行、移泊以及靠离港外系泊点、装卸站等，必须由主管机关指派引航员引航。"《船舶引航管理规定》对引航的申请与实施有以下的规定：

(1) 申请引航的船舶或者其代理人应当向相应的引航机构提出引航申请。船舶不得直接聘请引航员或者非引航员登船引航。船舶进、出港或移泊的引航申请和变更，应当按市级地方人民政府港口主管部门规定的时间向引航机构提出。

(2) 申请引航的船舶或者其代理人应当向引航机构提供被引船舶的下列资料：

①船公司、船名（包括中、英文名）、国籍、船舶呼号（Call Sign）；

②船舶的种类、总长度、宽度、吃水、水面以上最大高度、载重吨、总吨、净吨、主机及侧推器的种类、功率和航速；

③装载货物种类、数量；

④预计抵、离港或者移泊的时间和地点；

⑤在内河干线航行的船队，还应当提供拖带的方式和队形；

⑥其他需说明的事项。

(3) 引航机构在接到船舶引航申请后，应当及时安排持有有效证书的引航员，并将引航方案通知申请人。

(4) 引航机构应当满足船舶提出的正当引航要求，及时为船舶提供引航服务，不得无故拒绝或者拖延。

对特殊引航作业船舶的引航，引航机构应当制定引航方案，报市级地方人民政府港口主管部门和海事管理机构批准后实施。

(5) 引航机构应当根据船舶状况和通航条件，制定合理的拖轮使用方法。被引航船舶应当根据引航机构提供的拖轮使用方法的要求安排拖轮或者委托引航机构安排拖轮，并承担相应的费用。

(6) 引航员登船后，应当向被引船舶的船长介绍引航方案；被引船舶的船长应当向引航员介绍本船的操纵性能以及其他与引航业务有关的情况。

(7) 在一次连续的引航中，同时有两名或两名以上的引航员在船时，引航机构必须指定其中一人为本次引航的责任引航员。

(8) 引航员上船引领时,被引船舶应当在其主桅悬挂引航旗。任何船舶不得在非引领时悬挂引航旗。

(9) 引航员应当谨慎引航,按规定向海事管理机构及时报告被引船舶动态。

引航员发现海损事故、污染事故或违章行为时,应当及时向海事管理机构报告。

(10) 引航员在遇到下列情况之一时,有权拒绝、暂停或者终止引航,并及时向海事管理机构报告:

①恶劣的气象、海况;

②被引船舶不适航;

③没有足够的水深;

④被引船舶的引航梯和照明不符合安全规定;

⑤引航员身体不适,不能继续引领船舶;

⑥其他不适于引航的原因。

引航员在作出上述决定之前,应当明确地告知被引船舶的船长,并对被引船舶当时的安全作出妥善安排,包括将船舶引领至安全和不妨碍其他船舶正常航行、停泊或者作业的地点。

(11) 在引航过程中被引船舶发生水上安全交通事故,引航员应当采取下列措施:

①采取有效措施减少事故损失;

②尽快向引航机构和海事管理机构报告;

③接受、配合或者协助调查水上交通事故。

引航机构应当在水上交通事故发生后 24 小时内向海事管理机构递交水上交通事故报告书。

(12) 使用拖轮引航,拖轮应当服从引航员的指挥,并保持与引航员通讯联系良好。引航员应当注意拖轮的安全。

(13) 船舶接受引航服务,被引船舶的船长应当遵守下列规定:

①按照《1974 年国际海上人命安全公约》(SOLAS)的规定,为引航员提供方便、安全的登离船设备,并采取必要的措施确保引航员安全登离船舶;

②为引航员提供工作便利,并配合引航员实施引航;

③回答引航员有关引航的疑问,除有危及船舶安全的情况外,应当采纳引航员的引航指令;

④在离开驾驶台时,指定代职驾驶员并告知引航员,并尽快返回;

⑤船长发现引航员的引航指令可能对船舶安全构成威胁时,可以要求引航员更改引航指令,必要时还可要求引航机构更换引航员,并及时向海事管理机构

报告。

(14) 引航员应当将被引船舶从规定的引航起始地点引抵规定的引航目的地。

引航员离船时应当向船长或者接替的引航员交接清楚,在双方确认安全的情况下方可离船。

(15) 因恶劣的天气或者海况,引航员不能离开船舶时,船长应当作出合理的等待,或者将船舶驶抵能使引航员安全离开船舶的地点,并负责支付因此造成的相关费用,但事先应当征得海事管理机构的同意。

(16) 引航机构、船舶、拖轮,均应当配备必要的通信设备或者器材,以便及时与引航员保持联系。

(17) 港口企业对被引船舶靠、离泊,应当做好下列工作:
①泊位的靠泊等级必须符合被靠船舶相应等级,泊位防护设施完好;
②确保泊位有足够的水深,水下无障碍物;
③泊位有效长度应当至少为被引船舶总长的120%;被引船舶总长度小于100米的,泊位长度应大于被引船舶总长的20米;
④被引船舶靠离泊半小时前,应当按照引航员的要求将有碍船舶靠离泊的装卸机械、货物和其他设施移至安全处所并清理就绪;
⑤指泊员在被引船舶靠离泊半小时前应当到达现场,与引航员保持密切联系,并按规定正确显示泊位信号,备妥碰垫物;
⑥被引船舶夜间靠离泊,码头应当具备足够的照明;
⑦泊位靠泊条件临时发生变化,必须立即告知引航员。

(18) 新建码头使用前,码头所属单位应当及时向引航机构提供泊位吨级、系泊能力、泊位水深、主航道水深图等与船舶安全靠、离有关的资料。

对已投入使用的码头应当按引航机构的要求提供泊位水深、主航道及专用航道水深图等有关资料。

(19) 引航结束时船长和引航员应当填写引航签证单。被引船舶或者其代理人应当按规定支付引航费。

第四节 渔船作业避让暂行条例

我国《渔船作业避让暂行条例》由原农牧渔业部颁发施行,已有很多年。这对维护渔场秩序和海上交通安全起到积极的作用,同时对渔船间发生事故纠纷时,可作为判断和处理的法律依据。不像过去在渔场发生渔具拖损事故时,无章可循,各持己见,互不相让,以致把事情闹大,造成双方不能继续生产的不好的结果。因此,《渔船作业避让暂行条例的》的颁布意义重大。

一、总则

（1）本条例适用于我国正在从事海上捕捞的船舶。

（2）本条例以不违背《1972年国际海上避碰规则》（以下简称《72规则》）为原则，从事各种捕捞作业的船舶除严格遵行《72规则》外，还必须遵守本条例。

（3）本条例各条不妨碍有关主管机关制定的渔业法规的实行。

（4）在解释和遵行本条例各条规定时，应适当考虑到当时渔场的特殊情况或其他原因，为避免发生网具纠缠、拖损或船舶发生碰撞的危险，而采取与本条例各条规定相背离的措施。

（5）本条例各条不免除任何从事捕捞作业中的船舶或当事船长、船员、船舶所属单位对执行本条例各条的任何疏忽而产生的各种后果应负担的责任。

（6）本条例除第六章能见度不良时的行动规则外，其他各章都为互见中的行动规则。

（7）本条例所指的避让行动，包括避让船舶及其渔具。

（8）本条例的解释权属于中华人民共和国农牧渔业部。

二、通则

（1）拖网渔船应给下列渔船让路：
①从事定置渔具捕捞的渔船；
②漂流渔船；
③围网渔船。

（2）围网渔船和漂流渔船应避让从事定置渔具捕捞的渔船。

（3）各类渔船在放网过程中，后放网的船应避让先放网的船，并不得妨碍其正常作业。

（4）正常作业的渔船，应避让作业中发生故障的渔船。

（5）各类渔船在起、放渔具过程中，应保持一定的安全距离。

（6）在按本条例采取避让措施时，应与被让路渔船及其渔具保持一定的安全距离。

（7）在决定安全距离时，应充分考虑到下列因素：
①船舶的操纵性能；
②渔具尺度及其作业状况；
③渔场的风、流、水深、障碍物及能见度等情况；
④周围船舶的动态及其密集程度。

（8）任何船舶在经过起网中的围网渔船附近时，严禁触及网具或从起网船与带围船之间通过。

(9) 让路船舶应距光诱渔船 500 米以外通过,并不得在该距离之内锚泊或其他有碍于该船光诱效果的行动。

(10) 围网渔船在放网时,应不妨碍漂流渔船或拖网渔船的正常作业。

(11) 漂流渔船在放出渔具时,应尽可能离开当时拖网渔船集中作业的渔场。

(12) 从事定置渔具作业的渔船在放置渔具时,应不妨碍其他从事捕捞船舶的正常作业。

三、拖网渔船之间的避让责任和行动

(1) 追越渔船应给被追越渔船让路,并不得抢占被追越渔船网档的正前方而妨碍其作业。

(2) 机动拖网渔船应给非机动拖网渔船让路。

(3) 多对渔船在相对拖网作业相遇时,如一方或双方两侧都有同向平行拖网中的渔船,转向避让确有困难,双方应及时缩小网档或采取其他有效的措施,谨慎地从对方网档的外侧通过,直到双方的网具让清为止。

(4) 交叉相遇时:

①应给本船右舷的另一方让路;

②当让路船不能按上款规定让路时,应预先用声号联系,以取得协调一致的避让行动;

③如被让路船是对拖网船,被让路船应适当考虑到让路船的困难,尽量做到协同避让,必要时尽可能缩小网档,加速通过让路船网档的前方海区。

(5) 采取大角度转向的拖网中渔船,不得妨碍附近渔船的正常作业。

(6) 不得在拖网渔船的网档正前方放网、抛锚或有其他妨碍该渔船正常作业的行动。

(7) 多艘单拖网渔船在同向并列拖网中,两船间应保持一定的安全距离。

(8) 放网中渔船,应给拖网中或起网中的渔船让路。

(9) 拖网中渔船,应给起网中渔船让路。同时起网船,应给正在从事卡包(分吊)起鱼的渔船让路。

(10) 准备起网的渔船,应在起网前 10 分钟显示起网信号,夜间应同时开亮甲板工作灯,以引起周围船舶的注意。

四、围网渔船之间的避让责任和行动

(1) 船组在灯诱鱼群时,后下灯的船组与先下灯的船组间的距离应不少于 1 000 米。

(2) 围网渔船不得抢围他船用鱼群指示标(灯)所指示的、并准备围捕的鱼群。

(3) 在追捕同一的起水鱼群时,只要有一船已开始放网,他船不得有妨碍该放网船正常作业的行动。

(4) 围网渔船在起网过程中:

①底纲已绞起的船应尽可能避让底纲未绞起的船;

②同是底纲已绞起的船,有带围的船应避让无带围的船;

③起(捞)鱼的船应避让正在绞(吊)网的船。

(5) 船组在灯诱时,"拖灯诱鱼"的船应避让"漂灯诱鱼"和"锚泊灯诱"的船。

五、漂流渔船之间的避让责任和行动

(1) 漂流渔船在放出渔具时应与同类船保持一定的安全距离,并尽可能做到同向作业。

(2) 当双方的渔具有可能发生纠缠时,各应主动起网,或采取其他有效措施,互相避开。

六、能见度不良时的行动规则

(1) 各类渔船在放网前应充分掌握周围船舶的动态,并结合气象与海况谨慎操作。

(2) 及时启用雷达,判断有无存在使本方或他方的船舶和渔具遭受损坏的危险,并采取合理的避让措施。

(3) 拖网渔船在放网时,应采取安全航速。

(4) 拖网渔船在拖网中,应适当地缩小网档。

(5) 拖网渔船在拖网中发现与他船网档互相穿插时,应立即停车,同时发出声号一短一长二短声(·—··),通知对方立即停车,并采取有效措施,直到双方互不影响拖网作业时为止。

(6) 各类渔船除显示规定的号灯外,还可以开亮工作灯或探照灯。

七、号灯、号型和灯光信号

(1) 船组在起网过程中,当带围船拖带起网船时,应显示从事围网作业渔船的号灯、号型,当有他船临近时,可向拖缆方向照射探照灯。

(2) 围网渔船在拖带灯船或舢板进行探测、搜索或追捕鱼群的过程中,应显示拖带船的号灯、号型;当开始放网时,应显示捕鱼作业中所规定的号灯和号型。

(3) 灯诱中的围网渔船应按《72规则》显示捕鱼作业中的号灯。

(4) 下列船舶应显示在航船的号灯:

①未拖带灯船的围网船在航测鱼群时;

②对拖渔船中等待他船起网的另一艘船;

③其他脱离渔具的漂流中的船舶。

（5）停靠在围网渔船网圈旁或在围网渔船旁直接从网中起（捞）鱼的运输船舶，应显示围网渔船的号灯、号型。

（6）运输船靠在拖网中的渔船时，应按《72规则》显示"操纵能力受到限制的船舶"的号灯、号型。

（7）围网渔船在夜间放网时：

①网圈上应显示五只以上间距相等的白色闪光灯。

②如不能按本条1款规定显示信号时，应采取一切可能措施，使网圈上有灯光或至少能表明该网圈的存在。

（8）漂流渔船除显示《72规则》有关号灯、号型外，还应在渔具上显示下列信号：

日间：每隔不大于500米的间距，显示顶端有红色三角旗的标志一面；其远离船的一端，应垂直显示红色三角旗两面。

夜间：每隔不大于1000米的间距，显示白色灯一盏，在远离船的一端显示红色灯一盏。上述灯光的视距应不少于0.5海里。

思 考 题

1. 渔港水域交通安全监督管理的意义何在？
2. 渔港水域交通安全管理基本制度主要有哪些？你对这些管理制度有何看法？
3. 港口引航制度的主要内容有哪些？
4. 为什么在《渔船作业避让暂行条例》中有规定"背离条款"？

第九章
渔业港口管理

渔业港口主要是指主要为渔业生产服务和供渔业船舶停泊、避风、装卸渔获物和补充渔需物资的人工港口和自然港湾,包括综合性港口中渔业专用的码头、渔业专用的水域和渔船专用的锚地。[①] 近年来,渔港基础能力及设施条件不断改善,功能辐射及服务能力不断提高,在防灾减灾、保障渔民生命财产安全、服务渔业、致富渔民等方面发挥着越来越重要的作用。渔港不仅为渔船提供避风停泊、鱼货装卸、物资补给等直接服务,还具有带动加工贸易、休闲旅游业发展和促进渔区人口集聚、小城镇建设等多重功能;是渔区人流、物流、资金流、信息流的重要集散地;是一个国家或地区对外开放的窗口和桥梁,是区域经济发展的重要增长极。

渔业港口管理和商业港口、军事港口一样,都要对航道、航标、锚地、水域环境等进行管理,都要贯彻"安全第一、预防为主"的指导思想,特别是渔业港口,更需要做好此方面管理。我国有 18 000 公里的海岸线和众多的港口,港口经济发展潜力巨大。我国港口的发展正沿着港口资源优化配置、重点港口集中发展、提高枢纽港口国家竞争力的思路展开;为此要求渔政人员务必与港务部门紧密配合,把握现代港口的特征,管好港口,做好渔业最基层工作,对我国港口的建设港口经济的繁荣以及国民经济的发展有着深刻的意义。

本章着重介绍港口锚地管理、港口航道管理、港口航标管理、港口水域环境管理以及港口危险货物装运管理等。

第一节　港口锚地管理

港口是运输网络中水陆运输的枢纽,是货物的集散地以及船舶与其他运输工具的衔接点;它可提供船舶靠泊、旅客上下船、货物装卸、储存、驳运以及其他相关业务,并具有明确的水域和陆域范围。锚地,亦称"停泊地",是指专供船舶抛锚停泊、避风、检疫、候泊、装卸货物,以及供船舶进行编组作业的指定水域。锚地选择不当,船舶受风流影响后容易出现走锚、搁浅、断链、丢锚和损坏锚机等事故。港

---

① 夏章英.渔政管理学(第 2 版)[M].北京:海洋出版社,2013.

口和锚地管理是港口管理工作中最基本的内容。

一、港口概述

(一) 港口的基本概念

根据2003年6月28日通过,2004年1月1日起正式施行的《中华人民共和国港口法》,港口的定义是:具有船舶进出、停泊、靠泊、旅客上下、货物装卸、驳运、储存等功能,具有相应的码头设施,由一定范围的水域和陆域组成的区域。[①]

港口是水陆联运的枢纽,在这里进行旅客、货物集散并变换运输方式,如由水运转为铁路、公路运输,由河船转海船,或做与此相反的转载。

港口是由各种水工和陆地建筑物、各种水上及陆上设施,各种机械、输变电、导航和通讯设备等所组成的综合体,各个部分的作用不同,但又互相联系,互相依存,协调一致。港口可以由一个或者多个港区组成。

(二) 港口的分类

根据不同的划分标准,可以分为不同的港口。

按照用途分类,港口可以分为:商港、军港、渔港、工业港、避风港和旅游港。商港是供客货运输用的港口,也称贸易港。军港专供海军舰艇使用。渔港供渔船停泊,卸下渔获物和进行补给修理。工业港是工矿企业专用港口。避风港是供船舶躲避风浪使用,也可取得补给,进行小修。旅游港是为游艇停泊和上岸保管使用的。

按所在位置分类,港口可分为:内河港、海岸港、河口港。内河港设置在天然河流、人工运河、湖泊或水库之内,是内河船舶停靠、装卸、编解队、补给及修理处所,简称河港。海岸港位置在海岸、海湾或沿岸泻湖之内,主要为海船服务。河口港位置在河口或受潮汐影响的近口河段,可兼为河船、海船服务,与内地联系方便,天然掩护较好。河口港与海岸港通常称海港。

二、锚地

锚地是港口的配套性基础设施之一,是港口发展的重要基础设施,是通航环境的重要组成部分。良好的锚泊条件和有序的锚泊管理对港口的发展和航行的安全起着至关重要的作用,与进出港航道、港池水域、港区陆域、码头等设施共同构成港口。港口锚地建设应纳入各港总体规划,锚地建设及其规模、能力必须适应和满足港口发展需要;因此有必要对锚地进行安全科学的管理,在安全的基础

[①] 参见《中华人民共和国港口法》(2003年6月28日第十届全国人民代表大会常务委员会第三次会议通过,2015年4月24日第十二届全国人民代表大会常务委员会第十四次会议通过人大常委会关于修改《中华人民共和国港口法》等七部法律的决定)。

上最大限度地提高锚地的使用率。

（一）锚地内涵

锚地是指专供船舶(船队)在水上停泊及进行各种作业的水域。如装卸锚地、停泊锚地、避风锚地、引水锚地及检疫锚地等。装卸锚地为船舶在水上过驳的作业锚地；停泊锚地包括到离港锚地、供船舶等待靠码头、候潮和编解队(河港)等用的锚地。避风锚地指供船舶躲避风浪时的锚地，小船避风须有良好的掩护。检疫锚地为外籍船舶到港后进行卫生检疫的锚地，有时也和引水、海关签证等共用。

（二）锚地的分类

根据港口锚地按功能和位置可划分为港外锚地和港内锚地。港外锚地供船舶候潮、待泊、联检及避风使用，有时也进行水上装卸作业。港外锚地一般采取锚泊。港内锚地供船舶待泊或水上装卸作业使用，一般采用锚泊或设置系船浮筒、系船簇桩等设施。当水域狭窄或利用河道作为锚地时，可采用一字锚或双浮筒系泊方式。

根据锚地的用途，可分为自然锚地、货驳锚地、危险品锚地、竹木排筏锚地、分节驳锚泊基地等。(1)自然基地：船舶在航行中，长期习惯性的供船舶扎风，扎洪水锚的某一水域，称自然锚地。(2)货驳锚地：在港口附近的水域，专设货泊或系泊的水域，称货驳锚地。(3)危险品锚地：在港口附近的水域，专设供装危险品船舶锚泊或系泊的锚地。(4)竹木排锚地：专供竹木排筏停泊的水域。(5)分节驳锚泊基地：在港口附近的水域，专设供分节驳船舶停泊的基地，又称锚泊囤船。

根据使用的角度，锚地可分避风锚地、防台锚地、引航锚地、检疫锚地、大轮驳载锚地、危险品船舶锚地、拖轮船队作业锚地以及港内锚地等。(1)避风锚地：专供要求避风的船舶、发生海损事故需要进行维修的船舶和需要进行补给的船舶停泊。(2)防台锚地：实际上是避风锚地的一种，但避风条件比一般的避风锚地好，供船舶在躲避强热带风暴时使用。(3)引航锚地：供需要引航的船舶停泊等候引航员使用。(4)检疫锚地：供进入我国港口的外国籍船舶及我国航行于国际航线的船舶等候检疫使用。(5)大轮驳载锚地：供大型船舶驳载或驳卸货物使用。(6)危险品船舶锚地：供装载危险货物的船舶停泊使用。(7)拖轮船队作业锚地：供拖轮船队编组作业时使用。(8)港内锚地：供港内船舶停泊使用，它可分为大型机动船锚地、小型机动船锚地、铁驳船锚地、停航待修船舶锚地。

根据锚泊船的种类，可将锚地划分为一般船舶锚地、客船锚地、专用危险品船舶锚地。(1)一般船舶锚地：除客船、专用危险品船外的船舶使用的锚地。(2)客船锚地：供运送旅客和承载人员数量超过额定船员配员船舶使用的锚地。(3)专用危险品船舶锚地：供专用危险品船舶使用的锚地，可根据港口情况细分为邮轮锚地、液化天然气船锚地、散化锚地等。

根据锚泊船的尺度,可将锚地划分为:(1)小型船舶锚地:供总长度小于等于130 m 的船舶使用的锚地。(2)中型船舶锚地:供总长度大于130 m 但小于等于200 m 的船舶使用的锚地。(3)大型船舶锚地:供总长度大于200 m 但小于等于280 m 的船舶使用的锚地。(4)超大型船舶锚地:供总长度大于280 m 的船舶使用的锚地。

(三)锚地的位置

锚地位置的选取是锚地设置首要考虑的参数,位置不同,地貌、风浪和水文条件等就不同,所以位置参数包含了多项因素:

(1)地貌。地貌条件即水下地形、底质、是否容易使船寻找、是否有船舶能够安全、方便进出的航行通道、附近是否存在危险物、岸基设施的可用性等。其中水下地形即海底坡度变化情况,决定了是否会产生小范围的海流和潮流急剧变化;底质决定了船舶锚泊的可能性和锚抓力的大小;岸基设施的可用性决定了是否易于对锚地的管理和岸基协助。

(2)遮蔽条件。遮蔽条件决定了风、浪和流的强弱,其是影响船舶进出锚地、抛锚和锚泊安全性、稳定性的重要因素。

(3)与船舶交通流和其他设施的位置关系。包括:至航道的距离、至航道进口的距离、与海区交通流的相对关系和距离、与浅滩和危险物的关系和距离、至海底管线的距离、至海中建筑物的距离。

(4)锚地水深。锚地水深是决定锚地是否适合某尺度船舶抛锚的关键条件。

考虑到不同港区自然环境的不同,有些因素难以量化,必须以定性的方式加以规定,包括:海底地形、底质、船舶发现锚地的难易程度、遮蔽条件和海区交通流的相对关系;位置关系中的距离参数尽可能量化;锚地水深是必须量化的因素。此外,在确定位置因素时,还必须考虑到海域近远期已经确定的规划,以使得锚地在时间上的使用稳定性。

(四)锚地的选择

锚地选择涉及海底底质、水深、位置、潮流以及不应妨碍港口水域内船舶航行和作业的安全。锚泊用途不同,对锚地要求也不完全相同。有的锚地水深、底质良好,但不适合于避风;有的锚地适于避定向强风,不适于避变向强风,如台风。选择锚地要注意尽量能满足锚泊的共性要求,如水深、底质、潮流,但更重要的是,还要能够满足航次锚泊的特殊要求,才能确保不致因锚地问题造成抛锚失败。概括起来,选择锚地主要从以下方面加以考虑:

1. 适当的水深

适当的水深至少应该考虑到船舶吃水、海图标注的锚地水深、潮高、波高及船舶摇摆状况等因素。[①] 根据船舶吃水选择适当锚地水深,通常要求锚地水深在低潮时应在大 1.5 倍船舶吃水加上 2/3 最大波高。深水锚地,最大水深不得超过一舷锚链总长的 1/4,否则将影响锚的抓力。

2. 良好的底质和海底地形

一般而言,随着由岸向海过渡,海底底质多为与沿岸地质同类同成因的岩石或堆积物所组成,而这些堆积物大多为径粒较细,多为砂砾、泥和黏土组成的混合物。锚抓底之后能否发挥出最大的抓力与底质关系极为密切。软硬适度的砂底抓力好,泥沙底次之,硬质泥底较差,石底不宜下锚。

3. 稳定的水流条件

流向要相对稳定,流速较缓为好,最好无大的回转流;一般而言,在主流和支流汇合处,流向流速较为复杂;弯曲河道处,流向不直,流速也不一致的地段不宜锚泊。

4. 足够的回旋余地

旋回余地应该依锚地底质、锚泊时间长短、附近有无障碍物及水文气象等条件综合考虑加以确定。在正常情况下对浅滩、陆岸等固定障碍物的距离应是:1 倍舷全部链长＋2 倍船长。对其他锚泊或浮标等活动物标的距离应该是:1 倍舷全部链长＋1 倍船长。在港区锚地内,由于船舶密集、水域有限,较难给出上述宽敞面积,其锚泊所需水域可按下列公式计算:

单锚泊时半径＝船长＋(60~90)m。
双锚泊时半径＝船长＋45m。[②]

5. 良好的避风浪条件

水域周围的地形应能成为躲避风浪的屏障,以保障锚泊水域海面的平静,尤其以可防浪涌袭扰为最好。风浪大小受风的吹动距离影响较大,故应避免在其出口常为迎风的水域锚泊。波的前进方向折向潜水处,并使波高增值,因此常为看到海岭水域内能集中波浪较高、而海谷水域波能分散波浪平缓的现象。在有波浪的岛屿周围选择锚地时需更加注意。

6. 其他方面

所选锚地水域附近还应远离航道等船舶交通密集地区,应是无海底电缆等水中障碍物的水域,水流宜缓而方向稳定。

(五)港口锚地规划总体原则

综合目前国内外港口总体规划布置的原则、各海港港口设计参考的规范法规,选择与锚地布置相关的内容,港口锚地布置相关要求如下:

---

① 李宇服,等.钦州港锚地规划及锚抓力研究[J].中国水运,2009(9).
② 夏章英.渔政管理学(第 2 版)[M].北京:海洋出版社,2013.

(1) 锚地总体布局应满足国防建设及所在港区、航道规划规模的要求[①]：港口锚地的规划布局，应在现有的港区、航道现状的基础上，结合规划发展的规模来进行优化布局；规划锚地种类、大小、数量必须与港口、航道建设的规模相适应，并能满足国防建设的要求。

(2) 海港锚地的总体规划要本着统筹兼顾原则，兼顾科学合理：深水资源的利用是海洋资源利用的一种。因此，在深水资源利用的同时，也应本着"资源利用最优化、最大化和可持续发展"的海洋资源利用时的宗旨。在对锚地规划的时候，应兼顾整个水域的总体布局，如考虑当地经济发展、当地的港口建设航道、附近的渔业生产、水域的国防建设及当地是否有海岛旅游等各方面之间的关系。

(3) 锚地的布置应选择待泊、引航与进港方便的位置：进港候潮待泊、引航锚地位置选择应尽量选在进港航道与外海航道交叉处附近内侧海域，内航道的港口作业待泊锚地应布置在进港航道与港区交接处附近，以便与锚泊船进出港区作业。

(4) 锚地的布置应满足相关规范中关于锚泊船安全作业的规定要求：规划锚地选址应选在具有较好的避风条件、适宜的水深、平坦海底、适宜的地址且具有较好锚抓力的水域，另外，还必须远离礁石、激流区以确保锚泊船安全锚泊。

(5) 规划锚地的规模应尽可能满足锚泊船的锚泊要求：规划锚地的规模应尽可能"深水深用、浅水浅用"，根据锚泊船安全、锚泊要求及锚地所在水域的自然条件特点，选择好利用好锚地资源，适应船舶专业化大型化发展的需要。

（六）锚地的管理

锚地是港口的重要组成部分，做好锚地管理工作，对于维护港口正常秩序有着十分重要的意义。锚地管理工作的主要内容有：

(1) 监督船舶在港口管理部门的统一指挥下进入指定锚地锚泊。
(2) 监督船舶不得在非锚地水域锚泊。
(3) 监督船舶在锚地内锚泊时应放出足够长的锚链，并派人值班瞭望，防止发生走锚等意外事故。
(4) 监督船舶按规定显示号灯或号型。
(5) 锚泊船舶的甲板灯不应照射水面，以免妨碍其他船舶航行。
(6) 在受潮汐影响的港内锚地，锚泊船舶之间应留有足够的回旋余地。
(7) 监督非锚地作业船舶不得穿越锚地。
(8) 外国籍船舶在锚地内锚泊时，除非为了避免意外危险，一律不得自行移泊。

[①] 《港口经营管理规定》[S].交通运输部令 2009 年第 13 号.

第二节 港口航道管理

航道是指在内河、湖泊、港湾等水域内供船舶安全航行的通道,由可通航水域、助航设施和水域条件组成。广义上必须把航道理解为水道或河道整体,它可以不包括堤防和整个河漫滩,但不能不包括常遇洪水位线以下的基本河槽或者是中高潮位以下的沿海水域。航道的狭义理解等同于"航槽"。而我们日常比较通俗的说法是:航道是指具有一定深度、宽度、净空高度,有航标标示的,供一定标准尺度的船舶航行的水道。

航道是国家重要的水运交通基础设施和社会公益设施,具有公共性和开放性的特点,对国民经济的发展有着重要影响。为加强和规范航道养护管理,保障航道畅通,提高航道养护质量和服务水平,我国在新中国成立后制定了多部法律、法规和条例,如《中华人民共和国航道管理条例》及《中华人民共和国航道管理条例实施细则》《中华人民共和国航标条例》《中华人民共和国内河交通安全管理条例》以及《内河通航标准》。

一、航道种类及等级

(一)航道种类

根据航道的等级,可分为 7 级航道。根据《内河通航标准》(GB50139 – 2014)[①]的规定,我国航道等级由高到低分Ⅰ、Ⅱ、Ⅲ、Ⅳ、Ⅴ、Ⅵ、Ⅶ级航道,这 7 级航道均可称为等级航道。

根据航道的形成,可分为天然航道和人工航道。(1)天然航道:是指自然形成的江、河、湖、海等水域中的航道,包括水网地区在原有较小通道上拓宽加深的那一部分航道,如广东的东平水道、小榄水道等。(2)人工航道:是指在陆上人工开发的航道,包括人工开辟或开凿的运河和其他通航渠道,如平原地区开挖的运河,山区、丘陵地区开凿的沟通水系的越岭运河,可供船舶航行的排、灌渠道或其他输水渠道等。

根据使用性质,可分为专用航道和公用航道。(1)专用航道:指由军事、水利电力、林业、水产等部门以及其他企业事业单位自行建设、使用的航道。(2)公用航道:由国家各级政府部门建设和维护、供社会使用的航道。

根据惯例区属,可分为国家航道和地方航道。(1)国家航道:构成国家航道

---

① 《内河通航标准》(GB50139 – 2014)于 2014 年 4 月 15 日发布,于 2015 年 1 月 1 日实施。

网，可以通航500吨级以上船舶的内河干线航道；跨省、自治区、直辖市，可以常年（不包括封冻期）通航300吨级以上（含300吨级）船舶的内河干线航道；可通航3 000吨级以上（含3 000吨级）沿海干线航道和主要海港航道；对外开放的海港航道；国家指定的重要航道。(2)地方航道：是指国家航道和专用航道以外的航道。具体而言，主要指：可以常年通航300吨级以上（含不跨省可通航300吨级）船舶的内河航道；可通航3 000吨级以下的沿海航道及地方沿海中小港口间的短程航道；非对外开放的海港航道；其他属于地方航道主管部门管理的航道。

根据所处地域，可分为内河航道和沿海航道。(1)内河航道：是河流、湖泊、水库内的航道以及运河和通航渠道的总称。其中天然的内河航道又可分为山区航道、平原航道、潮汐河口航道和湖区航道等等。而湖区航道又可进一步分为湖泊航道、河湖两相航道和滨湖航道。(2)沿海航道：沿海航道原则上是指位于海岸线附近，具有一定边界可供海船航行的航道。

根据通航时间长短，可分为常年通航航道和季节通航航道。(1)常年通航航道：即可供船舶全年通航的航道，又可称为常年航道。(2)季节通航航道：即只能在一定季节（如非封冻季节）或水位期（如中洪水期或中枯水期）内通航的航道，又可称为季节性航道。

根据通航限制条件，可分为单行航道、双行航道和限制性航道。(1)单行航道：即在同一时间内，只能供船舶沿一个方向行驶，不得追越或在行进中会让的航道，又可称为单线航道。(2)双行航道：即在同一时间内，允许船舶对驶、并行或追越的航道，又可称为双线航道或双向航道。(3)限制性航道：即由于水面狭窄、断面系数小等原因，对船舶航行有明显的限制作用的航道，包括运河、通航渠道、狭窄的设闸航道、水网地区的狭窄航道，以及具有上述特征的滩险航道等。

根据通航船舶类别，可分为内河船航道和海船进江航道。(1)内河船航道：是指只能供内河船舶或船队通航的内河航道。(2)海船进江航道：是指内河航道中可供进江海船航行的航道，其航线一般通过增设专门的标志辅以必要的"海船进江航行指南"之类的文件加以明确。(3)主航道，是指供多数尺度较大的标准船舶或船队航行的航道。(4)副航道，是指为分流部分尺度较小的船舶或船队而另行增辟的航道。(5)缓流航道，是指为使上行船舶能利用缓流航行而开辟的航道，这种航道一般都靠近凸岸边滩。(6)短捷航道，是指分汊河道上开辟的较主航道航程短的航道，这种航道一般都位于可在中洪水期通航的支汊内。

除上述分类方法外，航道还可按所处特殊部位分别定名的，如桥区航道、港区航道、坝区航道、内河进港航道、海港进港航道等。

（二）航道等级

表 9-1　航道等级划分表

航道等级	通航状态	船舶吨级（吨）	备注
一级航道（Ⅰ）	可通航	3 000	内河中通航海轮或 3 000 吨级以上内河船舶的河段，其航道尺度应根据通航船型、通航船舶密度、航道自然条件和通航安全等因素论证确定
二级航道（Ⅱ）	可通航	2 000	
三级航道（Ⅲ）	可通航	1 000	三级航道尺度的最低标准为水深 3.2 米、底宽 45 米。根据《内河通航标准》GB50139-2014，新建的桥梁采用跨过河，桥梁净空高度不小于 7 米
四级航道（Ⅳ）	可通航	500	四级航道尺度的最低标准为水深 2.5 米、底宽 40 米
五级航道（Ⅴ）	可通航	300	
六级航道（Ⅵ）	可通航	100	
七级航道（Ⅶ）	可通航	50	

注：1. 船舶吨级按船舶设计载重吨确定；2. 通航 3 000 吨级以上船舶的航道列入Ⅰ级航道；3. 内河航道中的流速、流态和比降等水流条件应满足设计船舶或船队安全航行的要求

根据《内河通航标准》(Navigation Standard of Inland Waterway)(GB50139-2014)整理而得。

二、航道要求

航道管理一般应考虑航道的尺度（即航道深度、航道宽度、航道转弯半径）、航道水流条件（即航道的流速、流向、流态等）以及通航净空高度和通视条件等。

（一）足够的航道深度、航道宽度和航道转弯半径

（1）航道深度。航道深度是指全航线中所具有的最小通航保证深度，它取决于航道上关键性的区段和浅滩上的水深。航道深浅是选用船舶吃水量和载重量的主要因素。航道深度增加，可以航行吃水深、载重量大的船舶，但航道深度，必然会使整治和维护航道的费用增高，因此，设计航道深度是，应全面考虑。其公式为：

最小通航深度＝船舶满载吃水＋富余水深航道

（2）航道宽度。航道宽度是指航道两侧界限之间垂直于航道中心线度量的水平距离。航道宽度视航道等级而定，通常单线航行的情况极少，双线航行最普

遍，在运输繁忙的航道上还应考虑三线航行。其公式为：

所需航道宽度＝同时交错的船队或船舶的宽度之和＋富余宽度

（3）航道转弯半径。航道转弯半径是指航道中心线上的最小曲率半径。一般航道转弯半径不得小于最大航行船舶长度的 4～5 倍。若河流转弯半径过小，将造成航行困难，应加以整治。若受自然条件限制，航道转弯半径最低不得小于船舶长度的 3 倍，而且航行时要特别谨慎，防止事故。

（二）良好的航道水流条件

航道的水流条件是航道的重要条件，航道水流条件包括流速、流向和流态等。流速，是指水质点在单位时间内沿某一特定方向移动的距离；流向，是指水流动的方向；流态，是指局部水流呈现的状态。航道许可流速是指航线上的最大流速。船舶航行时，上水行驶和下水行驶的航线往往不同，下水就流速大的主流行驶，上水则尽量避开流速大的水区而在缓流区内行驶。船舶的航行速度与流速有如下关系：

下水时：航速＝船舶静水速度＋流速

上水时：航速＝船舶静水速度－流速

航道上的流速不宜过大，如果航道上的流速太大，上驶船舶必须加大功率才能通过，这样就不经济了。

船舶航行密度大，风流影响显著。狭水道是船舶与港口间的"瓶颈"，水道内的交通一般比较拥挤，会出现很多交叉相遇的情况。面对这些情况，操船者要用舵避让，还要控制航速，并且还要用良好船艺，谨慎操纵船舶。狭水道与大海相连，会有一定的潮汐现象，加之内陆河流注入等影响，使得狭水道内的水流状况更加复杂，给船舶航行安全带来了隐患。

（三）符合规定的水上外廓

水上外廓是保证船舶水面以上部分通过所需要随高度和宽度的要求。水上外廓的尺度依航道等级来确定，一般一、二、三、四级航道上的桥梁等的净空高度，取 20 年一遇的洪水期最高水位来确定。五、六级航道期取 10 年一遇的洪水期最高水位来确定。由于水工建筑物如桥墩等下部比上部窄，故此桥梁等水面建筑物的净跨长度，应取枯水期最低水位来确定。

（四）足够的通航净空高度和良好的通视条件

通航净空高度又称通航净空，是指跨河建筑物的底部从通航净宽线至最高通航水位线的垂直距离，按《内河通航标准》的规定，如漓江上的跨河建筑物的通航净空高度为 4.5 m。

总体而言，航道应有与设计通航船舶相应的航道尺度，包括深度、宽度和弯曲半径；流速和水面比降不能太大，流态不能太乱；跨河建筑物如桥梁、电缆等都应符合水上净空要求。

三、航道的保护与管理

航道是国家重要的公益性交通基础设施，是综合利用水资源的重要组成部分；加强航道管理与养护是实现水路运输畅通、高效、平安、绿色的重要保证，航道工程中管理与保护在整个工程中一直占据着重要的地位。交通部门、航道管理机构应当加强航道管理和养护工作，维护规定的航道尺度，保持航道及其设施处于良好技术状态，保障航道畅通。具体而言，航道管理与养护工作要适应航道建设与发展以及水运现代化的需要，必须加快转变发展方式，提升航道畅通保障、公共服务、科技创新能力，着力加强航道管理，不断提升养护水平，大力推进航道信息化、数字化、智能化建设，为实现航道现代化打下坚实的基础。

（一）深化体制机制改革，释放航道活力

（1）按照国家关于事业单位分类改革实施指导意见的要求，积极推进航道事业单位分类改革。

（2）逐步建立以中央和省两级为主、相对集中管理的模式，建立适应航道管理与养护发展的省级航道管理机构。加强航道管理体制和运行机制改革研究，探索内河、沿海主要干线航道管理新模式。

（3）根据航道的公益性本质特性，以社会效益最大化为目标，强化航道管理机构的专业化养护。同时，发挥市场机制作用，明确市场准入条件。

（4）研究解决制约枢纽通航的重大问题，逐步建立通航建筑物运行考评体系和责任追究制度，明确相关单位的责任和义务；研究推进干线通航建筑物管理体制改革。

（二）明确法制建设，保障持续发展

（1）以《航道法》为重点，着力推进航道法律法规的立法进程，力争出台《航道法》，并做好配套法规的研究和制定工作。充分利用地方立法资源，加快制定地方性航道法律和政府规章，形成比较完善的航道管理与养护法律法规体系。

（2）制定长江干线、西江航运干线、运河通航标准，修订《内河通航标准》《内河航道维护技术规范》等技术标准；制定内河航标、电子航道图、沿海航道养护等技术规范；制定航道养护分类定额，不断完善航道技术标准和养护定额体系。

（3）加强航道管理与养护制度建设，修订航道管理与养护工作制度，完善通航建筑物及航电枢纽管理制度，推动航道管理与养护工作制度化、规范化。

（三）强化行政管理，保护航道资源

（1）加强对跨、临、拦河（海）等于通航有关设施建设的通航安全影响论证审

批工作,加强采砂、勘探等作业对航道影响的审查。

(2) 强化对拦河建筑物的通航标准审批、施工监督、运营监管,实现通航建筑物与枢纽其他设施同步规划、同步建设、同步投入使用,避免出现新的碍航闸坝。推动有复航价值的枢纽、航道逐步进行复航建设和改造。

(3) 做好专设航标行政许可工作,切实加强专设航标日常养护的指导和监督管理。

(4) 加强与通航有关设施的施工、作业对航道影响的现场监管,做好航道专项查验工作。加强对航道及航道设施的巡查与保护,对各种侵占、破坏航道及航道设施的行为依法进行处理、处罚,并责令赔偿、修复。

(5) 完善内河航道技术等级评定工作。

(四) 突出养护重点,提升公共服务能力

(1) 坚持分类养护,突出重点,兼顾一般。以长江干线、西江航运干线、京杭运河等内河高等级航道、沿海航道和国境国际河流航道为重点,干支联动,推进全国航道养护工作协调发展。

(2) 强化Ⅳ级以上高等级航道的养护,充分发挥高等级航道在水路运输网络中的骨干作用;重点加强运量较大的航道、跨省航道的养护与管理;重视Ⅴ级航道和中西部地区重要航道的养护;注重库区、湖区、山区、沿海陆岛和岛际运输等航道的养护,服务群众便捷出行。

(3) 加强沿海航道管理与养护工作,延伸沿海航道管理养护范围。开展沿海航道普查、测绘等工作,完善基础资料,制定沿海航道通航标准。

(4) 加强国境国际河流航道管理与养护,维护国家航行权益,加强装备配置,完善船舶卧泊基地、越冬锚地等基础设施,初步形成覆盖国境国际河流区域的测绘保障系统,注重国境国际河流航道应急抢通能力建设。

(5) 完善航道信息发布机制,建立运转高效的信息发布平台,增强信息发布的及时性和准确性,满足经济社会发展对航道信息的需求。

(五) 提高工作质量,增强养护能力

(1) 加强内部管理,认真执行《航道养护管理规定》《内河航道维护技术规范》等规定规范,建立航道养护质量管理体系。科学制定并严格落实养护计划,规范养护行为,重视航道及航道设施的日常养护、安全生产、基础资料收集和统计等工作,定期开展航道养护管理检查、考核。

(2) 内河高等级航道和沿海航道维护水深年保证率达到95%以上,其他区域重要航道维护水深年保证率达到90%。航道设标里程达到5万公里,实现长江干线、西江航运干线和沿海航道航标遥测遥控全覆盖,其他重要航道积极采用航标遥测遥控技术。

（3）加强航标养护管理，坚持航标巡查与日常保养，确保标位准确、结构完整、灯光明亮、颜色鲜明，提高航标维护正常率。切实加强重点标位、重要河段航标的养护管理工作，在高等级航道和通航海轮航道上，设置大型浮标和塔形岸标；重要海轮航道重点标位配置雷达应答器，提高助航的可靠性。

（4）加强航道整治建筑物观测，定期开展技术状况评价，树立预防性养护理念，提高整治建筑物的养护质量，保障整治建筑物功能的有效发挥。充分利用自然水深，主动作为，最大限度地提高航道通过能力。

（5）加强通航建筑物管理与养护，做到科学管理、合理调度、定期保养、计划维修，确保正常高效运行，为船舶提供安全、及时、方便的服务。

（6）配备先进测绘装备，运用现代测绘技术，逐步形成快速、准确、高效的测绘能力，加强浅滩、桥区、河口、库尾等重点航段观测，为航道管理养护、应急抢通和数字航道建设提供测绘保障。

（7）优化资源配置，完善养护船艇、工作船码头、养护站场等设备设施，逐步建成布局合理、功能齐全、技术先进、运行安全、适应水运现代化要求的航道养护装备和设施。

（8）沿海和通航河流上设置助航标志，必须分别符合下列国家标准：

沿海助航标志应符合：GB4696-1999《中国海区水上助航标志》[①]；GB16161-1996《中国海区水上助航标志形状显示规定》。

内河助航标志应符合：GB5863-1993《内河助航标志》[②]；GB5864-1993《内河助航标志的主要外形尺寸》。

非航标管理部门在沿海和通航河流上设置专用航标，必须经航标管理部门同意，标志设置单位应经常维护，使之保持良好技术状态。

第三节　港口航标管理

航海保障是通过提供各类水上活动所需的自然信息和管理信息，来描述和营造安全、环保和便捷的航行环境的活动。航标是航海保障设施的重要组成部分，是为各类水上活动的安全、经济和便捷而提供助航信息服务的装置或系统。港口航标管理就是规划、建设、维护、保护这些装置或系统的全部管理活动的总称。

---

① 根据中国国家标准化管理委员会数据，《中国海区水上助航标志》(GB4696-1999)代替 GB4696-1984 于 2000 年 4 月 1 日实施。

② 根据中国国家标准化管理委员会数据，《内河助航标志》(GB5863-1993)代替 GB5863-1986 于 1994 年 9 月 1 日实施。

一、航标的概念和分类

(一) 航标的概念

航标是助航标志的简称,它是以特定的标志、灯光、音响或无线电信号等,供船舶确定船位、航向,避离危险,使船舶沿航道或预定航线安全航行,提高船舶周转率的助航标志,是保障船舶在水上安全航行的重要助航设施。航标的作用,主要是指示航道、供船舶定位、标示危险区以及供特殊需要。

指示航道,是指在岛岸明处设置引航标志,或在水上设立浮标、灯浮及灯船等,引导船舶沿航标所指示的航道航行。供船舶定位,是指利用设置在陆上的航标测定船位。标示危险区,是指标示航道附近的沉船、暗礁、浅滩及其他危险物,指引船舶避开这些危险物。供特殊需要,是指标示锚地、检疫锚地、测量作业区、禁区、渔区以及供船舶测定运动性能和罗经差使用的水域等。航标管理要考虑航标的检查、航标的分类、水上助航标志制度以及航标的保护与管理。

海区水上助航标志制度具有国际性,水上浮标是否规范、统一直接影响水上船舶的航行安全。国际上有关航标组织对水上统一浮标系统的研究,溯源自1936年日内瓦会议曾接近于达成统一浮标系统的国际协议起,在1957年国际航标协会(IALA)成立后继续研究,1965年该协会设立国际技术委员会专门考虑这个问题,1971年后形成 A、B 两个系统。A 系统于 1974 年进行实地试验,又经修改后,国际航标协会执委会于 1975 年通过,1976 年由政府间海事协调组织(IMCO:Intergovernmental Maritime Consultative Organization)批准,整整经历了 40 年。A 系统自 1977 年 4 月首先由英国航标当局实施以来,陆续在欧洲、非洲、大洋洲和亚洲的一些国家中付诸实施。B 系统已在 1980 年初完成,并被美洲及日本、韩国、菲律宾等国家和地区使用。1980 年 11 月在东京召开的第 10 届国际航标大会上,在 A、B 系统的基础上,经过商讨并同意了采用新的综合制度的规则,确定了浮标制度区域的界限划分,并以附图加以说明,这是国际航标史上的一件大事。

我国在《国际浮标制度 A 区域》的原则基础上,结合我国情况于 1984 年制定了《中国海区水上助航标志》国家标准(GB4696-84),并已于 1985 年 8 月 1 日付诸实施。该标准适用于中国海区及其海港、通海河口的所有浮标和水中固定标志(不包括灯塔、扇形灯光灯标、导标、灯船和大型助航浮标)。该标准包括侧面标志、方位标志、孤立危险物标志、安全水域标志和专用标志等五类。

在 20 世纪 90 年代又对 GB4696-84 进行了较大修改,制定新的国家标准(即 GB4696-1999 标准)取代了原 GB4696-84,并于 1999 年 5 月 31 日发布,2000 年 4 月 1 日实施。GB4696-1999 标准规定了中国海区水上浮标和水中固定标志的形状、颜色、灯质、标记符号及其设置与使用要求。该标准适用于交通、渔业、科研、石油勘察、海洋开发及军事部门在中国海区及其海港、通海河口设置的水上浮标和水中固定标志。所谓水中规定标志,是指水中的立标和灯桩,其设标点的高程在平均大潮高潮面以下,标志的基础或标身的一部分被平均大潮高潮面淹没,而且作用与浮标相同者,则其颜色、顶标和灯质,均须与相应的浮标或灯浮标一致。该标准不适用于灯塔、扇形光灯标、导标、灯船和大型助航浮标。该标准包括侧面标志、方位标志、孤立危险物标志、安全水域标志、专用标志、新危险物的标示。

(二) 航标的分类

航标是设置在陆地或水中的一种助航标志,是港口设施的重要组成部分。航标分类的目的,是为方便于航标的检查和航标的维护与管理。航标分类可从不同角度来划分,按设置地点分类,可分为船闸航标、内河航标以及沿海航标;按技术装置分类,可分为发光航标、不发光航标、音响航标和无线航标;按工作原理分类,可分为视觉航标、音响航标和无线电航标;按配置的水域分类,可分为海区航标和内河航标等。

1. 按设置地点分类

(1) 内河航标(Inland River Aids)。是设置在江河、湖泊、水库航道上的助航标志,用以表示内河航道的方向、界限与碍航物等,为船舶航行指示安全的航道。内河航标由航行标志、信号标志和专用标志三类组成。

(2) 船闸航标(Lockage Aids)。是设置在船闸河段上的航标,用以标示船闸内外的停船位置,指示进出船闸的引领航道和节制闸前的危险水域,指引船舶安全迅速地通过船闸。

(3) 沿海航标(Coastal Aids)。是设置在沿海和河口地段,引导船舶在沿海航行及进出海港、港湾和河口的航标,分为固定航标和水上浮动航标两种。

固定航标是设置在岛屿、礁石、海岸等上面的航标。包括:

①灯塔(Lighthouse):一般设置在显著的海岸、岬角、重要航道附近的陆地或岛屿上,以及港湾入口处。它是由基础、塔身和发光器三部分组成的塔状物,一般比较高大而坚固并发出特定灯光的塔状建筑物。灯塔塔身具有显著的形状和颜色特征,其上部装有强烈的发光装置,并且光力较强,射程较远的发光器,以便航船能在较远的距离上及时发现它。有的灯塔还附设音响信号、雾号和无线电信号;灯塔通常有专人看管,海图上位置准确,是陆标定位的良好标志,因而是一种主要的航标。

②灯桩(Light Beacon):一般设置在航道附近的岛岸边,以及孤立的礁石或港口附近的防波堤上。灯桩是一种柱状或铁架结构的建筑物,其顶部也装有发光器,作用与灯塔相同,但结构较为简单,灯光强度不及灯塔,一般无人看管。

③立标(Beacon):一般设置在浅水区及水中礁石上,是一种顶部带有球形或三角形等形状的杆状标,用以标示沙嘴尽头、浅滩及险礁的两端、水中礁石及航道

中较小的障碍物;也有的设在岸上作为叠标或导标,用以引导船舶进出港口或测定船舶运动性能和罗经差。

水上航标是用锚或沉锤加锚链系留在预定海床上的浮标。水上助航标志除灯船及大型浮标外,其外部涂色、顶标、灯质等均按其用处不同有统一的规定。水上航标包括:

①灯船(Light Vessel):一般设置在周围无显著陆标又不便建造灯塔的重要航道附近,以引导船舶进出港口、避险等。灯船是一种在甲板高处设有发光设备的特殊船舶。灯船具有能经受风浪袭击和顶住强流的牢固结构和锚设备,灯光射程较远,可靠性较好。灯船的船身一般涂红色,船体两侧有醒目的船名或编号,桅上悬挂黑球,供白天识别用。有的灯船还有人看管。

②浮标(Buoy):一般设置在海港和沿海航道以及水下危险物附近,用以标示航道,指示沉船、暗礁、浅滩等危险物的位置。浮标是具有规定的形状、尺寸、颜色等的浮动标志,锚泊在指定位置,它可能装有发光器、音响设备、雷达反射器和规定的顶标等。其水线以上部分的基本形状主要有罐形、锥形、球形、柱形和杆形五种。浮标受海流和潮汐的影响,其实际位置以锚碇为中心在一定范围内移动,遇大风浪时可能会移位或漂失。因此,一般不能用浮标来定位。

2. 按技术装置分类

它可分为发光航标、不发光航标、音响航标和无线航标 4 种类型。

(1) 发光航标。灯塔、灯船、灯浮、灯桩等可统称为灯标,以显示的特定的光色、节奏和周期作为标志识别的特征,并将其缩写标注在海图上该灯标符号的旁边。目前我国灯标使用的光色主要有:白、红、绿、黄四种(详见表 9-2)。

表 9-2 灯标灯光节奏表

灯光节奏	说　明	缩写举例
定光	常明不灭的光	定红(FR)
闪光	有明暗节奏的不变色的灯光,在一个周期中明的时间之和比暗的时间之和为短,并且明的时间通常是相等的	闪 10S(FL10S)
联闪光	在一个周期中以 2 次或 2 次以上的闪光组成一个组,并有规律地重复。每组闪光的明及其间暗的持续时间各自相等。这个暗的持续时间明显地比分隔每一组的暗的持续时间短	闪(2)15S [FL(2)15S]
快闪光	有明暗节奏的不变色的灯光,其明暗次数每分钟不少于 50 次,不超过 80 次	快红(QFLR)

续表 9-2

灯光节奏	说　明	缩写举例
甚快闪光	有明暗节奏的不变色的灯光,其明暗次数每分钟不少于80次,不超过160次	甚快红(VQFLR)
等明暗光	有明暗节奏的不变色的灯光,在一个周期中明与暗的时间相等,并有规律地重复。其周期不得少于2S	等明暗红(ISOR)
明暗光	每隔一定时间发一次光,明的时间比暗的时间长	明暗10S(Oc10S)
联明暗光	每隔一定时间连续发光二次或二次以上,发光时间比黑暗时间长	明暗(2)15S [Oc(2)15S]
互光	两种不同颜色的灯光连续交换发光,灯光不灭	互白红10S (ALWR10S)
互闪光	两种不同颜色的闪光,每隔一定时间交替发光一次	互闪白红20S (ALFLWR20S)
互联闪光	每隔一定时间连续发二次或二次以上颜色不同的闪光	互闪(3)白红30S [ALFL(3)WR30S]
定闪光	定光灯,每隔一定时间另发一次较亮的闪光,颜色不变	定闪10S(FFL10S)
莫尔斯光	用莫尔斯符号发出的灯光	莫(A)10秒[MO(A)10S]
光弧光	在水平范围内发射不同颜色的灯光用以指示危险物所在的范围和可共安全航行的范围	闪白红绿5S 18m 17-11M

（2）不发光航标。立标、浮标等。

（3）音响航标。是指附设有雾警设备的航标,其功能是在雾、雪及其他能见度不良天气时发出特定的音响,供航海人员导航之用。它分有雾钟、雾锣、雾哨、雾角以及雾笛等。

①雾钟。是一种最古老、简单的音响装置,常设在礁石或浅滩附近的灯浮或无人看守的灯船上,借助波浪起伏摇摆自动打钟发声。雾钟的声音强弱决定于钟和波浪的大小,一般有效作用距离为1~2 n mile。

②雾锣。用于有人看守的灯塔及灯船上,凡遇下雾或天气朦胧,从听到船舶发放雾号时起,每隔一定时间鸣锣,其有效作用距离和雾钟差不多。

③雾哨。一般装在浮标上,利用波浪的起伏,吸进和压出空气,经气哨而发声,有效作用距离1~4 n mile。

④雾角。一般安装在靠近港口的岸边或有发电设备的灯塔上,发音原理和普

通电喇叭相似,能清晰地发送信号编码,以便船舶收听和识别,有效作用距离 3～5 n mile。

⑤雾笛。多装在灯塔和灯船上,利用压缩空气发声器而发声,声音清晰、洪亮,有效作用距离 3～10 n mile。

此外,还有爆响雾号、莫尔斯码语雾号和雾炮等。

(4) 无线电航标。是指利用无线电波的传播特性向船舶提供定位导航信息的助航设施,包括无线电测向台、环射无线电指向标、定向无线电指向标、旋转式无线电指向标、雷达反射器、罗兰、奥米伽等,约有 10 种。

①无线电测向台。是固定的测角装置,用以测定船舶所发射的无线电波方位的无线电航标。

②环射无线电指向标。是一种发射无方向性的电波,供船舶测定方位的无线电指向标。

③定向无线电指向标。是一种引导船舶循直线航道航行的无线电指向标。交替发射两个电波,其方向角在航道轴线方向及其可航范围内有一定的重叠。

④旋转式无线电指向标。是一种"8"字形或心脏形发射特性图,在水平面上等速旋转的无线电航标。

⑤雷达反射器。附装在航标、岬角、堤坝上的一种强反射体,具有一定的反射面积和将入射电波向原方向反射的特性,以增加雷达目标回波强度,使物标易于被雷达发现的器件。

⑥罗兰。是利用测时差求距离的双曲线导航系统,现应用的是罗兰 C 系统,可以进行自动定位。

⑦奥米伽。是由 8 个工作在甚低频波段的地面发射台组成的远距离、全天候的相位差双职工曲线定位系统。

二、航标的保护与管理

航标的保护与管理包括航标管理工作的分工、航标管理工作的维护与保养以及航标的保护与管理 3 方面内容。

(一) 航标管理体制

改革开放以来,我国的助航设施特别是航标事业发展很快,出现了各种形式的航标,如国家管理的航标、私人码头的助航标志等。由于助航标志对船舶的重要性,应对助航标志的性能、设置等进行规定和进行统一管理。为加强航标管理,保持航标的正常状态,提高航标维护质量,我国于 1995 年发布实施了《中华人民共和国航标管理条例》,以行政法规的形式明确了我国航标管理体制。

国务院交通行政主管部门负责管理和保护除军用航标和渔业航标以外的航标。国务院交通行政主管部门设立的流域航道管理机构、海区港务监督机构和县级以上地方人民政府交通行政主管部门,负责管理和保护本辖区内军用航标和渔业航标以外的航标。交通行政主管部门和国务院交通行政主管部门设立的流域航道管理机构、海区港务监督机构统称航标管理机关。军队的航标管理机构、渔政渔港监督管理机构,在军用航标、渔业航标的管理和保护方面分别行使航标管理机关的职权。① 航标的管理和保护,实行统一管理、分级负责和专业保护与群众保护相结合的原则。

航标管理部门应根据海区航标制度的规定布设航标,保证其日夜不间断地发挥助航效能。对视觉航标要求标位准确、灯质正常、涂色鲜明、结构良好;音响航标要求信号清晰、发放及时;无线电航标要求信号准确、频率稳定、功率正常、工作连续。航标的建设与维护管理机制是航标管理机制的重要组成部分,目前我国航标的建设与维护管理机制已经运行多年,基本上能够实现沿海航标的系统性建设规划以及航标资源的合理调配。同时我国航标管理已经建立起了相对完善的管理机制与内部管理协调手段,航标服务意识与服务理念都有了一定程度的提高。

(二)航标管理工作的分工

我国航标的建设、保护和管理工作,分别由交通、渔业和海军3个部门负责。

交通部门负责建设、保护和管理海区公用航标、商港和以商业为主的综合性港口中的航标以及内河航标。

渔业部门负责建设、保护和管理渔场、渔港和以渔业为主的综合性港口中的航标。

海军部门负责建设、保护和管理军港和以军港为主的综合性港口中的航标。

据统计,我国沿海的渔业航标约有577座。渔港以及渔业为主的综合性港口中的航标由渔港监督部门负责建设、保护和管理,其他水域的渔业航标由各级渔业行政主管部门和有关水产企业单位负责建设、保护和管理。

(三)航标管理工作的维护与保养

航标的维护与保养是贯穿于整个航道通航期的一项技术工作。它是在航标检查和检测的基础上,对辖区航标进行调整,为船舶安全和经济航行提供条件。航标管理机关和专业单位分别负责各自设置的航标进行维护保养,保证航标处于良好的使用状态。航标管理机关和专业单位设置航标,应当符合国家有关规定和技术标准。任何单位或者个人发现航标损坏、失常、移位或者漂失时,应当立即向航标管理机关报告。专业单位可以自行设置自用的专用航标。航标的维护与保养总体来说要达到下列基本要求:标位正确、涂色清晰、顶标完好、发光正常;对电

---

① 参见《中华人民共和国航标条例》(1995年12月3日中华人民共和国国务院令第187号发布,根据2011年1月8日《国务院关于废止和修改部分行政法规的决定》修订)。

波航标还要求讯号准确、频率稳定、功能正常和工作连续;航标维护的正常率要达到主管机关的计划指标;尽量提高航标器材的利用率,降低维护成本。航标维护与保养的正常内容可分为两部分:一是不同水位期的航标维护与保养,二是航标的调整。

(四) 航标的保护与管理

根据《中华人民共和国海上交通安全法》,航标设施是保障船舶安全航行的重要公共设施,受国家法律保护。航标保护与管理的范围,应包括各类航标及附属设备、航标的辅助设施如场地、电动和仓库等,其目的是航标设施安全和工作效能不受损坏。航标的保护与管理内容,主要有以下方面:

(1) 禁止任何单位或个人从事损坏或可能损坏航标及其辅助设施的行为。

(2) 禁止任何单位或个人从事影响或可能影响航标设施工作效能的行为。

(3) 船舶使用水上航标助航时,应保持适当距离安全通过,避免损坏航标。若发生碰触,不论任何原因以及是否已造成损坏,均应迅速向航标主管部门报告。

(4) 任何单位或个人发现航标及其辅助设施损坏、失常、移位或者漂失,均应迅速向主管部门报告。

(5) 建设单位因施工需要搬迁、拆除航标设施时,须事先向当地航标主管部门提出申请,经批准并按程序发布航行警告后方可搬迁和拆除。

(6) 建设单位因施工影响或可能影响航标设施的安全或者工作效能时,应事先征得航标主管部门的同意,并采取有效防范措施后方可进行施工。

(7) 对设置在航道上的某些专用标志,如电缆标、管泵标等,航标主管部门应当督促标志所属单位按规定设置和管理。

为了加强对航标的管理和保护,保证航标处于良好的使用状态,保障船舶航行安全制定了《中华人民共和国航标条例》,1995 年 12 月 3 日中华人民共和国国务院令第 187 号发布,而后根据 2011 年 1 月 8 日《国务院关于废止和修改部分行政法规的决定》,修订了《中华人民共和国航标条例》。

思 考 题

1. 港口锚地管理有何重要性?为什么?
2. 如何选择锚地?
3. 如何管理锚地?
4. 航道的含义是什么?航道管理有何重要性?
5. 航道应具备哪些条件?为什么?
6. 如何保护和管理好航道工作?
7. 航标是指什么?航标有几种类型?
8. 如何做好航标的保护和管理工作?

渔业船舶管理

第一节　船舶国籍证书与文件

船舶国籍是指船舶所有人按照某一国家的船舶登记管理规范进行登记，取得该国签发的船舶国籍证书并悬挂该国国旗航行，从而使船舶隶属于登记国的一种法律上的身份。船舶国籍表明该艘船与登记国有了法律上的隶属关系。船舶国籍证书是船舶国籍法律上的证明，船舶悬挂的国旗是该船国籍的外部象征或标志。船舶国籍所引起的国籍国的权利义务与自然人国籍所引起的国籍国的权义务在内容上完全不同。因为船舶国籍是一种法律上的联系，即船籍国与船舶之间的联系，从而使得船籍国能对船舶行使管辖权及给予保护。

一、船舶国籍的取得条件

船舶国籍即船舶属于哪个国家的资格。船舶所有人按照一国的船舶登记办法进行船舶登记，取得国籍证书，即拥有该国国籍，并与该国发生法律上的亲属关系。船舶必须悬挂象征国籍的一国国旗才能在公海上航行，无国籍的船舶在公海上航行会被视为海盗船，各国飞机和军舰均可拦截。船舶不能具有双重国籍，根据《海洋法公约》的规定，悬挂两个或两个以上国旗航行并视方便而换用旗帜的船舶，对任何其他国家不得主张其中的任一国籍，并可视同无国籍的船舶。船舶取得国籍及悬挂国旗的条件由各国自行规定。有的国家规定只有船舶所有权全部属于本国人所有的，才能悬挂其国旗，如英国。有的国家不但要求船舶的全部或部分属于本国人，而且要求船舶的全部或部分职员和船员是本国人，如法国。也有些国家仍允许外国人的船舶悬挂其国旗，称之为"方便旗"，如乌拉圭、阿根廷、洪都拉斯等国。根据中国有关法律规定，悬挂中国国旗的船舶应当属于中国公民和法人。

任何国家都可以根据主权自主原则，确定给予船舶国籍的条件。根据联合国《海洋法公约》规定，赋予船舶国籍的国家与该船舶之间必须有真正的联系，即一个国家不仅对船舶给予国籍，还必须对船舶进行登记，以及船舶悬挂该国国旗所享有的权利等方面规定具体条件，而且必须悬挂该国国旗的船舶有效地行使行政、技术和社会事务上的管辖和控制。

目前,各有关国家对于船舶取得本国国籍的限制主要有下列三个条件:

(1) 船舶所有权为本国所有;

(2) 船员必须由本国公民担任;

(3) 船舶建造地必须在本国。

在我国取得国籍的渔业船舶只有下列两个条件:

(1) 船舶所有权归我国国家、集体或公民个人所有;

(2) 船员必须由我国公民担任。

船舶一般都在本国的港口注册登记,取得本国国籍,但也有部分船舶不在本国登记,而在其他国家登记,取得他国国籍,并悬挂他国国旗航行。这样做原因是登记国的捐税等费用比本国低,可以不受本国法律限制而雇佣工资较低的外国籍船员,还可以免遭本国政府的征用等等。这种在别国登记,悬挂别国国旗的船舶称为方便旗船或称为开放登记船舶。由于实行开放登记的国家对悬挂本国国旗的船舶无法有效地实施行政、技术和社会事务的管辖和控制,从而使海上发生事故的比例较大,不利于安全航行。

二、船舶证书和文件

渔业船舶从事生产和营运,应当具备必要的证书和技术文件。这些证书和文件,有的是证明船舶已经履行了规定的法律手续,有的是反映的技术状况和连续的技术监督过程,有的是反映船舶的工作情况,是船舶适航的必要条件之一,在发生海事等场合,这些证书和文件都是重要的法律依据。

根据有关法律、法规的规定,我国渔业船舶至少应当随船携带下列证书和文件:

证书:

(1) 渔业船舶国籍证书或渔业船舶登记证书;

(2) 船舶检验证书;

(3) 渔业许可证(对捕捞渔船要求);

(4) 船舶户口簿(对集体和个体所有的船舶要求);

(5) 船舶吨位证书(对远洋渔业船舶的要求)。

文件:

(1) 航行日志;

(2) 轮机日志;

(3) 车钟记录簿;

(4) 无线电台日志(对设有无线电台的船舶要求);

(5) 油类记载簿(对150总吨以上油轮和400总吨以上非油轮的要求)。

上述这些证书和文件,船长和船员要按规定要求填写和妥善保管。在进出港口时,港口主管部门可以根据需要进行检查。对于未按规定要求配备和填写证书和文件的船舶,港口主管部门有权令其改正,甚至可以禁止其离港。

第二节　渔业船舶安全检查与检验

一、渔船检验的内涵

(一)狭义的渔船检验

一般意义上讲,渔船检验就是渔船检验机构依据《渔业法》《渔业船舶检验条例》等法律法规,对渔船和船用产品的设计、建造、营运中的安全技术状态的符合性进行全面检查、验证、鉴定,从而做出适航、认可、合格、符合的判定,并出具和签发相关检验报告和检验证书的技术监管活动过程。

(二)广义的渔船检验

从行业特性上讲,渔船检验不仅含有上述内容,还包含编制各类渔船的建造、吨位丈量、载重线、安全设备以及防止渔船造成环境污染等检验规则、规范、规程规定;对船检机构及人员的资格管理、对船检业务的监督管理;根据我国政府参加的有关国际公约和国际协议,代表政府签发相关公约或者协议所规定的渔船检验证书。

(三)渔船检验的法律属性

渔船法定检验是国家相关法律法规规定的检验,它体现国家的意志和利益,具有以下法律属性。

1. 强制性

渔船法定检验是对渔船实行的强制性技术检验,是国家法定条文规定的一种职权活动,具有适用国家权力的性质。验船师的所有法定执业行为都将被看作代表着国家。

2. 权威性

渔船法定检验是按照《渔业船舶检验条例》要求,由国家主管机关授权的专门机构及其检验人员所专有的行为和活动,是把渔船法定检验技术法规的规定应用于对具体渔船的处理活动。

3. 专业性

渔船法定检验必须依据法律法规、相关的技术法规及标准,运用专业技术手段对船舶的技术安全状况和防止污染环境的技术状况施行监督,是保证渔船法定检验技术法规得以实现的一种活动。

4. 合法性

渔船法定检验的合法性包括：一是执行主体合法，即：各地成立的渔船检验机构是根据《渔业船舶检验条例》依法设立，其工作权限和业务工作经国家渔船检验主管部门认定的专门机构；二是工作职权合法，即：只有法定授权范围内依法实施检验才是合法的，如超出授权检验范围进行检验，一旦发生事故，将为此承担法律责任和赔偿责任；三是法规的适用程序合法，即：各级检验机构是按国家批准的渔船检验技术法规规定的程序进行检验工作；四是检验人员资格合法，即所有的检验人员都必须按照条例进行上岗资格考试合格后取得法定资格。

5. 组织性

渔船法定检验是一种职权行为，是以机构组织的名义由个人代表机构组织实施的行政行为，但其最终的行为结果表现为机构组织根据检验人员的检验报告来核发渔船证书。检验人员不具备独立性，其产生的法律责任将有个人与组织双方来承担。

6. 许可性

渔船检验是行政许可法规定的"对直接关系公共安全、人身健康、生命财产安全的设备、设施、产品、物品的检验、检测、检疫"的具体行政行为，其行政结果是许可渔船航行作业或不得航行作业，并通过一定的法律文件予以体现，即签发或签署渔船检验各类法定证书、检验记录、检验报告、检验证明等。适用结果法律文书对渔船具有法律约束力。

二、渔船检验的起源

渔船检验是船舶检验的一个具体分类。船舶检验的起源要从海上灾难保险需求、国际海上人命安全公约制定、联合国国际海事组织建立说起。

（一）海难衍生船检

在17世纪，海上贸易、运输和保险业相继兴起。海上运输虽然给保险商们带来巨大收益，但也具有极大的风险。由于当时运输和通讯技术很不发达，保险商很难判断船舶的质量和可靠性。环球航海依靠的是船长丰富的航海经验和航海技术以及人们的勇敢冒险的精神，航行顺利，船舶幸运满载而归；海上遇到风浪，人们备受艰辛，甚至不幸船沉人亡。对于那些在茫茫大海中远航的船舶，保险商往往没有实地考察就不得不接受其投保。一旦发生事故，船长、货主和保险商各方就会遭受严重损失。为了减少损失，船长、货主和海上保险商开始从经验走向理性，并产生了对船舶安全进行技术鉴定和监督的要求。

1668年，在英国伦敦泰晤士河边，爱德华·劳埃德开设了劳埃德咖啡馆。这家咖啡馆最早是海事人员的聚集地，从事海运的人员在这里聊天交流，搜集商船进出港情报，贩卖海运保险，并逐渐变成了一个供人们索取海事信息与资料的俱乐部。在俱乐部活动的基础上,英国海上保险商创立了由专家组成的以判断船舶质量的机构,对船舶进行技术鉴定和分级登记,开创了船级管理和入级检验业务。经过了近百年的演变,1760年,世界第一家船检组织"英国劳氏船级社"诞生了。验船师就是那些船舶、航海专家。

随后,欧美国家出于本国海运利益需要,也先后组建船舶检验机构。在1861—1913年间掀起第一波组建船级社高潮,此间多为非政府性船检机构;在第二次世界大战后的1947—1960年间,各国产生第二波组建船舶检验机构高潮,此间多为政府性船检机构。

(二)验船衍生国际公约

19世纪中期,不断发生的船舶海损事故,引起了海运贸易国家对人命财产安全的重视。1854年英国制定海商法,1879年德国制定海商法,这些国家对船舶航行安全的需求,授权给一直以来维护船舶安全的船检以新的使命,也就是说,船检机构不再只单纯地为维护保险商的利益而进行安全检验工作,而是为国家海洋安全而进行的,其存在的意义首次被推到国家安全层面。1882年英国劳氏船级社公布远洋船舶干舷标志表,英国政府承认劳氏船级社为勘划船舶干舷的权力机构。1890年,英国政府依据修订通过的海商法,要求船舶按干舷规则勘划干舷。英国劳氏船级社依据海商法,对船舶按规则要求勘划。1905年日本海事协会制订载重线检验规则。这就催生并发展了依据政府法令强制进行的船舶法定检验。

1912年发生的"泰坦尼克"号客船碰撞冰山沉没事故,引起国际社会对海上人命安全的重视。于是,在英国政府倡议下,1913年在伦敦召开了第一次国际海上人命安全会议,并于1914年1月20日制定了第一个国际海上人命安全公约(SOLAS公约)。正是这部公约,解决了国际海事安全、环保公约在全球范围内的统一行动问题,最大限度地减少了各国执行规则的不一致,是各国间的"安全使者"。因此,这是现代船检管理的一个极为重要的特征。1929年公约经过一次系统修订,1930年又签订了船舶载重线公约。这两个公约是第二次世界大战前各国政府采用的实施法定检验的规定。公约规定执行法定检验的人员必须是政府官员,或者由政府授权相关组织代表政府去完成检验工作。

(三)国际公约衍生国际组织

第二次世界大战后,海上运输得到恢复与发展。1948年2月19日,在日内瓦召开的联合国海运会议上通过了《政府间海事协商组织公约》。但由于一些海运国家的意见分歧,公约在10年后,于1958年3月7日才生效。于是,联合国根据公约于1959年1月6日成立了一个专门组织——政府间海事协商组织(IMCO),成为第1个致力于海上事务的唯一国际性组织,其总部设在伦敦。

该组织的目的是:制定各国政府间在政府规定和实施方面进行合作的法规,

这些法规与影响国际海运的各种技术问题相关；鼓励普遍使用保证海上安全和航行效率以及防止和控制船舶造成污染的最高可行标准。1982年5月22日政府间海事协商组织正式更名为国际海事组织(IMO)，成为自主管理和自筹资金的组织。

由于国际上对防止海洋污染的焦点集中到船舶，特别是油船对海洋造成的污染，所以在 IMCO 成立前4年，即1954年制定了第1个国际公约——《1954年防止海上油污染公约》。IMCO 成立后的第一项重要任务就是召开1960年6月17日第4次安全会议，通过了《1960年国际海上人命安全公约》，从此执行该公约就成为 IMO 的重要任务，对增进海运安全和防止海洋污染起了重要作用。目前，IMO 共有169个成员国和3个联系会员。我国是该组织的 A 类理事国。

自1958年成立 IMO 的公约生效以来，IMO 陆续在海上安全、便利航行运输、防止和控制船舶造成海洋污染等方面制定了35个公约、规则。近年来，根据国际海运的发展、重大的海难及各种海事问题等不断地对一些重要的公约，如《1974年国际海上人命安全公约》《1973年国际防止船舶造成污染公约》进行多次地修正，以使公约更有利于船舶的安全航行和海洋环境的保护。

另外，国际海事组织还下设9个对所有成员国开放的分委会(Sub-committee)，主要是协助海上安全委员会和海上环境保护委员会工作，这些分委会是：(1) 散装液体和气体分委会；(2) 危险品、固体货物和集装箱运输分委会；(3) 消防分委会；(4) 无线电通信和搜寻与救助分委会；(5) 航行安全分委会；(6) 船舶设计和设备分委会；(7) 稳性载重线和船舶安全分委会；(8) 培训和值班标准分委会；(9) 船旗国履约分委会。

三、渔船检验工作

渔船检验是一个对渔船技术安全状况进行符合性确认的过程。验船项目主要有：渔船构造、主要机电设备和受压容器的检验；渔船载重线检验；渔船完整稳性与抗沉性检验；渔船防火结构与消防设备、救生设备、无线电设备以及航行与信号设备的检验；渔船防污染设备与构造的检验，渔船吨位丈量；渔船起货与起重设备的检验。

（一）验船师

验船师是检验机构派驻到修造船厂和设计部门执行渔船技术安全建造规范、安全技术规则、国际公约和国家法律、法令等的代表。验船师的介入，是确认渔船与批准图纸、技术法规要求的符合性，他们的任务是监督渔船的安全和防污染结构和设备的技术状态符合和保持规定要求，促使渔船具备和保持安全航行和作业、防止渔船造成污染的技术条件。检验结果作为决定签发或签署渔船证书的依据。

验船师必须具有一定的资格条件才能承担验船任务。国际上有一个公认的验船师最低资质标准：在公认院校学习有关工程或自然科学领域内的课程并获得1门或同等学力，或在相当的海运或航海院校获得资格证书，以及具有像1名合格的高级船员那样的远洋经验；参加过必修的内部课程学习。

（二）渔船检验主要工作内容和特点

1. 技术法规研究和制定

渔船检验技术法规是渔船检验的依据；其研究和制定，是渔船检验工作的重要环节，也是衡量整个渔船检验工作水平的重要标志。衡量规范的水平，主要从它的安全性、经济性、适用性、国际性和时效性等方面来考虑。

安全性是技术法规研究首先要考虑的问题。为渔船在特定水域航行提供可靠的安全和防止污染的技术保证是技术法规研究的中心任务和根本目的，离开了安全性技术法规也就失去了存在的意义。

经济性也是技术法规研究必须考虑的问题。在保证安全的同时，技术法规要为渔船提供达到同等安全水平的最佳方案，以便使有限的资金投入达到最佳的安全效果。

适用性就是要求技术法规确定的安全标准，要同一定的生产力发展水平，以及社会对安全重视程度相适应，即不能滞后，又不能过于超前，否则都将制约渔船科技的发展。我国各地经济发展很不平衡，在确定安全标准的时候还要兼顾不同地区的发展水平。

国际性就是技术法规要满足我国加入的国际公约，而且国际公约的发展、变化要及时反映到我国的技术法规中，当然这里主要是指国际航行渔船，但国内航行渔船也要及时吸收国际公约中合理和适用的部分。

时效性就是要求技术法规要及时跟上造船科技发展的要求，在渔船技术方面的新技术、新成果、新要求要能及时反映到技术法规当中，为此，需要建立技术法规研究和修订的快速反应机制。

由于渔船检验技术法规的上述特点和要求，技术法规研究需要有足够的投入，不仅要有专门的规范研究力量，还要动员社会更多的人员参与此项工作。否则技术法规研究工作不仅不能为渔船提供可靠的安全保证，很可能会制约造船业的发展。

技术法规制定、修改主要依据和信息来源是：

（1）渔船检验中的信息反馈；

（2）渔船新技术的应用；

（3）国际公约的变化；

（4）技术法规研究的成果；

（5）社会发展的要求；

(6) 国家政策的调整。

2. 图纸审查

图纸审查是由验船人员按照现行技术法规对渔船建造图纸包括有关的计算资料进行审查。图纸审查工作特点是技术性强，责任大，复杂程度高，需要做大量耐心细致的工作，因此从事审图工作的人员要求具备较高的专业技术水平和较强的责任心。为了确保审图质量，目前的做法：一是要求由较高资历和水平的验船人员从事审图工作。二是图纸审查工作相对集中，目前不少地方渔船检验部门抽调有经验的高级验船人员组成专家组，负责一定范围的渔船图纸审查工作，中国船级社还专门成立审图中心，对渔船图纸进行集中审查。三是加强对图纸的复审。四是对设计部门的资质提出要求，对于资质较差，设计问题较多的部门提供的图纸拒绝受理。五是加强现场过程的信息反馈，在现场检验过程如发现经审批过的图纸有问题，要求即时反馈的原审图部门，有利于审图部门及时解决和纠正审图中存在的问题。

3. 初次检验

初次检验是指渔船在首次投入营运以及验船机构第一次对渔船签发证书之前所进行的检验。它包括新造渔船的建造检验以及现有渔船的初次检验。现有渔船的初次检验即指对首次向我国渔船检验部门申请检验的现有渔船的检验以及其他国内商业渔船首次改为从事捕捞作业渔船进行的检验。由于原来不是由我国渔船检验部门实施检验，所以初次检验是按照我国渔船相应技术法规做详细审查和勘验，对该船是否满足我国技术法规的要求进行全面复核。

新造渔船的建造检验是由验船人员根据审图部门审批过的图纸及现行规范在渔船建造过程中的监督检验。主要包括审查工厂制造工艺是否合理，焊工和无损检测等特殊工种人员是否持有渔船检验部门颁发的相应资格证书，造船使用的材料和设备是满足船用要求，是否按照批准图纸和技术法规进行施工等，并对重要的建造和安装工艺进行现场检验和试验。渔船建造完工后验船人员要参加现场各种试验和试航。

对新建造渔船进行检验时，验船师的检验方式主要有巡检、建造中巡检、审查、现场见证等方式，同时还需要提前进行如下技术准备：熟读渔船设计图纸，熟悉建造标准（建造公差标准、无损检测标准、制造标准等，包括其他渔船检验机构制定或接受的标准），熟悉重要建造工艺、焊接工艺等，全面了解船厂建造及质检能力（包括管理体系、建造设施、船坞、船台、泊位、主要制造和合拢设施、焊工资格控制、建造程序特征、质量控制系统、现场质量控制等）。

(1) 巡检：如对加工现场巡检渔船材料、下料、冷弯成型、组合构件拼装、拼板、平面和立体分段、焊接材料、胎架和船台的拉线定位、装配和焊接质量等进行抽查和复查，以确认质量状况。对管子加工的内场制作巡检，要检查管子的表面处理保护、冷弯和热弯的弯制成型情况、管子的连接、管子焊接、密性试验进行检查。

(2) 建造中巡检：如对钢板及型材的钢印、标识及批号或炉号进行核查；对钢板预处理检查；对车间底漆的施工质量及其漆膜厚度进行检查；对焊接材料进行烘干和保温检查；对船体结构用铸锻件主要有艏柱、艉柱、舵杆或舵轴、舵铸件、舵托、轴支架或整流架等以及轴系、浆在加工中的检查，如发现存在内部缺陷(如砂眼、缩空、气孔、夹渣等)，应提出处理意见，允许修理的，其修理工艺应经认可；如对内场加工包括下料、冷热加工成形、组合构件、拼板、小件预制、机械加工及平面/立体分段等工作，检查其形状和尺寸应准确、割口光顺无毛刺缺口、材料表面无割伤等；对加工后的板或型材的线型检查其尺寸是否符合图纸或样板，折边或折角处角度到位、折边宽度准确、折边外缘无开裂(冲头直径合适)，刨边或折板加工准确、光顺一致等。

(3) 审查：如对造船工艺文件，包括轴系、舵系拉线工艺、主机及轴系安装工艺、液压安装螺旋桨工艺、舵系安装工艺、管子加工和焊接工艺、管子在船上安装工艺等以及系泊试验及航行试验大纲进行审查，判定是否符合技术法规和国家标准的要求。对需要测厚的要审查专业测厚公司提供的船体测厚报告，对需要检测防油污水设备安装使用是否符合国际防止污染公约要求，要审查专业的水质检测机构提供的舱底水处理报告，要审查专业的无线电检测机构提供的船用无线电检测报告，如 GMDSS 设备等。

(4) 现场见证：包括船体分段检验、船体大合拢检验、焊接检验、船体结构完整性和主尺度检验(结构完整、舱室完整和水密完整等)、下水前检验、无损探伤检测验收和各类试验等，以及各种管路的安装、效用试验等，这些检验内容均列入船厂提交的《验收项目表》。

当前影响渔船建造检验质量主要有以下因素：

一是验船人员自身素质。建造检验过程长，工作量大，条件艰苦，技术复杂，要求验船人员要有较高的业务水平及较强的责任心和吃苦精神，同时还要有良好的服务意识，不能因为检验不及时造成工期的延误。

二是船厂的资质条件。如果船厂自身的资质条件好，建造的渔船基本满足规范要求，验船人员的工作压力就小。当前渔船检验工作来自船厂方面的压力非常大，特别是一些地方出现的滩涂造船，设备简陋，管理混乱，建造的渔船的质量很难保证，大大增加了渔船检验人员的工作量。

三是渔船的标准化程度。渔船的标准化程度对渔船检验的工作质量有很大影响，由于我国目前渔船标准化程度低，建造检验的工作难度非常大。

4. 营运检验

营运检验是对渔船在营运中技术状况保持情况的检验。根据检验的范围和深度不同分为年度检验、期间检验和换证检验。营运检验一般来说主要是确认和渔船安全和防止污染有关的结构、设备和设施是否保持有效状态或损耗在许可范围之内。当然营运检验中如发现渔船在设计或建造过程中遗留的问题,如涉及渔船安全或污染,也应要求船东予以纠正。在营运检验时还要注意渔船在营运过程中是否发生影响渔船安全适航条件的事故或进行了影响渔船安全的改动,如发现应进行必要的审查,对发现的问题应要求船东进行整改。

由于渔船在营运作业过程中回港卸鱼、上排修理、备航时间都很紧,为了减少渔船检验工作对捕捞作业的影响,要求渔船检验部门和验船人员尽可能做到全天候工作。此外由于营运检验时效性很强,要求验船人员在尽可能短的时间内发现渔船存在的主要问题,因此对验船人员的经验和熟练程度都要求很高。

为了准确地把握渔船的技术状况,初次和营运检验有时要借助一些有资质的辅助机构来完成(比如测厚公司、救生筏检修站、消防设备检修机构等),由于这些辅助机构的工作是验船人员做出判断的重要依据,因此这些机构须进行必要的资质认可。

5. 产品检验

船用产品检验是对渔船所使用的有关水上安全和防止水域污染的重要设备、部件和材料的检验。由于船用产品质量的好坏对整个渔船的质量有直接的影响,因此产品检验是渔船检验的源头。船用产品检验根据产品结构、用途和生产方式的不同,分别进行工厂认可、型式认可,以及认可后对产品进行制造检验、出厂检验或不定期抽查。由于船用产品检验涉及的专业门类很多,有些产品生产工艺非常复杂,因此对从事产品检验的验船师要求知识面要广。

6. 档案管理

渔船检验档案管理是整个渔船检验管理中重要的基础性工作,也是整个渔船检验工作的重要环节。和其他档案工作相比,渔船检验档案工作的特点是数量多内容重要,技术性强,使用率高,而且要有一定的保密性。渔船检验档案主要包括渔船本身的图纸资料和检验资料,前者用于渔船检验部门全面了解和掌握渔船的技术状况,为现场检验工作提供技术支持;后者是整个检验过程的记录,为了便于管理要求检验过程记录要有可追溯性。试想如果没有完备的渔船检验档案资料,强化渔船检验工作管理,提高检验工作质量都将无的放矢。由于渔船的图纸资料是设计、开发部门的劳动成果,有一定的技术含量,作为知识产权,渔船检验部门有义务对船东提交的图纸给予保密。

总之,渔船检验的整个过程具有法定程序和要求,且必须留有过程证据,都需要验船师在检验报告上签字确认。未经检验的渔船或检验不合格,不许航行。经船检机构检验合格的渔船,发给有关的渔船检验证书以作合法航行的重要凭证。

验船工作是技术性工作,又是政策性工作。既要坚持标准,坚持原则保持渔船的技术安全状态,保证渔船航行安全,又要在实际工作中,在保证安全的前提下灵活运用标准,以促进渔船建造和航行发展。验船师对检验后的结论,持慎重的态度,不轻率断定渔船不适航或产品报废等。对机损、海损事故的检验,是尽可能查明原因,如确实难以肯定原因时亦要实事求是,不写无把握的结论,在完成各种检验后,严肃认真编写证书或报告。

第三节 船舶登记管理、分级管理与整顿

一、船舶登记管理

根据我国《海上交通安全法》第五条规定:"船舶必须持有船舶国籍证书,或船舶登记证书,或船舶执照。"船舶国籍证书,登记证书与船舶执照都是证明船舶身份的官方文件,其性质基本相同,但各自适用对象不同。一般来说,船舶通过登记而获得船舶登记证书,对于航行海上或者国际河流的船舶来说,则发给船舶国籍证书以代替船舶登记证书(一些国家如英联邦国家除外);对于一定尺度的船舶则发给船舶执照以代替船舶登记证书。

为加强渔业船舶的监督管理工作,保障渔业船舶登记有关各方的合法权益,根据《中华人民共和国海上交通安全法》《中华人民共和国海商法》和《中华人民共和国渔业法》等有关法律、法规的规定,农业部特别指定了《中华人民共和国渔业船舶登记办法》,自1996年6月1日起生效。1985年农牧渔业部发布的《中华人民共和国渔业船舶登记章程》同时作废。

本办法适用于我国境内的企业法人或中国公民的渔业船舶,以及经中华人民共和国有关主管机关批准成立的外国独资、中外合资(合作)企业的渔业船舶,附属于渔业船舶的子船、救生艇(筏)等不再单独登记。船长在12 m以下或主机功率在45 kW以下的小型渔业船舶的登记程序可适当简化,具体办法由各省、自治区、直辖市渔业行政主管部门制定,报农业部批准。本办法规定的登记项目有:所有权登记、国籍登记、抵押权登记以及光船租赁登记。

1. 所有权登记

所有权,是指法律确定的对生产资料等所享有的占有、使用和处分的权利。在船舶登记中,它即通过登记确认船舶所有人对船舶占有、使用和处分的权利。

所有权的权利主体是特定的,船舶也是归属特定的所有人所有。船舶所有人可以是国家,也可以是法人或自然人。船舶可以归一个所有人所有,也可以同时归几个所有人所共有。共有关系,有按份共有和共同共有。但不论何种所有关系,船舶所有人取得船舶后,应该有足以证明船舶为其所有的证明文件,进行所有权登记中除说明船舶各种技术状况外,还应说明船舶所有人的名称、住址、资金股

份及所商定的各项权利、义务的顺序。登记完毕,登记机关向所有人核发所有权证书文件。船舶所有权的取得、变更和消灭,从登记完毕时对第三者生效。

2. 国籍登记

船舶所悬挂的国旗,是船舶所属国籍的标志。船舶悬挂哪一国家的国旗,即具有哪一国的国籍。船舶在哪一国登记并经批准后,即有权悬挂哪一国的国旗。所有登记过通常也就是船旗国。船舶在一国登记并取得该国国籍后,即确立了船舶与该国的法律关系。船舶的各项行为要对船旗国负责,同时受船旗国法律的约束和保护,在船旗国水域或公海上受船旗国的专属管理。批准船舶取得本国国籍的国家,自批准之日起,即对船舶产生了法律规定的义务。

3. 抵押权登记

船舶抵押,实际上是一种信贷手段。船舶所有人为筹措资金,在不转移对船舶所有权的情况下,将船舶及其属具作为抵押品向债权人抵押换取贷款,以船舶作为清偿债务的担保物。船舶抵押权,从性质上说是属于船舶担保物权,是保护债权人合法权益的一种方式。船舶抵押是一项民事法律行为,需经过一定的法律程序才能生效,这个法律程序就是船舶抵押登记。

船舶设置抵押权,船舶所有人和抵押权人应出具船舶所有权证明文件及设定抵押权的契约,申请抵押权设定登记。申请书上载明债权的数额、清偿期限、利息及其他附带或特定条件。船舶抵押权登记后,如债务人不履行债务时,抵押权人可申请法院就提供担保的船舶卖得价金优先受偿。同一船舶设定数个抵押权时,优先受偿的次序,按登记的先后顺序确定。

4. 租赁权登记

它是对船舶所有人和承租人在租赁关系中各自权利和义务的登记。租赁权登记,既是对抗第三者的条件,也是租赁法律关系成立的条件。

船舶进行租赁,即设定租赁权,船舶的所有人或承租人应持船舶所有权证明文件及租赁契约,申请租赁权设定登记。申请书上注明租金数额。如在契约中订有续租期限、付租期限及许可转租的条款和其他特别规定,也应一并注明。因船舶转租而申请登记,应出具转租契约,申请租赁权转租登记。如在租赁权登记时未说明许可转租,还应出具船舶所有人和承租人共同同意转租的文件。

船舶不是船籍港设定或移转租赁权,可由当地船舶登记机关的契约上签证,等回到船籍港后,再到登记机关进行登记。船舶设定或转移租赁权登记,登记机关在所有权证明文件上注明承租人名称,租金数额。租赁权从登记之日起,不论船舶物权如何转移,承租人和取得船舶物权的人之间的法律关系继续存在。

5. 船舶变更登记

它是指船舶进行登记后,如有规定事项发生变更,如船舶名称、编号、用途、主机类型、船籍港、船舶所有权、船舶抵押合同等,船舶所有人应持有证明各项变更的文件,连同国籍证书到原登记机关进行的登记。同时,登记机关核准变更登记后,应在登记簿上列明,并在核发的有关证书上注明或重新核发新的证书。

6. 注销登记

它是指船舶进行登记后,若有规定情况发生的,如船舶灭失、沉没、失踪、折废等,船舶所有人应持有关证明文件,到原登记机关进行的登记。注销登记涉及面比较广,如船舶抵押合同解除,抵押人和抵押人应持有关文件到船籍港登记机关办理船舶抵押权注销登记;又如以光船租赁条件出租到境外的船舶,出租人应办理船舶国籍中止或注销登记;以光船租赁条件从境外租进的船舶,渔港监督机关应注销该船在《渔业船舶登记簿》上的光船租赁记录等等。

二、渔船的分级管理

(一) 渔船的分级管理

我国对渔船实行分级管理的办法,一般是按渔船的性质,即国有企业和集体渔业社队(包括联户、个体户、下同);或按渔船的种类、吨位、功率,分别由国家渔业行政管理部门或地方管理。各类渔船的管理权限如下:

1. 属国家渔业行政主管部门或指定的机关管理

这种类型的渔船有大型拖网渔船(兼围网作业的渔船也按拖网渔船对待)和国有企业的拖网及其他捕捞渔船。上述渔船按隶属关系逐级上报渔业行政(渔政)主管部门审查后,报农业部制定的机关审批。

2. 属省、直辖市、自治区管理

这种类型的渔船有渔业社队的集体、联户、个体的定置作业渔船,流网作业渔船,按隶属关系,经渔业行政(渔政)主管部门逐级审查后,报省、直辖市、自治区渔业行政(渔政)主管部门审批。围、钓作业的渔船,由省、直辖市、自治区渔业行政(渔政)主管部门审批,或委托下级渔业行政(渔政)主管部门审批。由省、直辖市、自治区渔业行政(渔政)主管部门及其委托下级渔业行政(渔政)主管部门审批的渔船,均要报中央农业部备案。

3. 属县渔业行政(渔政)主管部门管理

这类渔船有风帆船,由县渔业行政(渔政)主管部门审批,报省、直辖市、自治区渔业行政(渔政)主管部门备案。

(二) 更新、新造、引进渔船的含义、原则,以及申请与审批手续三个问题需要解决

1. 更新、新造、引进渔船的含义

更新渔船,系指原来在编制内的渔船,由于服役年限已到或其他原因报废或转做他用,建造新的渔船以取代之;更新渔船不增加新的渔船编制。新造渔船,系指原来没有编制的,新建造的渔船,新造渔船增加新的渔船编制。引进渔船,系指

原来没有编制的,通过补偿贸易,合作经营,技术交流,购进等方式,从外国买进的渔船;引进渔船增加新的渔船编制。

2. 更新、新造、引进渔船的原则

更新渔船应区别海区的不同情况,符合调整作业以及开发外海生产的方向,在得到渔业行政(渔政)主管部门批准后才能更新。新造渔船需持有渔政机关发给的渔业许可证,船舶管理部门才能发给许可证。引进渔船,不论何种作业方式,一律不得进入禁渔区线或军事禁戒线内生产。

3. 更新、改造、引进渔船的申报与审批手续

为加强和规范渔船管理,提高船网工具指标审批和渔船证书审核发放的科学性、准确性和严肃性,根据《渔业捕捞许可管理规定》等有关规定,现就有关更新、改造、引进渔船的申报与审批手续事项通知如下(详见农渔发〔2012〕159号):

(1) 准确申报渔船主要技术参数。各级渔业行政主管部门要加强宣传和指导,渔民和渔业企业在申请建造或更新改造渔船时,应根据渔船生产实际情况做好前期论证工作,准确申报渔船主要技术参数。按照已有成熟船型建造或更新改造渔船的,可参照母型船的主要技术参数。新船型或没有参考船型建造或更新改造渔船的,需经有资质的船舶设计单位进行船舶初步设计。申请人在申报船网工具指标审批时,须将母型船的船名和主要技术参数或者新船型的初步设计方案作为项目可行性的重要内容一并提交审核。

(2) 严格执行船网工具指标批准内容。各级渔业行政主管部门及其渔政渔港监督、渔船检验机构要按照《渔业船网工具指标批准书》核定的内容进行图纸审查、核发开工令、实施现场检验以及办理渔船相关证书。船网工具指标批准书中核定的船舶作业类型、船体材质、主机总功率、船长和总吨位,以及备注栏所记载的内容均为限制性内容,不得随意变动。考虑到船舶建造中,其船长和总吨位等技术参数与初始设计可能存在一定出入,为此省级以上渔业行政主管部门在开具《渔业船网工具指标批准书》时,可注明除主机总功率不得突破外,允许船长上下浮动不超过5%、总吨位上下浮动不超过10%。全国海洋渔船动态管理系统将据此自动生成船长和总吨位核定范围。对确需超出核定范围变更参数建造和更新改造渔船的,须重新申办《渔业船网工具指标批准书》。

(3) 妥善处理好相关遗留问题。对本通知下发之前已核发《渔业船网工具指标批准书》的渔船,凡不突破批准书核定的主机总功率,且船长和总吨位在上述浮动范围内的,可直接办理相关手续。对超出船长和总吨位浮动范围,但不涉及《农业部关于印发〈海洋渔船更新改造项目中央投资补助金额上限一览表〉的通知》(农渔发〔2012〕24号)规定的渔船更新建造补助标准调整的,渔船检验机构可正常审图和检验,渔业主管部门可通过渔船数据维护方式办理渔船证书等手续。对超出船长和总吨位浮动范围,且涉及渔船更新建造补助标准调整的,需重新申办

《渔业船网工具指标批准书》。

(三)渔船证书管理

渔船证书管理要解决渔船证书发放的条件和不发给渔船证书的范围两个问题。

1. 渔船证书发放的条件

渔船证书发放要满足两个条件:一是经批准持有渔政部门发给捕捞许可证的渔船,才能发给渔业船舶证书;二是新造、更新、引进的渔船,应持有渔政部门发给的渔业许可证,才能发给渔业船舶证书。

2. 不发给渔船证书的范围

不发放渔船证书的范围:一是未经批准、私自建造、购买、引进及更新的渔船,船检部门不发给渔业船舶证书;二是转让或卖出的渔船,如未经注销船舶证书,则也不发给买主单位新的渔业船舶证书。

三、渔船的整顿

这里要解决投产渔船的条件和渔船的停产和转产两个问题。

(一)投产渔船的条件

投产渔船的条件如下:一是应持有渔政机关发给的捕捞许可证,二是应持有船舶机关发给的船舶检验合格证书、职务船员考核合格证书,三是应持有公安机关发给的船舶户口簿和出海渔民证。

(二)渔船的停产和转产

渔船的停产和转产规定如下:一是未经批准的农副业队、农民个体或联产建造及购买的船只,可以从事养殖或运输,但不得从事捕捞生产,已投产,应停产。二是从1979年后新增加的捕捞渔船,应限期转为其他用船,如确无其他出路,可根据资源状况,允许其从事钓业生产。

第四节 船舶防污管理

有关防止海洋环境污染的国家法律和国际规约很多,如我国的《中华人民共和国海洋环境保护法》、《中华人民共和国防止船舶污染海域管理条例》等;国际规约如《国际防止船舶造成污染公约(MARPOL73/78)》,美国的《1990年油污法》等。这里仅简要介绍防止船舶污染海洋环境的主要内容。

一、防止船舶污染海洋环境管理内容

(一) 防治船舶及其有关作业活动污染海洋环境的一般规定

(1) 船舶的结构、设备、器材应当符合国家有关防治船舶污染海洋环境的技术规范以及中华人民共和国缔结或者参加的国际条约的要求。

船舶应当依照法律、行政法规、国务院交通运输主管部门的规定以及中华人民共和国缔结或者参加的国际条约的要求,取得并随船携带相应的防治船舶污染海洋环境的证书、文书。

(2) 中国籍船舶的所有人、经营人或者管理人应当按照国务院交通运输主管部门的规定,建立健全安全营运和防治船舶污染管理体系。

海事管理机构应当对安全营运和防治船舶污染管理体系进行审核,审核合格的,发给符合证明和相应的船舶安全管理证书。

(3) 港口、码头、装卸站以及从事船舶修造的单位应当配备与其装卸货物种类和吞吐能力或者修造船舶能力相适应的污染监视设施和污染物接收设施,并使其处于良好状态。

(4) 港口、码头、装卸站以及从事船舶修造、打捞、拆解等作业活动的单位应当制定有关安全营运和防治污染的管理制度,按照国家有关防治船舶及其有关作业活动污染海洋环境的规范和标准,配备相应的防治污染设备和器材,并通过海事管理机构的专项验收。

港口、码头、装卸站以及从事船舶修造、打捞、拆解等作业活动的单位,应当定期检查、维护配备的防治污染设备和器材,确保防治污染设备和器材符合防治船舶及其有关作业活动污染海洋环境的要求。

(5) 船舶所有人、经营人或者管理人以及有关作业单位应当制定防治船舶及其有关作业活动污染海洋环境的应急预案,并报海事管理机构批准。

港口、码头、装卸站的经营人应当制定防治船舶及其有关作业活动污染海洋环境的应急预案,并报海事管理机构备案。

船舶、港口、码头、装卸站以及其他有关作业单位应当按照应急预案,定期组织演练,并做好相应记录。

(二) 船舶污染物的排放和接收

(1) 船舶在中华人民共和国管辖海域向海洋排放的船舶垃圾、生活污水、含油污水、含有毒有害物质污水、废气等污染物以及压载水,应当符合法律、行政法规、中华人民共和国缔结或者参加的国际条约以及相关标准的要求。

船舶应当将不符合前款规定的排放要求的污染物排入港口接收设施或者由船舶污染物接收单位接收。

船舶不得向依法划定的海洋自然保护区、海滨风景名胜区、重要渔业水域以及其他需要特别保护的海域排放船舶污染物。

（2）船舶处置污染物，应当在相应的记录簿内如实记录。

船舶应当将使用完毕的船舶垃圾记录簿在船舶上保留 2 年；将使用完毕的含油污水、含有毒有害物质污水记录簿在船舶上保留 3 年。

（3）船舶污染物接收单位从事船舶垃圾、残油、含油污水、含有毒有害物质污水接收作业，应当依法经海事管理机构批准。

（4）船舶污染物接收单位接收船舶污染物，应当向船舶出具污染物接收单证，并由船长签字确认。

船舶凭污染物接收单证向海事管理机构办理污染物接收证明，并将污染物接收证明保存在相应的记录簿中。

（5）船舶污染物接收单位应当按照国家有关污染物处理的规定处理接收的船舶污染物，并每月将船舶污染物的接收和处理情况报海事管理机构备案。

（三）船舶有关作业活动的污染防治

（1）从事船舶清舱、洗舱、油料供受、装卸、过驳、修造、打捞、拆解，污染危害性货物装箱、充罐，污染清除作业以及利用船舶进行水上水下施工等作业活动的，应当遵守相关操作规程，并采取必要的安全和防治污染的措施。

从事前款规定的作业活动的人员，应当具备相关安全和防治污染的专业知识和技能。

（2）船舶不符合污染危害性货物适载要求的，不得载运污染危害性货物，码头、装卸站不得为其进行装载作业。

污染危害性货物的名录由国家海事管理机构公布。

（3）载运污染危害性货物进出港口的船舶，其承运人、货物所有人或者代理人，应当向海事管理机构提出申请，经批准方可进出港口、过境停留或者进行装卸作业。

（4）载运污染危害性货物的船舶，应当在海事管理机构公布的具有相应安全装卸和污染物处理能力的码头、装卸站进行装卸作业。

（5）货物所有人或者代理人交付船舶载运污染危害性货物，应当确保货物的包装与标志等符合有关安全和防治污染的规定，并在运输单证上准确注明货物的技术名称、编号、类别(性质)、数量、注意事项和应急措施等内容。

货物所有人或者代理人交付船舶载运污染危害性不明的货物，应当由国家海事管理机构认定的评估机构进行危害性评估，明确货物的危害性质以及有关安全和防治污染要求，方可交付船舶载运。

（6）海事管理机构认为交付船舶载运的污染危害性货物应当申报而未申报，或者申报的内容不符合实际情况的，可以按照国务院交通运输主管部门的规定采取开箱等方式查验。

海事管理机构查验污染危害性货物,货物所有人或者代理人应当到场,并负责搬移货物,开拆和重封货物的包装。海事管理机构认为必要的,可以径行查验、复验或者提取货样,有关单位和个人应当配合。

(7) 进行散装液体污染危害性货物过驳作业的船舶,其承运人、货物所有人或者代理人应当向海事管理机构提出申请,告知作业地点,并附送过驳作业方案、作业程序、防治污染措施等材料。

海事管理机构应当自受理申请之日起 2 个工作日内作出许可或者不予许可的决定。2 个工作日内无法作出决定的,经海事管理机构负责人批准,可以延长 5 个工作日。

(8) 依法获得船舶油料供受作业资质的单位,应当向海事管理机构备案。海事管理机构应当对船舶油料供受作业进行监督检查,发现不符合安全和防治污染要求的,应当予以制止。

(9) 船舶燃油供给单位应当如实填写燃油供受单证,并向船舶提供船舶燃油供受单证和燃油样品。

船舶和船舶燃油供给单位应当将燃油供受单证保存 3 年,并将燃油样品妥善保存 1 年。

(10) 船舶修造、水上拆解的地点应当符合环境功能区划和海洋功能区划,并由海事管理机构征求当地环境保护主管部门和海洋主管部门意见后确定并公布。

(11) 从事船舶拆解的单位在船舶拆解作业前,应当对船舶上的残余物和废弃物进行处置,将油舱(柜)中的存油驳出,进行船舶清舱、洗舱、测爆等工作,并经海事管理机构检查合格,方可进行船舶拆解作业。

从事船舶拆解的单位应当及时清理船舶拆解现场,并按照国家有关规定处理船舶拆解产生的污染物。

禁止采取冲滩方式进行船舶拆解作业。

(12) 禁止船舶经过中华人民共和国内水、领海转移危险废物。

经过中华人民共和国管辖的其他海域转移危险废物的,应当事先取得国务院环境保护主管部门的书面同意,并按照海事管理机构指定的航线航行,定时报告船舶所处的位置。

(13) 使用船舶向海洋倾倒废弃物的,应当向驶出港所在地的海事管理机构提交海洋主管部门的批准文件,经核实方可办理船舶出港签证。

船舶向海洋倾倒废弃物,应当如实记录倾倒情况。返港后,应当向驶出港所在地的海事管理机构提交书面报告。

(14) 载运散装液体污染危害性货物的船舶和 1 万总吨以上的其他船舶,其经营人应当在作业前或者进出港口前与取得污染清除作业资质的单位签订污染清除作业协议,明确双方在发生船舶污染事故后污染清除的权利和义务。

与船舶经营人签订污染清除作业协议的污染清除作业单位应当在发生船舶污染事故后,按照污染清除作业协议及时进行污染清除作业。

(15)申请取得污染清除作业资质的单位应当向海事管理机构提出书面申请,并提交其符合下列条件的材料:

①配备的污染清除设施、设备、器材和作业人员符合国务院交通运输主管部门的规定;

②制定的污染清除作业方案符合防治船舶及其有关作业活动污染海洋环境的要求;

③污染物处理方案符合国家有关防治污染的规定。

海事管理机构应当自受理申请之日起 30 个工作日内完成审查,并对符合条件的单位颁发资质证书;对不符合条件的,书面通知申请单位并说明理由。

(四)船舶污染事故应急处置

(1)本条例所称船舶污染事故,是指船舶及其有关作业活动发生油类、油性混合物和其他有毒有害物质泄漏造成的海洋环境污染事故。

(2)船舶污染事故分为以下等级:

①特别重大船舶污染事故,是指船舶溢油 1 000 吨以上,或者造成直接经济损失 2 亿元以上的船舶污染事故;

②重大船舶污染事故,是指船舶溢油 500 吨以上不足 1 000 吨,或者造成直接经济损失 1 亿元以上不足 2 亿元的船舶污染事故;

③较大船舶污染事故,是指船舶溢油 100 吨以上不足 500 吨,或者造成直接经济损失 5 000 万元以上不足 1 亿元的船舶污染事故;

④一般船舶污染事故,是指船舶溢油不足 100 吨,或者造成直接经济损失不足 5 000 万元的船舶污染事故。

(3)船舶在中华人民共和国管辖海域发生污染事故,或者在中华人民共和国管辖海域外发生污染事故造成或者可能造成中华人民共和国管辖海域污染的,应当立即启动相应的应急预案,采取措施控制和消除污染,并就近向有关海事管理机构报告。

发现船舶及其有关作业活动可能对海洋环境造成污染的,船舶、码头、装卸站应当立即采取相应的应急处置措施,并就近向有关海事管理机构报告。

接到报告的海事管理机构应当立即核实有关情况,并向上级海事管理机构或者国务院交通运输主管部门报告,同时报告有关沿海设区的市级以上地方人民政府。

(4)船舶污染事故报告应当包括下列内容:

①船舶的名称、国籍、呼号或者编号;

②船舶所有人、经营人或者管理人的名称、地址；

③发生事故的时间、地点以及相关气象和水文情况；

④事故原因或者事故原因的初步判断；

⑤船舶上污染物的种类、数量、装载位置等概况；

⑥污染程度；

⑦已经采取或者准备采取的污染控制、清除措施和污染控制情况以及救助要求；

⑧国务院交通运输主管部门规定应当报告的其他事项。

作出船舶污染事故报告后出现新情况的，船舶、有关单位应当及时补报。

（5）发生特别重大船舶污染事故，国务院或者国务院授权国务院交通运输主管部门成立事故应急指挥机构。

发生重大船舶污染事故，有关省、自治区、直辖市人民政府应当会同海事管理机构成立事故应急指挥机构。

发生较大船舶污染事故和一般船舶污染事故，有关设区的市级人民政府应当会同海事管理机构成立事故应急指挥机构。

有关部门、单位应当在事故应急指挥机构统一组织和指挥下，按照应急预案的分工，开展相应的应急处置工作。

（6）船舶发生事故有沉没危险，船员离船前，应当尽可能关闭所有货舱（柜）、油舱（柜）管系的阀门，堵塞货舱（柜）、油舱（柜）通气孔。

船舶沉没的，船舶所有人、经营人或者管理人应当及时向海事管理机构报告船舶燃油、污染危害性货物以及其他污染物的性质、数量、种类、装载位置等情况，并及时采取措施予以清除。

（7）发生船舶污染事故或者船舶沉没，可能造成中华人民共和国管辖海域污染的，有关沿海设区的市级以上地方人民政府、海事管理机构根据应急处置的需要，可以征用有关单位或者个人的船舶和防治污染设施、设备、器材以及其他物资，有关单位和个人应当予以配合。

被征用的船舶和防治污染设施、设备、器材以及其他物资使用完毕或者应急处置工作结束，应当及时返还。船舶和防治污染设施、设备、器材以及其他物资被征用或者征用后毁损、灭失的，应当给予补偿。

（8）发生船舶污染事故，海事管理机构可以采取清除、打捞、拖航、引航、过驳等必要措施，减轻污染损害。相关费用由造成海洋环境污染的船舶、有关作业单位承担。

需要承担前款规定费用的船舶，应当在开航前缴清相关费用或者提供相应的财务担保。

（9）处置船舶污染事故使用的消油剂，应当符合国家有关标准。

海事管理机构应当及时将符合国家有关标准的消油剂名录向社会公布。

船舶、有关单位使用消油剂处置船舶污染事故的,应当依照《中华人民共和国海洋环境保护法》有关规定执行。

(五)船舶污染事故调查处理

(1)船舶污染事故的调查处理依照下列规定进行:

①特别重大船舶污染事故由国务院或者国务院授权国务院交通运输主管部门等部门组织事故调查处理;

②重大船舶污染事故由国家海事管理机构组织事故调查处理;

③较大船舶污染事故和一般船舶污染事故由事故发生地的海事管理机构组织事故调查处理。

船舶污染事故给渔业造成损害的,应当吸收渔业主管部门参与调查处理;给军事港口水域造成损害的,应当吸收军队有关主管部门参与调查处理。

(2)发生船舶污染事故,组织事故调查处理的机关或者海事管理机构应当及时、客观、公正地开展事故调查,勘验事故现场,检查相关船舶,询问相关人员,收集证据,查明事故原因。

(3)组织事故调查处理的机关或者海事管理机构根据事故调查处理的需要,可以暂扣相应的证书、文书、资料;必要时,可以禁止船舶驶离港口或者责令停航、改航、停止作业直至暂扣船舶。

(4)事故调查处理需要委托有关机构进行技术鉴定或者检验、检测的,应当委托国务院交通运输主管部门认定的机构进行。

(5)组织事故调查处理的机关或者海事管理机构开展事故调查时,船舶污染事故的当事人和其他有关人员应当如实反映情况和提供资料,不得伪造、隐匿、毁灭证据或者以其他方式妨碍调查取证。

(6)组织事故调查处理的机关或者海事管理机构应当自事故调查结束之日起20个工作日内制作事故认定书,并送达当事人。

事故认定书应当载明事故基本情况、事故原因和事故责任。

(六)船舶污染事故损害赔偿

(1)造成海洋环境污染损害的责任者,应当排除危害,并赔偿损失;完全由于第三者的故意或者过失,造成海洋环境污染损害的,由第三者排除危害,并承担赔偿责任。

(2)完全属于下列情形之一,经过及时采取合理措施,仍然不能避免对海洋环境造成污染损害的,免予承担责任:

①战争;

②不可抗拒的自然灾害;

③负责灯塔或者其他助航设备的主管部门,在执行职责时的疏忽,或者其他过失行为。

(3) 船舶污染事故的赔偿限额依照《中华人民共和国海商法》关于海事赔偿责任限制的规定执行。但是,船舶载运的散装持久性油类物质造成中华人民共和国管辖海域污染的,赔偿限额依照中华人民共和国缔结或者参加的有关国际条约的规定执行。

前款所称持久性油类物质,是指任何持久性烃类矿物油。

(4) 在中华人民共和国管辖海域内航行的船舶,其所有人应当按照国务院交通运输主管部门的规定,投保船舶油污损害民事责任保险或者取得相应的财务担保。但是,1 000 总吨以下载运非油类物质的船舶除外。

船舶所有人投保船舶油污损害民事责任保险或者取得的财务担保的额度应当不低于《中华人民共和国海商法》、中华人民共和国缔结或者参加的有关国际条约规定的油污赔偿限额。

承担船舶油污损害民事责任保险的商业性保险机构和互助性保险机构,由国家海事管理机构征求国务院保险监督管理机构意见后确定并公布。

(5) 已依照本条例第五十三条的规定投保船舶油污损害民事责任保险或者取得财务担保的中国籍船舶,其所有人应当持船舶国籍证书、船舶油污损害民事责任保险合同或者财务担保证明,向船籍港的海事管理机构申请办理船舶油污损害民事责任保险证书或者财务保证证书。

(6) 发生船舶油污事故,国家组织有关单位进行应急处置、清除污染所发生的必要费用,应当在船舶油污损害赔偿中优先受偿。

(7) 在中华人民共和国管辖水域接收海上运输的持久性油类物质货物的货物所有人或者代理人应当缴纳船舶油污损害赔偿基金。

船舶油污损害赔偿基金征收、使用和管理的具体办法由国务院财政部门会同国务院交通运输主管部门制定。

国家设立船舶油污损害赔偿基金管理委员会,负责处理船舶油污损害赔偿基金的赔偿等事务。船舶油污损害赔偿基金管理委员会由有关行政机关和缴纳船舶油污损害赔偿基金的主要货主组成。

(8) 对船舶污染事故损害赔偿的争议,当事人可以请求海事管理机构调解,也可以向仲裁机构申请仲裁或者向人民法院提起民事诉讼。

二、船舶造成海洋环境污染的途径

船舶造成海洋环境污染的形式很多,其重要集中在船舶在营运过程中对水域造成的污染,这些途径有如下方面:

(1) 船舶排放油类及油性混合物。包括船舶机器处所的舱底含油污水、油船货油舱的压舱水、洗舱水的超标排放,以及船舶在加装燃油,装卸货油等油类作业时因违章作业引起的操作性溢油。还有船舶因搁浅、触礁、碰撞等引起的海损事故性溢油等都将造成水域的严重污染。

(2) 船舶载运散装运输有毒、含腐蚀性货物时排放洗舱水及压载水。

(3) 船舶装运包装幸会的易燃、易爆、腐蚀、有毒和放射性危险货物散落或溢漏。

(4) 船舶排放生活污水,包括排放含油粪、尿,船员及厨房洗涤产生的污水及医务室的污水等。

(5) 船舶排放垃圾,包括船舶在营运过程中自身产生的船员生活垃圾,货物衬垫物料、扫舱物料及船上报废的工具、零件等。

三、船舶防污染专项检查管理

船舶防污染专项检查的目的是检查船上防污文书、防污设备是否符合 MARPOL73/78 附则 Ⅰ 或国内法定检验规则的要求,调查污油水处理设备的可操作性,查明船上油污水的去向,检查《船上油污染应急计划》的实施情况。

(一) 检查内容

1. 船舶防污染文书检查

具体文书包括:船舶防污染证书、油类记录簿、轮机日志、《船上油污染应急计划》、船舶检验报告文档。

2. 船舶防污染设备检查

具体设备包括:油污水处理设备、排油监控系统(15 ppm 报警设备)、残油舱、污油水舱、标准排放接头以及管路。

3. 船舶防污染设备操作性检查

(二) 检查程序

1. 船舶防止油污证书

证书应进行相应的检验以保持有效;有关船舶防污染设备的配置要求可查阅防止油污证书。

可滞留的缺陷:证书失效或证书要求的防污染设备配置低于公约或规范的要求。

(1) 油污水处理设备。所有 400 总吨及以上船舶,不论船龄,均应配备油水分离设备或过滤系统。

(2) 报警和自动停止装置。所有 10 000 总吨及以上的船舶均配备排油监控系统或滤油设备以及报警和自动停止装置。装有大量燃油船舶,其要求与 10 000 总吨以上船舶要求相同。

小于 10 000 总吨船舶不要求装有报警系统和自动停止装置。

（3）适合燃烧油泥的焚烧炉应在防止油污证书上标明，并标明处理能力；（不适用内河船舶）

（4）适合燃烧油泥的辅助锅炉应在防止油污证书上标明；

（5）污油水舱、残油舱应在防止油污证书上标明，并注意核对是否与实际舱容相符。

可滞留的缺陷：船舶没有配置油污水分离设备或过滤设备或报警和自动停止装置（10 000 总吨及以上）。

2.《船上油污染应急计划》

（1）150 总吨及以上的油轮和 400 总吨及以上的非油轮，应配备经主管机关批准的《船上油污染应急计划》；

（2）国内航行的 150 总吨及以上的油驳和 400 总吨及以上的非油驳的拖驳船队均应配备经主管机关批准的《船上油污染应急计划》。

可滞留的缺陷：船舶未持有按要求编制的《船上油污染应急计划》。

3. 油类记录簿（机器处所的作业）

400 总吨及以上的非油轮，应当将油类作业情况记载在由海事管理机构签发的油类记录簿中；400 总吨以下的非油轮，应当将油类作业情况记载在轮机日志或航海日志中。

（1）检查相关的作业是否准确记录；

（2）重点检查机舱处所舱底水处理数量、时间、地点。

4. 油类记录簿（油船）

150 总吨及以上的油轮应当将油类作业情况记载在由海事管理机构签发的《油类记录簿》中；150 总吨以下的油轮，应当将油类作业情况记载在《轮机日志》或《航海日志》中。

（1）检查相关的作业是否准确记录；

（2）重点检查货油舱的装、卸载以及洗舱情况，注意装载货油种类变化时，货舱是否需要洗舱以满足货品的质量要求，如果需要洗舱则要检查洗舱水的去向；检查船舶修理需要进行洗舱作业时，洗舱水的去向；

可滞留的缺陷：船舶洗舱所产生的污油水没按有关的规定进行处理，船上无法证明污油水的去向；

（3）检查油船货舱压载以及污油水处理情况。如果直接排放入海，检查是否符合公约、法规的要求，核对《油类记录簿》记录的排放时间、经纬度、航速以及排放总量和瞬时排放率。如果污油水排入接收设备，检查污油水接收收据或港口接收证明。

可滞留的缺陷：船舶不按规定违章排放污油水入海，或船上无法证明污油水的去向。

5. 轮机日志

按法规要求不需要配备《油类记录簿》的船舶，舱底污油水的处理接收情况应在轮机日志上进行记录。

可滞留的缺陷：船舶舱底污油水的处理接收没有记录，船上无法证明污油水的去向。

6. 油污损害民事责任保险或其他财务保证书

2 000 载重吨以上持久性散装油类船舶应持有海事主管机关颁发的《油污损害民事责任保险或其他财务保证书》。

船舶未持有《油污损害民事责任保险或其他财务保证书》，船舶被禁止装载油类物质。

7. 防止散装运输有毒液体物质污染证书

证书应进行相应的检验以保持有效；船舶可装载的货物种类以及货舱位置可查阅证书的品名表。

可滞留的缺陷：证书失效或装载未在货物品名表所列明的货物种类。

8. 散装运输有毒液体物质船舶货物记录簿

重点检查货舱洗舱产生的有毒洗舱水是否按照公约、法规的要求进行排放入海或排入港口的接收设备。

可滞留的缺陷：船舶有毒洗舱水没有按照有关的公约或法规规定进行排放或接收。

9. 船上海洋污染应急计划

所有 150 总吨以上航行国际航线的核准载运散装有毒液体物质的船舶需要配有经主管机关认可的《船上海洋污染应急计划》。

可滞留的缺陷：船舶未按要求配置《船上海洋污染应急计划》。

10. 船舶检验记录簿

（1）检查船舶防污染设备变更是否与船舶防止油污染证书记录一致；

（2）变更后的船舶防污染设备标准能否满足公约标准，符合国内防污染相关标准；

（3）应该注意检查船舶防污染设备修理工程和内容，并确认是否得到船舶检验机关认可。

11. 船舶垃圾管理计划和垃圾记录簿

400 总吨及以上的船舶和经核定可载运 15 人或以上的船舶应配备《船舶垃圾管理计划》和《船舶垃圾记录簿》，总长 12 米或以上的所有船舶应张贴公告标牌。

除上述规定以外的船舶，有关垃圾处理情况应如实记录于《航海日志》中。

现场检查中查看《船舶垃圾记录簿》和船舶垃圾是否分类、收集、存放处理。

可滞留的缺陷：船舶未按要求配置《船舶垃圾管理计划》和《船舶垃圾记录簿》。

第五节　船舶报废制度

对报废渔船进行管理，是为了加强海上安全生产，维护国家、集体和个人的财产不受损失，保障渔工、渔民群众的生命安全，同时也是为了消灭海损事故发生的隐患。

一、废旧渔船的界定

废旧渔船，指报废和老旧渔船，前者是指船龄在 20 年以上并无修理价值而必修淘汰报废的渔船。后者是指船龄在 20 年以内，还有一定航运条件的旧渔船。报废渔船不能用于海上生产，特别是不能用于海上捕鱼生产，否则将会带来巨大财产损失，甚至造成人命事故。

二、对报废渔船管理的措施

这些措施主要内容有，严禁买卖报废渔轮，对非法买卖的渔监管理部门有权给予罚款、船舶检验部门要严格按照规定进行检验，用船部门如重新启用本部门已报废渔船用于营运的要进行恢复修理，以及认真教育广大渔民群众遵守渔业法规，不买卖报废和老旧渔船等。具体的管理措施如下：

（1）严格禁止买卖报废渔船。报废渔船须经渔船检验部门做出技术鉴定，报经上级主管部门批准，并按国家经委经机〔1985〕第 606 号文的规定，交中国拆船公司拆取钢材或用于人工鱼礁等，不得以任何借口再用于捕捞生产。

（2）船龄在 20 年以上的渔船，如果确实还具有一定适航条件的，只能由本单位维护使用。

（3）对非法买卖报废渔船及船龄在 20 年以上的渔船，渔政渔监管理部门可以给予罚款，有违法所得的，给予违法所得 3 倍以下罚款。但最高不得超过 3 000 元；没有违法所得的，处 1 000 元以下罚款。

（4）船舶检验部门应严格按照验船规定和技术标准，对申请检验的船舶进行验船，经检验合格才予以发证，并建立发（签）证责任制。用船部门对技术状况差、无修理价值又不适航的船舶，应坚决予以报废。凡已报废的渔船，不准再行转卖用于营运。确定船舶报废的用船部门，应将报废船舶的文件及时送原发证的船检部门和渔港监督部门。原发证的船检部门和港航监督部门，应及时在报废船舶的证书和有关其他文件上加盖"报废"字样的注销钱章，并将报废船舶的情况通报各船检部门和港航监督部门，同时抄送船检局和水上安全监督局。

（5）用船部门如重新启用本部门已经报废的船舶用于营运的，必须进行恢复性修复，并将船舶主管部门准予营运的批件向原发证的船检部门申请检验，经船检部门合格并取得证书后，才可用于营运。

（6）凡从国外买进的废钢船拟投入营运的，用船部门必须按有关规定报请交通部批准，经批准后，持批件向船检部门申请检验，并应严格按照船检部门提出的要求进行修理。船检部门要严格把好检验关。检验合格后方可重新发给相应的船舶证书。同时应将船舶证书和其他有关文件报检验局。

（7）报废船舶如拟改变用途，作为水上餐厅、水上旅社、水上游乐场所等水上设施限制条件使用时，用船部门应持船舶部门准予营运的批件向船检部门申请检验，经船检部门检验合格重新发给相应证书后，方可按证书所载用途使用，并按规定期进行检验。

（8）各港航监督部门要按照船舶登记制度，把好船舶登记关，各船检部门要严格按规范、规程要求把好船舶检验关。对不符合以上规定要求的报废船舶不得登记和检验发证，对违反规定滥发证书或签证登记的，要追究当事人和单位领导的责任。

（9）认真教育广大渔民群众遵守渔业法规，重视生命财产安全，坚决不买卖报废和老旧渔船，凡不听劝阻自行购买的一律停产查处。凡因违反国家规定而造成事故的，要追究有关行政领导的责任，对直接责任者要从严查处，其至追究刑事责任。

三、对废旧渔船拆解的管理

为加强水上交通安全管理，保障人命财产安全，防止水域污染，促进拆船业的发展，我国港务监督部门根据《海上交通安全法》《水污染防治法》《海洋环境保护法》《内河交通管理条例》以及《防止船舶污染海域管理条例》等法律法规，于1987年2月制定了关于船舶拆解管理的暂行办法，其主要内容如下：

（一）概述

关于船舶拆解监督管理的暂行办法，适用于我国沿海、内河以及港口水域进行和将要进行拆解的3 000总吨以上的船舶及其所有人和拆船人，对其他船舶可参照该办法执行。

（1）港航监督机关负责该办法的监督执行，确定拆船场（点）必须经制定的港务监督核准。

（2）外国籍船舶未经联合检查不得办理拆船中的交接船手续。交接手续应当在对外开放港口或其他经国家批准的交接船舶地点办理。

（3）船舶办理交接前，废钢船的买方应持证明文件及船舶主要资料向港务监督机关书面申请废钢船登记。办理登记完毕,港务监督机关发给《废钢船登记证书》。船舶拆解完毕,船舶所有人应将该证书交回港务监督机关。

(4) 船舶交接完毕,由港务监督机关处理船舶文件和有关的航海图书资料。船舶驶往拆船场(点)前,其所有人或拆船人应尽早将船舶预计抵达拆船场(点)或冲滩时间、具体位置和拆解安排、安全与防污染措施等情况申报港务监督核定。

(二) 安全监督管理

船舶交接完毕后,应尽早驶往或拖至拆船场(点),并及时向港务监督报告船舶动态。自航船舶应具备安全驶往拆船场(点)的条件。非自航船舶应当选择合适的拖轮拖带。具体做法如下:

(1) 自航船航行或锚泊,应配备足以保障安全和操纵的合格船员;非自航船锚泊,除配备必要的船员守船外,还应采取适当的安全措施。上述的船员配备和安全措施,需经港务监督机关核准。

(2) 船舶在抵达拆船场(点)前,任何单位和个人未经港务监督机关许可,不得将船上的航海仪器、通信设备(包括收发报机、甚高频无线电话、音响和视觉信号等)、消防救生设备,以及必要的安全备品和靠泊用具等拆除或撤走。

(3) 船舶在冲滩前,应根据冲滩地点的水上交通水文、地质、气象和环境等情况,制定冲滩方案报港务机关备案。游轮冲滩需经港务监督批准同意,并实现将货油舱(柜)中的存油驳出,进行洗舱等工作。

(4) 船舶坐滩就位后,拆船人应采取可靠的加固措施,防止船体倾覆和漏油。船舶在拆解前,其所有人或拆船人应清除易燃、易爆和有毒等有害物质。有关处所应通风,清除有害气体。

(三) 防污染监督管理

为防止拆解船舶而造成污染环境,该暂行办法规定,船舶所有人或拆船人应拟订具体部门或人员负责防止拆船而污染水域;拆船人应配备必要的防污器材、设备和设施;在拆解作业前,船舶所有人或拆船人应向港务监督填报《废钢船污染物报告书》。该暂行办法还对拆解船舶的防污染事宜提出一些具体要求。

为了进一步搞好拆船中的防污染监督管理工作,国务院于 1988 年 5 月颁布了《防止拆船污染环境管理条例》,做出了更安全更详细的规定。因此,暂行办法与该条例若有不同规定的,按该条例执行。

另外,对老旧船舶的管理,这里是指对船龄在 20 年以内接近报废的但又具有一定适航条件的旧船进行买卖、转让的管理,具体管理办法如下:

(1) 为使船龄在 20 年以内的船舶买卖、转让正常和有序地进行,买方要按国家有关规定,向当地渔业管理部门提出申请,经省和国家渔业主管部门审批后,持批件到本省船检处了解各地旧船情况及检索拟购船舶的性能、技术状况,并由本省船检处介绍到卖方船检处详查其档案、察看船只,联系购置事宜。各船检处可将本地供需渔船情况及时通报其他船检处。

(2) 拟出卖的旧船在交船之前,由卖方申请当地船检处按照有关规定进行公正检验,出具该船的技术鉴定书。

(3) 旧船买卖成交后,卖方要依据渔业捕捞许可证管理办法和船舶登记章程,申请注销捕捞许可证和船舶所有权登记手续,渔政渔监部门收回原所发的捕捞许可证和船舶登记证书,卖方所在地船检处收回并注销原船舶证书及技术文件,签发一张前往买方船籍港的临时适航证书,同时将原船舶全部档案资料寄到买方船籍港所在地的船检处,以供办理新的船舶证书。

(4) 买方将船买回后,应按规定重新办理渔船登记证和捕捞许可证手续,买方所在地的船检处应根据卖方所在地船检处寄来的船舶档案资料转交给买方,并换发全套船舶证书。

第六节 鲜销渔船管理

一、鲜销渔船的界定

鲜销渔船是指利用新鲜水产品直接向周边国家推销的渔船。鲜销水产品是改革开放后我国渔业系统水产品出口创汇的一个重要渠道,也是渔民的一条致富之路,但随着这项业务的拓展,也暴露出管理工作中的一些问题。为此国家行文要加强对鲜销渔船的管理。

二、对鲜销渔船管理的措施

(1) 从事国际渔业鲜销业务须经农业部批准,并根据生产和国内外市场情况,实行总量控制。农业部每季度的最后一个月末审批一次。

(2) 从事国际鲜销业务的单位,需经省或计划单列市渔业主管部门初审,初审合格后报农业部审批。报批时须附送下列材料或复印件:

①企业营业执照;

②国家有关部门批准成立中外合资、合作企业的文件或者具有水产品自营出口权的证明;

③鲜销渔业船舶的产权证明;

④船舶检验部门签发的Ⅰ类航区适航证书;

⑤船员名单及持证情况;

⑥鲜销渔业船舶及船员已参加保险的证明。

经农业部审批合格的申请单位,凭批件到省渔港监督局(处)办理"渔业船舶国籍证书"，同时组织船员参加外事纪律教育培训班；省渔港监督部门应定期将发证和办班情况报省渔业主管部门和农业部渔业局。

（3）船长对鲜销渔业船舶在境外的一切活动负责，应注意教育船员遵守我国及有关国家的法律、法规、国际惯例及外事纪律，避免不良涉外事件的发生。

企业每季度须把本单位的鲜销效益包括产量、产值和有关情况向上级渔业主管部门报告，最后由省渔业主管部门汇总后报农业部渔业局。

（4）农业部对国际鲜销渔业船舶从 1995 年 10 月起实行年审制度。

年审由省渔业主管部门负责实施；经省渔业主管部门初审合格后报农业部复核，合格者发给"国际鲜销渔业船舶年审合格证"。

第七节　外海作业渔船管理

一、外海作业渔船的界定

外海作业渔船，是指在我国周边海域捕鱼生产等作业的我国渔船，以及在日本海、北太平洋海域作业的我国渔船。加强外海作业渔船管理，是为维护正常的作业程序，防止和减少涉外渔业事件的发生。外海作业渔船必须按许可的海域、作业类型和渔期生产。

二、外海作业渔船管理的措施

（1）严格执行外海作业渔船许可制度。凡到外海作业渔船，必须经农业部批准，领取捕捞许可证。外海作业渔船必须按许可的海域、作业类型和渔期作业。

（2）外海作业渔船必须具备以下条件：

①必须持有许可证、渔业船舶国籍证书及与作业航区相适应的船舶检验证书；必须在驾驶台上侧加挂船名标志牌，夜间船名灯完好。

②必须配齐职务船员和专职报务员。上述人员须持有相应证书，熟悉海上有关安全、通讯规则以及有关国家的海洋管理与渔业法规。

③必须携带本国旗、国际信号旗及可能进入的他国国旗。

各级渔政渔港监督管理部门应加强渔船进出港管理，对不符合条件的渔船，一律不准出海作业。

（3）外海作业渔船必须遵守以下规定：

①严格遵守国际法、国际惯例、联合国有关决议和我国政府与有关国家签订的渔业协定，不得进入外国领海和农业部认可的特定水域作业。批准到公海作业的渔船不得进入他国 200 海里专属经济区作业。

②渔船航行需要通过他国领海时，必须遵守有关国家规定，无害通过，航行不

得中断,不得抛锚,渔船间不得过驳,不得有污染行为,更不得从事捕捞活动。

③需进入外国港口港湾避风、修理、急救的,应办理申请手续。严禁未经批准,擅自进入他国港口港湾锚泊。在他国港湾锚泊应严格遵守他国的有关规定和当地风俗习惯,禁止与当地居民接触或易物,船间不得过驳,网具封存;获准锚泊的必须离岸1 500米以上;同时要按规定悬挂该国国旗和中国国旗。

④航行作业渔船除遵守《1972年国际海上避碰规则》外,作业渔船要主动相互避让,避开国外渔船密集区和定置网作业区。

(4) 外海作业渔船必须每天向本海区渔政局报告当日中午12时的船位。

(5) 各单位应加强对外海作业渔船的管理,跟踪掌握动向。在外海作业发生涉外事件时,必须按规定及时报告省(区、市)渔业主管部门和外事部门,同时报农业部,一切外事活动必须事先请示。

(6) 对违反《关于加强外海作业渔船管理的通告》各项规定的,渔政渔港监督管理部门应视情节依法予以通报批评、罚款、没收渔获物、扣留或吊销外海许可证等处罚。

第八节 外籍船舶管理

我国对外国籍船舶的管理,是为了维护我国国家主权,保障国土安全,维持港口和沿海水域的秩序,保证航行安全,防止水域污染。我国政府规定,凡进入我国领海和国家管辖水域的一切外国籍船舶,都必须遵守我国的法律法规,接受我国管辖。

一、进出港和航行管理

(1) 船长或船舶所有人应在船舶预定到达港口一星期之前,通过外轮代理公司填具规定的表报,向港务监督办理进口申请批准手续,并在到达港口之前24小时(航程不足24小时的,在驶离前一港口时),将预计到港时间,前、后吃水等情况通过外轮代理公司向港务监督报告。如预计到港时间有变化,应随时报告。船舶在航行途中,因遇险、发生故障、船员或旅客患急病等特殊情况,需临时进港或返航,应事先向港务监督报告。

(2) 船舶进出港口或在港内航行、移泊,必须由港务监督指派引航员引航。有关引航的具体事项,应按照中华人民共和国交通部颁发的《海港引航工作规定》办理。

(3) 船舶抵港后,应即呈报进口报告书及其他有关表报,同时交验船舶证书及有关文书,并接受检查。船舶出港前,应呈报出口报告书及其他有关表报,经检查发给出口许可证后,才可出口。

(4) 船舶上的武器、弹药，应在船舶抵港后由港务监督予以封存。无线电报发射机、无线电话发射机、火箭信号、火焰信号、信号枪，只有在危急情况下才可以使用，但在使用后必须向港务监督报告。

(5) 港内禁止射击、游泳、钓鱼、鸣放鞭炮或焰火以及其他危及港口安全秩序的行为。

(6) 船舶有下列情况之一者，港务监督有权在一定期间内禁止其出港或令其停航、改航、返航：

①处于不适航状态；

②违反中华人民共和国的法律或规章；

③发生海损事故；

④未缴付应承担的款项，又未提供适当担保者；

⑤其他需要禁止航行的情况。

(7) 航行在中华人民共和国港口和沿海水域的船舶，不得进行危害中华人民共和国安全和权益的活动，并应遵守有关海峡、水道、航线和禁航区的规定。

(8) 船舶在港内不得以危及其他船舶和港口设施安全的速度航行。

(9) 船舶附属的艇(筏)，除了救生以外，不准在港内航行。

(10) 船舶在港内航行、移泊时，船上的艇(筏)、吊货杆和舷梯等，不得伸出舷外。

(11) 需要进入中华人民共和国对外轮开放的港口避风或临时停泊的船舶应向港务监督申请批准，申请内容包括：船名、呼号、国籍、船公司名称、出发港、目的港、船位、航速、吃水、船体颜色、烟囱颜色和标志，并应在指定的地点避风。

船舶如需在中华人民共和国对外轮开放的港口以外的地点避风或临时停泊，除办理上述申请批准手续外，还应遵守下列规定：

①及时向就近的港务监督报告抛锚时间、位置和驶离时间；

②遵守当地有关部门的规定，接受检查和询问，并听从指挥；

③未经当地有关部门批准，船上人员不得登陆，不得装卸货物。

二、停泊管理

(1) 船舶在港内停泊，必须留有足以保证船舶安全操纵的船员值班，遇有台风警报等紧急情况，全体船员必须立即回船采取防范、应急等措施。

(2) 船舶在船员、旅客和其他人员上下之处设置的舷梯必须稳固，并有栏杆或攀索，软梯必须牢固安全，夜间应有足够的照明。

(3) 船舶需要活车时，必须注意尾部周围环境，在不危及其他船舶和港口设施安全的情况下才可进行。

(4) 停泊在港内的船舶，其两舷可能影响其他船舶、码头或人员上下的出水口必须加盖复罩。

(5) 船舶的灯光不得影响其他船舶的航行安全,船上射向航道的强灯光,应予以遮蔽。

(6) 船舶对装卸操作应提供良好的条件,装卸设备应具有合格证书,保持良好的技术状态。

(7) 船舶进行下列事项,应事先向港务监督申请批准:

①拆修锅炉、主机、锚机、舵机、电台;

②试航、试车;

③放艇(筏)进行救生演习;

④烧焊(进船厂修理的除外),或者在甲板上明火作业;

⑤悬挂彩灯。

(8) 船舶熏蒸,应采取严密的安全措施,并应悬挂港口规定的信号。

(9) 为了维护港口和船舶的安全,需要在港内的船舶移泊或提前、推迟开航,船舶应遵守港务监督的决定。

三、信号和通讯管理

(1) 船舶在中华人民共和国港口和沿海水域航行、停泊,白天应悬挂船籍国的国旗,进出港口和移泊应加挂船名呼号旗和港口规定的有关信号。

(2) 船舶在进出港口和锚泊时,应注意港口信号台的呼叫和信号,在使用视觉信号时,应遵守中华人民共和国沿海港口信号规定。沿海港口未曾规定的信号,应依照《国际信号规则》办理。

(3) 船舶在港内除因航行安全必须外,不得随意鸣放声号。需要试笛时,应事先向港务监督报告。

(4) 船舶在港内使用甚高频无线电话,应遵守中华人民共和国交通部颁发的《关于外轮使用甚高频无线电话暂行办法》。

四、危险货物管理

(1) 船舶装卸、载运危险货物,应悬挂规定的信号,遵守有关危险货物运输管理的规定,采取必要的安全措施,特别是性能相抵触的货物,不许混装,严禁爆炸物品与发火物、易燃物品装载于同一舱内。

(2) 船舶载运爆炸物品、剧毒物品、放射性物品、压缩气体和液化气体、氧化剂、自燃物品、遇水燃烧物品、易燃液体、易燃固体和酸性腐蚀物品等一级烈性危险货物,应详细列具品名、性质、包装数量和装载位置,并且附具危险货物性质说明书,在预定到达港口 3 天之前,通过外轮代理公司向港务监督申请办理签证,经许可后才可进港、起卸或者过境。出口船舶载运上述危险货物,应在开始装载的

3天以前,申请办理签证,经许可后才可装运。

(3) 船舶申请签发装运出口危险货物安全装载证明书,应在开始装载3天之前向港务监督提出书面申请,写明危险货物的品名、性质、包装、数量、装载位置(并且附具货物装载图)、中途港和目的港等事项并在港务监督指定的泊位进行装载。

五、航道保护管理

(1) 船舶航行应遵守航行规定,维护航行秩序,如船舶发生意外事故有沉没危险时,应立即向港务监督报告,并尽力采取有效措施,驶离航道,避免妨碍交通和危及其他船舶。如果船舶已经沉没,船方应及时在沉没地点设置临时信号标志。

(2) 对沉没在港口或沿海水域的船舶或其他物体的打捞,均按照《中华人民共和国打捞沉船、沉物管理办法》办理。港务监督可视具体情况,通知沉船沉物所有人限期打捞清除,或立即组织打捞或解体清除,全部责任和费用应由沉船沉物所有人承担。

(3) 船舶发现或捞获沉、浮物体,应报告或送交港务监督处理,由港务监督酌情给予奖励。

(4) 船舶在港内需要倾倒垃圾等废弃物,应显示港口规定的信号招用垃圾船(车)。

(5) 船舶应爱护航道设备和助航标志,如损坏了助航标志、港口建筑或其他设施,应立即向港务监督报告,并应负责恢复原状或偿付恢复原状所需费用。

六、防止污染管理

(1) 在中华人民共和国的港口和沿海水域,禁止船舶任意排放油类、油性混合物,以及其他有害的污染物质和废弃物。

(2) 船舶排放压舱水、洗舱水、舱底水,必须向港务监督申请批准。如果船舶来自有疫情的港口,应经过卫生检疫机关卫生处理。装运危险货物和其他有害污染物船舱的污水、洗舱水,应经有关卫生部门鉴定合格后,方可在指定地点排放。

(3) 凡油轮和使用燃油的船舶,应备有油类记录簿,并且按照记录簿各项规定及时如实记载。

(4) 如船舶在港口和沿海水域发生污染事故,应将经过情况分别记入油类记录簿和航海日志,并立即向港务监督报告,同时必须采取有效的措施防止扩散。如需采用化学剂处理,应提供化学成分说明书,向港务监督申请批准。

(5) 本章未列事项,按照中华人民共和国有关防止水域污染的规定办理。

七、消防和救助管理

（1）严禁在货舱以及易于引起船舶火警的场所吸烟和弄火。

（2）船舶加油和油船装卸作业，应采取严密的防火安全措施。

（3）船舶在港内进行烧焊等工程，应事先清理周围环境，采取严密防范措施，配备消防设备，并且在施工前后进行检查。对油舱及其邻近部位还必须卸完全部油料，清除残油，彻底通风，排除其内部易燃气体，并取得合格证明之后，才可以烧焊。

（4）船舶失火或发生海难，应立即将出事地点和本船吨位、吃水、载货、受损和需要某种援助等情况报告港务监督。

（5）港务监督在必要时，可动员和指挥在港内或沿海水域的船舶参加救助遇难船舶，在不影响本船安全的情况下，被动员的船舶有责任尽力救助。

（6）港务监督或救助部门的负责人员到达现场，遇难船舶的船长应立即报告失事情况及已经采取的措施，提供救助必需的资料和方便，并且可以提出有关救助的建议。港务监督为维护安全秩序作出的决定，有关方面必须遵守。

八、海损事故管理

（1）船舶发生海损事故，应尽速用电报或无线电话向港务监督报出扼要报告。在港区以外发出的海损事故，船长应在船舶进入第一港口48小时内，向港务监督递交海损事故报告书；在港区内发生的海损事故，船长应在24小时内向港务监督递交海损事故报告书。

（2）船舶在中华人民共和国港口和沿海水域造成人命、财产损害事故时，应积极救助受害的船舶和人员，及时向港务监督报告，并接受调查和处理。如果肇事者见危不救，隐匿逃遁，将从严处理。

（3）船舶发生船员死亡事故，应立即向港务监督报告。在港内由于船方或港方人员的过失，造成对方损害或伤亡事故等，应保留现场，双方都应及时向港务监督报告。如果发生纠纷，当事的任何一方，都可以向港务监督申请调查处理，涉及刑事范围的，由中华人民共和国司法机关处理。

（4）本章未列事项，按照中华人民共和国交通部颁发的《海损事故调查和处理规则》办理。

九、违章处罚

（1）凡违反本规则以及中华人民共和国一切有关法令、规章和规定者，港务监督得按其性质、情节分别给予警告、罚款等处分。性质恶劣、情节严重者移交司法机关处理。

（2）受处分者如果对所受处分不服,可以在接到通知的次日起 15 日之内,向中华人民共和国港务监督局提出申诉。但在没有变更决定之前,原处分仍为有效。

思 考 题

1. 渔业船舶应随船携带哪些证件与文书?
2. 船舶检验有几种类型?各种类型有什么特点?
3. 渔业船舶进行登记有何意义?
4. 为什么要对报废船舶进行管理?报废船舶拆解要注意哪些问题?
5. 为什么要对外国籍船舶进行管理?外国籍船舶进出港口时应遵守哪些规定?

渔业船员管理

第一节 船员的职务与职责

船舶在水上航行,船员是保证完成生产任务和保障船舶安全航行的决定因素之一。因此做好船员管理工作非常重要。船员是指包括船长在内的船上所有任职人员,可以分为职务船员和普通船员。职务船员是指船长、轮机长、驾驶员、轮机员、电机员、报务员和政治工作人员,在渔船上还有渔捞长等,在商船上还有管事、船医等。普通船员是指除上述人员之外的其他在船上工作的人员。主要职务船员的职责如下:

一、船长的职责

船长是船舶的领导人,在船舶的安全生产运输和行政管理中处于中心地位,起着中心作用。船长对公司经理负责,是船舶安全生产、运输指挥、行政管理、技术业务和涉外工作的负责人,并协助政委做好船员的思想政治工作。船长的职责主要体现在下列几方面:

(1)船长应严格遵守有关的各项国际公约和原则,尤其是国际海上防污公约及各国有关防污染的规定;严格贯彻执行公司对船员的各项行政管理制度,领导船员严格执行岗位职责,保持船舶适航、适货状态和设备的良好技术状态,确保船舶的安全生产。

(2)船长负责审批大副编制的货物配载计划,有权拒绝装运违反运输规则的货物。在装卸危险品或贵重物品时,船长应亲自监督。船长负责审批各部门负责人制定的运输生产和维修保养方面的航次工作计划;负责组织全体船员制定和落实防火、防爆、防海盗、防偷渡、防走私等各项防范措施;负责审核并签署应变部署表,定期主持救生、消防等各种演习;负责审阅并签署航海日志,监督航海日志、轮机日志和电台日志的正确记载;负责保管船舶公章、重要文件、船舶证书、船员适任证书等,并且证书到期前应及时申请检验或更换;负责填写并保管船史簿。

(3)当船上有出生或死亡情况时,船长应予证明;当船上有罪犯时,船长有责任防止罪犯逃亡、隐藏以及销毁罪证,并应在到港时将罪犯及罪证一并送交公安机关;当受到军事威胁挑衅和进攻时,船长应与政委慎重研究,及时采取保护生命财产安全的有效措施,并急电请示公司和港口当局。

(4) 开航前,船长应通知各部门负责人做好开航前的准备工作。督促二副备齐所需海图和其他航海图书资料,制定出安全经济航线;部署航行计划,备足航次所需的燃料、物料、淡水、伙食等,检查各种船舶证书、船员证件、运输单证以及港口文件,并确认齐全,办妥离港手续。

(5) 航行中,船长应督促各部门负责人认真落实航行前所制定的各项计划及措施,及早布置和落实防暴风、防台风、防冻、防碰撞以及雾航等安全生产措施。在船舶进出港口、靠离、移泊、通过狭水道、危险水道和船舶密集海域,航近冰区、礁区以及遇恶劣天气、能见度不良和遇敌情时,船长应上驾驶台亲自指挥或指导。即使有引航员引领时,船长仍负有指挥的责任。夜间航行时,应将有关航行指示和安全注意事项明确记入"船长夜航命令簿",并且在任何时间当值班驾驶唤请时,应尽快到达驾驶台。

(6) 在停泊期间,船长应布置值班注意事项,并督促检查值班情况。合理安排船员登岸或留船值班。

(7) 在船舶发生海损事故时,应按规定发出简要海事声明或海事报告,连同航海日志摘要,一并在船舶抵达第一港口时送交有关部门签证,并按需要申请检验。

(8) 在船舶发生海难时,船长应积极领导和组织全体船员采取一切有效措施奋力抢救,并急电报告公司。如确需救助时,应按规定呼救求援,如船舶确已无法挽救而决定弃船时,应按先旅客、后船员的原则,有秩序地安全、迅速离船。船长应督促有关主管船员携带必须携带的航海文件,并亲自携带国旗和航海日志最后离船。若接到他船的呼救信号或发现附近有人遭遇生命危险时,只要对本船没有严重危险,应尽力救助。

(9) 在修船时,船长应认真审批各部门修理计划,检查进厂准备工作,做好防火、防爆、防工伤等工作。修理过程中,经常检查工程的质量和进度,严格监修和验收,保质保量地按期完成修船任务。

(10) 在接受新建、新购船舶时,船长应领导船员制定出接船计划和具体措施,做好对口交接工作,认真清点各种属具、备件、工具、资料、证书以及图纸和说明书等技术资料,按合同规定做好试车、试航和各种设备的验收工作,办妥各种船舶技术证书,部署受载或各项开航准备工作。

二、大副的职责

大副是船长的主要助手,是甲板部的负责人。在船长和政委的领导下,主持甲板部的日常工作。除航行值班并协助船长搞好安全航行外,主管货物的配载、装卸、交接和运输管理以及甲板部的维修保养工作。大副的职责主要有下列几方面：

（1）大副负责编制甲板部的维修保养计划，组织甲板部人员做好维修保养工作；负责督促做好甲板部的备件、物料、工具和劳保用品的请领、验收、保管、使用、盘点和报销工作；负责每日检查淡水舱、压载水舱和污水沟（井）的测量记录并记入航海日记；负责安排淡水舱、压载水舱的注入、排出或移注工作，以及管理淡水的储量和消耗；负责按规定审阅和签署航海日志，检查并指导其他驾驶员的正确记载；负责保管航海日志和有关图纸、技术资料和业务文件；负责督促三副和水手长做好救生、消防、堵漏设备和各种应变器材的养护工作，按时进行各种应变演习并在现场指挥。

（2）装卸货时，大副全面负责，在保证货物和船舶安全的前提下，充分利用船舶的装卸能力，合理配载，不得超载，计算并保持良好的稳性和适宜的吃水差，布置有关人员监督装卸，防止发生货损货差。在装卸危险品、重大件、贵重物品时，应指定水手长检查装卸设备和绑扎、加固等情况，并亲临现场监督装卸。

（3）开航前，大副负责检查装卸单证是否齐全、甲板部人员是否到船，以及淡水储备量、封舱、活动物件绑扎固定等情况，并会同轮机长（大管轮）、电机员试舵，确认良好并记入航海日志。

（4）在大风浪侵袭前，大副应督促水手长和木匠检查船上易移动物件并予以绑固，并亲自检查舱口的水密性和牢固情况，督促有关人员关闭货舱通风口和外侧水密门窗以及疏通甲板排水孔道。

（5）进出港口、靠离移泊和抛起锚时，大副在船首负责瞭望，并按船长意图指挥安全操作，及时向船长汇报情况。

（6）修船时，大副负责汇总和编制甲板部的修船计划，制定并落实各项安全措施，组织好监修、验收和自修工作，掌握修理进度和质量，争取缩短修期。

三、轮机长的职责

轮机长是在船长、政委领导下，是全船机械、动力、电气（无线电通信导航和甲板部使用的电子仪器除外）设备的技术总负责人。负责制定并落实各种机电设备的操作规程、保养检修计划和值班制度；负责组织制订轮机部修船计划、编制修理单和预防检修计划，组织领导修船并验收；负责燃润料、物料、备件的申请、造册、保管和合理使用；负责保管轮机设备的证书、图纸资料和技术文件；负责检查和签署轮机日志和电机日志。在发生紧急事故时，轮机长负责指挥机舱人员进行抢修和抢救工作。

四、大管轮的职责

大管轮是轮机长的主要助手，在轮机长的领导下，负责领导轮机部人员进行机电设备管理、操作和检修工作,教育所属人员严格遵守工作制度、操作规章和劳动纪律,保证轮机部各种规章制度的正确执行。

大管轮负责管理主机、轴系及为主机直接服务的辅机,并负责管理舵机、冷藏机以及轮机部有关安全的设备(如应急舱底阀、燃油应急开关等);负责轮机部通用物料及本人主管机械设备的备件、润滑油的申请、验收和报销;负责机、炉、泵舱的清洁工作。

第二节 船员考试与发证

船舶驾驶是一项技术性很强的工作,要求船员,尤其是驾驶、轮机和电信人员具有相应的文化和专业技术知识。生产实践证实,船员过失一直是造成船舶航行事故的最主要原因。因此,船员考试发证工作就成为世界各国水上交通安全监督机关实施安全监督管理的重要环节。世界各航运国家都制定并实施有关船员考试发证的行政法规。我国《海上交通安全法》第三章(船舶、设施上的人员)第七条规定:"船长、轮机长、驾驶员、轮机员、无线电报务员、话务员以及水上飞机、潜水器的相应人员,必须持有合格的职务证书。"这一规定是船员考试发证的法律依据。为促进船员不断提高技术水平,保障渔工渔民交通、生命和财产安全,保护海洋环境,适应水产事业的发展,根据《中华人民共和国海上交通安全法》和《中华人民共和国渔业水域交通安全管理条例》的有关规定,我国于1995年2月15日颁布了《中华人民共和国海洋渔业船舶船员考试发证明规则》(简称《渔船船员考试发证规则》,下同)。

一、《渔船船员考试发证规则》的主要内容

我国《渔船船员考试发证规则》的主要内容,包括适用范围与主管机关、职务证书及职务船员配备标准、船员考试与发证、特免证书以及处罚等。

(一)适用范围与主管机关

本规则适用于在中国籍渔业船舶上工作的船员和在外国籍渔业船舶上工作的中国籍船员。

中华人民共和国渔政渔港监督管理局是渔业船员考试发证的主管机关(以下简称主管机关),各级渔港监督机关是渔业船员考试发证机关(以下简称考试发证机关)。

中华人民共和国渔政渔港监督管理局负责制定考试大纲,并可根据渔业生产技术的发展,适当增减考试内容。

本规则所指的渔业船舶,系指从事海洋渔业生产以及渔业系统为渔业生产服务的船舶,包括捕捞船、养殖船、水产运输船、冷藏加工船、油船、供应船、渔业指导

船、科研调查船、教学实习船、渔港工程船、拖船、交通船、驳船、渔政船以及渔监船等。

航行区域分为"有限航区"和"无限航区"。"有限航区"是指中国渤海、黄海、东海、南海以及对马海峡（不包括外国领海和港口）以及中国沿海各港口。"无限航区"是指海上任何水域，其中包括世界各国港口和国际通航运河。

（二）职务证书及职务船员配备标准

职务证书分甲类证书和乙类证书。

1. 驾驶员证书等级及适用范围

（1）甲类证书：一等的，适用于所有船舶；二等的，适用于未满1 600总吨船舶；三等的，适用于未满500总吨船舶。

（2）乙类证书：三等的，适用于有限航区未满500总吨船舶；四等的，适用于有限航区未满200总吨船舶；五等的，适用于有限航区未满30总吨船舶。

2. 轮机员证书等级及适用范围

（1）甲类证书：一等的，适用于所有船舶；二等的，适用于主机推进功率未满3 000千瓦渔业船舶；三等的，适用于主机推进功率未满750千瓦渔业船舶。

（2）乙类证书：三等的，适用于有限航区主机推进功率未满750千瓦渔业船舶；四等的，适用于有限航区主机推进功率未满250千瓦渔业船舶；五等的，适用于有限航区主机推进功率未满45千瓦渔业船舶。

（3）电机员证书等级（只设甲类证书）及适用范围：一等的，适用于发电机总功率7 500千瓦以上渔业船舶；二等的，适用于发电机总功率500千瓦至未满1 200千瓦渔业船舶；三等的，适用于发电机总功率500千瓦至未满800千瓦渔业船舶。

（4）无线电报（话）务员证书等级（只设甲类证书）及适用范围：一等的，适用于无限航区渔业船舶的电台报务值机长、报（话）务员；二等的，适用于有限航区渔业船舶的电台报务值机长、报（话）务员；三等的，适用于有限航区渔业船舶电台的报务值机长和任何航区渔业船舶电台的报（话）务员。

（5）职务船员配备标准：包括驾驶员、轮机员、电机员、报务员、话务员等。

①驾驶员：500总吨及以上渔业船舶应配各船长、大副、二副、三副；200总吨至未满500总吨渔业船舶应配备船长、大副、二副。

②轮机员：主机推进功率750千瓦及以上渔业船舶应配备轮机长、大管轮、二管轮、三管轮；主机推进功率250千瓦至未满750千瓦渔业船舶应配备轮机长、大管轮、二管轮。

③电机员：发电机总功率在500千瓦及以上的渔业船舶应配备船舶电机员。

④报务员和话务员：无限航区渔业船舶至少应配备一名二等以上报务员任值机长。在靠近邻近国家沿海生产或航行的有限航区渔业船舶应配备三等以上报

(话)务员。其他有限航区的渔业船舶可配备无线电话务员。无线电话务员可以由船长兼任,经考试发证机关认可也可由其他驾驶员兼任。

⑤未满 200 总吨渔业船舶的驾驶员和主机推进功率未满 250 千瓦渔业船舶的轮机员配备标准由各省、自治区、直辖市考试发证机关规定,报主管机关备案后执行。

⑥在主机推进功率为 150 千瓦以上渔业船舶工作的渔业船员,应进行海上急救、海上求生、船舶消防、救生艇筏操纵等四项专业训练,并取得《渔业船员专业训练合格证》。

职务证书有效期不超过五年,到期应办理审证手续。到期未办理审证,又无正当理由的,证书自动失效。

(三) 船员考试与发证

它是指在什么情况下的人员要经过考试,以及高校、中专毕业生和海军退伍、转业人员等如何进行考试和发证,具体内容是:

(1) 凡符合下列情况之一者必须进行考试。这些情况如:晋升船长或轮机长;申请初级驾驶员、轮机员、报务(话)员、电机员职务证书;申请证书航区扩大;申请证书等级提高等。凡按本规则申请职务船员考试,并经船员考试发证机关考试或考核合格后,发给相应种类的职务证书。

(2) 高等院校驾驶、海洋捕捞、轮机、电机及报务专业的本科毕业生,理论考试结合学校毕业考试一起进行,及格者发给"院校毕业生合格证明"。持证人在渔业船舶上见习满十二个月(报务员满六个月)写出见习报告或论文,经考核合格,签发无限航区一等二副、一等二管轮、二等电机员、二等报务员证书。

(3) 高等院校驾驶、海洋捕捞、轮机、电机及报务专业专科毕业生,理论考试结合学校毕业考试一起进行,合格者发给"院校毕业生合格证明"。持证人在渔业船舶上见习十二个月(报务员满六个月),写出见习报告或论文,经考核合格,签发无限航区一等三副、一等三管轮、二等电机员、二等报务员证书。

(4) 中等学校驾驶、海洋捕捞、轮机、电机及报务专业毕业生,理论考试结合国家毕业考试一起进行,及格者发给"院校毕业生证明"。持证人在渔业船舶上见习满十二个月(报务员满六个月),写出见习报告或论文,经考核合格,签发有限航区二等三副、二等三管轮、三等电机员、三等报务员证书。

(5) 曾在军事船舶上担任驾驶、轮机、电机及报务工作的人员,退伍、转业后,在渔业船舶上工作不少于六个月,并出具原所属部队的有关专业合格证(包括毕业文凭)及服役期间的海上资历、级别和职务等证书,由考试发证机关核实后,视其情况可签发相应的职务船员证书。

(6) 持有渔业船舶职务船员证书者,应在其证书有效期满前的六个月内,向原考试发证机关申请办理审证手续,考试发证机关接到申请后可以根据情况,对申请者进行考核或某些科目的考试,对合格者在原证书加盖审证章和有效日期后退还申请人。

(7) 有下列情况之一者,考试发证机关可不准予办理证书签发和审证手续：

①年龄超过六十周岁；

②体验不合格；

③考试发证机关有充分理由认为持证人不再适合担任该职务者；

④对在任职期间发生过重大责任事故者,经考核合格,最多办理一年有效的审证手续,以观后效。

(四) 特免证书

在特别需要情况下,考试发证机关根据船舶单位或船长的申请,按下列条件有效期不超过三个月的驾驶员或轮机员特免证书,但特免证书每船不得超过一本。

(1) 现任一级渔捞人员、水手或加油工职务不少于十二个月者,可发给三副或三管轮证书,不设三副或三管轮的船舶可发给二副或二管轮特免证书；

(2) 现任三副或三管轮职务不少于三个月,可发给二副或二管轮特免证书；

(3) 现任二副或二管轮职务不少于三个月,可发给大副或大管轮特免证书；

(4) 船舶在远离船籍港,轮机长因故不能执行职务时,当地考试发证机关可以根据渔业船舶单位或船长的申请,向该船的大管轮核发有效期为三个月的轮机长特免证书。

(5) 船舶在远离船籍港,船长因故不能执行任务时,当地考试发证机关可同意由大副代理船长职务,渔业船舶所有人应当在一个月内指派新船长接任。

(五) 处罚

处罚必须根据具体情况给予违规者警告、取消考试资格等处分,同时受到处分的船员,应由所在单位收回证书等。具体处罚规定如下：

(1) 渔港监督对有下列行为之一者,根据情节轻重,有权给予警告、取消考试资格六个月至二十四个月、扣留或吊销职务船员证书等处分。

①涂改、伪造、转让、出售或出借证书；

②向船员发证机关提供假证明、伪造海上资历；

③工作中造成严重海损、机损等责任事故,或受到刑事处分；

④违反考场纪律；

⑤通过不正当途径或舞弊行为而获取证书；

⑥违反本规则有关规定。

(2) 受到吊销证书处分的船员,应由其所在单位或受理处分的机关收回证书,转交原考试发证机关注销,且自吊销证书之日起满十二个月,方可重新申请最低一级职务船员考试。

（3）职务证书丢失者，须在当地报纸上刊登证书作废声明，由船员所在单位或主管部门审查属实并出具证明，填报"渔业船员证书补发申请表"，向原考试发证机关申请补发证书。

二、渔业船员服务簿

为核定渔业船员的在船服务资历，加强渔业船员安全监督管理工作，中华人民共和国渔政渔港监督管理局于 1990 年 5 月 29 日发布了《渔业船员服务簿》实施规定的通知，现将规定简介如下：

（1）《渔业船员服务簿》是记录船员本人的服务资历、参加有关专业训练和体格检查情况的证件，是船员申请考试、办理职务升级签证和换领《渔业船员职务证书》的证明文件之一。

（2）凡在三等以上海洋渔业船舶服务的非职务船员，均需按本规定各条要求办理《渔业船员服务簿》。由非职务船员晋升为职务船员，将《渔业船员服务簿》的服务资历转入《渔业船舶职务船舶证书》，原《渔业船员服务簿》同时作废。

（3）申领《渔业船员服务簿》应填写《渔业船员服务簿》登记表，并附近期二寸证件照两张，由船员所在单位统一向船籍港的《渔业船员服务簿》签发机关办理。新录船员应在上船工作之前办理。现职船员以往的服务资历，由船员所在单位提供其详细的服务资历证明，由签发机关审定后填入《渔业船员服务簿》的"任解职记载"栏，并逐一加盖验证章。

（4）船员上船任职或解职离船，均须由船长在《渔业船员服务簿》的"任解职记载"栏内逐项认真填写，并由船长签字。任职日期系指实际上船接受工作之日，解职日期系指实际移交船上工作之日。

（5）持有《渔业船员服务簿》的船员，应在每隔 24 个月至 36 个月的期限内，去所持《渔业船员服务簿》的签发机关办理一次签证，并交纳手续费。

出国的远洋渔业船舶船员回国后在两个月内完成签证工作。

签发机关在办理《渔业船员服务簿》签证时，应对其中所载内容逐项认真检查，并在"任解职记载"栏内对已记载有服务资历逐一加盖验证章。

签发机关可在必要时，对《渔业船员服务簿》的使用情况进行检查，有关单位应予配合。

（6）船员申请参加船员考试或职务升级签证以及换领《渔业船员职务证书》时，均须同时交验《渔业船员服务簿》。船员接受一项或几项专业训练后，在领取《专业训练合格证》时，由船员考试发证机关在其《渔业船员服务簿》的"专业训练记载"栏内予以记载登记。

（7）《渔业船员服务簿》由船员本人妥善保管，如果丢失应尽快向所属船舶公司提出书面报告,由船舶公司出具该船员以往服务资历的详细证明,连同《渔业船员服务簿》登记表送交原《渔业船员服务簿》签发机关申请补发。签发机关应在其新的《渔业船员服务簿》的"变更记载"栏内予以注明,对丢失《渔业船员服务簿》的船员按三至五倍的手续费收费,并不许报销。

(8)各地渔港监督机关的《渔业船员服务簿》的签发机关,负责《渔业船员服务簿》的签发、监督、管理工作。

三、海员证

世界各国的港口主管机关,对进出本国港口的外国籍船舶实施检查时,船员的身份证件是一项主要的检查内容。在一般情况下,对持有正当身份证件并列入船员名单的船员,准予登陆和在规定的城市停留。经批准后还可过境通行和留住就医。各海运国家为加强对本国船员的管理和适应国际形势发展的需要量,大都指定主管机关对船员的身份进行检查,对符合要求的船员核发身份证件,准予从事海上航行和在海上从事适当的工作。如在希腊、荷兰、比利时、瑞典、泰国、罗马尼亚、德国、扎伊尔等国对船员签发船员手册;挪威、丹麦签发海员身份证,而美国则签发商船船员证。这些证书尽管名称各异,但都是证明船员身份的证件,习惯上这些证件通称为海员证。在正常的航海活动中,海员证被认为是具有护照性质的正式文件。持有海员证的船员,可以在世界各港口通行。

我国航行国际航线的船员身份证件是中华人民共和国海员证,它是我国执行出国任务的船员必须持有的证件。我国对海员证的签发、使用和管理有一系列规定。如交通部于 1989 年月 8 日 14 颁布的《中华人民共和国海员证管理办法》中规定:海员证是中国海员出入中国国境和在境外通行使用的有效身份证件,海员证由中华人民共和国港务监督局或其授权的港务监督颁发,海员证颁发给在航行国际线的中国籍船舶上工作的中国海员和由国内有关部门派往外国籍船舶上工作的中国海员。

申请海员证的中国海员,由海员所在单位或派出单位中华人民共和国港务监督局指定的颁发机关申请办理,并履行有关手续。为派往外国籍船舶上工作的中国海员申请海员证,还需提交海员聘用合同或雇用全同副本。海员证的有效期限,最长不超过五年。有效期满时,海员需到境外执行任务,应按规定提前到原发证机关重新申请办理海员证,并将原海员证交回颁发机关。海员在境外执行任务时海员证有效期满,应由船长出具书面报告,到中国驻外国的外交代表机关申请办理延期手续,期限不超过三个月。目前大连、天津、青岛、上海、福州、广州、南京、武汉港监等已受权颁发海员证。远洋渔业船员的海员证按国家规定由渔业行政管理部门负责政审,由交通部门的港务监督机构审核签发。

海员遗失海员证,应立即向原发证机关报告并申请补发海员证,同时宣布遗失海员证作废,中国海员持海员证出入中国国境,无需办理签证。海员持海员证乘坐服务船舶以外的其他交通工具出境,应在出境前办妥前往国家和地区的入境、过境签证。申请办理海员证的单位有权向脱离单位的海员收回为其办理的海员证。海员脱离原工作单位不按本规定交回海员证的,遗失或损坏海员证的,对伪造、涂改、转让海员证的,颁发机关可按规定处以罚款等处罚。

第三节 船员专业训练

为提高渔业船员训练技能,以保证海上人身与财产的安全,根据国际海事组织的有关公约和大会决议的规定,我国渔政渔港监督管理局于1986年7月15日发布了《中华人民共和国渔业船员专业训练发证办法》。现将该办法简介如下:

一、《渔业船员专业训练发证办法》的主要内容

《渔业船员专业训练发证办法》的主要内容,包括适用范围、海上求生、救生艇筏操纵、船舶消防、海上急救专业训练、考试发证机关等、具体内容规定如下:

(1) 凡在中国籍渔业船舶上工作的渔业船员,以及在外国籍渔业船舶上工作的中国籍渔业船员,均适用本办法。

(2) 本办法所称"专业训练",系指海上求生、救生艇筏操纵、船舶消防、海上急救,以及根据需要确定的其他专业训练科目。

(3) 渔业船员专业训练的考试发证工作,由中华人民共和国渔政渔港监督管理局指定的渔业监督负责。

(4) 凡具备本办法各项专业训练条件的单位,经中华人民共和国渔政渔港监督管理局批准后,可承担相应的专业训练任务。承担专业训练的单位,必须按本办法及其所属各专业的训练纲要进行培训。

(5) 凡申请领取《中华人民共和国渔业船员专业训练合格证》者,必须参加相应专业科目的训练和考试。

(6) 考试以笔试(或口试)和实践操作的方式在培训期间进行,考试成绩满分为100分。其中笔试(必要时口试可作为补充)为50分,实际操作为50分。及格分数不得低于60分,不及格者准予在培训期内补考。

(7) 凡参加训练并经考试合格者,由负责其考试的渔港监督发给相应的专业训练合格证。

二、训练纲要

训练纲要,有海上求生专业训练、救生艇筏操纵专业训练、船舶消防专业训练、海上急救专业训练,共四个科目纲要,各项训练纲要的具体内容如下:

(一)海上求生专业训练纲要

内容包括渔船海难种类、应变部署、水中漂浮时的行动、弃船时的行动、海上求生的基本原则,以及遇难接受救援的方法及注意事项,具体内容是:

(1) 渔船海难种类。
(2) 应变部署:
①应变部署表的编制;
②各种紧急事件发生时的责任及注意事项。
(3) 在水中漂浮时为行动:
①未穿救生衣的落水者应采取的行动;
②落水者在水中的游泳方法;
③水面有火、油时的求生行动;
④在鲨鱼出没水域的求生行动;
⑤在低温水中采取的求生行动;
⑥在水中登筏时的求生行动。
(4) 弃船时的行动:
①发出弃船命令后的行动;
②弃船时的逃生方法。
(5) 海上求生的基本原则:
①自身保护;
②遇难艇筏的位置与组织管理;
③饮水与食物的控制及管理。
(6) 遇难接受救援的方法及注意事项:
①船舶救援;
②直升机救援。

(二)救生艇筏操纵专业训练纲要

内容包括渔船救生设备的种类与基本要求、救生筏、救生信号,具体内容是:
(1) 渔船救生设备的种类与基本要求:
①救生设备种类;
②救生衣和救生圈的基本要求与使用技术;
③救生浮具的要求与使用技术;
④各种救生设备的存放地点与保养方法。
(2) 救生筏:
①国产气胀式救生筏的结构与配备;
②气胀式救生筏的基本要求;

③气胀式救生筏的筏与使用；
④气胀式救生筏的舾装；
⑤在水中扶正倾覆的救生筏。
（3）救生信号：
①遇险信号；
②船上烟火、声响信号的配备与要求；
③各种烟火、声响信号的使用方法；
④关于各类对讲机的使用方法。

（三）船舶消防专业训练纲要

内容包括燃烧三要素及灭火原则、火的分类及灭火技术、消防设备、船舶防火以及船舶灭火等，具体内容是：

（1）燃烧三要素及灭火原则。
（2）火的分类及灭火技术：
①火的分类；
②灭火剂及使用方法。
（3）消防设备：
①各种消防器材的使用方法；
②渔船固定消防系统；
③消防设备的管理、检查与保养。
（4）船舶防火：
①船舶失火的原因；
②渔船防火措施。
（5）船舶灭火：
①船舶灭火的一般程序和原则；
②机舱灭火；
③甲板和舱室灭火。

（四）海上急救专业训练纲要

内容包括正常人体的生理指标、海上常用急救技术、判断病情轻重方法和急救的一般原则、常用急救药品及急救药箱的配备、海上常见疾病的一般急救原则，以及危险品中毒及一般急救原则等，具体内容是：

（1）正常人体的生理指标。
（2）海上常用急救技术：
①人工呼吸；
②心脏按压术；

③常用包扎技术；

④常用注射技术。

(3) 判断病情轻重方法和急救的一般原则。

(4) 常用急救药品及急救药箱的配备：

①常用急救药品使用常识；

②渔船急救药箱的配备与使用。

(5) 海上常见疾病的一般急救原则：

①昏厥与昏迷；

②休克；

③烧烫伤；

④电击伤；

⑤软组织损伤；

⑥骨折；

⑦溺水；

⑧冻伤；

⑨中毒。

(6) 危险品中毒及一般急救原则：

①中毒的急救原则；

②硫化氢(H_2S)中毒；

③二氧化碳(CO_2)中毒；

④一氧化碳(CO)中毒；

⑤毒鱼中毒。

第四节　船员档案管理

船员档案是指船员的技术档案，由水上交通主管机关负责建立和管理。在渔业系统中由于船员数量很大，因此主要是建立职务船员的档案。建立和管好船员档案，有助于开展船员考试发证工作水上交通事故的调查处理和分析研究工作。船员档案的内容应包括下列材料：

(1) 参加船员考试资料，即申请表、体验表、成绩单、考试试卷等，包括参加专业训练的有关资料。

(2) 发证情况，即船员证书等级，发证时间、审证情况、职务升迁情况等。

(3) 担任职务的工作情况，即立功、受处罚、发生交通事故等情况的原始材料。

船员档案管理工作应有专人负责，各种资料应分类装订，并登记在案，以防丢失,也便于查阅。

对船员有关材料归档的基本要求是:第一,归档要及时;第二,归档的文件材料必须完整;第三,归档的文件材料必须准确地反映各项工作的真实内容和历史过程。

近年来由于计算机在档案管理中的应用已经成熟,计算机数据库已成为档案管理自动化科学化的有力工具。

第五节　船员条例

一、《船员条例》概况

《中华人民共和国船员条例》是为了加强船员管理,提高船员素质,维护船员的合法权益,保障水上交通安全,保护水域环境而制定的法规。2007 年 3 月 28 日。国务院第 172 次常务会议通过《中华人民共和国船员条例》,自 2007 年 9 月 1 日起施行。根据 2013 年 7 月 18 日《国务院关于废止和修改部分行政法规的决定》第一次修订;根据 2013 年 12 月 7 日《国务院关于修改部分行政法规的决定》第二次修订;根据 2014 年 7 月 9 日国务院第 54 次常务会议《国务院关于修改部分行政法规的决定》第三次修订。

据统计,现行的保护船员的国际公约多达 40 多个。2006 年年初国际海事组织和国际劳工组织通过的《2006 年综合海事劳工公约》,被国际航运界普遍接受。《船员条例》就是按照《公约》要求,根据船员在水路运输中发挥的重要作用,结合我国管理的实际,对船员的特殊劳动和社会保障制度做了规定。

二、《船员条例》的重要意义

《船员条例》的出台,对加强我国海事法规建设,完善海事管理法规体系具有里程碑的意义。作为统领我国船员管理的最系统、最权威的龙头法规,必将对我国的海事管理机构、航运企业、船员服务机构以及船员等相关机构、组织和个人产生深远的影响。

《船员条例》的出台,从国际层面看,体现了中国海事管理与国际先进海事管理理念的进一步接轨;从国家层面看,体现了对船员发展的高度重视和从航运大国走向航运强国的企盼;从行业层面看,规范的船员工作,为保障水上交通安全、防治船舶污染和促进航运业的健康发展创造积极的条件;而从船员自身层面看,规范的管理、公平的环境、充分的职业保障使船员成为实现自价值的理想职业。

三、《船员条例》主要内容及特点

《船员条例》共 8 章,73 条,主要从船员注册和任职资格、船员职责、船员职业保障、船员培训、船员服务机构、监督检查和法律责任等方面作出规定,内容较为全面、丰富,既有很强的操作性,又为一些应该以规范性文件进一步细化的问题留出了接口。根据船员工作的特点,借鉴了国际上关于船员保护的一些通行做法,从劳动和医疗保险、生活福利和工作条件、法定合同、工资待遇、带薪休假和遣返要求等方面对船员权益保护做了规定。[①]《船员条例》的内容既有对我国船员管理行之有效的工作经验的总结和提炼,也有从国家船员发展战略高度考虑的前瞻性规定,还借鉴和吸收了国际的一些通行做法。[②]

(一)船员注册和任职资格

《船员条例》对船员的定义、船员注册、注册条件、船员任职资格、适任证书签发以及海员证签发等作出了详细规定。对从事船员职业实行船员注册管理和船员任职资格管理是国际上航运国家的通行做法。

(二)船员职责

《船员条例》以行政法规的形式明确船员在船工作期间应尽的职责。一方面,《船员条例》作为下位法对上位法《海商法》中关于船员职责的规定作了必要的补充和细化;另一方面,将现行关于船员职责的一些原则问题从经验层面上升到具有法律效力的制度建设层面上,改变了海事管理法规层次较低的状况,为有力促进船员正确履行职责提供了保障。

(三)船员职业保障

船员职业保障是船员权益的核心内容之一,《船员条例》以整章10条的篇幅详细阐述船员的职业保障,包括各类保险、工作生活条件、职业健康、船员劳动合同、工资报酬、工作及休息时间、遣返等内容。《船员条例》的出台填补了我国缺少船员权利和职业保障专门法律和法规的空白,船员除了享受普通劳动者应享受的权益外,还可以享受一些针对其职业特点的特殊权益,如年休假及报酬、遣返等。

(四)船员培训

船员培训是提高船员专业技术水平和技能的主要手段。《船员条例》对船员的基本安全培训、适任培训及特殊培训作了规定,对从事船员培训的机构应符合的条件、申请及审批程序作了规定。《船员条例》确定了国家海事管理机构(主管机关)对船员培训机构实行船员培训许可证管理制度,明确了船员培训机构必须有船员培训质量控制体系。

---

① 吕航.维权和管理是领会条例的关键——《中华人民共和国船员条例》解读[J].中国船检,2007(5):32-35.

② 李恩洪,饶滚金.解析《中华人民共和国船员条例》[J].世界海运,2008,31(1):1-3.

（五）船员服务机构

《船员条例》则从船员服务机构应具备的条件、资质审批、应尽的义务以及向海事管理机构备案等方面作出了规定，解决了对船员服务机构管理缺位的问题，为规范船员服务机构的管理，解决目前船员市场的混乱局面，维护健康、有活力的航运经济提供了法律依据。

（六）监督检查和法律责任

和其他的行政法规一样，《船员条例》同样对监督检查和法律责任作了规定。《船员条例》规定了海事管理机构对船员、船员培训机构、船员服务机构的监督检查，对船员用人单位、船舶所有人的管理，还首次将船员违章记分制度、船员考试和考核管理和行政处罚上升为行政法规。《船员条例》对监督管理的相关程序和要求也作出了规定，并对各种违反规定的情况分别制定了相应的行政处罚措施。

思考题

1. 船长的主要职责有哪些？
2. 我国《渔船船员考试发证规则》的主要内容有哪些？
3. 渔业船员服务簿有何作用？
4. 我国远洋渔业船员的海员证由何机关签发？
5. 我国颁布《渔业船员专业训练发证办法》有何意义？
6. 建立船员档案管理的目的何在？

附 录

中华人民共和国船员条例

（2014 年修正本）

2007 年 3 月 28 日国务院第 172 次常务会议通过 2007 年 4 月 14 日中华人民共和国国务院令第 494 号公布 自 2007 年 9 月 1 日起施行 根据 2013 年 5 月 31 日国务院第十次常务会议通过 2013 年 7 月 18 日中华人民共和国国务院令第 638 号公布 自公布之日起施行的《国务院关于废止和修改部分行政法规的决定》第一次修正 根据 2013 年 12 月 4 日国务院第 32 次常务会议通过 2013 年 12 月 7 日中华人民共和国国务院令第 645 号公布 自 2013 年 12 月 7 日起施行的《国务院关于修改部分行政法规的决定》第二次修正 根据 2014 年 7 月 9 日国务院第 54 次常务会议通过 2014 年 7 月 29 日中华人民共和国国务院令第 653 号公布，自公布之日起施行的《国务院关于修改部分行政法规的决定》第三次修正。

第一章　总　则

第一条　为了加强船员管理,提高船员素质,维护船员的合法权益,保障水上交通安全,保护水域环境,制定本条例。

第二条　中华人民共和国境内的船员注册、任职、培训、职业保障以及提供船员服务等活动,适用本条例。

第三条　国务院交通主管部门主管全国船员管理工作。

国家海事管理机构依照本条例负责统一实施船员管理工作。

负责管理中央管辖水域的海事管理机构和负责管理其他水域的地方海事管理机构(以下统称海事管理机构),依照各自职责具体负责船员管理工作。

第二章　船员注册和任职资格

第四条　本条例所称船员,是指依照本条例的规定经船员注册取得船员服务簿的人员,包括船长、高级船员、普通船员。

本条例所称船长,是指依照本条例的规定取得船长任职资格,负责管理和指挥船舶的人员。

本条例所称高级船员,是指依照本条例的规定取得相应任职资格的大副、二副、三副、轮机长、大管轮、二管轮、三管轮、通信人员以及其他在船舶上任职的高级技术或者管理人员。

本条例所称普通船员,是指除船长、高级船员外的其他船员。

第五条　申请船员注册,应当具备下列条件:

(一)年满18周岁(在船实习、见习人员年满16周岁)但不超过60周岁;

(二)符合船员健康要求;

(三)经过船员基本安全培训,并经海事管理机构考试合格。

申请注册国际航行船舶船员的,还应当通过船员专业外语考试。

第六条　申请船员注册,可以由申请人或者其代理人向任何海事管理机构提出书面申请,并附送申请人符合本条例第五条规定条件的证明材料。

海事管理机构应当自受理船员注册申请之日起10日内做出注册或者不予注册的决定。对符合本条例第五条规定条件的,应当给予注册,发给船员服务簿,但是申请人被依法吊销船员服务簿未满5年的,不予注册。

第七条　船员服务簿是船员的职业身份证件,应当载明船员的姓名、住所、联系人、联系方式以及其他有关事项。

船员服务簿记载的事项发生变更的,船员应当向海事管理机构办理变更手续。

第八条　船员有下列情形之一的,海事管理机构应当注销船员注册,并予以公告:

（一）死亡或者被宣告失踪的；
（二）丧失民事行为能力的；
（三）被依法吊销船员服务簿的；
（四）本人申请注销注册的。

第九条　参加航行和轮机值班的船员，应当依照本条例的规定取得相应的船员适任证书。

申请船员适任证书，应当具备下列条件：
（一）已经取得船员服务簿；
（二）符合船员任职岗位健康要求；
（三）经过相应的船员适任培训、特殊培训；
（四）具备相应的船员任职资历，并且任职表现和安全记录良好。

第十条　申请船员适任证书，应当向海事管理机构提出书面申请，并附送申请人符合本条例第九条规定条件的证明材料。对符合规定条件并通过国家海事管理机构组织的船员任职考试的，海事管理机构应当发给相应的船员适任证书。

第十一条　船员适任证书应当注明船员适任的航区（线）、船舶类别和等级、职务以及有效期限等事项。

船员适任证书的有效期不超过5年。

第十二条　中国籍船舶的船长应当由中国籍船员担任。

第十三条　中国籍船舶在境外遇有不可抗力或者其他特殊情况，无法满足船舶最低安全配员要求，需要由本船下一级船员临时担任上一级职务时，应当向海事管理机构提出申请。海事管理机构根据拟担任上一级船员职务船员的任职资历、任职表现和安全记录，出具相应的证明文件。

第十四条　曾经在军用船舶、渔业船舶上工作的人员，或者持有其他国家、地区船员适任证书的船员，依照本条例的规定申请船员适任证书的，海事管理机构可以免除船员培训和考试的相应内容。具体办法由国务院交通主管部门另行规定。

第十五条　以海员身份出入国境和在国外船舶上从事工作的中国籍船员，应当向国家海事管理机构指定的海事管理机构申请中华人民共和国海员证。

申请中华人民共和国海员证，应当符合下列条件：
（一）是中华人民共和国公民；
（二）持有国际航行船舶船员适任证书或者有确定的船员出境任务；
（三）无法律、行政法规规定禁止出境的情形。

第十六条　海事管理机构应当自受理申请之日起7日内做出批准或者不予批准的决定。予以批准的，发给中华人民共和国海员证；不予批准的，应当书面通知申请人并说明理由。

第十七条 中华人民共和国海员证是中国籍船员在境外执行任务时表明其中华人民共和国公民身份的证件。中华人民共和国海员证遗失、被盗或者损毁的,应当向海事管理机构申请补发。船员在境外的,应当向中华人民共和国驻外使馆、领馆申请补发。

中华人民共和国海员证的有效期不超过5年。

第十八条 持有中华人民共和国海员证的船员,在其他国家、地区享有按照当地法律、有关国际条约以及中华人民共和国与有关国家签订的海运或者航运协定规定的权利和通行便利。

第十九条 在中国籍船舶上工作的外国籍船员,应当依照法律、行政法规和国家其他有关规定取得就业许可,并持有国务院交通主管部门规定的相应证书和其所属国政府签发的相关身份证件。

在中华人民共和国管辖水域航行、停泊、作业的外国籍船舶上任职的外国籍船员,应当持有中华人民共和国缔结或者加入的国际条约规定的相应证书和其所属国政府签发的相关身份证件。

第三章 船员职责

第二十条 船员在船工作期间,应当符合下列要求:

(一)携带本条例规定的有效证件;

(二)掌握船舶的适航状况和航线的通航保障情况,以及有关航区气象、海况等必要的信息;

(三)遵守船舶的管理制度和值班规定,按照水上交通安全和防治船舶污染的操作规则操纵、控制和管理船舶,如实填写有关船舶法定文书,不得隐匿、篡改或者销毁有关船舶法定证书、文书;

(四)参加船舶应急训练、演习,按照船舶应急部署的要求,落实各项应急预防措施;

(五)遵守船舶报告制度,发现或者发生险情、事故、保安事件或者影响航行安全的情况,应当及时报告;

(六)在不严重危及自身安全的情况下,尽力救助遇险人员;

(七)不得利用船舶私载旅客、货物,不得携带违禁物品。

第二十一条 船长在其职权范围内发布的命令,船舶上所有人员必须执行。高级船员应当组织下属船员执行船长命令,督促下属船员履行职责。

第二十二条 船长管理和指挥船舶时,应当符合下列要求:

(一)保证船舶和船员携带符合法定要求的证书、文书以及有关航行资料;

(二)制订船舶应急计划并保证其有效实施;

(三)保证船舶和船员在开航时处于适航、适任状态,按照规定保障船舶的最低安全配员,保证船舶的正常值班;

（四）执行海事管理机构有关水上交通安全和防治船舶污染的指令，船舶发生水上交通事故或者污染事故的，向海事管理机构提交事故报告；

（五）对本船船员进行日常训练和考核，在本船船员的船员服务簿内如实记载船员的服务资历和任职表现；

（六）船舶进港、出港、靠泊、离泊，通过交通密集区、危险航区等区域，或者遇有恶劣天气和海况，或者发生水上交通事故、船舶污染事故、船舶保安事件以及其他紧急情况时，应当在驾驶台值班，必要时应当直接指挥船舶；

（七）保障船舶上人员和临时上船人员的安全；

（八）船舶发生事故，危及船舶上人员和财产安全时，应当组织船员和船舶上其他人员尽力施救；

（九）弃船时，应当采取一切措施，首先组织旅客安全离船，然后安排船员离船，船长应当最后离船，在离船前，船长应当指挥船员尽力抢救航海日志、机舱日志、油类记录簿、无线电台日志、本航次使用过的航行图和文件，以及贵重物品、邮件和现金。

第二十三条　船长、高级船员在航次中，不得擅自辞职、离职或者中止职务。

第二十四条　船长在保障水上人身与财产安全、船舶保安、防治船舶污染水域方面，具有独立决定权，并负有最终责任。

船长为履行职责，可以行使下列权力：

（一）决定船舶的航次计划，对不具备船舶安全航行条件的，可以拒绝开航或者续航；

（二）对船员用人单位或者船舶所有人下达的违法指令，或者可能危及有关人员、财产和船舶安全或者可能造成水域环境污染的指令，可以拒绝执行；

（三）发现引航员的操纵指令可能对船舶航行安全构成威胁或者可能造成水域环境污染时，应当及时纠正、制止，必要时可以要求更换引航员；

（四）当船舶遇险并严重危及船舶上人员的生命安全时，船长可以决定撤离船舶；

（五）在船舶的沉没、毁灭不可避免的情况下，船长可以决定弃船，但是，除紧急情况外，应当报经船舶所有人同意；

（六）对不称职的船员，可以责令其离岗。

船舶在海上航行时，船长为保障船舶上人员和船舶的安全，可以依照法律的规定对在船舶上进行违法、犯罪活动的人采取禁闭或者其他必要措施。

第四章　船员职业保障

第二十五条　船员用人单位和船员应当按照国家有关规定参加工伤保险、医疗保险、养老保险、失业保险以及其他社会保险，并依法按时足额缴纳各项保险费用。

船员用人单位应当为在驶往或者驶经战区、疫区或者运输有毒、有害物质的船舶上工作的船员,办理专门的人身、健康保险,并提供相应的防护措施。

第二十六条　船舶上船员生活和工作的场所,应当符合国家船舶检验规范中有关船员生活环境、作业安全和防护的要求。

船员用人单位应当为船员提供必要的生活用品、防护用品、医疗用品,建立船员健康档案,并为船员定期进行健康检查,防治职业疾病。

船员在船工作期间患病或者受伤的,船员用人单位应当及时给予救治;船员失踪或者死亡的,船员用人单位应当及时做好相应的善后工作。

第二十七条　船员用人单位应当依照有关劳动合同的法律、法规和中华人民共和国缔结或者加入的有关船员劳动与社会保障国际条约的规定,与船员订立劳动合同。

船员用人单位不得招用未取得本条例规定证件的人员上船工作。

第二十八条　船员工会组织应当加强对船员合法权益的保护,指导、帮助船员与船员用人单位订立劳动合同。

第二十九条　船员用人单位应当根据船员职业的风险性、艰苦性、流动性等因素,向船员支付合理的工资,并按时足额发放给船员。任何单位和个人不得克扣船员的工资。

船员用人单位应当向在劳动合同有效期内的待派船员,支付不低于船员用人单位所在地人民政府公布的最低工资。

第三十条　船员在船工作时间应当符合国务院交通主管部门规定的标准,不得疲劳值班。

船员除享有国家法定节假日的假期外,还享有在船舶上每工作2个月不少于5日的年休假。

船员用人单位应当在船员年休假期间,向其支付不低于该船员在船工作期间平均工资的报酬。

第三十一条　船员在船工作期间,有下列情形之一的,可以要求遣返:

(一)船员的劳动合同终止或者依法解除的;

(二)船员不具备履行船上岗位职责能力的;

(三)船舶灭失的;

(四)未经船员同意,船舶驶往战区、疫区的;

(五)由于破产、变卖船舶、改变船舶登记或者其他原因,船员用人单位、船舶所有人不能继续履行对船员的法定或者约定义务的。

第三十二条　船员可以从下列地点中选择遣返地点:

(一)船员接受招用的地点或者上船任职的地点;

(二)船员的居住地、户籍所在地或者船籍登记国;

（三）船员与船员用人单位或者船舶所有人约定的地点。

第三十三条 船员的遣返费用由船员用人单位支付。遣返费用包括船员乘坐交通工具的费用、旅途中合理的食宿及医疗费用和30公斤行李的运输费用。

第三十四条 船员的遣返权利受到侵害的，船员当时所在地民政部门或者中华人民共和国驻境外领事机构，应当向船员提供援助；必要时，可以直接安排船员遣返。民政部门或者中华人民共和国驻境外领事机构为船员遣返所垫付的费用，船员用人单位应当及时返还。

第五章 船员培训和船员服务

第三十五条 申请在船舶上工作的船员，应当按照国务院交通主管部门的规定，完成相应的船员基本安全培训、船员适任培训。

在危险品船、客船等特殊船舶上工作的船员，还应当完成相应的特殊培训。

第三十六条 依法设立的培训机构从事船员培训，应当符合下列条件：

（一）有符合船员培训要求的场地、设施和设备；

（二）有与船员培训相适应的教学人员、管理人员；

（三）有健全的船员培训管理制度、安全防护制度；

（四）有符合国务院交通主管部门规定的船员培训质量控制体系。

第三十七条 依法设立的培训机构从事船员培训业务，应当向国家海事管理机构提出申请，并附送符合本条例第三十六条规定条件的证明材料。

国家海事管理机构应当自受理申请之日起30日内，做出批准或者不予批准的决定。予以批准的，发给船员培训许可证；不予批准的，书面通知申请人并说明理由。

第三十八条 从事船员培训业务的机构，应当按照国务院交通主管部门规定的船员培训大纲和水上交通安全、防治船舶污染、船舶保安等要求，在核定的范围内开展船员培训，确保船员培训质量。

第三十九条 从事代理海洋船舶船员办理申请培训、考试、申领证书（包括外国海洋船舶船员证书）等有关手续，代理海洋船舶船员用人单位管理船员事务，提供海洋船舶配员等海洋船舶船员服务业务的机构，应当符合下列条件：

（一）在中华人民共和国境内依法设立的法人；

（二）有2名以上具有高级船员任职资历的管理人员；

（三）有符合国务院交通主管部门规定的船员服务管理制度；

（四）具有与所从事业务相适应的服务能力。

第四十条 从事海洋船舶船员服务业务的机构，应当向海事管理机构提交书面申请，并附送符合本条例第三十九条规定条件的证明材料。

海事管理机构应当自受理申请之日起30日内做出批准或者不予批准的决定。予以批准的，发给相应的批准文件；不予批准的，书面通知申请人并说明理由。

第四十一条　从事内河船舶、海洋船舶船员服务业务的机构（以下简称船员服务机构）应当建立船员档案，加强船舶配员管理，掌握船员的培训、任职资历、安全记录、健康状况等情况，并将上述情况定期报海事管理机构备案。

船员用人单位直接招用船员的，应当遵守前款的规定。

第四十二条　船员服务机构应当向社会公布服务项目和收费标准。

第四十三条　船员服务机构为船员提供服务，应当诚实守信，不得提供虚假信息，不得损害船员的合法权益。

第四十四条　船员服务机构为船员用人单位提供船舶配员服务，应当督促船员用人单位与船员依法订立劳动合同。船员用人单位未与船员依法订立劳动合同的，船员服务机构应当终止向船员用人单位提供船员服务。

船员服务机构为船员用人单位提供的船员失踪或者死亡的，船员服务机构应当配合船员用人单位做好善后工作。

第六章　监督检查

第四十五条　海事管理机构应当建立健全船员管理的监督检查制度，重点加强对船员注册、任职资格、履行职责、安全记录，船员培训机构培训质量，船员服务机构诚实守信以及船员用人单位保护船员合法权益等情况的监督检查，督促船员用人单位、船舶所有人以及相关的机构建立健全船员在船舶上的人身安全、卫生、健康和劳动安全保障制度，落实相应的保障措施。

第四十六条　海事管理机构对船员实施监督检查时，应当查验船员必须携带的证件的有效性，检查船员履行职责的情况，必要时可以进行现场考核。

第四十七条　依照本条例的规定，取得船员服务簿、船员适任证书、中华人民共和国海员证的船员以及取得从事船员培训业务许可、海洋船舶船员服务业务许可的机构，不再具备规定条件的，由海事管理机构责令限期改正；拒不改正或者无法改正的，海事管理机构应当撤销相应的行政许可决定，并依法办理有关行政许可的注销手续。

第四十八条　海事管理机构对有违反水上交通安全和防治船舶污染水域法律、行政法规行为的船员，除依法给予行政处罚外，实行累计记分制度。海事管理机构对累计记分达到规定分值的船员，应当扣留船员适任证书，责令其参加水上交通安全、防治船舶污染等有关法律、行政法规的培训并进行相应的考试；考试合格的，发还其船员适任证书。

第四十九条　船舶违反本条例和有关法律、行政法规规定的，海事管理机构应当责令限期改正；在规定期限内未能改正的，海事管理机构可以禁止船舶离港或者限制船舶航行、停泊、作业。

第五十条　海事管理机构实施监督检查时，应当有2名以上执法人员参加，并出示有效的执法证件。

海事管理机构实施监督检查,可以询问当事人,向有关单位或者个人了解情况,查阅、复制有关资料,并保守被调查单位或者个人的商业秘密。

接受海事管理机构监督检查的有关单位或者个人,应当如实提供有关资料或者情况。

第五十一条 海事管理机构应当公开管理事项、办事程序、举报电话号码、通信地址、电子邮件信箱等信息,自觉接受社会的监督。

第五十二条 劳动保障行政部门应当加强对船员用人单位遵守劳动和社会保障的法律、法规和国家其他有关规定情况的监督检查。

第七章 法律责任

第五十三条 违反本条例的规定,以欺骗、贿赂等不正当手段取得船员服务簿、船员适任证书、船员培训合格证书、中华人民共和国海员证的,由海事管理机构吊销有关证件,并处 2 000 元以上 2 万元以下罚款。

第五十四条 违反本条例的规定,伪造、变造或者买卖船员服务簿、船员适任证书、船员培训合格证书、中华人民共和国海员证的,由海事管理机构收缴有关证件,处 2 万元以上 10 万元以下罚款,有违法所得的,还应当没收违法所得。

第五十五条 违反本条例的规定,船员服务簿记载的事项发生变更,船员未办理变更手续的,由海事管理机构责令改正,可以处 1 000 元以下罚款。

第五十六条 违反本条例的规定,船员在船工作期间未携带本条例规定的有效证件的,由海事管理机构责令改正,可以处 2 000 元以下罚款。

第五十七条 违反本条例的规定,船员有下列情形之一的,由海事管理机构处 1 000 元以上 1 万元以下罚款;情节严重的,并给予暂扣船员服务簿、船员适任证书 6 个月以上 2 年以下直至吊销船员服务簿、船员适任证书的处罚:

(一)未遵守值班规定擅自离开工作岗位的;

(二)未按照水上交通安全和防治船舶污染操作规则操纵、控制和管理船舶的;

(三)发现或者发生险情、事故、保安事件或者影响航行安全的情况未及时报告的;

(四)未如实填写或者记载有关船舶法定文书的;

(五)隐匿、篡改或者销毁有关船舶法定证书、文书的;

(六)不依法履行救助义务或者肇事逃逸的;

(七)利用船舶私载旅客、货物或者携带违禁物品的。

第五十八条 违反本条例的规定,船长有下列情形之一的,由海事管理机构处 2 000 元以上 2 万元以下罚款;情节严重的,并给予暂扣船员适任证书 6 个月以上 2 年以下直至吊销船员适任证书的处罚:

（一）未保证船舶和船员携带符合法定要求的证书、文书以及有关航行资料的；

（二）未保证船舶和船员在开航时处于适航、适任状态，或者未按照规定保障船舶的最低安全配员，或者未保证船舶的正常值班的；

（三）未在船员服务簿内如实记载船员的服务资历和任职表现的；

（四）船舶进港、出港、靠泊、离泊，通过交通密集区、危险航区等区域，或者遇有恶劣天气和海况，或者发生水上交通事故、船舶污染事故、船舶保安事件以及其他紧急情况时，未在驾驶台值班的；

（五）在弃船或者撤离船舶时未最后离船的。

第五十九条　船员适任证书被吊销的，自被吊销之日起2年内，不得申请船员适任证书。

第六十条　违反本条例的规定，船员用人单位、船舶所有人有下列行为之一的，由海事管理机构责令改正，处3万元以上15万元以下罚款：

（一）招用未依照本条例规定取得相应有效证件的人员上船工作的；

（二）中国籍船舶擅自招用外国籍船员担任船长的；

（三）船员在船舶上生活和工作的场所不符合国家船舶检验规范中有关船员生活环境、作业安全和防护要求的；

（四）不履行遣返义务的；

（五）船员在船工作期间患病或者受伤，未及时给予救治的。

第六十一条　违反本条例的规定，未取得船员培训许可证擅自从事船员培训的，由海事管理机构责令改正，处5万元以上25万元以下罚款，有违法所得的，还应当没收违法所得。

第六十二条　违反本条例的规定，船员培训机构不按照国务院交通主管部门规定的培训大纲和水上交通安全、防治船舶污染等要求，进行培训的，由海事管理机构责令改正，可以处2万元以上10万元以下罚款；情节严重的，给予暂扣船员培训许可证6个月以上2年以下直至吊销船员培训许可证的处罚。

第六十三条　违反本条例的规定，未经批准擅自从事海洋船舶船员服务的，由海事管理机构责令改正，处5万元以上25万元以下罚款，有违法所得的，还应当没收违法所得。

第六十四条　违反本条例的规定，船员服务机构和船员用人单位未将其招用或者管理的船员的有关情况定期报海事管理机构备案的，由海事管理机构责令改正，处5000元以上2万元以下罚款。

第六十五条　违反本条例的规定，船员服务机构在提供船员服务时，提供虚假信息，欺诈船员的，由海事管理机构责令改正，处3万元以上15万元以下罚款；情节严重的，并给予暂停船员服务6个月以上2年以下直至吊销船员服务许可的处罚。

第六十六条 违反本条例的规定，船员服务机构在船员用人单位未与船员订立劳动合同的情况下，向船员用人单位提供船员的，由海事管理机构责令改正，处5万元以上25万元以下罚款；情节严重的，给予暂停船员服务6个月以上2年以下直至吊销船员服务许可的处罚。

第六十七条 海事管理机构工作人员有下列情形之一的，依法给予处分：

（一）违反规定签发船员服务簿、船员适任证书、中华人民共和国海员证，或者违反规定批准船员培训机构、海洋船舶船员服务机构从事相关活动的；

（二）不依法履行监督检查职责的；

（三）不依法实施行政强制或者行政处罚的；

（四）滥用职权、玩忽职守的其他行为。

第六十八条 违反本条例的规定，情节严重，构成犯罪的，依法追究刑事责任。

第八章 附 则

第六十九条 申请参加取得船员服务簿、船员适任证书考试，应当按照国家有关规定交纳考试费用。

第七十条 引航员的培训和任职资格依照本条例有关船员培训和任职资格的规定执行。具体办法由国务院交通主管部门制订。

第七十一条 军用船舶船员的管理，按照国家和军队有关规定执行。

渔业船员的管理由国务院渔业行政主管部门负责，具体管理办法由国务院渔业行政主管部门参照本条例另行规定。

第七十二条 除本条例对船员用人单位及船员的劳动和社会保障有特别规定外，船员用人单位及船员应当执行有关劳动和社会保障的法律、行政法规以及国家有关规定。

船员专业技术职称的取得和专业技术职务的聘任工作，按照国家有关规定实施。

第七十三条 本条例自2007年9月1日起施行。

第十二章 航行保障

第一节 港口水域管理

港口水域管理是海洋环境管理的重要组成部分,做好港口水域管理工作有利于保护海洋资源和保护人体健康,也有利于防止船体或港口设施遭受污染腐蚀损害,防止港池遭受污染物质的回填淤塞,保障渔港的正常生活和生产秩序,充分发挥渔港在渔业生产中的作用。

一、港口水域管理的主要职能部门

(一)渔监部门的主要职责

根据《中华人民共和国海洋环境保护法》和《中华人民共和国防止船舶污染海域管理》的规定,渔港监督机构是渔港水域环境保护工作的主管机关,其有以下主要职责:

(1)监督船舶和人员遵守国家有关水域环境保护的法律、法规。

(2)监督船舶、单位和个人不得违反国家规定向水域排放油类、油性混合物,投弃废物和其他有害物质。

(3)监督港内施工不得污染港口水域。

(4)监督造船、修船、拆船或打捞沉船单位采取必要措施,防止油类、油性混合物和废弃物污染港口水域。

(5)监督陆地排污单位不得向港口水域排放有害污水和投弃有毒废弃物。

(6)调查处理渔港水域内发生的各类水域污染事故。

(7)配置必要的防污、除污设施、器材和监视、测试、报警设备,努力防止和消除污染损害。

对于违反有关法律、法规,造成港口水域环境污染损害的船舶、单位和个人,渔港监督机关有权给予警告或者罚款的处罚,还可责令其限期治理、缴纳排污费、支付消除污染费用以及赔偿损失。

(二)与渔监相关部门应做好的环保工作

《中华人民共和国海洋环境保护法》第五条规定:"沿海省、自治区、直辖市环境保护部门负责组织协调、监督检查本行政区域内的海洋环境保护工作,并主管防止海岸工程和陆源污染物污染损害的环境保护工作。"由此可见,这些相关部门的主要职责如下:

(1) 海岸工程建设项目的主管部门,必须在编报计划任务书前,对海洋环境进行科学调查,根据自然条件和社会条件,合理选址,并按国家有关规定编报环境影响报告书。

(2) 建造港口、油码头、兴建入海河口水利和潮汐发电工程,必须采取措施,保护水产资源。在鱼蟹洄游通道筑坝,要建造相应的过鱼设施。

(3) 港口和油码头应当设置残油、废油、含油污水和废弃物的接收和处理设置,配备必要的防污器材和监视、报警装置。

(4) 海涂的开发利用应当全面规划,加强管理。对围海造地或其他围海工程以及采挖砂石,应当严格控制。确需进行的,必须在调查研究和经济效果对比的基础上,提出工程的环境影响报告书,报省、自治区、直辖市环境保护部门审批,大型围海工程必须报国务院环境保护部门审批。禁止毁坏海岸防护林、风景林和红树林、珊瑚礁。

(5) 沿海单位向海域排放有害物质,必须严格执行国家或省、自治区、直辖市人民政府颁布的排放标准和有关规定。在海上自然保护区、水产养殖场、海滨风景游览区内,不得新建排污口。对已有的排污口排放污染物不符合国家排放标准的,应当限期治理。

(6) 含强放射性物质的废水,禁止向海域排放。含弱放射性物质的废水,确需向海域排放的,必须执行国家放射防护的规定和标准。

(7) 含传染病原体的医疗污水和工业废水,必须经过处理和严格消毒,消灭病原体后,方能排入海域。

(8) 含有机物和营养物质的工业废水,生活污水,应当控制向海湾、半封闭海及其自净能力较差的海域排放,防止海水富营养化。

(9) 向海域排放含热废水,应当采取措施,保证邻近的渔业水域的水温符合国家水质标准,避免热污染对水产资源的危害。

(10) 沿海农田施用化学农药,应当执行国家农药安全使用的规定和标准。

(11) 任何单位不经沿海省、自治区、直辖市环境保护部门批准,不得在岸滩弃置、堆放尾矿、矿渣、煤灰渣、垃圾和其他废弃物。依法被批准在岸滩设置废弃物堆放场和处理场的,应当建造防护堤,防止废弃物流入海域。

(12) 沿海省、自治区、直辖市环境保护部门和水系管理部门,应当加强入海河流的管理,防治污染,使入海河口的水质处于良好状态。

二、港口水域管理的主要内容

(一) 防止船舶的污染管理[①]

船舶是内河水域和海洋环境污染源之一,防止船舶造成水污染是渔政管理的法定职责。《水污染防治法》《水污染防治法实施细则》《海洋环境保护法》《防治船舶污染海洋环境管理条例》《防止拆船污染环境管理条例》等国内法律法规以及一些国际海事公约对防止船舶污染水域问题都作出了比较全面的规定,例如:(1) 船舶必须按照相关规定配置相应的防污设备和器材;(2) 船舶向水体中排放的含油污水、生活污染水等,应当符合有关的国家标准,禁止向水体排放残油、废油等有害物质;(3) 船舶运载油类和易造成污染的货物等,应当采取防止溢流和渗漏的措施,防止造成水污染;(4) 从事船舶拆解、沉船打捞、渔船建造修理、污染物质接收、渔船清洗等容易污染水环境的活动前,应当编制作业方案,采取有效的防污染措施,并应得到渔港监督机构的批准;(5) 在内河和港口水域禁止倾倒船舶垃圾,在海洋上应按相关标准的要求处理船舶垃圾,港口、码头、装卸站和船舶修造厂应当备有足够的船舶污染物、废弃物的接收设施;(6) 一些渔船还应持有船舶防污文书,并如实记录涉及污染物作业和排放的事项。

(二) 贯彻港口签证和引航制度

港口是船舶来往最多的地方,贯彻港口签证和引航制度,是为保证船舶安全,这是港口水域管理的重要措施之一。

1. 港口签证

港口签证,是港口监督机构对进出港口或在港内航行、作业的外国船舶进行查验,并审核有关船舶状况,而后对处于适航、适拖符合规定条件的船舶,签发批准其进出港口或在港内航行作业法律文书的一项管理制度。其目的是维护港内交通秩序,保障船舶、港口设施和船员的安全,防止水上交通事故的发生。根据《海上交通安全法》第十二条、《内河交通安全管理条例》第十八条和《渔港水域交通安全管理条例》第六条,船舶进出港口必须办理签证手续。

一般情况下,船舶应在进港后 24 h 内(在港时间不足 24 h 的,于离港前)向渔港监督机构办理基础港签证手续;签证工作一般实行进出港一次签证;渔业船舶若临时改变作业性质,出港时仍需办理出港签证。在海上连续作业时间不超过 24 h 的渔船以及船长在 12 m 以下的小型渔船,可以向所在地或就近渔港的渔港监督机构或其派出机构办理定期签证。对于政府公务船舶、军事船舶等,可以免签证,但需要通报渔港监督机构。

[①] 详见《防治船舶污染海洋环境管理条例》。

通常情况,办理渔港签证应符合下列 8 项条件:(1) 船舶证书齐全、有效;若是捕捞渔船,还应有渔业捕捞许可证;若是 150 总吨以上的油轮或 400 总吨以上的非油轮或主机额定功率 3 000 kW 以上的渔业船舶,应备有油类记录簿;若是倾倒废弃物的船舶,应持有国家海洋局或其派出机构的批准文件;(2) 按规定配齐船员,职务船员应持有效的职务证书;(3) 船舶处于适航状态,并按规定标写了船名、船号、船籍港和船名牌;(4) 装运危险物品的船舶,其货物名称和数量应与《船舶装运危险物品准运单》所载相符,并有相应的安全保障和预防措施,按规定显示信号;(5) 没有违反我国法律、行政法规或港口管理规章的行为;(6) 已缴纳了应承担的费用或提供了适当的担保;(7) 若发生了交通事故,按规定办完处理手续;(8) 根据天气预报,海上风力没有超过船舶抗风等级。

2. 船舶引航[①]

船舶引航,是指引航员引领船舶航行、靠泊、离泊、移泊的活动。引航制度,既是维护国家主权的需要,也是维护港口设施、船舶和船员生命安全的需要。根据《海上交通安全法》第十三条、《内河交通安全管理条例》第十九条、《港口法》第三十九条以及《船舶引航管理规定》第九条,外国籍船舶、通航条件受限制的船舶、载运危险货物的船舶、可能影响港口设施安全的船舶等,应当向引航机构申请引航。

另外,若有国际航行船舶(即进出口我国口岸的外国籍船舶和航行国际航线的中国籍船舶)进出经国家批准可以进出国际航行船舶的渔业港口,渔港监督机构应协助海事机构、海关、公安边防机关、国境卫生检疫机关、动植物检疫机关,为国际航行船舶办理船舶进口岸手续和出口岸手续。

第二节　港口危险货物装运管理

危险货物,是指具有爆炸、易燃、毒害、感染、腐蚀、放射性等危险特性,在运输、储存、生产、经营、使用和处置中,容易造成人身伤亡、财产损毁或环境污染而需要特别防护的物质和物品。共分为 9 大类,分别为:第 1 类爆炸品;第 2 类气体;第 3 类易燃液体;第 4 类易燃固体、易于自燃的物质、遇水放出易燃气体的物质;第 5 类氧化性物质和有机过氧化物;第 6 类毒害物质和感染性物质;第 7 类放射性物质;第 8 类腐蚀性物质;第 9 类杂项危险物质和物品,包括危害环境物质。由于危险货物的化学性质极不稳定,因此在储藏和运输过程中极易发生燃烧、爆炸等事故。这类事故给财产和人命带来巨大损害。因此,世界各国都十分重视船舶装运危险货物的安全管理。联合国国际海事组织还专门规定了《国际海上危险货物运输规则》,并在该组织海上安全委员会中设立危险货物小组委员会,专门研

---

① 详见《船舶引航管理规定》。

究船舶装运危险货物管理工作。我国于1982年10月1日开始执行《国际海上危险货物运输规划》。为适应危险货物运输发展的新形势,我国政府对海运危险物运输越来越重视,管理要求越来越高,规章制度日趋完善。除批准接受和采纳一些国际公约及规章外,还先后制定了许多又适合我国国情,又逐步与国际标准接轨的海运货物运输法规。我国于2003年8月7日颁布《港口危险货物管理规定》,自2004年1月1日起施行。

一、危险货物运输管理的法律依据[①]

我国有关船舶装运危险货物管理的法律、法规和管理制度在不断健全。早在1954年交通部就颁发了《船舶装运危险品暂行规则》,由国务院批准颁布实施。国务院还于1961年颁发了《关于违反爆炸、易燃危险物品管理规则的处罚暂行办法》,1974年国务院中央军委还联合颁发了《关于加强爆炸物品管理的通知》,1981年10月29日交通部颁布《中华人民共和国交通部船舶装载危险货物监督管理规则》。1983年9月2日第6届全国人民代表大会常务委员会第二次会议通过的《中华人民共和国海上交通安全法》也专门对危险物品运输管理,做了具体规定,还有1996年交通部发布的《水路包装危险货物运输规则》,以及地方人民政府颁发的有关文件,如上海人民政府颁发的《上海市化学危险物品安全管理办法》《上海市化学事故应急救援办法》。同时,我国也已加入有关国际公约或规则。如《国际海上人命安全公约》《国际海运危险货物规则》等,这些都是坚持"安全第一,预防为主"的方针,围绕水上交通安全监督管理为中心开展工作。

根据2012年3月14日交通运输部《关于修改〈船舶载运危险货物安全监督管理规定〉的决定》中的规定,从危险性质角度对危险货物定义为:所称"危险物",系指具有爆炸、易燃、毒害、腐蚀、放射性、污染危害性等特性,在船舶载运过程中,容易造成人身伤害、财产损失或者环境污染而需要特别防护的物品。

《中华人民共和国船舶载运危险货物安全监督管理规定》第6条规定:"载运危险货物的船舶在中国管辖水域航行、停泊、作业,应当遵守交通部公布的以及海事管理机构在其职权范围内依法公布的水上交通安全和防治船舶污染的规定。"

《中华人民共和国海上交通安全法》对危险货物运输有明确规定,第三十二条规定:"船舶、设施储存、装卸、运输危险货物,必须具备安全可靠的设备和条件,遵守国家关于危险货物管理和运输的规定。"第三十三条规定:"船舶装运危险货物,必须向主管机关办理申报手续,经批准后,方可进出港口或装运。"

《渔港水域交通安全管理条例》第8条规定:"船舶在渔港内装卸易燃、易爆、有毒等危险货物,必须遵守国家关于危险货物管理的规定,并事先向渔政渔港监

---

① 详见《港口危险货物管理规定》。

督管理机关提出申请,经批准后在指定的安全地点装卸。"

此外,还有《中华人民共和国港务监督局集装箱装运危险货物监督管理规定》《港口危险货物管理规定》《海运危险货物包装检查规定》《中华人民共和国水上安全监督行政处罚规定》《中华人民共和国港务监督局船舶载运外贸危险货物申报规定》,以及地方政府颁发的有关文件等,这些都是港务监督依法实施对危险货物运输管理的法律依据。

二、船舶载运危险货物安全监督管理规定

为加强船舶载运危险货物监督管理,规范船舶在我国管辖水域载运危险货物活动,保障水上人命、财产安全,防止船舶污染环境,交通部于 2003 年发布了《船舶载运危险货物安全监督管理规定》,依据《中华人民共和国海上交通安全法》《中华人民共和国海洋环境保护法》《中华人民共和国港口法》《中华人民共和国内河交通安全管理条例》《中华人民共和国危险化学品安全管理条例》和有关国际公约的规定,对船舶载运危险货物作出具体规定,分总则、通航安全与防污染管理、船舶管理、申报管理、人员管理、法律责任和附则共 7 章。下面简要介绍一些重要的法律法规。

(1)《中华人民共和国海上交通安全法》第三条规定:"中华人民共和国港务监督机构,是对沿海水域交通安全实施统一监督管理的主管机关",该法在第六章危险货物运输中有更为详细的规定,其中:

第三十二条 船舶设施储存、装卸、运输危险货物,必须具备安全可靠的设备条件,遵守国家关于危险货物管理和运输的规定。

第三十三条 船舶装运危险货物,必须向主管机关申报手续,经批准后,方可进出港口或装卸。

(2)《中华人民共和国内河交通安全管理条例》,该条例第五章危险货物管理中有以下规定:

第二十三条 船舶、排筏、设施存储、装卸、运输危险货物,必须遵守国家有关危险货物管理和运输的规定。

第二十四条 船舶在港口装卸危险货物或者载运危险货物进出港口,应当按国家有关规定事先报经当地主管机关核准。

(3)《中华人民共和国交通部船舶装卸危险货物监督管理规则》,该规则共 28 条,主要涉及船舶装卸危险货物进出港口申报与签证、危险货物装卸、运输安全与检查,船舶申领危险货物监装证书,危险货物作业安全处置和违章处罚等条款。

(4)《水路包装危险货物运输规则》,该规则是 1996 年 11 月 4 日交通部,1996 年第 10 号发布令。共八章七十三条,主要涉及危险货物的包装和标志、托运、承运、装卸、储存、交付、消防和泄漏处理等。

三、危险货物分类及其装载时的注意事项

危险货物品种繁多,性质各异,危险程度大小不一,对具有多种危险性质的货物,应以其占主导危险性来归类。为方便于安全运输和管理,《国际危规》根据货物的理化性质及对人身伤害的情况将危险货物分为九大类:爆炸物品、压缩、液化和加压溶解气体、易燃液体、易燃固体、易自燃物质和遇水放出易燃气体的物质、氧化剂和有机过氧化物、有毒物质和感染性物质、放射性物质、腐蚀品及杂类危险货物和物品。

(一) 爆炸物品

凡是受到摩擦、撞击、震动、高温或其他因素的诱发,能产生激烈的化学变化,在极短时间内放出大量的热和气体,同时伴有光、声等效应的物品,统称为爆炸物品。如用于引爆雷管或黑火药的点水器材、起爆器材和炸药等。

这类物品的共同特性是具有化学爆炸性。它的化学性质活泼,对机械力、电、热、磁场很敏感。受到摩擦、撞击、震动或遇明火、高热、静电感应或与氧化剂、还原剂等接触都有发生燃烧、爆炸的危险。此外,这类物品中多数不但自身具有毒性,而且还在爆炸形成的气浪中含有毒性(如一氧化碳)和窒息性(如二氧化碳、氮气等)气体。对这类物品中敏感度和爆炸力过强的物品,若未经处理则禁止运输。这类物品在装卸时要注意:不得使用铁撬棍、铁钩等铁质工具猛力敲打舱盖,也不能摔碰、撞击、拖拉、翻滚;舱内应用绝缘良好的防爆灯具,不得残留酸、碱及油脂等物质;起爆器材和炸药的装载高度不得超过 1.8 m;受载船货物要远离船员卧室、机舱、电源、火源、热源(气温达到 40℃ 以上时,要采取通风调节空气)和受震部位,并用木板与铁器部分衬垫,捆塞牢固,防止移动;装完后及时离港。

(二) 压缩、液化和加压溶解气体

压缩气体和液化气体指压缩、液化或加压溶解的气体,并应符合下述两种情况之一者:(1) 临界温度低于 50℃,或在 50℃ 时,其蒸气压力大于 294 kPa 的压缩或液化气体;(2) 温度在 21.1℃ 时,气体的绝对压力大于 275 kPa,或在 54.4℃ 时,气体的绝对压力大于 715 kPa 的压缩气体;或在 37.8℃ 时,雷德蒸气压力大于 275 kPa 的液化气体或加压溶解的气体。

为了便于储运和使用,常将气体用降温加压法压缩或液化后储存于钢瓶内。由于各种气体的性质不同,有的气体在室温下,无论对它加多大的压力也不会变为液体,而必须在加压的同时使温度降低至一定数值才能使它液化(该温度叫临界温度),在临界温度下,使气体液化所必需的最低压力叫临界压力。有的气体较易液化,在室温下,单纯加压就能使它呈液态,例如氯气、氨气、二氧化碳。有的气体较难液化,如氦气、氢气、氮气、氧气。因此,有的气体容易加压成液态,有的仍

为气态,在钢瓶中处于气体状态的称为压缩气体,处于液体状态的称为液化气体。此外,本类还包括加压溶解的气体,例如乙炔。

压缩气体和液化气体特性:(1)储于钢瓶内的压缩气体、液化气体或加压溶解的气体受热膨胀,压力升高,能使钢瓶爆裂。特别是液化气体装得太满时尤其危险,应严禁超量灌装,并防止钢瓶受热。(2)压缩气体和液化气体不允许泄漏。其原因除有些气体有毒、易燃外,还因有些气体相互接触后会发生化学反应引起燃烧爆炸;例如氢和氯、氢和氧、乙炔和氯、乙炔和氧均能发生爆炸。因此,凡内容物为禁忌物的钢瓶应分别存放。(3)压缩气体和液化气体除具有爆炸性外还具有易燃性(如氢气、甲烷、液化石油气等)、助燃性(如氧气、压缩空气等)、毒害性(如氰化氢、二氧化硫、氯气等)、窒息性(如二氧化碳、氮等,虽无毒,不燃,不助燃,但在高浓度时亦会导致人畜窒息死亡)等性质。

这类物质的危险性主要表现在下列两个方面:(1)容器发生破裂或爆炸;(2)因某种原因发生气体泄漏,如容器的阀门因猛烈撞击而受损。在此情况下,泄漏的气体若轻于空气(如氢气),则会积留于封闭货舱顶部。若重于空气(如二氧化碳),则会积存在货舱的底部。如任其蓄积,可能会引起火灾、爆炸、中毒、窒息等事故。装卸时应使用抬架或协运车,防止撞击、拖拉、摔落、不得溜坡滚动,协运时不要将钢瓶的头阀对准人身。剧毒气体钢瓶要当心漏气。配载时不得接近机舱、电源、火源、热源等部位。剧毒气体还要远离船员卧室。载运氧气仓内不得留有油脂。装运以上货物要置于通风场所,防止日晒,平卧放置,堆放不得过高。

(三) 易燃液体

易燃液体是指闭杯闪点,不高于 60.5℃,或开杯闪点不高于 65.6℃ 的液体或液体混合物或在液体及悬浮液中含有固体的液体;还包括在液态时需加温运输,且在温度等于或低于最高运输温度时会放出易燃蒸气的物质。但不包括不能维持燃烧、闪点在 35℃ 以上的液体,也不包括由于其危险性已列入其他类的液体。

扑救易燃液体火灾的基本对策:

(1)首先应切断火势蔓延的途径,冷却和疏散受火势威胁的压力及密闭容器和可燃物,控制燃烧范围,并积极抢救受伤和被困人员。如有液体流淌时,应筑堤(或用围油栏)拦截飘散流淌的易燃液体或挖沟导流。

(2)及时了解和掌握着火液体的品名、比重、水溶性以及有无毒害、腐蚀、沸溢、喷溅等危险性,以便采取相应的灭火和防护措施。

(3)对较大的贮罐或流淌火灾,应准确判断着火面积。小面积(一般 50 m² 以内)液体火灾,一般可用雾状水扑灭。用泡沫、干粉、二氧化碳、卤代烷灭火一般更有效。大面积液体火灾则必须根据其相对密度(比重)、水溶性和燃烧面积大小,选择正确的灭火剂扑救。密度小于水又不溶于水的液体(如汽油、苯等),用直流水、雾状水灭火往往无效。可用普通蛋白泡沫或轻水泡沫灭火。用干粉、卤代烷扑救时灭火效果要视燃烧面积大小和燃烧条件而定,最好用水冷却罐壁。密度大于水又不溶于水的液体(如二氧化碳)起火时可用水扑救,水能覆盖在液面上灭火。用泡沫也有效。干粉、卤代烷扑救,灭火效果要视燃烧面积大小和燃烧条件而定。最好用水冷却罐壁。具有水溶性的液体(如醇类、酮类等),虽然从理论上讲能用水稀释扑救,但用此法要使液体闪点消失,水必须在溶液中占很大的比例。这不仅需要大量的水,也容易使液体溢出流淌,而普通泡沫又会受到水溶性液体的破坏(如果普通泡沫强度加大,可以减弱火势),因此,最好用抗溶性泡沫扑救,用干粉或卤代烷扑救时,灭火效果要视燃烧面积大小和燃烧条件而定,也需用水冷却罐壁。

(4) 扑救毒害性、腐蚀性或燃烧产物毒害性较强的易燃液体火灾,扑救人员必须佩戴防护面具,采取防护措施。

(5) 扑救原油和重油等具有沸溢和喷溅危险的液体火灾。如有条件,可采用取放水、搅拌等防止发生沸溢和喷溅的措施,在灭火同时必须注意计算可能发生沸溢、喷溅的时间和观察是否有沸溢、喷溅的征兆。指挥员发现危险征兆时应迅即作出准确判断,及时下达撤退命令,避免造成人员伤亡和装备损失。扑救人员看到或听到统一撤退信号后,应立即撤至安全地带。

(6) 遇易燃液体管道或贮罐泄漏着火,在切断蔓延把火势限制在一定范围内的同时,对输送管道应设法找到并关闭进、出阀门,如果管道阀门已损坏或是贮罐泄漏,应迅速准备好堵漏材料,然后先用泡沫、干粉、二氧化碳或雾状水等扑灭地上的流淌火焰,为堵漏扫清障碍,其次再扑灭泄漏口的火焰,并迅速采取堵漏措施。与气体堵漏不同的是,液体一次堵漏失败,可连续堵几次,只要用泡沫覆盖地面,并堵住液体流淌和控制好周围着火源,不必点燃泄漏口的液体。

(四) 易燃固体,易自燃物质和遇水放出易燃气体的物质

易燃固体在常温下以固态形式存在,燃点较低,遇火受热、撞击、摩擦或接触氧化剂能引起燃烧的物质,称易燃固体。如赤磷、硫黄、松香、樟脑、镁粉等。其中燃点越低、分散程度越大的易燃固体危险性越大,尤其是粉状的易燃物与空气中的氧混合达到一定比例遇明火会产生爆炸。易燃固体燃烧迅猛,扑救困难,为此易燃固体存放要注意适量,一个库房存量不要过多,与相邻库房要有一定安全距离,特别是存放酸性物质的库房不允许混存易燃固体。发生火灾时可用雾状水、砂土、二氧化碳或干粉灭火剂灭火。运输此类物品时必须确保这类货物在其控制温度下。

易自燃物质,是指凡在无外界火源存在时,由于氧化、分解、聚合或发酵等原因,可在常温空气中自行产生热量,并使逐渐积累,从而达到燃点引起燃烧的物质。凡在无外界火源存在时,由于氧化、分解、聚合或发酵等原因,可在常温空气中自行产生热量,并使逐渐积累,从而达到燃点引起燃烧的物质,称为自燃物质,

如有机金属化合物。在制备、储存及使用中必须用惰性气体进行保护,失火时亦不可用水扑救。处理毒性大的自燃物质时,要戴防毒面具和橡皮手套。

遇水放出易燃气体的物质,指遇水或受潮时,发生剧烈化学反应,放出大量易燃气体和热量的物品。这类物质还能与酸或氧化剂发生反应,而且比遇水发生的反应更加剧烈,其着火爆炸的危险性更大。此类物质都具有遇水分解,产生可燃气体和热量,能引起火灾的危险性或爆炸性。引起着火有两种情况,一是遇水发生剧烈的化学反应,释放出的热量能把反应产生的可燃气体加热到自燃点,不经点火也会着火燃烧,如金属钠、碳化钙等;另一种是遇水能发生化学反应,但释放出的热量较少,不足以把反应产生的可燃气体加热至自燃点,但当可燃气体一旦接触火源也会立即着火燃烧,如氢化钙、保险粉等。遇水放出易燃气体的物质类别多,生成的可燃气体不同,因此其危险性也有所不同。火灾危险性主要有以下几方面:

(1) 遇水或遇酸燃烧性。这是此类物质的共同危险性,着火时,不能用水及泡沫灭火剂扑救,应用干砂、干粉灭火剂、二氧化碳灭火剂等进行扑救。

(2) 自燃性。有些遇水放出易燃气体物质如碳金属、硼氢化合物,放置于空气中即具有自燃性,有的(如氢化钾)遇水能生成可燃气体放出热量而具有自燃性。因此,这类物质的贮存必须与水及潮气隔离。

(3) 爆炸性。一些遇水放出易燃气体物质,如电石等,由于和水作用生成可燃气体与空气形成爆炸性混合物。

(4) 其他。有些物质遇水作用的生成物(如磷化物)除易燃性外,还有毒性;有的虽然与水接触,反应不很激烈,放出热量不足以使产生的可燃气体着火,但是遇外来火源还是有着火爆炸的危险性。

(五) 氧化剂和有机过氧化物

在氧化还原反应中,获得电子的物质称作氧化剂;狭义地说,氧化剂又可以指可以使另一物质得到氧的物质。他是化学性质比较活泼的一类物质,具有强烈的氧化性能,遇酸、碱、潮湿、高温、易燃物品等接触,或经摩擦撞击,均能迅速分解,放出氧原子和大量的热,并因此而产生燃烧或爆炸。

这类物质多数具有毒性和腐蚀性。装卸中不能摔拉、拖碰、摩擦、翻滚,不得使用铁质撬棍。船舶装卸时应避免接近机舱、电源、火源、热源等部位。忌水的氧化剂必须装在舱内。铁桶包装的一级氧化剂,舱内铁质部分及每层之间应用木板等衬垫牢固、防止摩擦移动。在运输过程中忌高热、潮湿及日晒,堆垛不易过高。

(六) 有毒物质和感染性物质

有毒物质定义为凡是以小剂量进入机体,通过化学或物理化学作用能够导致健康受损的物质。如氰化钠、苯胺、四乙基铅、砷及其化合物等。这类物质不少还具有易燃、腐蚀等特征。感染性物质是指已知或一般有理由相信含有病原体的物质。所谓病原体是指已知或有理由相信会使人或动物引起感染性疾病的微生物（包括细菌、病毒、立克次氏体、寄生生物、真菌）或微生物重组体（杂交体或突变体）。感染性物质主要包含有感染性物质的生物制剂、医学标本，如排泄物、分泌物、血液、细胞组织和体液等。

运输这类物质，应当采取正确的防护措施，杜绝这些可能的中毒途径，以确保运输安全。若在作业中，应先通风后作业，严禁肩扛、背负、冲撞、摔碰、翻滚，要平稳轻放，防止包装破损。装卸时，船边应挂安全网加帆布，防止货物落水，污染水域，船上人员要更加小心，要远离机舱厨房。

（七）放射性物质[①]

它是指凡能自发、不断地发出α射线、β射线和γ射线和中子流等的物品，在各种放射性物质中，有些只能放出一种射线，有些能同时放出几种射线。这类物质的危险性在于辐射污染。对人体的危害有外照射和内照射两种。外照射是指由于放射物质的射线，造成对人体组织细胞杀伤或破坏的一种辐射危害。内照射是指由于放射物质进入人体，造成体内射线源及其周围的人体器官直接损伤或破坏的一种辐射危害。

对放射物质外辐射的防护，是采用屏蔽、控制接近的时间和距离。运输中要确保其包装完整无损，近距离作业人员必须穿戴防护用品，如铅手套、铅围裙、防护目镜等，有关人员应尽量减少受强照射伤害的时间并增大与辐射源的距离。内辐射的保护是防止放射源由消化道、呼吸和皮肤三个途径进入体内。在作业过程中，要先通风后作业，严禁撞击、肩扛、背负、翻滚、倒放或坐在包装上。装卸放射性矿石砂要常喷水在上面，防止粉尘飞扬。皮肤破损者、孕妇、授乳妇女和有禁忌者不能接触或参加此类工作。

（八）腐蚀品

腐蚀品是指能灼伤人体组织并对金属等物品造成损坏的固体或液体。腐蚀品对人体有一定危害。腐蚀品是通过皮肤接触使人体形成化学灼伤。腐蚀品有些本身能着火，有的本身并不着火，但与其他可燃物品接触后能着火。在化学危险物品中，腐蚀品是化学性质比较活泼，能和很多金属、有机化合物、动植物机体等发生化学反应的物质。这类物质能灼伤人体组织，对金属、动植物机体、纤维制品等具有强烈的腐蚀作用。

腐蚀品的品种比较复杂，应根据其不同性质，储存于不同的库房。(1)易燃、易挥发的甲酸、溴乙酰等应储存于阴凉、通风的库房；(2)受冻易结冰的冰醋酸、

[①] 详见《放射性物品运输安全管理条例》。

低温易聚合变质的甲醛则应储存于冬暖夏凉的库房;(3)有机腐蚀品储存应远离火种、热源及氧化剂、易燃物品、遇湿易燃物品;(4)五氧化二磷、三氯化铝等遇水分解的腐蚀品应储存在干燥的库房内,严禁进水;(5)漂白粉、次氯酸钠溶液等应避免阳光的照晒;(6)碱类应与酸类分开储存;(7)氧化性酸应远离易燃物品等。

储存容器必须按不同的腐蚀性合理使用:盐酸可用耐酸陶坛;硝酸应该用铝制容器;磷酸、冰醋酸、氢氟酸用塑料容器;浓硫酸、烧碱、液碱可用铁制容器,但不可用镀锌铁桶,因锌是两性金属,与酸、强碱均起化学反应生成易燃的氢气,并使铁桶爆炸。只要容器合适,硫酸、硝酸、盐酸及烧碱均可储存于一般货棚内。工业用坛装硫酸、盐酸可露天存放,但需在坛盖上加盖瓦钵,防止雨水浸入。

腐蚀品的运输:(1)在储运中应特别注意防止酸类与氰化物、遇湿易燃物品、氧化剂等混储混运;(2)装卸搬运时,操作人员应穿戴防护用品,作业时轻拿轻放,禁止肩扛、背负、翻滚、碰撞、拖拉;(3)在装卸现场应备有救护物品和药水,如清水、苏打水和稀硼酸水等,以备急需;(4)船运时,强酸性腐蚀物品应尽量配装在甲板上,捆扎牢固;冬季运输时,怕冻的腐蚀品应装在舱内。

四、危险货物运输全过程管理

船舶是否能遵守国家有关危险货物运输管理的规定,不仅关系到本船的安全而且也关系到港口水域其他船舶、设施和人员的安全。因此,任何在港内装卸危险货物或者装运危险货物进出港口的船舶,都必须自觉接受渔港监督机关的安全监督管理。渔港监督机关对船舶装运危险货物的安全监督管理工作,主要有以下几项:一是进出港签证;二是现场检查;三是受载前的准备工作;四是装货过程的要求;五是运输途中的保管;六是卸货过程的要求。

(一)现场检查

对装载危险货物船舶的装卸、运输作业实施现场检查是一项综合性的工作。检查内容包括货物的适运条件、船舶的适载条件以及码头的安全作业条件等。对货物适运条件的检查,应根据有关规定要求以及货主已申报的货物状况进行检查,如装卸的危险货物是否与申报批准的相符、货物的包装与标志是否完好和正确等。对船舶适载条件的检查,同样也是要根据有关规定要求以及船舶申报船舶适载条件加以检查,其中包括船舶的舱室条件、船舶构造和设备条件、积载和隔离情况是否符合要求、作业安全预防措施是否落实、消防和应急设备是否齐全、装卸作业机械是否符合安全作业要求等。在现场检查中发现隐患和违章情况应及时制止和纠正,对隐患情况可依据有关规定停止作业,进行安全处置,对违章行为应及时做好取证工作,并根据《中华人民共和国水上安全监督行政处罚规定》适用条款,以及其他适用法规对当事人进行处罚。如装运危险货物的船舶存在下列情况之一者,渔港监督机关应立即令其停止作业,并责成有关当事人改正,对违反规定者还可以给予行政处罚：

(1) 未经批准，擅自进港装卸危险货物；
(2) 未在指定地点装卸危险货物；
(3) 装卸作业机械或船舶设备不符合安全要求；
(4) 货物积载不符合规定；
(5) 隐瞒、谎报危险货物的数量、名称和性质等。

(二) 受载前的准备工作

装运危险货物受载前的准备工作很多，这里仅简要提示下列几项：

(1) 配备并熟悉有关危险货物运输的文件，其中包括：适合于国际海上运输的《国际海运危险货物规划》；适用于国内水路运输的《水路包装危险货物运输规划》；挂靠港国家或当地危险货物运输法规，国家主管机关船舶公司等颁布的条例、标准、规章和法规等。

(2) 认真审查装货清单，获取完备的危险货物单证，掌握所运危险货物的特征。这些单证包括：《危险货物技术说明书》《包装检验证明书》或《包装适用证明书》《放射性货物剂量检查证明书》以及《限量危险货物证明书》等。

(3) 危险货物装船前三天，向监装部门（我国的港监）申请监装，并附送经承运船船长审核的积载图和有效的危险货物适装证书的复印件。若船方未申请监装，则港口法定监督部门有权对危险货物的装载过程进行法定监督。

(4) 其他的准备工作，如根据待装危险货物的《船舶载运危险货物应急措施》和《危险货物事故医疗急救指南》资料，备妥合适的消防器材和相应的急救药品。备妥衬垫材料和系固用具。保持烟雾报警和救生消防设备处于良好适用状态。保持装载货舱清洁、干净、管系及污水沟畅通，水密性良好。此外，还要遵循集装箱装货规定等。

(三) 装货过程的要求

危险货物在装货开始至装货结束的整个过程，特别要做到如下工作：

(1) 危险品在船期间一定要落实防火措施，甲板及机舱内严禁吸烟及明火作业，及时收放舱口灯安放位置妥善。当班驾驶员和船员必须在现场落实各项安全措施，认真监装、严格把关。

(2) 大副应全面落实装货计划的落实，密切联系有关单位明确危险货物装载、铺垫、衬隔及安全积载要求，各负其责，做好危险货物的装载工作。

(3) 装货期间密切注视天气变化遇有闪电、雷击、雨雪或附近发生火警是，当班驾驶员应立即组织人员关舱，停止工作。对某些易受潮的危险品，当外界湿度较大的阴天也应停止装载。

(4) 在装载危险货物时，当班驾驶员要安排水手按港口规定悬挂或显示规定的信号。船长、大副不得同时离船并应保持做够的留船人员。所有值班人员应按规定进行巡视检查,提高警惕严禁火灾。

(5) 装货期间,当班驾驶员要督促检查装卸工人严格按照有关操作规程进行装舱作业,严禁不安全操作。根据性质不同的危险货物选用相应的铺垫、隔衬材料进行衬垫、遮盖和加固。

(6) 如装载包装危险物要检查,包装外表是否完好、标志是否清楚正确,凡包装破损、潮湿、渗漏、沾污影响安全质量不得装船,要求堆码整齐、牢固。

(7) 船舶在装载危险货物过程中,若发生撒漏、落水或其他事故,船长应迅速报公司及港口有关主管部门,采取适当有效措施妥善处理。

(四) 危险货物运输途中的安全管理

(1) 船长应根据所装危险货物的主要特性、海区水文、气象的具体条件和情况,精心设计航线、制定周密的航行计划措施,若有疑难应及时报告航运部海监处,以便得到协助和指导。

(2) 必须严格遵守港口规章和避碰规则,谨慎驾驶、航行应尽可能远离其他船舶和设施,并按规定悬挂或显示信号。在视线不良、狭窄水道以及船舶密集航区航行时,船长必须亲临驾驶台指挥。

(3) 无论航行、锚泊或等待卸货时间,大副应指定专人定时测量货舱,货物的温湿度。进行合理通风防止汗湿及可燃气体的积聚,并在专用本上做好记录。

(4) 当班驾驶员须定时察看烟火探测器,二管轮、木匠分别测量油水舱及污水沟(井),发现任何异常应采取有效措施,记入日志并报公司。

(5) 货舱双层底燃油舱尽量不加温,如需加温机舱应先取得船长的同意,必须安排专人负责加温至拨动油为止,油温应控制在50℃以下或视危险货物的特性及积载情况相应地控制油温。油舱油少应更加注意加温,严禁空油舱加温。180号燃料油在海温28~30℃下可以不加温。

(6) 抵达卸港2~3天前视气象条件及海况允许的情况下,开舱检查货物是否受大风大浪和汗湿的影响而使货物受潮、变质、结块,如有酌情清除处理。检查前必须进行充分通风,货物表面可能缺氧注意人身安全。

(五) 危险货物卸货交接时注意问题

(1) 船长、大副应组织开好卸前会,针对危险货物特性及卸港情况向有关人员明确交代卸货要求和注意事项。组织好监卸人员,督促检查落实各项安全措施。

(2) 船舶在开舱起卸危险货物前,应先进行充分通风,在开启舱盖时亦应有防止摩擦产生火花的措施,必要时应经有关部门检测合格后始得作业。值班驾驶员必须检查督促卸货工人严格按照有关操作规程进行卸货作业,严禁不安全作业。

(3) 船舶卸毕必须彻底清扫货舱(包括梁拱、肋骨等处),所有用于危险货物的垫料物料也应慎重处理。所载危险货物的洗舱水和残留物,船长、大副、木匠应严格掌握,不准任意排放和倾倒,应按有关国家和港口的规定处理。

五、危险货物运输管理事故分析与预防措施

在危险货物的装卸、运输过程中,虽然配备了必要的设施和经过培训的工作人员,采取了各种安全防范措施,但仍然不可避免地发生一些火灾。所以必须重视对其产生的原因进行分析,危险货物运输事故原因一般有以下方面:(1) 缺乏危险货物运输的有关知识;(2) 船舶技术条件下不满足危险货物的运输要求;(3) 危险货物本身的原因;(4) 危险货物的标志不符合要求或包装破损;(5) 危险货物积载和隔离不当;(6) 危险货物运输中监管不当;(7) 其他偶然事故。所以必须针对其产生的原因进行分析,并采取有针对性的防护措施,减少同类事故的多次发生。

(一) 危险货物运输事故分析

从大量事故分析发现,人为因素是造成危险货物运输事故的重要原因。据统计,船运爆炸物的事故率远低于经常运输的棉花、麻、木炭等危险品的事故率。这就足以说明思想上的麻痹大意是危险货物安全运输的一大障碍,从生产实践中看出,产生危险货物运输事故的主要原因,有如下方面:

(1) 缺乏危险货物运输的有关知识,特别是掌握所运危险货物特性:由于危险货物的种类繁多,不同的危险货物对运输条件的要求不同,例如:生物制品、放射性物品、爆炸品、贵重物品、气体类物品、化学合成品或半合成品等,在船舶货运过程中,需要编组隔离、防辐射、押运、防爆等特殊要求。同时,不同危险品对运输环境要求也不同,根据危险物品品类分类,即使是同一类物品中的不同分项,运输要求也不尽相同。对于部分危险品,在运输过程中,不能编入同一舱内,有些危险品彼此之间也要相互隔离编组等。在船舶运输过程中,危险品的运输有较多特殊规定,如果工作人员没有较熟悉的掌握这些特殊规定,就可能会造成在中途检查作业中,难以发现存在的问题,或者不能及时发现问题,即使及时发现问题也不知从何下手解决问题。同时,有可能会出现本身也违规操作的情况。

(2) 船舶技术条件不满足危险货物的运输要求:由于危险货物的性质不同,对船舶的技术设备条件要求也不一样。因此必须根据危险货物的特性,认真检查船舶的技术设备条件状况,是否适装,必要时可申请船舶检验部门进行检查。

①装运危险货物应选用以液体燃料为动力的钢质船舶。水泥船、木船、无人驳船等原则上禁止装运危险货物,如确实需要时,须经航道主管部门批准,必须采取严格的安全措施。

②全船的消防系统应处于良好状态,装载危险货物的货舱应能有效地使用本船的水灭火系统,当不能用水扑火时,应有相应有固定灭火系统。

③装运爆炸品、易燃气体和易燃液体时应选用不以船体作导电回路并有可靠避雷防护的船舶,全船电气设备和网路应处于良好状况,绝缘电阻不得低于0.5兆欧。舱内通风系统应处于良好状态,装载爆炸品的舱室其通风筒出口处应装有铜质防火网罩,并设有探火装置和失火报警系统。

④装运遇湿易燃物品时,舱内应有良好的通风系统,在航行中应采取正确的通风方法,保持舱内干燥而不产生汗湿。要有良好的盖舱设备,水管系统不得渗漏。

⑤当易燃、易爆危险货物装在燃料舱上面时,燃油加热温度应控制在50℃以下,以免因燃油温度过高,使相邻的危险货物受热发生危险。

(3) 操作人员操作不当。危险品种类繁多,性质复杂。不同的货物在运输过程中,由于各种不定因素的干扰可能会发生不同的化学变化,不同货物对于环境的适应性也不尽相同,可能会造成燃烧、爆炸事故。由于货物的不正当包装、存放在仓库的危险区域、保管不当、违反规定配装、未彻底清除装卸过程中撒漏的残留物等,可能会造成不同性质货物接触,引起燃烧、爆炸事故。

有些操作人员违反规定使用不具备防爆性能的装卸工具,或者在装卸、搬运及装载、码垛过程中不遵守操作规范,造成爆炸品的摩擦、冲击,产生局部高热和火花,或使货物包装发生破损,造成燃烧爆炸事故,在作业过程中不按规定穿着防静电的防护服,以及在雷雨、高温天气作业而又不采取相应防护措施,押运人员在押运货物时,违规在货物附近使用明火等,这些情况都极易引发船舶运输安全事故。

(4) 危险物品运输应急预案不完善。有效的应急预案能够快速、最大限度地减少事故造成的损失,普通站点的现状是有效的应急预案缺乏,科学的管理制度落后,目前一些站段制订应急预案较为笼统,过分单一化,可操作性不强,甚至有些规章制度仅仅流于形式,停留在表面,只是用来应付检查、应付差事,处理措施未与本站实际情况相结合。危险货物发生事故时,很难快速拿出有效措施予以处理。然而,危险货物发生事故时,如果不能及时做出处理,就有可能会使事故进一步扩大,造成严重后果。同时,在发生事故时,如果启动一套与本站点不相适应的应急预案,结果往往适得其反,达不到预期的效果,进而不能把损失降低到最低的程度。

(5) 危险货物运输中监管不当。在危险货物运输的全过程中,对所运危险货物进行有效监管,可以及时发现一些事故隐患,便于及时处置以确保运输安全,可是生产中有些船舶并不这样严格要求,例如某轮在低温港口装运袋装葵花籽饼,当船舶经热带高温海域时,因货舱未能保持良好通风,结果引发舱内货物发热自燃,造成火灾。

(6) 其他偶然事故。

(二) 预防措施

从上述原因的分析可看出,在船舶事故预测预防中,可从以下几个方面提供预防措施:

(1) 加强从业人员培训教育,提高法律意识和业务素质。由于危险品种类多,而且各有各的危险性,发生事故后的处置方法也不一样,所以有关企业针对本部门的具体情况组织船员、装卸人员、申报人员等进行学习。使其熟练掌握本系统经常接触到的危险品的危险性等知识及安全运输的具体要求,万一发生事故应知道如何采取措施尽可能降低灾害的危害程度。还应组织他们学习必要的劳动保护知识,加强自我保护意识。

(2) 选择合格的包装容器,正确装运货物。不同的危险品具有不同的危险特性,在装运货物时,要针对其特性,选择合格的包装容器,根据有关危险品管理规定,用于危险品运输工具的槽罐以及其他容器必须由专业主产企业定点生产,并经检测,检验合格的才能使用。

(3) 提前了解危险品性质,安全驾驶。运输危险品由于货物自身的危害性稍有不慎就有可能发生事故,所以运输前一定要做好准备工作。要配置明显的符合标准的"危险品"标志。在发生意外事故时,能在第一时间采取有效措施,减少危害。危险品船舶必须处于良好的技术状态,所以船舶开航前要仔细检查船舶状况。特别要检查船舶的航行设备、操纵系统、航行信号灯、动力系统、消防设备等,看船舶是否灵敏可靠,船舶是否适航,及时排除安全隐患。

(4) 建立应急预案,提高事故应急处理能力。从事危险品运输的船舶所有人或者其经营人或者管理人,应建立船舶安全营运和防污染管理体系并实施,对危险品船舶编制关于水上交通事故、危险品泄漏事故的应急预案以及船舶溢油应急计划,并保证落实和有效实施。

第三节 航行通告与航行警告

一、概述

航行通告和航行警告是人们在长期的航海实践中总结的向船舶和浮动设施发布安全航行和作业所需信息的形式,是一种公告。

航行警告,由国家主管机关或者其授权的机关以无线电报或者无线电话的形式发布的航道及航海标志信息等,其目的是向船舶传达有关海区和水域内发生的或将要发生的可能影响航行和作业安全的信息。航行警告按发布范围分为地方警告、沿海警告和区域警告。按性质分为一般警告、重要警告和极其重要警告。按性质分一般警告、重要警告和极端重要警告。海上航行通告由国家主管机关或者区域主管机关以书面形式或者通过报纸、广播、电视等新闻媒介发布。

航行警告和航行通告统一由海事机构发布。可以用无线电或书面形式广播和公告。通常将无线电发布的公告称为航行警告；用书面形式发布的公告称为航行通告。习惯上统称为航行警告。

二、航行通告和航行警告的发布

《中华人民共和国海上交通安全法》第二十九条规定，主管机关按照国家规定，负责统一发布航行警告和航行通告。在渔港水域内新建、改建扩建各种设施或者进行其他施工作业，由渔政渔港监督管理机关根据国家有关规定发布海上航行通告。

在我国，海事管理机构负责统一发布航行警告和航行通告。1980年以前，交通部指定上海、广州两沿岸电台负责转播华东、北方沿海（厦门以北）和华南沿海的航行警告。福州、厦门两海岸电台要按规定时间播发当地港监交发的航行警告，并及时传送给上海或广州海岸电台转播。1978年7月，中国加入国际海事协商组织建立的世界无线电警告系统的第十一航行警告区后，在国家港监局设立航行警告发布总台，在天津、上海、黄浦设立分台，另在沿海各港口设港监属下的航行警告台。福建设有福州、泉州、厦门3个海岸电台，主要发布地方警告。在国际上，国际海事组织与国际水道组织共同努力，于1979年统一了世界各国的无线电航行警告制度和做法，建立了世界无线电航行警告系统。

航行警告和航行通告的内容应准确、简明、扼要，并使用标准格式。1993年交通部经国务院批准发布了《中华人民共和国航行警告和航行通过管理规定》。[①]

在中华人民共和国沿海水域从事下列活动，必须事先向所涉及的海区的区域主管机关申请发布海上航行警告、航行通告：（1）改变航道、航槽；（2）划定、改动或者撤销禁航区、抛泥区、水产养殖区、测速区、水上娱乐区；（3）设置或者撤除公用罗经标、消磁场；（4）打捞沉船、沉物；（5）铺设、撤除、检修电缆和管道；（6）设置、撤除系船浮筒及其他建筑物；（7）设置、撤除用于海上勘探开发的设施和其安全区；（8）从事扫海、疏浚、爆破、打桩、拔桩、起重、钻探等工作；（9）进行使船舶航行能力受到限制的超长、超高、笨重拖带作业；（10）进行有碍海上航行安全的海洋地质调查、勘探和水文测量；（11）进行其他影响海上航行和作业安全的活动。

发布航行警告和航行通告的书面申请应该包括如下内容：（1）活动起止日期和每日活动时间；（2）活动内容和活动方式；（3）参加活动的船舶、设施和单位的

---

① 详见《中华人民共和国航行警告和航行通过管理规定》。

名称;(4)活动区域;(5)安全措施。对于拖带作业发布航行警告和航行通告的申请,应当包括如下内容:(1)拖船、被拖船或者被拖物的名称;(2)起拖时间;(3)起始位置、终到位置及主要转向点位置;(4)拖带总长度;(5)航速。

下列情况,海事主管机关应当发布海上航行警告、航行通告:(1)设置、调整或者撤销锚地;(2)设置或者撤销海难救助区、防污作业区、海上作业重大事故区;(3)设置、变更或者撤销分道通航制;(4)设置、撤除、改建、变更或者恢复助航标志和导航设施;(5)其他有碍海上航行和作业安全的情形。

海上航行警告、航行通告发布后,申请人必须在国家主管机关或者区域主管机关核准的时间和区域内进行活动;需要变更活动时间或者改换活动区域的,应当依照本规定,重新申请发布海上航行警告、航行通告。

在渔港水域内新建、改建、扩建各种设施或者进行其他施工作业,由渔政渔港监督管理机关根据本规定和国家其他有关规定发布海上航行通告。

第四节　船舶交通管理系统

一、船舶交通管理系统

(一)船舶交通服务

船舶交通管理(Vessel Traffic Management,VTS)就是通过采取某些措施,监视船舶交通状况,整顿船舶交通秩序,协助船舶航行。实施船舶交通管理的目的是通过监控、整顿船舶交通,建立良好的交通秩序,减少海难事故,特别是船舶碰撞、搁浅、触礁这些船舶交通事故的发生,从而保证船舶航行安全,保护水域环境和社会环境,提高船舶交通的效率。由此可见,船舶交通管理并不是单纯地管制船舶航行、约束船舶行为,而是通过对管理水域内船舶状态的掌握,提供航行环境信息,提供并援助船舶航行,从而达到交通管理的目的。因此,也可以说这是一种积极意义上的服务,故国际上又称为船舶交通服务(Vessel Traffic Service,VTS)。

国际海事组织(International Maritime Organization,IMO)在 A.578(14)号决议中对船舶交通服务(VTS)定义为:"VTS 是负责增进交通安全和提高交通效率以及保护环境的主管机关所实施的任何服务系统,它的范围从提供简单的信息到广泛管理一个港口或水道交通。"IMO A.857(20)号决议《VTS 指南》废止了A.578(14)号决议,对"船舶交通服务(VTS)"定义为:"船舶交通服务是由主管机关实施的,用于增进交通安全和提高交通效率以及保护环境的服务。在 VTS 区域内,这种服务应能与交通相互作用并对交通形势变化作出反应。"我国《船舶交通管理系统安全监督管理规则》①对船舶交通服务(VTS)定义为:"为保障船舶交通安全,提高交通效率,保护水域环境,由主管机关设置的对船舶实施交通管制并提供咨询服务的系统。"

VTS 应至少包括信息服务,并可包括其他服务,如航行协助服务和交通组织服务,或两者均有。上述服务定义为:信息服务是保证船方作出航行决定时能及时获得必须信息的一种服务。助航服务是指帮助船方作出航行决定并监视其效果的一种服务。交通组织服务是指在 VTS 区域内为防止出现危险的水上交通局面和提供安全高效的船舶通航而进行的服务。

(二) 船舶交通管理系统

船舶交通管理系统(Vessel Traffic Management System, VTMS):是通过监控、整顿船舶交通,建立良好的交通秩序,协助船舶航行,减少海滩事故,特别是船舶碰撞、搁浅、触礁这些船舶交通事故的发生,从而保证船舶安全,保护水域环境和社会环境,提高船舶交通的效率。概而言之,船舶交通管理系统是一种为有效协调拥挤的水域交通而建立的高级监控系统。

船舶交通管理系统是指在一定水域管理船舶航行的体系,以保证航行安全和提高航运效率。随着水运事业的发展,船舶交通量不断增加,为使船舶能顺畅通航于有限水域或拥挤水域:首先是港口,还有江河、海峡,各海运国家逐渐建立起岸船之间合作的船舶交通管理系统。

19 世纪在运河上就已用人工信号实行船舶交通管理。1948 年英国利物浦港首次用港口雷达结合无线电话引导船舶在雾中进港获得成功。此后,许多海运国家纷纷效法。到 60 年代中期,欧洲许多大河口港,包括鹿特丹港、汉堡港、伦敦港等先后建成港口雷达系统,用雷达链覆盖进港航道和港区,使船舶交通量大大增加,交通事故显著减少。雷达系统的功能逐步扩大,从雾天导航到昼夜监视,从航行咨询到交通管理以至泊位分配,日益成为港口管理的有机组成部分。这是第一代船舶交通管理系统。为了进一步防止海上事故,特别是防止油船事故引起水上环境污染,船舶交通管理系统的应用范围到 70 年代已发展到国际航道(如多佛尔海峡,即加来海峡)、广大沿岸海区(如加拿大西海岸)、近海开发区(如西北欧北海油气田)。1972 年美国首先建立用电子计算机自动进行信息处理的旧金山实验船舶交通系统,大大提高了交通管理工作的效率和水平,标志着第二代船舶交通管理系统的诞生。接着出现了美国、加拿大、日本、法国、苏联等国家建设计算机化的船舶交通管理系统的高潮。到 1980 年世界上已有约 150 个不同规模的船舶交通管理系统,共拥有约 300 个岸基雷达监视站。这些系统的任务、管理方法和

---

① 详见《中华人民共和国船舶交通管理系统安全监督管理规则》。

管理对象不完全相同,有的着眼于保障船舶安全防止环境油污染,如在北美诸港;有的侧重于提高航运效率,如在西欧诸港。有的用强制方法,有的听从志愿。有的以大船和危险品船为管理对象;有的把小船也列为管理对象。这些系统在各国所用的名称也不一致,如在伦敦港称为"泰晤士航行服务"(Thames Navigation Service),在美国称为"船舶交通服务"(Vessel Traffic Service),在日本东京湾称为"交通咨询服务"(Traffic Advisory Service)。船舶交通管理系统的规模和设备因地理条件、交通状况、事故记录、发展需要、投资效益、历史背景等的不同而有很大差异。大型的港口,船舶交通管理系统一般有通信设备、监视设施和助航设施,并建有船舶动态报告系统和系统中心。有的还有执行各种任务如巡逻、护送、拖带、检查的船艇和航空器等。

我国最早建立港口雷达导航台并取得显著成效的是 1975 年 5 月开始建设,同年底建成的青岛港雷达导航台,使用 751 型航海雷达。1976 年我国由交通部上海船舶研究所首次研制专用港口雷达(GLD-1 型),于 1981 年 6 月安装青岛港雷达导航台,取代了原有航海雷达。青岛港雷达导航属于第一代的船舶交通管理系统。从 1982 年起,我国先后建立了第二代、第三代的船舶交通管理系统,有宁波(北仑)、大连、秦皇岛、天津、烟台、青岛、连云港、上海(长江口)、南京至浏河口、葛洲坝、广州及香港等。

(三) VTMS 的组成

通信设备。它是交通管理的命脉。岸船之间以其高频无线电话为主要设备,按规定频道通信。1975 年政府间海事协商组织(现改名国际海事组织)通过了在船舶上设置其高频无线电话的建议案。有的国家如美国、加拿大用法律规定进入其领水的船舶必须在驾驶台备有航行专用的其高频无线电话;在没有这种规定的国家由引航员携带上船。此外,还有电话、传真、灯光信号、话语广播等通信手段。

监视设施。目前以港口雷达为主;电视也在推广,在狭窄水域尤为适用。在掌握船舶动态上,雷达监视虽不如船舶动态报告系统覆盖范围大,但更准确、详细、直观,二者互为补充。雷达监视的一个关键问题是在荧光屏上正确识别某回波是某船。目前的方法有:在船舶通过报告点通报船位时加以识别;用其高频测向技术指示通话船的方向或位置;由引航员携带专用的编码雷达应答器上船等。用计算机处理雷达信息,可实现自动跟踪和跟踪识别;出现船舶偏离航道或有碰撞、搁浅危险和浮标漂移等情况时能自动报警,提醒值守人员及时采取措施。对船舶的监视还有一种方法是,在船上安装或由引航员上船携带无线电定位收发设备,由系统中心接收从船上自动发出的实时船位数据,这样可以准确掌握船舶动态。

助航设施。包括标示航道和分道通航制的航标、雷达信标、无线电定位系统等。为了保障船舶,特别是大型船舶在进港狭水道上的航行安全,有的港口专设高精度定位系统,供船上直接定位;有的利用数据传输技术把岸测高精度船位信息发送给船上,由引航员携带接收设备上船实时显示,随时能看出是否偏离航道。有的港口在码头上设有帮助甚大油船靠码头的声呐或雷达设备,使船长知道靠岸速度和到岸距离以便于控制船舶。此外,岸上还可以安装探雾器、水位仪等观测仪器,以便于系统中心掌握气象和水文情况。

船舶动态报告系统。在港区及其外围规定若干报告点,要求通过报告点的船舶用甚高频或特高频无线电话按规定程序和格式向系统中心报告船位和航行计划以及船舶数据资料。系统中心对船舶动态报告进行汇总、标绘、分析,随时核对、更新。用计算机对船舶动态进行这种跟踪和分析,比人工作业可大大加强预见航道拥挤、及时采取预防措施和及早发出警告的能力。

系统中心。在中心控制室内集中控制各种设备和处理所有收集到的信息,并用适当形式加以显示,如雷达综合图像显示、交通信息字符显示等,随时提供在进港航道和港区内行驶的全部船舶的位置、航速、航向、泊位占用情况,需要系泊的船舶动态,引航员和拖船使用情况,以及气象和水文数据等。系统中心向船舶定时发布或个别答复有关交通情况和航行安全等情报;提供航行咨询服务或在船舶申请时进行导航;根据情况实行某种控制,如规定航线、航速、会船地点,指示抛锚、等待、航进、前往或离开某地;发现潜在危险或违章提出警告等。在港口的进港航道和狭窄区域为了做到航行安全而有秩序,有的港口采用"通航批准制度",船舶必须在批准的时间内进入航道或离泊。

二、我国船舶交通管理系统发展现状[①]

世界上第一个 VTS 于 1948 年在英国利物浦港建成,而我国于 1982 年才在宁波建成首个 VTS。目前,我国共建有 VTS 中心 26 个,其中沿海地区 20 个、内河水域 6 个,是世界上建成 VTS 最多的国家,基本覆盖内河、沿海所有重要港口和交通繁忙水域。现在我国 VTS 从业人员 1550 人,VTS 队伍是海事机构一支重要的执法力量。

VTS 的建成和运行,为服务区域内的船舶提供 24 小时不间断的信息服务、助航服务、交通组织服务等。它在保障船舶交通安全,改善通航秩序、提高交通效率和保护水域环境等方面发挥了重要作用,也越来越被社会各界和广大港航企业所接受。

三、制约我国船舶交通管理系统发展的主要问题

我国 VTS 发展只有短短 20 多年,还不可避免存在诸多不足之处。为了科

---

① 王晓敏.我国船舶交通管理系统发展对策探讨[J].交通运输部管理干部学院学报,2010(1).

学、全面地认识我国 VTS 存在的问题,本书运用系统科学理论建立并分析我国 VTS 系统结构。系统科学认为,任何事物都是特定系统的组成部分,系统是由相互作用的多个要素组成的整体,它具有三个基本特性,一是系统的整体性;二是系统由相互作用和相互依存的要素所组成;三是系统受环境影响和干扰,和环境相互发生作用。

VTS 系统是由 VTS、其他海事机构、服务对象、社会各界,以及 VTS 内部的人员和设备等要素共同组成的有机整体,这些要素之间相互作用,互为促进,也互为制约。下面对 VTS 系统各要素的关系进行分析:

(1) 人、机关系。VTS 内部最主要的关系就是人、机关系。人包括 VTS 值班人员以及设备维护管理人员,机包括雷达、计算机等机器设备和相关应用软件。VTS 是由值班人员在计算机屏幕上通过雷达图像结合电子海图和 AIS 等信息技术对水上船舶和交通流进行远程的、非现场可视的服务和管理。因此,从 VTS 内部来说,VTS 功能发挥既受到内部人员素质和服务水平的影响,也不可避免地受机器、软件的性能和功效的影响和干扰。机器性能好,软件开发程度高,将更好地协助值班人员及时准确了解现场交通态势,以便值班人员做出正确的判断,下达正确的建议或指令。如果值班人员专业水平较低,难以满足 VTS 值班的要求,再好的机器也无法发挥应有功效。因此,人的因素特别是值班人员工作水平的高低是影响 VTS 功能发挥最主要的因素。

(2) VTS 与海事机构关系。VTS 是我国海事机构的重要组成部分。一方面 VTS 受上级海事机构的领导,它的功能定位以及工作职责由上级海事机构进行明确;另一方面 VTS 代表海事机构充分履行上级赋予的职责,对水上交通流和船舶进行协调和组织。因此,上级海事机构对 VTS 的功能定位和职责界定直接决定 VTS 所承担的责任和义务,而 VTS 功能是否有效发挥,也将直接影响海事机构作为行政机关的形象和声誉。同时,VTS 也离不开与兄弟海事单位如海事处、执法支队的协作配合,因为 VTS 是一种非现场执法行为,它离不开现场执法力量的配合,同样,其他现场执法力量也需要 VTS 给予信息支持和交通控制,两者之间互为协作,互为促进。

(3) VTS 与服务对象关系。服务对象包括 VTS 服务区域内的船舶和相关港口单位、码头等。我国 VTS 对服务对象实施信息服务、助航服务等服务行为,也同时代表主管机关对服务对象实施交通流组织和动态控制等管理行为。从广义来讲,主管机关对管理对象的管理也可以称为服务。但从狭义来讲,我国 VTS 与服务对象间是一种服务、被服务,管理、被管理的关系。VTS 服务、管理水平的高低,将直接影响服务对象的安全和生产效率;另一方面,服务对象对 VTS 工作意见包括工作认可和批评,都将直接或间接地影响着 VTS 工作人员积极性和 VTS 功能发挥。

(4) VTS 与社会各界的关系。VTS 作为海事机构一部分,代表国家行政机关履行执法职责。因此,两者的关系更多的是国家行政机关与社会公众的关系。VTS 执法水平的高低,影响着社会各界对国家行政机关的看法。VTS 功能的充分有效发挥,会得到社会各界的好评和认可,相反,VTS 工作的失误,将受到社会各界的批评和谴责,甚至受到监督机关如检察院的诉讼等。

以上四大关系相互作用,相互联系,共同构成了 VTS 系统有机结构,这种相互作用的有机结构决定了 VTS 系统功能发挥。结合当前我国 VTS 实际情况,从 VTS 系统的结构入手,梳理当前我国 VTS 发展存在的主要问题:

(一) 现有 VTS 服务水平难以满足社会各界特别是服务对象不断提高的需要

我国 VTS 发展才短短 20 余年时间,还处于起步阶段,管理和服务水平较低。但是,航运是国际化、全球化水平很高的行业,我们的服务对象会按照国际化、全球化水平提出更高要求,要求我国的 VTS 尽早达到国际先进的管理水平,这给我国 VTS 发展带来了巨大压力。

(二) 现有 VTS 队伍状况难以保证 VTS 功能有效发挥

(1) VTS 的值班人员数量不足,结构不合理。我国 VTS 人员配备数量普遍远低于 IALA(国际航道标志协会)建议的配员标准,且值班人员航海资历较少,英语表达能力不强,人员年龄偏大,难以达到 VTS 不断提高的值班要求。

(2) VTS 值班人员责任重,压力大。VTS 值班时间特别是连续值守时间过长,工作量大,休息时间不足。VTS 值班人员兼职搜救、通航管理、设备维护、后勤保障、内部管理等现象普遍。另外,随着服务对象以及上级海事机构对 VTS 服务责任追查力度加大,导致值班人员工作压力过大。

(3) 缺乏必要的激励机制。由于 VTS 值班工作枯燥、辛苦、压力大、责任重,执法人员普遍不愿去 VTS 工作。但恰恰这样的岗位又缺乏必要的激励和交流的机制,工作人员普遍消极无动力,缺乏工作热情。

(三) VTS 功能定位和职责不清是影响我国 VTS 发展的紧迫问题

(1) 我国 VTS 功能定位不明确。国际上普遍将 VTS 定位在交通服务,尽管也不排斥其具有一定的海事管理功能。而我国则偏重于强调 VTS 管理职能,忽视了 VTS 作为一种电子辅助手段的局限性,以致 VTS 面临着因管理职责所应承担的责任风险。

(2) 我国 VTS 职责不清。由于我国对 VTS 的功能定位不清,直接导致 VTS 职责不清。同时,我国各港口、海域情况不同,我国 VTS 有港口型、内河型和海域型,不同类型的 VTS 有不同的职责要求。另外,各个 VTS 管理机关对 VTS 的管理模式不一,有 VTS、搜救和机关值班三项职责合一的,也有两者或单一的管理模式,因此,客观上 VTS 职责难以统一清晰界定。

(3) 面临的行政追究和民事刑事诉讼日益增多。随着权责统一、负责任政府理念的深入人心,加上外界对 VTS 功能缺乏清楚认识,我国 VTS 已面临着内部行政追究和服务对象的民事诉讼及检察机关刑事诉讼的风险。

以上针对 VTS 系统要素的主要关系分析了影响 VTS 发展的主要问题。当然 VTS 系统要素间的其他关系也将一定程度的影响和制约 VTS 的发展。

四、促进我国船舶交通管理系统发展的对策建议

在分析 VTS 系统要素间相互关系,找出影响和制约 VTS 发展的主要问题的基础上,提出加快我国 VTS 发展的对策和建议:

(一) 着眼全局,统一思想,进一步明确我国 VTS 发展方向

我国相对落后的 VTS 服务水平难以满足社会各界特别是服务对象不断提高的服务需要是我国 VTS 发展的根本问题。社会各界和服务对象会对我们提出更高的服务要求,但我们不能拿自身起步晚作为落后的理由,特别是在强调以人为本、服务型政府和负责任政府的今天,作为国家行政机关,服务是大局,发展是根本。我们只有更多地从内部找原因,努力消除各种影响和制约 VTS 发展的不利因素,加快发展,迎头赶上,争取早日达到 VTS 国际先进管理水平。

(1) 进一步明确 VTS 功能定位。明确定位也就是要明确 VTS 功能到底是管理还是服务。借鉴国外经验,充分考虑 VTS 作为一种通过电子辅助的、远程的、非现场的特性,我们应该强调 VTS 的服务功能,但考虑我国 VTS 作为国家行政机关的一部分,其不可避免要行使部分管理功能,因此,我国的 VTS 功能应定位在服务为主,管理为辅。而且相关的管理内容必须明确,不能脱离和超越 VTS 作为一种电子辅助手段的局限性。

(2) 清晰界定 VTS 工作职责。考虑我国 VTS 面对的水域特点和管理模式不一,难以统一界定工作职责,但可以区分对待,分别明确。如区分海港型、内河型和沿海型的工作职责,区分定线制和非定线制区域 VTS 的工作职责。这些职责可在上级海事机构统一指导下,由各地 VTS 分别制定,并报备上级海事机构。但需强调这些工作职责不能与 VTS 总体功能定位相冲突,以免制定不切实际难以充分有效实施的行政管理职能。另外,对于 VTS 与搜救、通航管理合一的单位,对 VTS 值班的岗位职责还要进一步明确,不能将 VTS 的值班岗位与其他工作岗位混同,以免责任不清。

(3) 科学界定 VTS 行为的法律责任。VTS 的服务和管理行为,在我国按是否具备强制力可区分为交通咨询和航行指令两类。交通咨询因其非强制性、自愿性,属行政指导行为,VTS 不应承担由此引起后果的法律责任。而航行指令作为行政机关的行政强制指令,属行政命令行为,VTS 应按"过错责任原则"承担由此

引起后果的法律责任。而对"疏于监控"行为，即由于 VTS 操作人员粗心大意，未能预见或对应当能够预见的交通事故风险，未及时发出提醒、建议或指令，致使船舶未能避免交通事故的发生。由于 VTS 管理行为非现场、电子辅助的特殊性，以及当前法规也未明确 VTS 机构对可能面临的紧迫局面必须采取何种作为义务，因此，VTS 不应对所导致的后果承担法律责任。

（4）进一步加强和完善法制建设。我国当前尚没有法律法规来具体规范 VTS 的服务行为，仅有的交通运输部部门规章《中华人民共和国船舶交通管理系统安全监督管理规则》(1998 年 1 月 1 日起施行) 也已施行 10 年，许多方面已难以满足当前 VTS 发展需要。因此，必须加快 VTS 的法规制定和修改工作，进一步明确 VTS 的责任、权力和相互关系，促进我国 VTS 健康发展。

（二）突出重点，以人为本，着力加强 VTS 队伍建设

（1）制定并实施 VTS 人员配备标准。按照 IALA 制定的值班标准，结合我国实际，根据工作量、工作要求，制定一套符合国情的 VTS 值班人员配备标准，此标准不应只是数量上的标准，更应包括人员结构、素质上的标准。比如包括海上资历人员比例，学历要求，外语要求等。此标准不宜过高，以免脱离实际，缺乏可操作性，但可作为各地 VTS 执行的最低标准实施。

（2）加强培训，提高人员工作水平。明确新进人员的最低职责熟悉培训要求，并开展上岗前的考核。定期开展在岗人员的知识更新培训，包括内部在岗培训和上级组织的脱产培训，不断提高工作水平。定期开展业务技能竞赛和考核，如值班人员的英语能力，维护人员的修理技术等，促进人员自觉提高能力。

（3）建立奖惩激励机制，充分调动人员工作积极性。适当提高值班人员的福利待遇，上级机关可将 VTS 值班岗位作为一种相对特殊岗位制定福利待遇倾斜的政策，由各 VTS 机构根据各自工作量等实际情况给予适当补助。对值班人员在工作交流、职称评审和晋升等方面给予优先考虑。改善值班人员的工作和生活环境，做好后勤保障。

（三）兼顾各方，形成合力，充分发挥 VTS 的资源优势

（1）加强与兄弟单位配合协作，形成执法合力。VTS 作为依靠电子信息技术发展起来的管理手段，在信息获取、交通流组织等方面相比其他现场执法行为有独特的优势，但它由于远程非现场的特点，在具体对现场的控制和违法行为的处置等方面又相比现场执法力量有着明显劣势。因此，VTS 必须加强与现场执法力量的协作配合，实施信息共享、协同处置的协作机制，以便获得最大的服务和管理成效。

（2）加强与服务对象的沟通，增强服务效果。VTS 在提供信息咨询服务和下达航行指令时，都需要服务对象的理解和配合。VTS 可定期与引航机构、港口单位以及定线的客运船舶等进行会晤，通报问题，听取意见，达成共识。如宁波

VTS与引航机构及客运专线三方的定期会晤机制已形成制度化,VTS、引航、客船在船舶会遇协同避让、信息通报方面成效明显,有力保障了重点船舶航行安全。同时,也可开展 VTS 开放日等活动,组织服务对象参观 VTS,增进了解,以便更好地配合协作。

(3) 恰当宣传,合理引导社会各界准确全面了解 VTS 功能。社会各界特别是服务对象对 VTS 作用有了一定了解,但同时也片面地扩大了 VTS 功能。往往会认为有了 VTS 的严格监控,船舶就应能有效避免碰撞。所以,发生水上交通事故后,就会向 VTS 问责。因此,向社会公众(也包括海事内部)全面准确地介绍 VTS 特性,包括强调 VTS 的局限性,显得非常必要。

(四) 开拓创新,搞好谋划,努力开辟 VTS 发展新篇章

(1) 抓住机遇,加大 VTS 硬件建设和软件开发力度。今后一段时间我国 VTS 发展将更加迅猛。我们必须抓住有利时机,采取国家建设、与港口单位合作建设等方式,加大 VTS 建设力度,完善我国 VTS 网络覆盖。同时,加大 VTS 软件开发力度,加快 AIS、GIS、3G 等最新技术与 VTS 的融合,打造综合水上交通信息平台,进一步提升 VTS 服务功能。

(2) 实施管理创新,进一步提高 VTS 运行管理水平。可将 VTS 与执法支队力量进一步整合,建立以 VTS 信息服务为眼睛,现场执法力量动态监管为拳头的高效管理模式,最大程度的消除当前"VTS 说了没用,执法支队活不多"的现状。对 VTS 运行实施体系化管理,将各项工作制度化,明确分工、清晰流程,并定期实施评价,不断改进。将 VTS 设备维护和软件开发等业务实施外包管理,寻找当地或国内有实力的设备维护和软件开发公司,将 VTS 设备的维护保养和软件开发协议外包,特别是在今后大量 VTS 新建和投入使用,海事机构内部将难以承担相应任务,此项服务不失为一条新路子。

(3) 制订和完善我国 VTS 中长期发展规划,对我国 VTS 发展实施整体和长远的谋划。我国主管机关对今后一段时间内的 VTS 建设有了较好的规划,但在整体上还需进一步考虑,包括队伍建设和法制制度建设,同时也需增强预见性,明确各个阶段的发展重点和目标,确保我国 VTS 的可持续发展。

思考题

1. 港口危险货物装运管理有何重要性?为什么?
2. 如何做好危险货物运输全过程的管理工作?
3. 航行通告是什么?
4. 何种情况下,海事主管机关可以发布海上航行警告、航行通告?
5. 船舶交通管理系统的构成体系是什么?

参考文献

[1] Dunn M, Pringle J D, Wright C. Coastal Zone Canada 98: Coastal Challenges: Sharing Our Experiences, Building Our Knowledge[M]. Coastal Zone Canada(BC) Association, 2000.

[2] Pomeroy R S. Community-based and Co-management Institutions for Sustainable Coastal Fisheries Management in Southeast Asia[J]. Ocean & Coastal Management, 1995, 27(3): 143-162.

[3] Ratner B D, Oh E J V, Pomeroy R S. Navigating Change: Second-generation Challenges of Small-scale Fisheries Co-management in the Philippines and Vietnam[J]. Journal of Environmental Management, 2012(9), 131-139.

[4] 操建华. 积极培育渔民协会增强渔民市场主体地位[J]. 农业经济问题, 2002(5).

[5] 陈洁, 张静宜, 何安华. 我国淡水渔业发展趋势分析[N]. 中国渔业报, 2014-01-20.

[6] 陈晓雪, 黄洪亮, 陈雪忠. 国内外拖网减少副渔获物的研究进展[J]. 海洋渔业, 2007(3).

[7] 陈园园, 唐议. 基于渔民组织的我国小型渔业共同管理研究[J]. 广东农业科学, 2014(6).

[8] 陈振昌. 浅谈危险品船舶事故原因分析及对策[J]. 珠江水运, 2007(7).

[9] 东海区渔政渔港监督管理局. 中国渔政 201 船北太平洋渔政巡航顺利归来[J]. 中国水产, 2003(11): 3.

[10] 董黎莉. 我国海洋渔民社会地位研究[D]. 青岛: 中国海洋大学, 硕士学位论文, 2011.

[11] 港口经营管理规定[S]. 交通运输部令 2009 年第 13 号.

[12] 郭皓, 丁德文, 林凤翱, 等. 近 20 年我国近海赤潮特点与发生规律[J]. 海洋科学进展, 2015(4).

[13] 郭睿. 渔业增殖放流效益日益显现[N]. 中国渔业报, 2013-01-28.

[14] 郭伟,朱大奎.深圳围海造地对海洋环境影响的分析[J].南京大学学报(自然科学版),2005(3).

[15] 郝勇.海事管理学[M].武汉:武汉理工大学出版社,2011.

[16] 洪峰.水生野生动植物自然保护区建设期待完善[N].中国渔业报,2006-05-22.

[17] 黄硕琳,唐议.渔业法规与渔政管理[M].北京:中国农业出版社,2010.

[18] 交通运输部关于印发全国航道管理与养护发展纲要的通知[S].交通运输部2011年第778号.

[19] 李恩洪,饶滚金.解析《中华人民共和国船员条例》[J].世界海运,2008(1).

[20] 李娜.舟山市海洋渔业资源管理研究[D].辽宁:大连海事大学,2014.

[21] 李宇服,等.钦州港锚地规划及锚抓力研究[J].中国水运,2009(9).

[22] 刘安亮,等.关于大连渔业港口规划与建设的若干问题研究[J].海洋经济,2010(3).

[23] 刘新山.渔业行政管理学[M].北京:海洋出版社,2010.

[24] 柳富荣.试论渔民合作经济组织的发展[J].渔业致富指南,2004(18).

[25] 吕航.维权和管理是领会条例的关键——《中华人民共和国船员条例》解读[J].中国船检,2007(5).

[26] 农业部东海区渔政渔港监督管理局,上海水产大学.专属经济区渔政巡航培训教材.2006.

[27] 农业部渔业局.渔业安全管理概论[M].北京:中国农业出版社,2008.

[28] 史春林.中国渔船和渔民在海外的安全问题及其解决对策[J].中国海洋大学学报(社会科学版),2010(3).

[29] 唐颖侠.国际法与国内法的关系及国际条约在中国国内法中的适用[J].社会科学战线,2003(1).

[30] 外交部副部长李肇星在第八届全国人民代表大会常务委员会第二十三次会议上关于《中华人民共和国专属经济区和大陆架法(草案)》的说明.全国人民代表大会常务委员会公报,1998(3).

[31] 王淼,段志霞.我国海洋渔业生态环境现状及保护对策[J].河北渔业,2007(9).

[32] 王晓敏.我国船舶交通管理系统发展对策探讨[J].交通运输部管理干部学院学报,2010(1).

[33] 王勇.条约在中国适用的根本原因之分析——国际社会、中国国家和国内私人三者利益的协调作用[J].西南民族大学学报(人文社科版),2007(3).

[34] 王勇.条约在中国适用之基本理论问题研究[M].北京:北京大学出版社,2007.
[35] 夏章英.渔港监督[M].北京:海洋出版社,2008.
[36] 夏章英.渔政管理学(修订本)[M].北京:海洋出版社,2013.
[37] 徐国毅,阮巍.船舶安全管理与航海新技术[M].上海:上海浦江教育出版社,2012.
[38] 徐海龙.渔业增殖放流及开发策略优化[D].上海:上海海洋大学,2015.
[39] 杨汉斌.我国专属经济区涉外渔业执法研究[D].上海:华东政法大学硕士学位论文,2014.
[40] 殷建平,任隽妮.从康菲漏油事件透视我国的海洋环境保护问题[J].理论导刊,2012(4).
[41] 于谨凯,李宝星,单春红.我国海洋渔业的中间组织行为研究[J].渔业经济研究,2007(5).
[42] 于晓利.渔业水上安全管理[M].大连:大连海事大学出版社,2015.
[43] 张金城,汪峻峰.我国海洋生态环境安全保护存在问题与对策研究[C].第十一届国家安全地球物理专题研讨会,2015,西安.
[44] 赵嘉.日本渔民专业合作经济组织发展的经验借鉴[J].农村经济,2012(7).
[45] 真虹.港口管理(第2版)[M].北京:人民交通出版社,2010.
[46] 郑忠义.船舶与船员管理[M].大连:大连海事大学出版社,2007.